Eugen Kogon

Ideologie und Praxis der Unmenschlichkeit

# Eugen Kogon

# Ideologie und Praxis der Unmenschlichkeit

Erfahrungen mit dem Nationalsozialismus

Redaktion: Michael Kogon

Band 1 der Gesammelten Schriften

Herausgegeben von Michael Kogon und Gottfried Erb

Lektorat: Claus Koch
Herstellung: Iris Müller
© 1995 Quadriga Verlag, Weinheim, Berlin
Satz: Rada & Gutzwiller, Atelier für Gestaltung, Basel
Druck und Bindung: Druckhaus Beltz, 69494 Hemsbach
Umschlaggestaltung: Dieter Vollendorf
Printed in Germany
ISBN 3-88679-261-7

# Inhalt

# Vorwort der Herausgeber zur Gesamtausgabe

Eugen Kogon war einer der großen deutschen Publizisten der Nachkriegszeit, der durch sein von christlicher und sozialer Verantwortung getragenes kritisches Engagement und seine visionäre Kraft die Geschichte der Bundesrepublik mitgeprägt hat. Die öffentlichen Plattformen des „christlichen Sozialisten", wie er sich bezeichnete, waren Rednerpulte und Roundtables in Europa und Übersee, Rundfunk und Fernsehen, Zeitungen und Zeitschriften und nicht zuletzt sein Lehrstuhl für politische Wissenschaft an der Technischen Hochschule in Darmstadt. Besondere Beachtung fand Eugen Kogon mit seinen Leitartikeln in den Frankfurter Heften, als eloquenter und engagierter Präsident der Europa-Union, als mutiger Moderator von „Panorama" und durch seine Bücher – angefangen von seinem Bestseller „Der SS-Staat" über die Sammelbände „Die unvollendete Erneuerung" und „Eugen Kogon – ein politischer Publizist in Hessen" bis zur „Stunde der Ingenieure". Aber seine Bedeutung ging weit über die Resonanz auf seine Stellungnahmen hinaus. Weithin Anerkennung fanden zunächst seine Bemühungen, die nationalsozialistische deutsche Vergangenheit im Geist von Gerechtigkeit *und* Versöhnung aufzuarbeiten, dann sein Eintreten für ein Vereintes Europa als Garant von Frieden, Freiheit, Gerechtigkeit und Wohlstand und schließlich sein Engagement für eine freiheitlich-sozialistische Umgestaltung der Gesellschaft, wozu auch gehörte, gegen jede reaktionäre Tendenz in der Bundesrepublik aufzutreten. Seine Wirkung gründete sich nicht nur auf seine Begabung als mitreißender Redner, sondern auch auf seinen scharfen Blick für die wesentlichen Probleme, seinen Mut, die Dinge beim Namen zu nennen, die Authentizität seiner Stellungnahmen, seine visionären Ideen, sein Engagement für eine menschlichere Welt und seine Fähigkeit, dies alles nicht nur in überzeugende Worte, sondern auch in richtungweisende Aktionen umzusetzen.

Um zu erfahren, wie das Leben eines solchen Mannes aussah, wollen wir ihn selber befragen. Die folgende Kurzbiographie wurde aus den uns vorliegenden vierzehn biographischen Notizen aus seiner Hand zusammengestellt.

Am 2. Februar 1903 in München geboren. Beide Eltern früh verstorben. Erziehung in katholischer Familie. Humanistisches Gymnasium zuerst im Benediktinerinternat Schweiklberg in Bayern, dann bei den Dominikanern in Vechta/Oldenburg (großartige Lehrer dort). Nach dem Abitur einziger Student im Jungmännerverband der katholischen Jugendbewegung in München. Engagierter Pazifist. Studium der Wirtschaftswissenschaft und der Soziologie an den Universitäten München (Diplom-Volkswirt) – dort politische Solidarisierung mit der Arbeiterjugend –, Florenz und Wien (Dr. rer. pol., Dissertation zum Thema „Der Korporativstaat des Faschismus"). 1928-1932 Redakteur an der katholischen Wochenschrift „Schönere Zukunft" in Wien. Berater der Zentralkommission der Christlichen Gewerkschaften Österreichs. 1932-1934 Chefredakteur des christlichen Gewerkschaftsblattes „Neue Zeitung". 1934-1938 Tätigkeit in privater Vermögensverwaltung, damit zusammenhängend zahlreiche Reisen in Europa. International aktiv gegen den Nationalsozialismus: Organisation von Informationsverbindungen, Finanzierung Oppositioneller innerhalb des Deutschen Reiches und von Emigranten. 1936/37 zweimal von der Gestapo in Deutschland vorübergehend verhaftet. Am Morgen des 12. März 1938 nach dem Einmarsch der deutschen Wehrmacht in Österreich aufgrund der ersten Gestapo-Fahndungsliste in „Schutzhaft" genommen. Endlose Verhöre. Im September 1939 in das Konzentrationslager Buchenwald eingewiesen. Ab 1942 dort führend in der illegalen Opposition. 1943 Todeskandidat. Nach der Befreiung am 11./12. April 1945 Beratungstätigkeit in Paris und Frankfurt bei der Psychological Warfare Division des Alliierten Hauptquartiers. Im Herbst 1945 in Frankfurt Mitinitiator der CDU und Mitverfasser der „Frankfurter Leitsätze". 1946 zusammen mit Walter Dirks, Walter-Maria Guggenheimer und Clemens Münster Begründer (bis 1984 Mitherausgeber) der Monatsschrift für Kultur und Politik „Frankfurter Hefte" (Leitziel: der demokratische Sozialismus). 1948-1953 führend in der Europäischen Bewegung: Präsident des Exekutivkomitees des Deutschen Rates der Europäischen Bewegung, Mitglied des Internationalen Exekutivkomitees sowie des Zentralkomitees der Union Européenne des Fédéralistes in Paris und Präsident der Europa-Union Deutschland. 1950-1960 Mitplanung der „Europäischen Gespräche" des Deutschen Gewerkschaftsbundes in Recklinghausen sowie der „West-Ost-Gespräche" in Wien. Mannigfache Zusammenarbeit mit den Wiesbadener Kabinetten zum politischen und kulturellen Nachkriegsaufbau Hessens. Wiedereinführung der Politischen Wissenschaft an den hessischen Hochschulen. 1951 Ordinarius dieser Disziplin an der Kultur- und Staatswissenschaftlichen Fakultät der Technischen Hochschule Darmstadt (bis zur Emeritierung 1968): zweimaliges Dekanat, Etablierung der Fachrichtung „Wirtschaftsingenieur", interdisziplinäre Zusammenarbeit, akademische Integration des Gewerbelehrerstudiums. Von 1956 an politischer Mitarbeiter des NDR-Fernsehens: Leiter zunächst von „Blick in die Zeit", dann des kritischen Magazins „Panorama" und schließlich der Sendereihe „Perspektiven"; mehrere große Interviews mit Konrad Adenauer und anderen Persönlichkeiten der deutschen Politik. Freier Mitarbeiter beim Hörfunk. Textautor des Dokumentarfilms „Die Diktatoren". Mitarbeit an lexikalischen Werken (Staatslexikon der Görres-Gesellschaft, Kindlers Literatur-Lexikon, Enzyklopädie „Die Großen der Weltgeschichte"). Planungsmitarbeiter und Vortragender in der Veranstaltung „Hessische Hochschulwochen für staatswissenschaftliche Fortbildung" (1952-1975), im „Bergedorfer Gesprächskreis" (1961-1972) und im „Europäischen Forum Alpbach". Leitung der von der Hessischen Landesregierung initiierten Veranstaltung „Hessen-Forum", Herausgeber der gleichnamigen Protokollreihe (1975-1978). Mitglied in rund vierzig wissenschaftlichen, politischen und pädagogischen Vereinigungen, Institutionen, Beiräten und Kuratorien – unter anderem: Vorsitzender der Deutschen Vereinigung für Politische Wissenschaft (1963-1967) und des wissenschaftlichen Beirates des Symposiums „La Guerre hitlérienne devant l'Histoire", Mitglied der Vereinigung deutscher Wissenschaftler, der Deutschen Gesellschaft für Soziologie, des Geschwister-Scholl-Instituts für Politische Wissenschaft, des Senats der Europäischen Akademie Schlüchtern, des Istituto affari internazionali, des Beirates des Instituts für Geschichte der nationalsozialistischen Zeit, der Görres-Gesellschaft, der Forschungsgruppe für Gerontologie, der Deutschen Akademie für Sprache und Dichtung, des P.E.N.-Clubs, des Stiftungsrates der Hessischen Stiftung für Friedens- und Konfliktforschung, der Gesellschaft für christlich-jüdische Zusammenarbeit, der Max-Traeger-Stiftung, des Ellwanger Kreises, des Bensberger Kreises, des Club 53, des Verbandes für Freiheit und Menschenwürde, im Präsidium des „Comité International des Camps" der „Union de la Résistance et des Déportés" sowie der Gesellschaft zur Förderung der Beziehungen zwischen der Bundesrepublik Deutschland und der UdSSR, Koordinator der wissenschaftlichen Arbeiten im Europäischen Komitee zur Erforschung der Ursachen und Folgen des Zweiten Weltkrieges in Luxemburg. Ehrungen: 1960 Johann-Heinrich-Merck-Ehrung der Stadt Darmstadt, 1964 Goldplakette der Gewerkschaft der Polizei, 1968 Wilhelm-Leuschner-Medaille für Verdienste um das Land Hessen, 1980 Buber-Rosenzweig-Medaille, 1982 Hessischer Kulturpreis, 1985 Preis der Internationalen Liga gegen Rassismus und Antisemitismus. Verstorben am Weihnachtstag des Jahres 1987.

Dieses taten- und ereignisreiche Leben fand seinen Niederschlag in einer kaum übersehbaren Zahl von „Schriften". Eigentlich paßt dieses Wort nicht ganz, denn Eugen Kogon sprach ebenso gut, gern und oft, wie er schrieb; Alfred Andersch sagte einmal von ihm, er sei ein Mann mehr des gesprochenen als des geschriebenen Wortes. Aber vieles von dem, was er mündlich vortrug, fand schließlich doch den Weg in die maschinengeschriebene oder gedruckte Form. Das Gesamtwerk Eugen Kogons kann noch nicht ganz überblickt werden: Immer noch wird daran gearbeitet, es zusammenzutragen. Bei weitem nicht alles war in seinem Haus in Falkenstein im Taunus ohne weiteres greifbar oder etwa gar übersichtlich geordnet. So erforderte die Suche ausgedehnte Arbeiten in seinem Haus, eine umfangreiche Korrespondenz mit den heutigen Verwaltern der zahlreichen Quellen und häufige Reisen zu Archiven, Bibliotheken und Instituten. Auf diese Weise wurden bisher rund 1.700 Titel mit umgerechnet mindestens 10.000 Druckseiten (ohne seine beiden Bücher „Der SS-Staat" und die „Stunde der Ingenieure") zusammengetragen – geschrieben oder gesprochen in einem Zeitraum von fast sechs Jahrzehnten. (Eugen Kogons letzte Publikation war 1985 der Artikel „Das Ende der Konzentrationslager".) Wir schätzen, daß dieser nun vorliegende Bestand über 90 Prozent des Gesamtwerkes ausmacht. Sobald die Schriften Eugen Kogons vollständig vorliegen, soll von ihnen auch eine Bibliographie erstellt werden. Manche der aufgefundenen Texte waren in schlechtem Zustand mit unleserlichen Stellen. Solche Stellen wurden nach bester Möglichkeit im Sinn und Stil Eugen Kogons ergänzt. Hierauf wird jeweils hingewiesen. Auch einzelne Quellenangaben, vor allem von Typoskripten, sind unvollständig; sie konnten nicht immer vervollständigt werden.

Nach unserer Einschätzung läßt sich der Beginn der Veröffentlichung nun verantworten. Das Risiko, daß Texte, die für einen bestimmten Band der Sammlung wichtig gewesen wären, erst nach dessen Erscheinen aufgefunden werden, ist weniger bedrohlich, als es auf den ersten Blick scheint, weil Eugen Kogon gerade in seinen bedeutendsten Texten sein Thema unter mehreren Aspekten ausgeleuchtet hat, so daß sie mehr als nur einem bestimmten Band zugeordnet werden können.

Natürlich hatten wir uns zu fragen, wie Eugen Kogon selber zur Veröffentlichung seiner gesammelten Schriften gestanden hätte. Schon zu seinen Lebzeiten erschienen, mit seiner Billigung und Unterstützung, zwei Sammlungen seiner bedeutendsten Reden und Artikel. Von einem Plan, seine Schriften in mehreren Bänden als Gesamtwerk vorzulegen, war allerdings nie die Rede. Natürlich hätte ein solches Vorhaben nur in den Jahren seines Lebensabends unternommen werden können, als seine Lebensleistung im großen und ganzen abgeschlossen war – ähnlich wie es sein Freund und Weggenosse Walter Dirks getan hat. Zu einem Teil könnte sich Eugen Kogons mangelndes Interesse an einem solchen Vorhaben daraus erklären, daß er vermutlich keinen vollständigen Überblick über sein Gesamtwerk hatte; jedenfalls sind die von ihm verfaßten bibliographischen Notizen dürftig im Vergleich zu dem, was zum jeweiligen Zeitpunkt tatsächlich publiziert war. Sicherlich lag ihm auch nicht viel daran, seine großen Reden und Artikel noch einmal wie an einer Perlenschnur aufgereiht vorzuführen. Er war nie sonderlich daran interessiert, bereits Gesagtes und Geschriebenes aufzuwärmen. Vielleicht hatte er aber kein zutreffendes Bild davon, wie sehr sich seine Schriften nach Eliminierung des allzu Zeitbezogenen dazu eigneten, zu einem „Werk" von thematisch und formell geschlossenen – und außerdem noch höchst aktuellen! – Bänden zusammengefügt zu werden.

Wie auch immer dem sei: was er eigentlich wollte, war stets das Neue. Natürlich auch neue Bücher. *Schreiben* wollte er sie immer. Es gab von ihm eine ziemlich lange Liste von Titeln, zu denen er

gerne ein Buch geschrieben hätte. Auch Anfänge zu Büchern gab
es. Schon in seiner Wiener Haftzeit 1938/39 notierte er in Oktav-
heften Konzepte und Fragmente von Büchern: „Die Wiedergeburt
des Abendlandes", „Arbeit und Eigentum in der Planwirtschaft",
einen Kriminalroman „Zelle 26", ein Schauspiel „Worte", eine
Komödie „Pospischil", die sinnigerweise einen Wiener Anpasser
nach dem Anschluß Österreichs aufs Korn nahm, wohlgemerkt: im
Gefängnis! – weshalb er sie in das Statistische Jahrbuch für das
Deutsche Reich 1938 hineinchiffrierte; allein dies ein Akt des
Mutes und der gedanklichen Organisation sondergleichen. Im Jahr
1945 erforderte die Dechiffrierung mehrere Wochen. Aus der
Nachkriegszeit gibt es Konzepte für ein Werk über „Die Entstehung der Vereinigten Staaten von Europa" und für ein „Universal-
lexikon der Weltgeschichte" in Form einer Geschichtszeitung, und
Verlage hielten ihn für den richtigen Autor, um ein Buch über
Genozid und eine Brandt-Biographie zu schreiben. Und dann
natürlich sein großes Lehrbuch der Wissenschaft von der Politik,
von dem er immer sprach und von dem er, der vielseitig Interessierte und Engagierte und entsprechend Vielbeschäftigte, nur die
erste Hälfte der Einleitung geschrieben hat (leider wurde sie bisher
nicht aufgefunden). Zu Ende geschrieben hat er nur den „SS-Staat"
(in elf Wochen! allerdings nach umfangreichen Vorarbeiten) und
„Die Stunde der Ingenieure". Begonnen, aber nicht vollendet hat er
einen „Rückblick auf den Nationalsozialismus". Wie hätte es auch
anders sein können – wie hätte er alle diese Bücher schreiben können, zusätzlich zu den fast zweitausend Titeln, die er tatsächlich
produzierte!

Insgesamt ein diffuses Bild. Dennoch meinen wir, daß Eugen
Kogon damit einverstanden gewesen wäre, alle seine Schriften von
gleichgesinnten Mitarbeitern in wohlbedachter Auswahl und
Zusammenstellung zu einem geschlossenen Gesamtwerk trans-
formieren zu lassen. Mit zu bedenken war bei unserem Entschluß,
daß die Sammlung unerwartet viele Erstveröffentlichungen enthält
– das heißt Texte, die aus verschiedenen Gründen bisher überhaupt
nicht oder zumindest nicht in deutscher Sprache gedruckt vorlagen
– und daß sie, über das Interesse an Eugen Kogon oder an
Geschichtsvorgängen hinaus, erstaunlich aktuell ist.

Unsere Verabredung mit dem Verlag, fürs erste nicht mehr als
acht Bände von realistischem Umfang zu produzieren, läßt in der

Sammlung Platz nur für rund ein Viertel des bisher zutagegeförderten Materials. Ohnehin zwingen uns aber die folgenden Kriterien zur Ausscheidung zahlreicher Titel: Stellungnahmen im Fernsehen, in öffentlichen Diskussionen und in Aufrufen, die mit Äußerungen anderer Teilnehmer vermischt sind; stichwortartige Konzepte für dann frei gesprochene Vor-„lesungen" und Reden, die weder mitstenographiert noch auf Band aufgenommen und transkribiert worden sind; Zeitbezogenes, das heute unter keinem Gesichtspunkt mehr aktuell ist; Texte, die nicht mehr dem heutigen Erkenntnisstand der – sich so rasch entwickelnden – Wissenschaft entsprechen; in anderen Sprachen als der deutschen erschienene Texte, zu denen es kein deutsches Original gibt; Stenogramme, die bisher nicht entziffert werden konnten; Mehrfachäußerungen zum selben Thema in verschiedenen Medien und Organen; Texte, die Eugen Kogons Gesamtpersönlichkeit nicht adäquat repräsentieren.

Das sortierte Material wurde (und wird) zu acht Bänden zusammengestellt, die nach dem derzeitigen Stand der Planung den folgenden Themen gewidmet sind: Ideologie und Praxis der Unmenschlichkeit (Erfahrungen mit dem Nationalsozialismus); Europäische Visionen; Die restaurative Republik (zur Geschichte der Bundesrepublik Deutschland); Die reformierte Gesellschaft; Dialoge und Porträts; Bedingungen der Humanität (politisch-philosophische Betrachtungen); Reflexionen eines Christen; Konservative Anfänge. Ob auch „Der SS-Staat" (das System der deutschen Konzentrationslager) aufgenommen werden kann, muß noch geklärt werden. Sollte der Verlag es für finanziell tragbar halten, würden zwei weitere Bände folgen: „Von zuhause und unterwegs" (Reiseberichte, Buchkritiken, Sprachglossen, Geleitworte und Betrachtungen zu verschiedenen Aspekten des Lebensalltags) und eine Untersuchung der Wirkung des „SS-Staates". Insgesamt, so hoffen wir, ergeben diese Titel jenes geschlossene Gesamtwerk, das aufgrund der lebenslangen Intentionen und Visionen Eugen Kogons in seinen Schriften immanent vorhanden war, auch wenn es zu seinen Lebzeiten nicht in einer abgeschlossenen Form von bleibender Gültigkeit vorgelegt werden konnte.

Gottfried Erb und Michael Kogon

# Einführung

## 1. Warum Eugen Kogon „sein" Buch über den Nationalsozialismus nicht vollendet hat

Als Eugen Kogon 1978, neun Jahre vor seinem Tod, die Arbeit an einem „Rückblick auf den Nationalsozialismus – Lehren aus der Vergangenheit" aufnahm, war er von dieser Aufgabe ebenso überzeugt wie die Personen, die ihn dabei unterstützten. Seine 1946 veröffentlichte Analyse des Systems der deutschen Konzentrationslager, „Der SS-Staat", war, nach einer Gesamtauflage von rund einer halben Million und der Übersetzung in acht Sprachen, zu einem Standardwerk über den Nationalsozialismus geworden, obwohl sie sich ja „nur" mit einem Einzelaspekt befaßte. Keiner der Beteiligten zweifelte daran, daß er der bestmögliche Mann war, jenen leidenschaftlichen und dennoch objektiven Appell der ersten Stunde, das Schreckliche möge sich nie wiederholen, zu einem souveränen Gesamtbild jener dunklen Zeit auszuweiten. Die Beziehung beider Bücher zueinander war gedacht als Punkt und Kontrapunkt in bezug auf Abstand und Perspektive. Das neue Buch sollte in der Europäischen Verlagsanstalt erscheinen. Der Umschlag zeigte, im Lichtkegel eines Scheinwerfers, ein Hakenkreuz in Trümmern. Später nahm sich der Bertelsmann-Verlag des Projekts an – der Untertitel hieß nun „Bericht an die Enkel". Eugen Kogon ließ eine umfangreiche Materialkartei anlegen, baute das Inhaltsverzeichnis auf, schrieb das Vorwort, das erste Kapitel. Es folgten Lesungen und Diskussionen in kleinem Kreis. Er feilte, schrieb um, schrieb wieder um – bis offensichtlich geworden war, daß er sich festgefahren hatte.

Konnte er nicht mehr? Merkte er erst jetzt, daß er eigentlich gar nicht wollte? Das Ziel, das er sich immerhin gesteckt hatte, läßt vermuten, daß ihm erst bei der Arbeit klar wurde, wie groß und schwierig sie war und wie wenig ihm gemäß. Alt und matt geworden und in seiner Sehkraft geschwächt, aber mit unvermindertem

Temperament, sollte er nun in das Gewand des abgeklärten Weisen schlüpfen, der seine Leidenschaftlichkeit zu kühler Betrachtung und die Erschütterung seiner Person zum Heben des Zeigefingers sublimierte. Dazu die lähmende Überfülle des Materials, das ihn, den Mann der klaren Linien und der großen Gedanken, zu einer minutiösen Arbeitsweise zwang. Und vielleicht das Gefühl, daß er lieber wieder einen flammenden Appell geschrieben hätte, aber die Stunde dafür vorüber war, weil die gefestigte demokratische Wirklichkeit der Bundesrepublik keiner Lehren aus jener Vergangenheit dringend zu bedürfen schien und weite Teile der außerdeutschen Welt sie nicht hörten.

Die Verhältnisse waren anders geworden, aber die Menschen nicht. Im „SS-Staat" hatte Eugen Kogon noch der Hoffnung Ausdruck gegeben: „Da es aber ein Ecce Homo-Spiegel ist, der nicht irgendwelche Scheusale zeigt, sondern dich und mich, sobald wir nur dem gleichen Geiste verfallen, dem jene verfallen sind, die das System geschaffen haben, mußte er uns vorgehalten werden. Vielleicht konnte es dazu beitragen, Deutschland vor der Wiederholung des Gleichen und die Welt vor ähnlichem zu bewahren."[1] Hatte das Buch dieses Ziel erreicht? Wurde es nicht überhaupt mehrheitlich von denen gekauft und gelesen, die nicht belehrt und bekehrt zu werden brauchten? Wie war zu messen, ob der Erziehungseffekt dem Verkaufserfolg entsprach?

Nachdem Eugen Kogon das Ziel jenes ersten Buches formuliert und seinen Appell geschrieben hatte, und dazu seine anderen Bücher, anderen Appelle, Artikel, Kommentare, alle seine Reden, Vorträge, Vorlesungen, Referate gehalten, Gespräche, Diskussionen, Moderationen geführt hatte, die ja alle letztlich demselben Ziel – der Sicherung der Humanität – verpflichtet waren: wie sah die Welt danach aus? Gewiß sind geistige und moralische Wirkungen nicht meßbar. Aber Anhaltspunkte gibt es doch. Gemessen (oder zumindest grob geschätzt) werden kann die Zahl der Diktaturen, Greueltaten und Kriege. Mit jedem weiteren Lebens- und Erfahrungsjahr reduzierte sich der ursprüngliche monströse Sonderfall „Hitler" zum Exempel eines allgemeineren Übels, aus dem allerdings der Nationalsozialismus weiterhin wegen der so ungeheuerlich konsequenten Anwendung seiner Rassenideologie heraus-

---

[1] „Der SS-Staat", Verlag der Frankfurter Hefte, Frankfurt am Main 1946, S. V.

ragte – als „neue Dimension", wie Eugen Kogon es nannte. Der
Nährboden des Bösen schien überall bereitet, darin mannigfaches
Samenkorn – es bedurfte nur einer Spannung oder Krise, um es
sprießen zu lassen. War es so leicht, „dem gleichen Geiste zu verfallen, dem jene verfallen sind"? Gab es dagegen überhaupt ein Mittel, und schon gar: ein Buch? Und erst recht: das geplante neue,
distanziertere Buch?

Für Eugen Kogon mag diese Frage ein Grund gewesen sein, es
nicht zu schreiben. Wir hingegen haben uns zu fragen, ob sein Ziel
nicht zu hoch gesteckt war. Hätte das neue Buch nur einen einzigen Leser nachdenklich gemacht – wäre nicht auch das bereits ein
Erfolg?

Noch eines kommt hinzu. Wie hätte sich Eugen Kogon zu dem
neuen Projekt gestellt, hätte er nicht nur sein Ziel tiefer gesteckt,
sondern auch den in seiner Sicht vielleicht nicht mehr ganz zureichenden Ansatz seines im „SS-Staat" gelieferten Wahrheitsspiegels
hinter sich gelassen und sich nach einem eventuell weiterführenden
Konzept umgesehen? Und dabei vielleicht ein Konzept auf dem
Boden der Überzeugung erarbeitet, daß Gewaltherrscher nicht
geboren, sondern gemacht werden? Mit anderen Worten: daß die
Natur des Menschen mehr zum Guten als zum Bösen neigt? Wenn
dies so ist, können böse Menschen vielleicht wieder gut gemacht
werden, oder gut Gebliebene können davor bewahrt werden, böse
zu werden. Eine schöne Perspektive. Im anderen Fall bleibt nichts
anderes, als sie für alle Zeit unter Kontrolle zu halten. Ohne
Rechtsordnung, Polizei und Gerichte wäre es sicherlich schlecht
um die Menschheit bestellt. Aber nach Jahren oder Jahrzehnten –
oder Jahrhunderten? – behutsamer Entfaltung des Guten in immer
mehr Menschen oder, nach geschehenem Unheil, der heilenden
Hilfe und Therapie wäre es vielleicht weniger nötig, von ihnen Gebrauch zu machen. Die „Stafette des Bösen", die das Unheil von
Generation zu Generation weitergibt, weil die Opfer von heute nur
zu oft die Täter von morgen sind, an immer mehr Stellen zu unter-
brechen: dies wäre das Ziel.

Diese Hoffnung ist ja nicht neu. Sicherlich hat auch Eugen
Kogon den einen oder anderen Autor gelesen, der die seelische
Deformation vieler Menschen und zugleich die Chance sieht, sie
daraus zu befreien. „So gewiß ist der allein glücklich und groß, der
weder zu herrschen noch zu gehorchen braucht, um etwas zu sein",

sagt Goethe. Und Robert Walser: „Gehorchende sehen aus wie Befehlende. Ein Diener kann gar nicht anders als die Maske seines Herrn annehmen." Und Friedrich Engels: „Unter der Schreckensherrschaft verstehen wir die Herrschaft von Leuten, die selbst erschrocken sind."[1] Und Bert Brecht: „Wie anstrengend ist es doch, böse zu sein." Und Ödön von Horvath: „Eigentlich bin ich ganz anders, nur komm ich so selten dazu." Und Paul Sartre: „Der Antisemit ist ein Mensch, der Angst hat. Nicht vor den Juden natürlich: vor sich selbst." Und Konrad Lorenz: „Viele Menschen scheinen nur deshalb ‚normal' zu sein, weil die Stimme des Menschlichen in ihnen verstummt ist." Und der Limburger Bischof Franz Kamphaus: „Mach's wie Gott – werde Mensch!" Oder die Umkehrung des göttlichen Gebots: „Hasse deinen Nächsten wie dich selbst".

Vermutlich hätte sich Eugen Kogon auch für die nach seinem Tode erschienene Literatur zu diesem Thema interessiert. Vier Zitate sollen sie kennzeichnen. Eugen Drewermann: „Wir werden zu anderen nur so gütig sein können, wie wir es uns selbst gegenüber aufbringen"[2], und: „... daß diejenigen, die am meisten Leiden schaffen, selber diejenigen sind, die am meisten gelitten haben, und die am meisten Zerstörung wirken, selber diejenigen sind, die am meisten zerstört wurden"[3]. Oder Tilman Moser: „Frühes Leid und späte Rache"[4]. Und schließlich Arno Gruen: „Es spiegelt sich hier der Vorgang, wie ein Mensch das, was er in sich selbst haßt und fürchtet, zu etwas verselbständigt, was wie ein Feind von außen auf ihn zukommt"[5].

Die Grundaussage dieser Zitate war Eugen Kogon natürlich vertraut. Aber er blieb dazu in kritischer Distanz. Er hielt es – getragen freilich von einem großen Vertrauen, daß Gott, „unser aller Vater, der Vater der Juden und der SS-Männer", alledem wohl sei-

---

[1] Diese Stelle wurde von Eugen Kogon mehrfach selber zitiert, z.B. in „Der Terror als Herrschaftssystem"; siehe weiter unten S. 93.

[2] Eugen Drewermann und Herbert Haag: Laßt Euch die Freiheit nicht nehmen – für einen offenen Dialog mit der Kirche, Benziger Verlag, Zürich 1993, S. 118.

[3] Eugen Drewermann: Und legte ihnen die Hände auf – Predigten über die Wunder Jesu, Patmos-Verlag, Düsseldorf 1993, S. 40f.

[4] Titel eines Artikels in der Frankfurter Allgemeinen Zeitung vom 24. Oktober 1992.

[5] Arno Gruen: Der Wahnsinn der Normalität, dtv 1987, 3. Auflage 1990, S. 152.

nen Sinn gegeben haben werde – für realistischer, „der menschlichen Natur zu mißtrauen, die, wie die Geschichte und jedes Ehrlichen eigene Erfahrung lehrt, zum Bösen geneigt ist"[1]. Er sprach vom „illusionistischen Glauben an die Güte der menschlichen Natur".[2] Jeder, so seine Überzeugung, könne unter bestimmten Voraussetzungen dem Geiste Hitlers verfallen. Er ging aber nie näher auf die Frage ein, wieso Hitler „seinem" Geiste verfallen war. Psychologische Einsichten erschienen ihm in einem solchen Zusammenhang kaum praktikabel. „Politisch wenig Wert haben Beiträge zu psychoanalytischer Aufklärung der Entstehung von Geschichtsvorgängen; man kann aus ihnen keine praktisch anwendbaren Schlußfolgerungen ziehen."[3] Vielleicht hätte er anders geurteilt, wäre er offener für die Einsicht gewesen, daß – gerade das Beispiel Hitler zeigt es – Geschichtsvorgänge von Individuen bewirkt werden, denen man nach „psychoanalytischer Aufklärung" anders gegenübertreten kann als in mehr unmittelbarer Reaktion.

Auf das Verhalten des Menschen einzuwirken, bedeutete für Eugen Kogon in erster Linie, seine Natur zu zügeln oder zu beherrschen – von innen durch Gewissensbefragung und Selbstdisziplin, von außen durch Kodizes und sie sichernde Institutionen. Dabei war ihm durchaus bewußt, daß, wer das Böse im Menschen „bekämpft", leicht in seine Nähe gerät. Er warnte oft vor der „Paradoxie, die Bedingungen der Humanität durch Anwendung inhumaner Mittel herbeiführen zu wollen"[4]. Erziehung spielte in diesem Gedankensystem eine wichtige Rolle. Er äußerte sich oft zu Themen der Schule, der Aufklärung, der Friedensforschung. Aber er war skeptisch in der Frage, ob Erziehung ausreichen würde, des Bösen im Menschen Herr zu werden. Paul Löbe schreibt in seinen Lebenserinnerungen: „Einzig und allein die Erziehung der Jugend im Geiste des Friedens kann die Zukunft retten."[5] Dazu die lapidare handschriftliche Anmerkung Eugen Kogons: „Illusion".

---

[1]  Eugen Kogon: Der SS-Staat, Verlag der Frankfurter Hefte, Frankfurt am Main 1946, S. VI.

[2]  Kommentar „Europa und die Nationalstaaten" im Stuttgarter Rundfunk vom 7. April 1953.

[3]  Siehe weiter unten S. 132.

[4]  Eugen Kogon: „Der Streit um den ‚Sozialismus' Adolf Hitlers", Frankfurter Hefte, November 1979, S.4.

[5]  Paul Löbe: Der Weg war lang, Arani -Verlag, Berlin-Grunewald 1954, S. 127.

Die Skepsis Eugen Kogons in dieser Frage ist verständlich. Zunächst einmal war er, streng religiös, dazu erzogen worden. Sodann war ihm vermutlich bewußt, daß, wer die Prägbarkeit des Menschen als Chance seiner Veränderung sieht, zwar einerseits auf die Entfaltung des Guten in ihm setzen kann, andererseits aber auch massenhafte Deformationen nicht ausschließen darf. Viele, die sich aus vermeintlicher Überzeugung einem guten Ziel verschrieben hatten, wurden nach Hitlers Machtergreifung schleunig ebenso „gute" Nazis, nicht wenige wiederum „aus Überzeugung". Sie hatten keine eigenen Werte, sondern setzten da, wo nichts Eigenes in ihnen war, fremde in sich ein, die ihnen zur Identifikation mit einem Machthaber oder Machtaspiranten verhalfen. Wenn man das so sieht, ist es keineswegs nur erfreulich, sondern ebensosehr befremdend, daß nach dem Ende von Hitlers Herrschaft so viele Deutsche binnen kurzem im Westen gute Demokraten wurden. Im Osten wurden ja ebenfalls viele gute Kommunisten. Und von denen schlossen sich nach der Wiedervereinigung etliche, sozusagen verspätet, den guten Demokraten an. Wer will die Wendehälse darunter zählen? Natürlich sind Gesinnungsritter weniger gefährlich, wenn sie heute gute Geschäftsleute oder gute Demokraten oder gute Mitglieder der Völkergemeinschaft sind, als sie es vorher als gute Nazis oder gute Stalinisten waren. Aber die Gefährdung bleibt, sofern dieses Muster für einen wesentlichen Teil der Bevölkerung gilt. Je nach den Machtverhältnissen ist ja jede andere Kehrtwendung auch möglich, im Osten wie im Westen Deutschlands, und jenseits der Grenzen wohl auch. Sobald in einer Krise ein „Führer" erscheint, der glaubhaft nicht nur die Lösung aller Probleme, sondern auch die Teilhabe an der zu erringenden Macht in Aussicht stellt, strömen die Massen ihm zu und hängen das Fähnchen ihrer „Überzeugungen" in seinen Wind. Zu jeder Zeit hat diese Gefahr Namen.

Sodann braucht man einen langen Atem, wenn man auf die Sicherung oder Wiederherstellung des Guten im Menschen setzt. Nur unter großem Aufwand ist es dem Einzelnen möglich, Prägungen, die ihn zum Bösen treiben, zu erkennen und seine eventuelle Selbsterkenntnis in die Tat (oder ins Nicht-Tun) umzusetzen. Je früher in einem Leben solche Prägungen erfolgten, desto fester sitzen sie. So hat der Einzelne keine Aussicht, zu Lebzeiten in spektakulärer Weise „die Welt zu verändern" – nicht die Welt in sich, und schon gar nicht die Welt der anderen. Eugen Kogon aber wollte genau dies. Professor Kroker, ehemals Rektor der Philosophisch-Theologischen Hochschule in Königstein im Taunus, der viele Gespräche mit Eugen Kogon geführt hat, sagte unlängst: Ja, wir wollten die Welt verändern, aber am Ende kamen wir zu der Einsicht, daß man hierbei am besten beim Menschen anfange, und noch besser bei sich selber, und auch dies, ohne allzu anspruchsvoll zu sein. Wie wahr! Aber es stimmte vermutlich nicht ganz mit dem hohen – allzu hohen? – Anspruch überein, den der Buchautor an sein entstehendes Werk stellte.

Ferner vermißte Eugen Kogon bei diesem Ansatz vermutlich die Antwort auf die Frage, wie zu verhindern ist, daß aus dem individuellen Bösen ein Millionenmord wird. Rädelsführer finden Helfer, die selber *so* böse nicht sind. Auf die Geführten und Verführten, die Mitläufer und Mitmacher paßt die These von Deformation und Besserung nicht immer ganz – viele von ihnen funktionieren nur einfach gut (was aber natürlich ebenfalls auf einen gewissen Defekt schließen läßt). Zygmunt Bauman nennt zur Erklärung dieses Vorgangs drei Faktoren: die Vision einer „reinen" Welt, aus der alles „Unreine", „Unschöne", „Krankhafte", „Minderwertige" eliminiert werden muß – eine Vorstellung, die vielleicht ebenso viel mit Sauberkeitswahn wie mit Angst vor dem Fremden zu tun hat (in der Tat durchzieht ein schillernder Begriff von Reinheit bis hin zu Reinlichkeit, Hygiene und schließlich Säuberung weite Teile der NS-Ideologie – wie ja in ähnlicher Verzerrung und Einseitigkeit auch manche andere „Lehre"[1]); ferner die Auflösung der zu entfernenden „Elemente" in Einzelmerkmale, bis sie nicht mehr als Menschen erkennbar sind, mit anschließender juristischer und sodann faktischer Entfernung aus der Gemeinschaft unter Einschaltung unübersichtlicher Handlungsketten, in denen die Eliminierten für das einzelne „Rad im Getriebe" unsichtbar werden; und die Kooperation von Opfern, die hoffen, sich damit aus dem System der Vernichtung davonstehlen zu können.[2] In Eugen Kogons Schriften gibt es zahlreiche Stellen, die diese „soziale Dimension" des Bösen betonen.

---

[1] Ausführlich behandelt dieses Thema Bernard-Henri Lévy in seinem Buch „la pureté dangereuse", Grasset, Paris 1994 (insbesondere in dem Kapitel „La volonté de pureté", S. 65-129).

[2] Zygmunt Bauman: Dialektik der Ordnung – Die Moderne und der Holocaust, Europäische Verlagsanstalt, Hamburg 1992.

Und schließlich – und vor allem! – appelliert die Idee von der Reparierbarkeit der menschlichen Seele viel mehr an das Handeln von Eltern, Erziehern, Helfern und Therapeuten als an die Formulierungskraft eines Autors politischer Bücher.

So blieb Eugen Kogon, wohl oder übel und verständlicherweise, beim Ansatz des „SS-Staates": „Das Übel schonungslos bloßzulegen, damit es erkannt, wenn möglich geheilt und in künftigen Fällen vermieden wird"[1], und bei dem daraus abgeleiteten Ziel der „politischen Aufklärung". Auch wenn er vielleicht nicht mehr so recht davon überzeugt war, daß hiermit ein Beitrag geleistet werden könne, um „die Welt zu verändern", und wenn ihn seine Resignation mit veranlaßt haben mag, „sein" Buch nicht zu Ende zu schreiben: Wir brauchen diese Haltung nicht zu teilen. Es gibt vielleicht nur ein einziges Buch, das die Welt im Sinne Eugen Kogons verändert hat, das heißt: sichtbar und meßbar die ganze Welt. Aber auch kleine, ja kleinste Schritte sind wichtig – jeder Weg setzt sich aus ihnen zusammen. Wenn ein Buch hier einen auch nur kleinen Beitrag leistet – zusammen mit dem vielen, was darüber hinaus getan werden kann –, hat es wohl seinen Sinn. Auch nachdenklich gemacht werden kann ein Stück Weltveränderung sein. Aus dieser Erwägung heraus hielt ich mich für berechtigt, „sein" Buch zu Ende zu führen – zumal es im Grunde ja schon geschrieben war.

## 2. Zu diesem Buch

Eugen Kogon hatte sich seit 1945 – besonders intensiv in den Jahren unmittelbar danach – nicht nur im „SS-Staat" zum Nationalsozialismus geäußert, sondern in einem sehr breiten Spektrum, das alle Aspekte des Hitler-Regimes umfaßte. Manche dieser Äußerungen haben Aufsehen erregt – so sein Artikel über „Das Recht auf den politischen Irrtum"[2]. In ihrer Gesamtheit fanden sie jedoch nicht die Resonanz, die dem „SS-Staat" beschieden war. Verständlicherweise: Obwohl sie alle, genau wie das Buch, von Eugen Kogons Fähigkeit zeugten, Objektivität mit Engagement und Bekennermut zu verbinden und dabei auch die jeweils zu ziehen-

---

[1] Eugen Kogon: Der SS-Staat, Verlag der Frankfurter Hefte; Frankfurt am Main 1946, S. VI.
[2] Siehe weiter unten S. 237.

den Konsequenzen zu bedenken, waren die einzelnen Themen, Anlässe, Medien und Zeitpunkte doch sehr verschieden. Umso näher hätte es gelegen, alle diese Äußerungen zu einer „geballten Ladung" zusammenzustellen. Zu einem Buch zwar nicht von der Art, wie er es sich vorgestellt hatte, aber doch – natürlich! – in seinem Sinne.

Bei der Durchsicht der Texte wurde mir klar: Dies wird ein Buch von der Qualität des „SS-Staates", aber mit weiterer Thematik. Ein leidenschaftliches, gerechtes, aufklärerisches Buch. Eines, für das die Worte gelten, mit denen Eugen Kogon selber einen anderen Autor charakterisierte: „Eine systematische, in allem auf Dokumente und direkte Zeugnisse gestützte Darstellung, ebenso umfassend wie zuverlässig, von wissenschaftlichem Rang, aber mehr: denn der Gegenstand wird nicht etwa strohtrocken abgehandelt, er nimmt ... Leben in einer Weise an, daß sich der Leser, ohne irgendein anderes Zutun des Autors als durch die geordnete Wiedergabe der vollen Wirklichkeit von damals ... zurückversetzt fühlt in die Zeit, da es kaum mehr ein Entrinnen von dem nach irdischer Allmacht strebenden Staate zu geben schien."[1]

Vier Umstände machen – über das Interesse an Eugen Kogon oder an der damaligen Zeit hinaus – ein solches Buch heute aktuell. Der erste ist die aus der Bedrückung erwachsende Erleichterung, die sich bei der Lektüre einstellt: wie kostbar die nur scheinbar selbstverständlichen Dinge sind – im Vergleich zu jener „Nacht des Jahrhunderts"[2] –, deren wir uns heute zumindest unbewußt erfreuen: ein gewisses Maß an Freiheit, Gerechtigkeit, Sicherheit, Wohlstand und Demokratie.

Der zweite Umstand sind die in der Bundesrepublik – und darüber hinaus – umsichgreifenden rechtsradikalen Tendenzen. Viele, und gerade jüngere Menschen peilen in ihrem unsicheren, frustrierenden und oft einsamen Alltag das straffe Regime eines starken Mannes an – kämpfen dafür mit aus Unwissen und Illusionen genährten Sehnsüchten, mit einer Bereitschaft zur Gewalt, die sie

---

[1]  Eugen Kogon: „Propaganda und Wirklichkeit unter einer Diktatur" (Rezension zweier Bücher, darunter des Buches von Walter Hagemann „Publizistik im Dritten Reich"), Frankfurter Hefte, März 1949, S. 271.

[2]  Titel eines Artikels von Frank Schirrmacher in der Frankfurter Allgemeinen Zeitung vom 13. November 1993.

um sich herum gesehen und gelernt haben, und in Gruppen von Gleichgesinnten, in denen sie sich angenommen, geborgen und gebraucht erleben. Ähnlich wie die meisten unter den Millionen, die seinerzeit für Hitler stimmten, wissen sie nicht, was ein solcher Mann ihnen bescheren würde. Sie haben nicht die erbärmliche Durchschnittlichkeit der Figuren erlebt, die auf der Nürnberger Anklagebank aus ihrer braunen Popanzverkleidung herausgeschält wurden. Gegenüber denen, die seinerzeit Hitler an die Macht kommen ließen, hätten sie aber eines voraus: sie könnten sich leichter informieren. Ob sie es tun, ist natürlich eine andere Frage. Sie enthebt uns freilich nicht der Verpflichtung, gerade diesen Menschen, die den Nationalsozialismus nicht selbst erlebt haben, plastisches Anschauungsmaterial aus erster Hand vor Augen zu führen. Neuere Literatur über Hitler und seine Herrschaft gibt es reichlich. Aber jenen verführten jungen Menschen kann nicht mit Wissenschaft und Theorie zu Einsicht verholfen werden, sondern nur mit engagiert vermittelter Sachinformation, die aus unmittelbarem, wachem Erleben kommt. Vielleicht sollten wir uns aber doch auch vermehrt mit der Frage beschäftigen, wie solche Information überhaupt an diese Menschen herangebracht werden kann.

Der dritte Grund ist die DDR-Vergangenheit der Bevölkerung in den neuen Bundesländern und die Haltung der Bevölkerung in den alten Bundesländern zu dieser Vergangenheit. Bereits 1960 schrieb Eugen Kogon den damals prophetischen Satz: „Möglicherweise wird der Prozeß der Entnazifizierung ... eines Tages sich als ‚Entbolschewisierung‘ wiederholen.“[1] Nach der Wiedervereinigung interessierte sich ein deutscher Verlag dafür, Eugen Kogons Thesen aus dem Jahr 1947 über „Das Recht auf den politischen Irrtum“ zum Kern eines Buches über die mögliche Aufarbeitung der „sozialistischen“ Vergangenheit zu machen. Leider fand sich niemand, der die Zeit gehabt hätte, dieses Projekt so rasch in die Tat umzusetzen, wie es geboten erschien. Auch einige andere Texte im zweiten Teil der vorliegenden Sammlung können zu einer solchen Aufarbeitung beitragen, denn ebenso unübersehbar wie die Unterschiede sind die Parallelitäten zwischen Hitler-Staat und DDR.

Der vierte Grund führt weiter zurück: zur letzten gemeinsamen deutschen Vergangenheit. Die Deutschen werden sich an die

---

[1] Siehe weiter unten S. 183.

Gemeinsamkeit dieser Vergangenheit erinnern, sobald ihnen die Gemeinsamkeit ihrer neuen gesamtdeutschen Gegenwart selbstverständlich geworden ist. Und es wird ihnen bewußt werden, wie unterschiedlich bisher im Westen und im Osten die Sicht auf diese Vergangenheit war; nur die Neigung vieler, sie beiseitezustellen – durch Verdrängung, durch Distanzierung –, fand sich gleich stark hier wie dort. Bereits in den fünfziger Jahren zeichneten die Historiker im Westen und im Osten Bilder des innerdeutschen Widerstandes, die so verschieden voneinander waren, daß man fast hätte meinen können, sie hätten keinen gemeinsamen Gegenstand; im Westen wurde der Widerstand der Konservativen, im Osten jener der Linken herausgestellt. Die umfassendere Sicht lieferten eher ausländische Autoren. Vermutlich wird bald der erste deutsche Autor auf den Plan treten, der die Lücke zu füllen und eine Analyse zu liefern versucht, mit der sich Deutsche in West und Ost gleichermaßen zu identifizieren vermögen. Aber er wird ein Autor von heute sein, dem die unmittelbare Erfahrung fehlt. Nicht ohne Grund sprach der Stuttgarter Historiker Eberhard Jäckel kürzlich von der Notwendigkeit, den von den Historikern geleisteten „emotionslosen Teil der Geschichtsschreibung" durch Bücher zu ergänzen, die menschliche Schicksale vermitteln.[1] Warum dann nicht einen Autor zu Wort kommen lassen, der ebenfalls mit dem Abstand des Historikers schrieb, aber mit sicherem Urteil und zu einer Zeit, als das Erlebte noch ganz frisch in ihm war?

Und hier fügt sich alles zusammen. Es gibt eine – wachsende – Notwendigkeit für ein solches Buch. Es gibt den Autor, der es geschrieben hat, nur war es ihm nicht bewußt. Es gibt die Erben, die Herausgeber und den Verlag, die bereit oder gewillt sind, dieses Buch zu veröffentlichen. So kann es nun vorgelegt werden.

Freilich hat es sich in einer erdrückenden Fülle von Literatur über Hitler und seine Herrschaft zu bewähren. An fünfzehn Büchern über den Nationalsozialismus hat Eugen Kogon selber mitgewirkt. Seine Bibliothek enthält, nachdem sie von mehreren Antiquaren durchforstet worden ist, immer noch weit über zweihundert Titel zu diesem Thema. Man kann sich vorstellen, wie diese Fülle auf ihn gewirkt haben mag. Und immer noch werden neue Fakten erforscht, neue Gesichtspunkte eingebracht. Fast jedes

---

[1] Frankfurter Allgemeine Zeitung vom 10. Oktober 1994.

neue Buch zu diesem Thema bringt eine besondere Erfahrung, eine
besondere Perspektive, ein besonderes Anliegen ein. Gefragt ist ein
Autor, der es verstünde, möglichst viele Teile des Puzzles zusam-
menzufügen. Wir wollen prüfen, ob Eugen Kogon ein solcher
Autor ist. Kann diese Aufgabe überhaupt von einem Mann gemei-
stert werden, der viele seiner Betrachtungen vor all jenen anderen
Autoren geschrieben hat? Welche Eigenschaften hat dieses Buch,
die es aus der bereits erschienenen Literatur herausragen lassen?

Zunächst kann dieses Buch mit vielen anderen in einem Punkt
gleichziehen: es hat auch wissenschaftlichen Wert. Davon zeugen
die Kapitel „Das Dritte Reich und die preußisch-deutsche Geschichte", „Über Rassenwahn", „Der Terror als Herrschaftssystem",
„Konzentrationslager", „Politik und Ethik am Beispiel des Widerstandes gegen eine innerstaatliche Tyrannei", „Widerstand gegen
die Staatsmacht" und „Was geht uns 1933 an?".

Aber insgesamt ist es kein geschichtswissenschaftliches und
auch kein politologisches Werk. Der Erfolg etwa von Walter Kem-
powskis kollektivem Tagebuch „Das Echolot"[1] oder von Filmen
wie „Holocaust" und neuerdings „Schindlers Liste" zeigt die Notwendigkeit, das Leben von damals zu zeigen, statt es nur zu durchleuchten. Auch dies bietet das vorliegende Buch: Tatsachen- und
Erlebnisberichte. Nicht ohne Grund spricht der Untertitel von
„Erfahrungen" mit dem Nationalsozialismus (ein halbes Jahrhundert nach dessen Ende!). Der mittlere Teil dieses Buches ist ein
Aufschrei des Entsetzens. Sogar die wissenschaftlich orientierten
Artikel schreien das Entsetzen hinaus. Und dieses Entsetzen packt
auch den Leser – gerade im Abstand unserer von der damaligen
Zeit. Was bei einigen Historikern heute beklagt werden kann,
kommt dem Leser zugute: die große zeitliche Distanz. Hat sie bei
jenen manchmal die Gefühlswelt entleert, so hat sie umgekehrt den
Leser von jedem persönlichen Grund für Abwehr befreit und über-
läßt ihn so endlich der überfälligen Erschütterung.

Aber Eugen Kogon tat gut daran, nicht nur zu schildern. Wer
die Vergangenheit lebendig machen will, muß seinen Standpunkt
einbringen. Alle Schriften Eugen Kogons haben eine moralische
Dimension. Er verliert nie aus den Augen, wie eine bessere Welt
auszusehen hätte. Und sagt es auch. Immer engagiert, oft leiden-

---

[1] Knaus Verlag, München 1993.

schaftlich („Zum Geburtstag Anne Franks", „Widerstand und Ehre", „Denunziation als Verbrechen", „Die ‚religio' des Soldaten", „Die Frage nach dem Sinn von Auschwitz", „Endlich darüber reden!"). Ein mutiges und ehrliches Buch. Die Dinge werden beim Namen genannt. (Ein Beispiel für viele: „Sie haben davon gewußt".) Dennoch ist es auch gerecht, stellenweise sogar versöhnlich; der andere Standpunkt hat darin Platz („Gericht und Gewissen", „Hitlers Geist lebt weiter", „Der Kampf um Gerechtigkeit", „Das Recht auf den politischen Irrtum", „Recht und Gnade", „Wir müssen weiterkommen"). Und Autobiographisches enthält es auch („Die Ziele des nationalsozialistischen Staates", „Der Widerstand der Opfer", „Unvergeßliche Stimmen", „Die Träume der Opfer"). Ein Buch, in dem Eugen Kogon sich zeigt. Nicht zuletzt diese Qualität bewirkte die Resonanz, die er fand. Was immer er sagte und schrieb: man wußte, wie er fühlte, was er dachte, was er wollte und wo er stand.

Vor allem aber ist es ein Buch, das die Lehren zieht. Welche? Erstens: Stehle dich nicht aus deiner Verantwortung davon. Kein politisches Ereignis beruht auf Zufall; vieles kann man voraussehen, manches verhindern, in jedem Fall kann man etwas tun, und jeder kann etwas tun. Zweitens: Halte dich gründlich und genau informiert. Spätere Untaten kündigen sich vielleicht verhüllt, aber früh an. Dem aufmerksamen Leser und Hörer blieb schon vor der Machtergreifung keines der Ziele Hitlers verborgen, und auch ihre Ernsthaftigkeit nicht. Drittens: Wehre den Anfängen. Widerstand wird desto schwieriger, je mehr ein Gewaltregime sich festigt. Tappe nicht in die Falle, vor der steht: Es ist nicht so schlimm, es wird vorübergehen. Sei gewiß: es *ist* schlimm, und bald kommt die Tat, vor der du nicht mehr die Augen verschließen kannst. Viertens: Lasse dich nicht von Parolen umnebeln und nicht von falschen Loyalitäten verwirren. Der einem Unrechtsregime zwangsweise geleistete Eid gilt nichts. Fünftens: Es ist nie zu spät, auf einem falschen Weg, sobald man zur Einsicht kommt, haltzumachen; die Folgen sind freilich umso bitterer, je später man dies tut. Sechstens: Sei besonnen im Widerstand, aber wenn die Zeit gekommen ist, zeige Mut; selbst wenn die humane Bemühung scheitert, rettet sie den Sinn, um dessentwillen wir leben. Siebtens: Die Verantwortung für den Widerstand wächst mit dem Einfluß, den man hat. Achtens: Wenn das Unheil vorüber ist und du noch lebst, übe Gerechtigkeit, aber söhne dich aus; das Leben geht weiter. Neuntens: Hüte dich, wenn du die Lehren bedenkst, davor, immer nur die alten Gespenster zu sehen. Eine diktatoriale Gefahr besteht heute in der Bundesrepublik nicht. Zehntens: Deine oberste Maxime sei stets die Humanität. Es lohnt sich, das Buch allein wegen dieses Vermächtnisses zu lesen.

Der Gesamteindruck ist: bunt. Das ist natürlich keine passende Bezeichnung für ein „seriöses" Buch. Aber so ist es. Ein Bilderbuch der emotionalen und geistigen Landschaft von damals, für Erwachsene. Ein Lesebuch. (Eigenartiges Wort: Lese-Buch – wozu sonst sollte ein Buch dienen, das nicht nur Bilder enthält?). Fast eine Anthologie, als hätten mehrere Autoren dazu beigetragen. Sogar spekulative Texte sind darin zu finden („Wie würde die Nachwelt Hitler beurteilen, wenn er 1938 ermordet worden wäre?"), und auch ein erschütternder literarischer („Janusz Korczak bedenkt den bevorstehenden letzten Weg"). Dieses Spektrum – und dennoch fügt sich all dieses Erlebte, Beobachtete und Erfahrene, Statistische und Literarische, Analytische und Leidenschaftliche zu einem geschlossenen, umfassenden, zutreffenden, anschaulichen Bild der nationalsozialistischen Herrschaft. Ein Thema, eine These, ein Gefühl. Eine Geschichte über ein Stück Geschichte. Ein Werk, entstanden aus einer großen geistigen und moralischen Kraft. Entsprechend stark ist die Wirkung. Unser tägliches Pensum an Schreckensmeldungen nehmen wir ja nur noch zur Kenntnis – nicht zur Seele. Erst die Betroffenheit des Berichterstatters macht, daß es uns unter die Haut geht, die abgebrühte. Erst dann können wir endlich *empfinden*, wie schlimm jene Herrschaft war.

## Die editorische und redaktionelle Arbeit

Das Ziel der Textauswahl war ein doppeltes: einmal soll sie den Verfasser zeigen; zum andern sollte ein kompetentes Werk über den Nationalsozialismus entstehen. Nicht alle Texte werden beiden Zielen gerecht. Ist aber nur eines gewahrt, wurden sie aufgenommen. Zum Beispiel zeigt die chronologische Übersicht über die Verfolgung der Juden im Dritten Reich wenig von Eugen Kogon. Weil sie aber in ihrer nackten Sachlichkeit die unheimliche Konsequenz erkennen läßt, mit der sich die Hitler-Clique aus „nur" schlimmen

Anfängen ins aberwitzig Unmenschliche hineinsteigerte, gehört sie in dieses Buch. Umgekehrt zeigt die inhaltlich schwache, weil aus einem hier nicht relevanten Zusammenhang herausgelöste Passage über einen deutschen Deserteur (es ist Alfred Andersch) viel von Eugen Kogon. Von manchem Text, dessen thematischer Schwerpunkt anderswo liegt, konnten nur Auszüge aufgenommen werden. Eugen Kogon hat ja oft weit ausgeholt. Deshalb waren umgekehrt auch Auslassungen angezeigt; sie sind jeweils gekennzeichnet. In diesen und ähnlichen Fällen mußten dann auch neue Titel gefunden werden; der Originaltitel wird aber jeweils in der Quellenangabe genannt.

Eben weil das Buch Leben durch Erlebtes vermittelt, liegt einer seiner Schwerpunkte bei den Opfern. Als – innerlich souverän gebliebenes – Opfer hat Eugen Kogon die Hitlerherrschaft erlebt. Gleichwohl werden andere Erfahrungen einbezogen – „wo immer einer gestanden hat – zu Hause, in der Armee, in der Partei, im KZ oder in der Emigration"[1]. Manche Artikel führen sogar über das Thema hinaus, vor allem einige der eher wissenschaftlichen. Auf der anderen Seite soll der Kern des Themas „Konzentrationslager" dem „SS-Staat" vorbehalten bleiben; aus ihm werden hier lediglich einige weiterführende Texte zitiert.

Die geschichtswissenschaftlichen Kapitel spiegeln natürlich den Stand der Forschung zur Zeit der Niederschrift. Auch Eugen Kogon konnte sich nicht, trotz seiner Offenheit und Vielseitigkeit, der Tatsache entziehen, daß die Wissenschaft von heute der Irrtum von morgen ist. Der heutige Stand wird ja ebenfalls bald veralten sein. Wie schnell Historiker – nicht nur sie! – Erkenntnisse und Perspektiven hinter sich lassen können, zeigt die Erforschung des innerdeutschen Widerstandes; da hat sich lange Zeit mancher aus dem Regal geholt, was ihm gerade paßte. Der jeweilige Stand der Forschung muß deshalb nicht wertlos sein. Wie jede Äußerung des Lebens ist die Wissenschaft ein Weg, der gegangen werden muß selbst um den Preis, daß zurückgelassene Strecken später als Umweg erscheinen. Jede Stufe ist wichtig, auch wenn sie nachher zur Vorstufe wird. Texte freilich, deren Erkenntnisstand heute bei weitem übertroffen ist, wurden nicht aufgenommen. Anders die

---

[1] Eugen Kogon: „Ein Leben hinter Stacheldraht", Welt am Sonntag, 16. Oktober 1960.

Texte, die zwar nicht mehr auf dem neuesten Stand der Wissenschaft, aber in anderer Hinsicht von Interesse sind. Auch Eugen Kogon hätte vermutlich, wäre sein Artikel über „Das Dritte Reich und die preußisch-deutsche Geschichte" nicht 1946, sondern heute entstanden, das Bild der Preußen von damals in einigen Punkten freundlicher gezeichnet. Seinen Wert behält er dennoch, weil er die Einsicht verdeutlicht, daß ein Massenverbrechen ein Verbrechen nicht nur *an* Massen, sondern auch *von* Massen sein kann – mit anderen Worten, daß es zusätzlich zum individuellen Bösen der Pervertierung bestimmter „Tugenden" wie Disziplin, Gehorsam, Zuverlässigkeit, Ordnungsliebe und Sauberkeit (ja, auch sie ist mit von der Partie, wie Zygmunt Bauman in seinem oben erwähnten Werk darlegt) und bestimmter Merkmale der sozialen Organisation wie Arbeitsteilung und Hierarchie bedarf, damit aus der Absicht von Einzeltätern eine mörderische Schreckensherrschaft werden kann – in dem Sinne, wie Adolf Eichmann seine Arbeitsweise, mit der er Juden aus ganz Europa den Vernichtungslagern zulieferte, „preußisch" genannt hat. Hitler allein hätte nicht so viele Menschen ermorden können, wie heute etwa in der Schweiz leben.

Zahlreiche Texte sind Erstveröffentlichungen oder Artikel, deren Erscheinungsjahr und -ort nicht mehr zu ermitteln ist. Hinzukommen Teile des nur als Typoskript vorliegenden Buchfragments „Rückblick auf den Nationalsozialismus". In einem Fall handelt es sich um die deutsche Urfassung eines Vortrags, der lediglich in englischer Übersetzung veröffentlicht wurde.

Maßgebend für die Anordnung war die zeitliche Folge der Ereignisse, nicht der Entstehung der Texte. Deshalb ist unter jedem Titel das Entstehungsjahr angegeben.

Michael Kogon

# Bericht an die Enkel

## 1983

An Matthias (Jahrgang 1954), Beate (1955), Christiane (1962), Manuela (1962), Harald (1963), Thomas (1964), Ruth (1965) aus meiner Familie stellvertretend für die vorausgegangenen und die nachfolgenden Jahrgänge, die den Nationalsozialismus nicht miterlebt, seine Folgen aber mannigfach mitzutragen und mitzuverarbeiten haben.

Ich selbst bin 1903 geboren und habe es im Laufe von nunmehr acht Jahrzehnten mit fünf Herrschaftsbegründungen, die einander ablösten, zu tun gehabt: mit den Monarchien bis 1918, mit der ersten deutschen Republik bis 1933, mit dem Nationalsozialismus bis 1945, mit dem vierfachen Besatzungsregime bis 1949 und seither mit der Bundesrepublik Deutschland (der die Deutsche Demokratische Republik gegenübersteht).

Warum richte ich aus dieser Fülle politischer Erfahrung den Blick just auf den Nationalsozialismus? Zum ersten, weil er, vom Anfang an bis zu seinem Ende, ein weltrevolutionäres Unternehmen war: Von Deutschland aus sollte an die Stelle der Humanität, wie die europäische Aufklärung sie als Prinzip des geschichtlichen Fortschritts durchzusetzen unternommen hat, der Rassismus treten. Zum zweiten, weil der Nationalsozialismus wie kein anderes Herrschaftssystem – der Stalinismus in der Sowjetunion von damals ausgenommen – Tücke und Gewalt als selbstverständliche und gerechtfertigte Mittel der Politik ausgab und praktizierte. Zum dritten, weil die totale Kontrolle des öffentlichen und tendenziell auch des privaten Lebens im nationalsozialistischen Staat zeigt, um wieviel besser unter einer eigennationalen Diktatur die Bedingungen der Existenz für die einen, die „dazugehören", und schlechter für die anderen sind. Schließlich ist der Nationalsozialismus ein besonderes zeitgeschichtliches Lehrstück, weil sich bei ihm vielfach leichter und eindeutiger als bei den

Zusammenhängen in den übrigen Herrschaftssystemen von seiner Entstehung, seiner Ausbreitung, seinen Erfolgen und seinem Zusammenbruch auf die Ursachen, die dazu geführt haben, die Vorgegebenheiten, die Entscheidungen, die Versäumnisse und alle übrigen bestimmenden oder mitbestimmenden Faktoren schließen läßt, so daß mit den Verhältnissen der Gegenwart verglichen werden kann.

Außer einer Reihe von nützlichen geschichtlichen Kenntnissen vermittelt die Analyse des Nationalsozialismus im übrigen die Einsicht in unsere Verflochtenheiten, aus denen wir uns, seien sie familiärer, beruflicher, gesellschaftlicher, wirtschaftlicher, kultureller, politischer oder welcher Art immer, nicht beliebig zu lösen vermögen, etwa indem wir erklären, sie hätten sich ohne unser Zutun ergeben. Sie verlieren ihre allenfalls negative Bedeutung nur, wenn wir sie zur Kenntnis nehmen, uns mit ihnen auseinandersetzen und Entscheidungen für das Leben jetzt daraus ableiten.

Harte Konsequenzen aus dem Nationalsozialismus haben zunächst die Armeen der Sieger dort, wohin sie vordrangen, gezogen, dann, vom 8. Mai 1945 an, dem Tag der Kapitulation der deutschen Streitkräfte, aufgrund von Plänen, die schon während des Krieges in Erwägung gestanden hatten, als Verfügungen, die den deutschen Staat und die deutsche Bevölkerung insgesamt betrafen. Was von beidem Befreiung oder Strafe oder Willkür oder gedachte Umerziehung war, ist bis heute nicht eindeutig geklärt, es wirkt in unser Verhalten auf Kooperation oder Distanzierung oder sogar Verweigerung hin nach. Die sachliche Erinnerung an die Besatzungszeit gehörte daher zu meinem Bericht als Folgebestandteil ebenso wie die Entstehung und die Ausbreitung des Nationalsozialismus zur Vorgeschichte ...

Meine Darstellung ist nicht das Ergebnis eigener historischer Forschung, kein Beitrag zur Geschichtswissenschaft. Aufgrund der Feststellungen, die die Wissenschaft getroffen hat, will das Buch diejenigen, die den Nationalsozialismus nicht erlebt haben, informieren. Um politische Aufklärung handelt es sich also. Wer an den öffentlichen Dingen interessiert ist, soll in die Lage versetzt werden, was die Voraussetzungen aus der Vergangenheit betrifft, zu ihrer Kenntnis sich der Standardwerke der Wissenschaft ergänzend zu bedienen.

Nicht alles berichte ich, aber jeweils Wesentliches als Hinweis: das Buch soll für die politische Aufklärung praktikabel sein.

... geht es hier nicht um Anklagen oder Entschuldigungen, sondern um die Erkenntnis der Tatsachen und ihrer Zusammenhänge zum Zwecke praktischer Schlußfolgerungen: um die Antwort auf die Frage, ob und inwieweit unter den Gegebenheiten, wie sie waren, die Möglichkeit anderen Denkens, anderen Verhaltens, anderen Handelns in der Weimarer Zeit und dann bestand; um die Einsicht, daß der Nationalsozialismus nicht, wie manche meinen, lediglich ein mehr oder minder unerklärlicher „Betriebsunfall" der deutschen Entwicklung war, sondern ein Stück zusammengehöriger umfassenderer Geschichte, aus dem sich über die Qualität getroffener und unterlassener Entscheidungen in der Tat lernen läßt.

Aus dem unveröffentlichten Buchfragment „Rückblick auf den Nationalsozialismus".

# Das Dritte Reich und die preußisch-deutsche Geschichte

## 1946

Allzu viele Deutsche halten den Nationalsozialismus nur für eine Episode mit epochalem Ausgang. Sie meinen, man könne zum Wiederaufbau einfach da anknüpfen, wo wir 1933 aufgehört haben. Mangelnde Einsicht in die Zusammenhänge der Geschichte und eine untergründige Ablehnung der Möglichkeit, in gemeinsame tiefere „Schuld" verstrickt zu sein, verführt sie zu der Auffassung, das Regime dieser zwölf Jahre sei ihnen bloß durch eine kleine Clique verbrecherischer Abenteurer aufgezwungen worden, und man könne zwar nicht die katastrophalen Folgen der Politik des Dritten Reiches aus der Welt schaffen, wohl aber die Erscheinung des Nationalsozialismus selbst als einen kurzen Abschnitt der deutschen Geschichte isolieren und damit abtun.

Wenn die Wege, die in eine bessere deutsche Zukunft führen, von entgegenstehenden Hindernissen freigelegt werden sollen, dann muß zuerst eine Übersicht gewonnen, der Zusammenhang der Entwicklung festgestellt und die geschichtliche Perspektive gesehen werden: der abendländische Zug „von der Humanität über die Nationalität zur Bestialität", in dem die deutschen Gewalthaber, vom Absolutismus herauf bis herab zum modernen Totalitarismus, eine ganz besondere Rolle gespielt haben. Es gehört also zu den Aufgaben der Besinnung, die Wurzeln ausfindig zu machen, die das Hitler-Regime mit der deutschen Vergangenheit und gewissen Eigenheiten des deutschen Charakters verbunden haben ...

Der zentrale Tatbestand, dem unsere erste Aufmerksamkeit zu gelten hat, ist die *Entwicklung des Machtgedankens* als Voraussetzung und Mittel einer „besonderen deutschen Aufgabe in Europa und in der Welt". Immer war die Reichs-Vorstellung der Deutschen, deren Kern eine Ordnungs-Idee ist, auf das engste mit ihm verknüpft. Macht zur Herstellung von Ordnung – nach innen und nach außen – wurde als die eigentliche Aufgabe der deutschen Nation angesehen. Die Verbindung dieser beiden Ideen auf dem Boden des deutschen Charakters, der deutschen Überlieferungen und der äußeren Gegebenheiten des Landes schuf auch den Nationalsozialismus – die deutsche Abart der internationalen Erscheinungen des Faschismus und des Totalitarismus. Er war der letzte und tragischste Versuch, ein altes deutsches Ziel zu verwirklichen. Nicht die sozialreaktionären Tendenzen des Nationalsozialismus, an der Oberfläche für manche fortschrittlich getarnt, haben auf die Völker im Umkreise Deutschlands so abschreckend gewirkt, sondern seine Außenpolitik, die unmittelbar der *nationalen Wurzel des deutschen faschistischen Totalitätssystems* entstammte. Das Dritte Reich war darin der direkte und entartete Erbe der Zielvorstellungen und der Methoden der Bismarckschen und Wilhelminischen Epoche, die in der Weimarer Republik unterirdisch weiterbestanden hatte, bis sie in der neuen, schrecklichen Gestalt hervorbrechen konnten. Das sozialreaktionäre Element im Nationalsozialismus bildete ganz gewiß ebenfalls ein gewichtiges Faktum, dem eine gewisse Sprengkraft innewohnte. Trotz den wiederholten Versicherungen diesseits und jenseits der Alpen, der Faschismus sei kein Exportartikel, konnte kein Vernünftiger die Erwartung hegen, der Totalitarismus werde sich hinter den eigenen Grenzen zufriedengeben. Der gewaltige Explosivstoff der in ihm beschlossenen Spannungen wirkte von vornherein stärkstens in das internationale Feld. Aber der spezifisch nationale Expansionsdrang überwog in Deutschland bei weitem; und er war historisch tief verwurzelt.

Wahrscheinlich hat jedes Volk eine Vorstellung von besonderen Aufgaben, die es in der Geschichte erfüllen müsse; zumindest wird das den Völkern seit den Tagen von Chateaubriand und Rousseau, Herder und der deutschen Romantik, die in Ost und West eine so weite Verbreitung gefunden und eine so tiefe nationale Wirkung hervorgerufen haben, erklärt. Aber das deutsche Volk hat mit dem Ideal der nationalen Einheit die *Idee einer Herrschaftsmission in Mitteleuropa* entwickelt. Und man kennt die immanente Dynamik dieser Ideen: es konnte nicht bei Mitteleuropa bleiben – die „bedrohten Grenzen", die „Sicherheit des Hinterlandes", der „notwendige Lebensraum", die „Geltung einer Großmacht" forderten beständige Erweiterung der Einflußzonen, und überseeische Besitzungen gehörten schon aus Ansehens-, wenn nicht aus Wirtschaftsgründen dazu.

Der Gedanke, Ordnungsvormacht in Europa zu sein, ist altes deutsches Überlieferungsgut. Er geht auf die Zeit des Heiligen Römischen Reiches Deutscher Nation zurück, ohne daß sich, wie das in der Geschichte häufig vorkommt, die Vorstellungen der verschiedenen Zeiten von den gleichen Absichten gedeckt hätten. Das „Erste Reich" war nach einem Worte des größten staufischen Kaisers, Friedrichs II., „eine vornehme Republik von Fürsten", die mit eifersüchtiger Wachsamkeit auf die Erhaltung ihrer Freiheiten bedacht waren, mit Hilfe des Wahlrechtes das Aufkommen jeder starken Hausmacht zur Reichsherrschaft zu verhindern suchten und gegen die Erblichkeit der Reichskrone notfalls sowohl den französischen König wie die Päpste mobilisierten, um eine für sie alle gefährliche Einheit des Reiches unmöglich zu machen. Städte und Stände waren ihrerseits nicht weniger bemüht, die „deutschen Freiheiten" jederzeit gewahrt und geschützt zu sehen. Mit dem Sturz der Hohenstaufen war die Blütezeit des „Ersten Reiches" vorüber. Ein französischer Autor hat sehr richtig bemerkt, daß das Interregnum von 1250 bis 1870 gedauert hat. Während all dieser Zeit, besonders ab 1648, war das Reich eine „föderative Republik unter kaiserlicher Präsidentschaft"; um mit Fichte zu sprechen: niemals ein Staat, immer nur ein Bündnis.

Zwischen dem Ersten und dem Dritten Reich, zwischen dem 9.-
13. Jahrhundert und dem 20. Jahrhundert ist ein geistiger, seeli-
scher, religiöser, politischer, sozialer und ökonomischer Unterschied, der Vergleiche kaum mehr zuläßt; selbst der deutsche
Volkscharakter ist anders geworden. In jeder Hinsicht war daher
eine Berufung des Dritten Reiches auf die Überlieferungen des
Ersten unzulässig. Gleichgeblieben war lediglich die geographische
Lage im Herzen Europas, und übernommen wurde über alle Jahrhunderte hinweg der Anspruch auf Oberherrschaft. Er präsentierte
sich in unseren Zeiten natürlich anders als damals. Das *moderne
Großmachtbewußtsein,* das einen zureichenden Grund für jede
außenpolitische Handlung im eigenen Dasein sieht und dieses
Dasein als ein Element des notwendigen historischen Kampfes
betrachtet, stützt sich nicht auf den Grundsatz der Legitimität oder
die Idee einer praestabilierten göttlichen Ordnung in dieser Welt,
sondern pocht ganz einfach auf überlegenes Können, auf die Größe
und Masse des eigenen Volkes, auf das Beispiel der Andern, die sich
genau so verhalten. Der Gedanke der Macht und des Herrschens,
der „Geltung", wie es in Deutschland vieldeutig-schillernd heißt,
hat von den Menschen unserer Zeit so sehr Besitz ergriffen, daß er
zur Selbstverständlichkeit geworden ist. Irgendeiner muß die anderen sich „unterordnen", wie kann man daran zweifeln? Was soll die
Frage nach dem Recht solchen Anspruchs? Er ist eine Tatsache,
eine Notwendigkeit, daher ein Recht dessen, der „so oder so" Sieger bleibt. Es gibt in dieser „modernen Zeit" nicht Wenige, die hef-
tigsten Abscheu zu empfinden scheinen, wenn sie an das
„geschichtslose Dasein" erinnert werden, das die Schweiz seit vier-
hundert Jahren, Schweden, Holland, Dänemark seit mehr als hun-
dertfünfzig Jahren angeblich führen. „Satt sein", „am Rande der
geschichtlichen Entwicklung leben", kein „heroisches Schicksal"
haben – schreckliches Los! Man muß sich selbst, indem man „energisch handelnd" in die Geschichte eingreift, davor bewahren und
die andern gleichfalls, indem man sie als Objekte der „Ordnung"
nach Möglichkeit in den Kreis des großen Geschehens miteinbe-
zieht ...
Die geographische Mittellage, eine rein natürliche Gegebenheit
ohne ethische oder gar rechtliche Bedeutung, als *Begründung des
Vorherrschaftsanspruches* gelten zu lassen, lehnten die übrigen
Nationen natürlich ab. Europa konnte, wie die praktische Erfah-

rung gezeigt hat, auch von seinem Rande her beherrscht und, nach anderen Anschauungen, sogar in Ordnung gehalten werden. Die Mittellage der Deutschen hatte aber eine sozusagen machttechnische Seite, die das Reich immer wieder zum Unruheherd Europas werden ließ, sei es, daß die auswärtigen Mächte Gelegenheiten wahrnahmen, um von allen oder von verschiedenen Seiten die deutschen Grenzen zu überschreiten, sei es, daß Deutschland selbst nach Osten, Westen, Norden oder Süden ausfiel, um zu erobern oder seinem wirklichen und seinem vorgeblichen Sicherheitsbedürfnis zu folgen.

Man kann ermessen, was es in solcher Lage für alle Anrainer des Reiches bedeutete, wenn sich in Deutschland eine Macht erhob, die mehr und rücksichtsloser als alle anderen auf dem Standpunkt des nackten „Kampfes ums Dasein" stand, hemmungslos rechtliche Vereinbarungen brach, sobald es ihr paßte und sie sich stark genug dazu fühlte, oder Eroberungen auch rein aus Gier und Herrschaftsbedürfnis anstrebte! Diese Macht war *Preußen*.

Es soll hier nicht mit leidenschaftlichem Parteigeist in Preußen allein der Staat gesehen werden, der Unrecht getan und alles Unheil in Europa verschuldet hat. Die Politik der neuzeitlichen Großmächte wurzelt insgesamt tief im Amoralischen und rein Egoistischen. Man kann ja auch nicht feststellen, daß die Welt am empörtesten gewesen wäre, als Preußen zum ersten Mal, nämlich unter Friedrich II., in der denkbar rücksichtslosesten Form den Grundsatz anwandte: „Gewalt vor Recht!" Im Gegenteil, sie bewunderte den Raubkönig in einem Maße, daß beispielsweise in Venedig gegen die „Teresiani" der Schrei aufkam: „Chi non è buon Prussiano, non è buon Veneziano!" (Wer nicht gut Preußisch denkt, denkt nicht gut Venezianisch!) Erst später, viel später ist die Welt klüger geworden, – als es zu spät war. Denn was Preußen unter den Vormachtstaaten der neuen Zeit „ausgezeichnet" hat, das war seine Härte, seine Rücksichtslosigkeit und die barbarische Überhebung, sich offen zur Gewalt-vor-Recht-Politik zu bekennen, in der Praxis aber gleichwohl jederzeit auch noch das Recht für sich in Anspruch zu nehmen. Die Tragödie Deutschlands hat es gewollt, daß keiner aus der Reihe seiner politisch und kulturell besser qualifizierten Staaten das Werk einer andersgerichteten deutschen Einigung vollzogen hat und Österreich als Großmacht den Kampf um ein bundesstaatliches Deutschland gegen Preußen ver-

lor, – nicht ohne eigenstes „Verschulden" ganz Europas, das die
besondere Art des Hohenzollernstaates nicht früh genug erkannt
hat.

Erst 1539 sind die Kurfürsten von Brandenburg mit dem „Land
der Pruzzen" belehnt worden. Diesem eigentlichen *Geburtsakt
Preußens,* der Loslösung aus der polnischen Lehenshoheit und der
Vereinigung mir der Mark Brandenburg, dem Kernland der
Hohenzollern, war 1525 die Einführung der Reformation durch
den letzten hohenzollernschen Hochmeister der Deutschritter und
die Umwandlung des Ordenslandes in ein weltliches Herzogtum
vorangegangen. Alle drei Elemente haben von da ab zusammengewirkt: der hohenzollernsche Hausgeist, die charakterliche Eigenart
des baltisch-slawischen Mischvolkes und der protestantische Refor-
mationsdrang, um das zu formen, was man später unter Preußen
verstehen mußte.

Ohne die *Hohenzollern* wäre dieses Geschichtsgebilde niemals
entstanden. Nüchtern, knauserig, ehrgeizig, zielbewußt, geduldig,
rücksichtslos und zäh, hat dieses Geschlecht jede Gunst des Augenblicks benutzt, um überall, ganz gleich wo, Landflecken, Gebiets-
streifen, Enklaven, Grenzraine und sonstige Territoriumskomplexe,
ob groß, ob klein, ob zusammengehörig oder noch so weit voneinander entfernt, zu erwerben. Unorganisch war der gesamte Besitz
über die weiten Gebiete des Reiches verstreut, mehr als der jeder
anderen Hausmacht; eingesprenkelt lag er in die Buntscheckigkeit
der „Deutschländer", niemand konnte in dieser Vielfalt, in diesem
Kunterbunt von Grenzen eine bestimmte Entwicklungstendenz
erblicken. Sie lag auch nicht in den Territorien, sie lag im Geist der
Hohenzollern. Wie sie seit den Tagen von Nürnberg, da sich ihr
Aufstieg in die deutsche Geschichte vollzog, den Wert der baren
Gold- und Silberstücke in den Truhen gekannt hatten, die auch
nur einzelne Münzen darstellten, in der Masse aber einen Schatz,
der Macht verlieh, sobald Gelegenheit sich bot, so wußten sie sehr
wohl, was sie wollten, als sie, anscheinend ohne großes Ziel und
ohne Zusammenhang, aber unentwegt Gebietsakkumulation
betrieben. Selbst Frankreich, der mißtrauischeste Beobachter der
Entwicklungen in Deutschland, begann sich über die Sprengwir-
kung solchen Streubesitzes erst langsam klarzuwerden, als Friedrich
Wilhelm, den die Preußen ihren „Großen Kurfürsten" genannt
haben, von 1657 bis zum Frieden von Oliva mit Ostpreußen und

der Anwartschaft auf Pommern und Stettin Gebietserweiterungen von mehr als lokaler Bedeutung erzielte. England, zu jener Zeit in inneren Wirren und selbst erst im Aufstieg zur Seemacht, wurde immerhin durch den Bau einer preußischen Hochseeflotte und den mit ihr unternommenen Versuch einer Kolonialreichgründung aufmerksam. Dieser „Große Kurfürst" war es auch, der die preußischen Territorien zu formen begann und die preußische Eigenart entwickelte. Die Deutschritter hatten die Pruzzen unterworfen und sie in drei Jahrhunderten klarer, harter Herrschaft nicht weniger gehorchen gelehrt, wie die Hohenzollern ihre Wenden und Kaschuben jenseits der Elbe. Das trug nun Früchte, als die Zeit gekommen war, auch dem stets aufsässigen Adel preußische Art beizubringen. Gehorsam und Genügsamkeit wurden die beiden Grundtugenden, eisern verlangt, unerbittlich erzwungen, erbarmungslos geübt, aus denen sich das Werkzeug bilden ließ, das die Hohenzollern jetzt brauchten, um ihren Gewaltweg durch die Geschichte anzutreten: Militär. Das reformatorische Bekenntnis lieferte dem System die autoritäre Rechtfertigung und den erwünschten tiefsitzenden Gegensatz zu den katholischen Mächten; aus ihm ließ sich in schier unerschöpflicher Abwandlung politisches Kapital schlagen.

Auf der Grundlage, die Kurfürst Friedrich Wilhelm geschaffen hat, wurde 1701 das *Königreich* errichtet. Friedrich Wilhelm I., der „Soldatenkönig", der Schöpfer des preußischen „Drills", hinterließ seinem Sohn, Friedrich II., die fertig geformte Macht, die der „erste Diener des Staates" nun ebenso raffiniert wie hemmungslos zur Geltung brachte. Während die gesamte Intelligenz des Westens ihn als Vorkämpfer der Aufklärung preist und ihn gegen das „finstere Österreich" unterstützt, erprobt Friedrich, den die Welt seit Voltaire den „Großen" nennt, kaltblütig die Kraft des jungen Staates der kargen Bauernhöfe, der düsteren Kasernen und der vollen Gefängnisse. Diese dritte, typischste Verkörperung des Preußengeistes aus Hohenzollernblut entwickelte dabei Durchhalte-Eigenschaften, denen man die Bewunderung nicht versagen kann, wenn man bereit ist, die Augen zu verschließen vor gepeitschten Soldatenrücken und ausgemergelten Bauernknochen, vor geplünderten Landstrichen und langreihigen Friedhöfen. Das alles sah die glorreiche „Aufklärung" nicht, und spätere Geschlechter, dem nackten Machtgedanken verfallen, hielten es kaltherzig für die unerläßliche Voraussetzung des nationalen Aufstiegs.

Aus den *Napoleonischen Kriegen* ging Preußen durch den Wiener Friedensschluß 1815 äußerlich geschwächt hervor. Das hatte indes nicht so sehr Napoleon zuwege gebracht als Österreich und Rußland. Die innere Tendenz Preußens war, wie sich zeigen wird, von Napoleon durchaus nicht gebrochen worden. In den Militärreformen von Scharnhorst über Boyen zu Roon: der preußischen Landwehr, dem Volksheer, der allgemeinen Wehrpflicht, zeigte sie sich so lebendig wie eh und je, ja sie erfuhr sogar eine bemerkenswerte Erweiterung ihrer sozialen Grundlagen. Gewiß waren die preußischen Führer, im Gegensatz zu ihrem Herrn und Meister Friedrich II., jetzt sehr christlich geworden, aber diese christlichen Gefühle standen unverbunden neben den gleichgebliebenen preußischen Grundanschauungen, ohne sie wesentlich zu beeinflussen. Worin sah Roon den historischen Beruf Preußens? „Wenn ich die Geschichte", sagte dieser fromme Kriegsminister, „mit Nutzen gelesen habe, so ist ihr Hauptinhalt nichts anderes als Kampf um Macht und Machterweiterung." 1861 bemerkt er König Friedrich Wilhelm IV. gegenüber: „Zwei Wege haben wir, um aus dem Wirrsal herauszukommen. Der eine heißt nachgeben; im Hintergrunde winkt eine Bürgerkrone, und Preußen wetteifert vielleicht künftig mit Belgien in den materiellen Segnungen einer unhistorischen Existenz. Der andere heißt Geltendmachung des gesetzlich berechtigten königlichen Willens. Er führt auf anfangs rauher Bahn, aber mit allem Glanz und aller Waffenherrlichkeit eines glorreichen Kampfes zu den beherrschenden Höhen des Lebens." „Besser verbluten als verfaulen", heißt es von ihm später. „So ward für ihn auch die schleswig-holsteinische Frage, ebenso wie für Bismarck, mehr eine Frage der Macht als des Rechtes."

Wenn es die erste Paradoxie war, daß die Aufklärung Friedrich II. von Preußen als ihren Heros empfand, so war es nun die zweite, nicht geringere dieser Art, daß der deutsche Liberalismus als Träger der eben erst erwachten und mächtig lodernden nationalen Sehnsucht nach Einheit Preußen, dem Staate der unablässigen *reaktionären Revolution*, den Weg zur Vorherrschaft in Deutschland bereitete. Manche fürchteten zwar „eine Vergewaltigung Deutschlands durch Preußen", und die „alte Abneigung gegen die

spröde und harte Eigenart des friderizianischen Militärstaates" war
groß. Trotzdem boten 1849 die Demokraten des Frankfurter Par-
laments Friedrich Wilhelm IV. die deutsche Kaiserkrone an, und
sie waren erstaunt und enttäuscht, als sie der privat legitimistisch
denkende König – nicht Vorkämpfer, sondern schon Nutznießer
der selbständig gewordenen preußischen Entwicklung – wegen
des „Ludergeruches", der ihm von der Nationalversammlung in
Frankfurt ausging, und aus der Hand von „Revoluzzern" nicht
annahm. Der tiefere Grund, daß er sie ausschlug, war allerdings
ein anderer. „Der preußische Staat sollte," schreibt Friedrich
Meinecke, ein Historiker, dem gewiß niemand Voreingenommenheit gegen Preußen vorwerfen kann, „so war es die Absicht der
Frankfurter, über kurz oder lang ganz aufgehen im deutschen
Nationalstaate, sein Eigenwille untergeordnet werden unter und
mit der Zeit ganz aufgesogen werden durch den deutschen Reichs-
willen. Es sollte also nicht etwa der preußische Staat die Hegemo-
nie über Deutschland erhalten, sondern es sollten die Hohenzollern, zur Kaiserwürde berufen, die tatsächlichen Machtmittel des
preußischen Staates dem Reiche und seinen Organen zur Verfügung stellen." Davon wollten nun freilich die Hohenzollern und
ihre Berater nichts wissen. Sie glaubten, ihr Ziel allein und auf
eigenen Wegen erreichen zu können. Wieder war es Österreich,
das zusammen mit Rußland in den Olmützer Konventionen 1850
die Erklärung Preußens zur „deutschen Schutzmacht" verhinderte. Doch konnte dieses immerhin erreichen, daß sich Rußland
ein Jahr darauf in Dresden auch gegen das gleiche Streben Österreichs wandte. Praktisch war damit dem Manne der Weg geebnet,
in dem sich Preußengeist und diplomatisches Geschick erfolgver-
heißend verbunden hatten: Otto von Bismarck.

Mit *Bismarck* wurde ein neuer Abschnitt der Entwicklung eröffnet. Die politische Gedankenwelt der Restaurationszeit, in der,
nach dem eben zitierten Autor, „die lebendige Bewegung der
Macht gehemmt worden war durch Ideologie und Doktrinen"
(aus dem Preußischen übersetzt: gehemmt durch Rechts- und Sta-
bilitätsdenken!), diese Zeit „veraltete" nun, das heißt, Bismarck
brachte sie mehr und mehr zum Absterben. Man muß sich einige
markante Aussprüche des Gründers des Zweiten Reiches ins
Gedächtnis rufen, um den geistigen Nährboden ganz zu erfassen,
in dem der Junker wurzelte. Sie sind einer Abhandlung Friedrich

Meineckes aus dem Band „Preußisch-deutsche Gestalten und Probleme" entnommen.

„ ‚Das wäre doch etwas gewesen', schrieb Bismarck vier Wochen nach der Märzrevolution 1848 an die Magdeburger Zeitung, ‚wenn der erste Aufschwung deutscher Kraft und Einheit sich damit Luft gemacht hätte, Frankreich das Elsaß abzufordern und die deutsche Fahne auf den Dom von Straßburg zu pflanzen.' Von dem Werk der Paulskirche aber, das den preußischen Staat der deutschen Idee unterwerfen wollte, urteilte er am 21. April 1849: ‚Die deutsche Einheit will ein jeder, den man danach fragt, sobald er nur deutsch spricht; mit dieser Verfassung aber will ich sie nicht.' ‚Den Deutschen zu befehlen, welches ihre Verfassung sein sollte, auf die Gefahr hin, das Schwert in die Waagschale zu werfen – dies wäre', so rief er am 6. September 1849 seinen Landsleuten zu, ‚eine nationale preußische Politik gewesen.' Es war der Gedanke, der ihn 1866 auf die böhmischen Schlachtfelder und zur Gründung des Norddeutschen Bundes geführt hat, es war zugleich der Geist Friedrich des Großen, den er damit heraufbeschwor. Der hätte, sagte er damals ahnungsvoll, so etwas tun können, ‚mit demselben Rechte, mit dem er Schlesien eroberte'. Und diesen friderizianischen Adlerblick in die Sonne ließ er nicht wieder sinken; selbst durch die Dämmerung der Tage von Olmütz blitzte er hindurch. Er sprach damals, scheinbar nur spielend und doch seinen innersten Drang verratend, von einem Kriege, der keinen anderen Grund habe, als daß der König und Kriegsherr sage: ‚Dies Land gefällt mir, ich will es besitzen!' ... Edwin von Manteuffel erinnerte ihn am 9. Juni 1851 an jene Worte und fügte hinzu: ‚Und das wird sein und das muß sein, denn es heißt aut – aut, aufhören oder erobern.' ... Den Gedanken der nationalen Einheit und Größe ließ er nur insoweit gelten, als er dem Gefüge des preußischen Staates nicht schadete, und als er zu ganz realer und greifbarer Macht führen konnte. Er will ‚von den abgenutzten idealen und nationalen Hebeln' einer hegemonischen Politik Preußens nichts mehr wissen. Er spricht vom ‚räudigen Hermelin des deutschen Patriotismus', der der kühlen preußisch-egoistischen Politik übel angestanden hätte! Weil er wußte, daß Preußen doch nur auf Kosten der Mittelstaaten seine Macht steigern konnte, machte er es sich auch völlig klar, daß nur ‚Furcht und wieder Furcht' die deutschen Höfe an Preußens Seite führen könne... Er, von keinerlei legitimistischen Skrupeln geplagt, frohlockt, wenn er an die Möglichkeit dachte, daß Rußland, Preußen und Frankreich in Europa auf der einen, Österreich so gut wie isoliert auf der anderen Seite zu finden sein würden. Dann konnte der Tanz losgehen! Nur keine unentschlossene Planlosigkeit wie einst 1805, eiferte er, ‚Hammer oder Amboß gilt es für Preußen!' ... Am europäischen Himmel begannen sich die Wolken zusammenzuziehen, die zu einem Ungewitter gegen Österreich führen mußten. Dann konnte auch einmal die ‚schmucke preußische Fregatte' in die hohe See stechen ..."

Das Ziel war also von Anfang an klar: ein *preußisches Einheitsdeutschland*. Die ostelbische Brutalität der Methoden erfuhr seit der Zeit des Krimkrieges, aus welchem Bismarck nach seinen eigenen Erinnerungen entscheidende außenpolitische Lehren gezogen hat, die Modifizierung zu macchiavellistischer Geschmeidigkeit. Rußland, noch eben in Olmütz und Dresden so mächtig, fiel 1856 nach dem Frieden von Paris als stärkster Eckpfeiler des Systems der Heiligen Allianz von 1815 aus. Damit war Österreich tatsächlich isoliert, und die Saat mußte in Deutschland für Preußen reifen. Es hat zu Magenta und Solferino sichtbar nichts beigetragen; Napoleon III. besorgte 1859 die Arbeit gegen Österreich – für Italiens Einigung und „pour le roi de Prusse". Welche Geschicklichkeit Bismarcks, das angeschlagene Österreich, den alten Vorkämpfer des geheiligten Status quo, an Preußens Seite in die nationalen Händel von Schleswig-Holstein und in den Krieg gegen das kleine Dänemark zu locken! „Er hat es selber immer für sein höchstes diplomatisches Meisterstück angesehen, daß es ihm gelang, gegen den Willen und Wunsch von ganz Europa im Bunde mit derjenigen Macht, die Preußens nächster und stärkster Nebenbuhler war, die Herzogtümer Schleswig und Holstein von Dänemark loszureißen." Mehr noch: Österreich 1864 im Vertrag von Wien auch an den Ungerechtigkeiten des neuen Friedens so zu beteiligen, daß es für Preußen eine Kleinigkeit war, zwei Jahre später den Grund zu finden, um über den Bundesgenossen herzufallen! Nichts als zickzackige Etappen zum gradlinig vor Augen liegenden Ziel. Königgrätz warf Österreich aus Deutschland, und das Frankreich Napoleons III. jubelte! Bismarck nützte die Situation – nicht, wie der König und die preußischen Generale es wollten: gegen das besiegte Österreich; im Gegenteil: da es nun keine Gefahr mehr für Preußens Vorherrschaft in Deutschland bedeutete, machte er es sich durch scheinbar maßvolle Zurückhaltung, ja durch Entgegenkommen zum Freund und lenkte es überdies nach dem Südosten ab, um die Gegensätze zwischen Österreich und den Slawen zu verstärken, – eine Politik, die auf dem Berliner Kongreß 1878 ihre Krönung fand.

Inzwischen brachte 1867 unter Preußens Führung den Norddeutschen Bund – die letzte Vorbereitungsstufe zu 1870. Am 18. Januar 1871, auf den Tag einhundertsiebzig Jahre nach der Proklamation Preußens zum Königreich, war das Ziel erreicht: Mitten im Herzen des „Erbfeindes", im Spiegelsaal von Versailles, wurde die deutsche Einheit triumphierend vollzogen. Das *Zweite Reich* war Wirklichkeit geworden.

Es hätte als Wunder bezeichnet werden müssen, wenn diese kleindeutsche Schöpfung aus Blut und Eisen nicht alsbald die charakteristischen Merkmale preußischer Art angenommen und an den Tag gelegt hätte. Im Verlauf weniger Jahrzehnte drang der preußische Feldwebel in den letzten Winkel Deutschlands – ihm auf dem Fuß der „Piefke", jener dumm-dreiste Typ eines großmannssüchtigen Kleinkapitalismus, der mit seiner frechen Schnodderigkeit so viel dazu beigetragen hat, das Neudeutschtum in der Welt verhaßt zu machen. Über den beiden standen die Prediger der allgermanischen Heilsidee, die Militarismus, wirtschaftlichen Expansionsdrang und Gelehrsamkeit verbanden, um unter der Ägide Wilhelms II. der Welt morgens, mittags und abends zu verkünden, daß nun die Zeit gekommen sei, wo sie an diesem deutschen Wesen genesen müsse. Ja – die preußische Fregatte war mit geblähten Segeln frisch-fröhlich in See gestochen, und der „Alte vom Sachsenwald" sah in seinen letzten Tagen mit grollender Sorge, welche Mannschaft sich auf dem Schiff tummelte, und welchen Gewittern es entgegenfuhr. Den Wind, den er gesät hatte, hat die Generation nach ihm als Sturm geerntet.

Im *Versailles* von 1919 wurde die preußisch-deutsche Einheit nicht angetastet; die neue Verfassung von Weimar konnte sie, da die Fürsten der deutschen Bundesstaaten ausgeschaltet waren, sogar verstärken. Wohl hat die Entente einige der Bäume, die in den Himmel hatten wachsen wollen, gefällt, aber die Wurzeln wurden belassen.

So konnte unter der Führung Adolf Hitlers das *Dritte Reich* dem Zweiten folgen. Seine Einheit war für Hitler kein Problem mehr. Er mußte den Weg Bismarcks nicht von neuem gehen, sondern durfte die Grundlagen von 1871 als selbstverständliche Voraussetzung benutzen. Er zentralisierte Deutschland lediglich noch mehr, um es im Sinne der Diktatur durchsichtiger und schlagkräftiger zu machen. Dabei nahm er die zunehmende Bürokratisierung in Kauf, da er ja Hunderttausende seiner Parteianhängerschaft, die als Antreiber und als Informatoren dienen konnten, im Staatsapparat unterzubringen hatte. Im geistigen Sinne – wenn das Wort Geist hier gestattet ist – wurde die Einheit zur „Gleichschaltung" weitergetrieben. Aber das außenpolitische Programm des Dritten Reiches, das sich auf diese Einheit des verpreußten Deutschland gründete, glich den Wesenszügen der Außenpolitik der Wilhelminischen Epoche wie ein Ei dem andern; bloß daß im Einzelnen die abstoßenden Züge noch viel deutlicher hervortraten. Aus Kleindeutschland Großdeutschland und aus Großdeutschland ein noch größeres Deutschland, das Reich aller Deutschen in Europa zu machen, das Dritte Reich also zur Vormacht im Abendland, das war der Wunschtraum des ruhelosen, sich ewig verkannt fühlenden, mit Minderwertigkeitskomplexen beladenen und daher jede Kraftäußerung innig anbetenden Mannes aus Braunau.

Hitler hat dem Streben des Dritten Reiches die Parole der Freiheit vorangesetzt. Nicht die Freiheit des Staatsbürgers war damit gemeint, sondern zuerst die Befreiung aus den „Fesseln von Versailles", dann die Expansionsfreiheit des deutschen Kollektivums – des „*Germanismus in Freiheit*", wie es ein Franzose genannt hat. Denn das innerpolitische und soziale System des Dritten Reiches zeichnete sich durch ganz andere Eigenschaften aus als durch Freiheit. Sein Signum war die „Ordnung"!

Die Charakteristika des neuen Sozialsystems zu sehen, war nicht immer ganz leicht. Der faschistische Totalitarismus war im groß-deutschen Preußen eine widerliche *Verbindung aus Brutalität und Romantik* eingegangen, die es ihm ermöglichte, chamäleonhaft die Farbe zu wechseln. Bald saßen die Avantgardisten dieses Phänomens braunhemdig in den Goethe-Tempeln zu Weimar, bald ergötzten sie sich in den Uniformen der Henker an den Sadistereien des nur acht Kilometer davon entfernten Konzentrationslagers Buchenwald; zu den Musikfesten in Bayreuth gehörte als Pendant Floßenbürg, zur Kultur von München Dachau, zu Berlin Sachsenhausen. Aus solchem Verhalten mußte sich eine Hypokrisie sondergleichen entwickeln. Bei den einen, die das Treiben bewußt oder zumindest wissend mitmachten, war es eine natürliche Folge der Diskrepanz der Welten, in denen sie lebten; bei denen, die nichtsahnend als deutsche Kulturträger auftraten, wirkte die Schuld, inmitten grauenerregender Tatsachen blind geblieben zu sein, als objektive Heuchelei. Hinter dieser fratzenhaften Erscheinung des deutschen Antlitzes sind seine guten Züge allmählich völlig verschwunden.

Fragen wir einmal, was Deutschland selbst unter der „*Ordnung*" verstand, die es der Welt als politisches und soziales System bringen wollte. Fleißige und genaue Arbeit, tüchtiges Zupacken, diszipliniertes Verhalten in allen Lagen, Sauberkeit, Pünktlichkeit, sparsames Leben, unbedingte Einordnung, militärische Übung, – ist das nicht ungefähr der Inhalt seiner Vorstellung von „Ordnung" gewesen? Es unterliegt keinem Zweifel, daß es lange Zeit viel davon selbst praktiziert hat. Es konnte sich damit, da eine Fülle lebensfroher und lebensaufgeschlossener Eigenschaften fehlte, nur einen gewissen, nicht ohne Vorbehalte anerkannten Ruf in der Welt erringen. Aber ebenso steht es außer Zweifel, daß seit 1933 diese Eigenschaften fast ausschließlich einem System der Unterjochung dienstbar gemacht worden sind, das einem Zuchthaus angepaßt sein mochte. Spengler hat darzutun versucht, daß Preußentum und Sozialismus besonders aufeinander abgestimmt seien. Ja, aber was für ein Sozialismus! Die „Betreuung" arbeitsbuchgebundener Roboter von der Wiege bis zum Grab. Hier ist nicht wichtig, was Oswald Spengler gemeint und aus der Geschichte beweisen zu können geglaubt hat, sondern allein, was das Dritte Reich auf preußischer Grundlage als sogenannten nationalen Sozialismus in die Welt gesetzt hat: die mit Sentimentalitäten verzierte Reglementierung des gesamten Lebens zugunsten einer diktatorischen Herrscherclique, deren Macht- und Rassenwahn nicht Ruhe fand, bis es ihm gelungen war, die bienenfleißigen und genügsamen, gehorsamen und gedrillten Insassen der Fabriken, Büros, Lager, Kasernen und sonstigen damals in deutschen Landen gefängnisartigen Einrichtungen in ein immer gefährlicher werdendes Potential der Expansion zu verwandeln. Was war von dem „Preußischen Stil", dessen positive und scheinbar positive Elemente Möller van den Bruck aus Preußens Geschichte sorgsam zusammengetragen und bewundernd dargestellt hatte, übriggeblieben als der Stil der harten

Arbeit – mit Radiobegleitung, und des Massenmarschtritts – im Takt der alten friderizianischen Pfeifmusik?

Das *Militär!* Der preußische Generalstab hörte nicht auf, seine deutschen und europäischen Pläne abzuwandeln. Schon die Politiker der Republik hatten, in tragischer Verkennung der Geister und der Kräfte, die Berufsoffiziere aus der erzwungenen Reserve gerufen... Für Hitler wurde die Armee geradezu das eiserne Rückgrat seines Staates – dessen elastisches die Partei war –. Nichts verband das Dritte Reich mit dem Zweiten sichtbarer, weniger wirksamer als das Militär. Und der geliebte „Waffenrock" ließ jetzt wie damals die Herzen aller Fahneneidsüchtigen höher schlagen. Die einen mochten in der Soldaten-„Romantik", trotz dem Kasernenhof-Übergang zu ihr, sogar eine Abwechslung vom Tretmühlbetrieb des ökonomischen Antreibersystems empfinden; die anderen – ältere „Militaristen" – sahen, über Biergläser geneigt von besseren Zeiten träumend, wie die Stammtisch-Standarten ihrer Kriegervereine und Regimentskameradschaften in einem neuen frischen Winde zu flattern anhuben, während die Phantasie der jüngeren, durch Lieder, wirbelnde Landsknechtstrommeln und patriotische Reden entzündet, die mächtigen Bündel der roten Hakenkreuz-Fahnen und der schwarzen Sigrune-Banner über Europa entfaltete. Die alte preußische Saat war an allen Ecken und Enden gewaltig ins nationalsozialistische Unkraut geschossen; es mußte, früher oder später, über die Grenzen wuchern.

Der *Drang des Dritten Reiches nach Ausdehnung* hatte natürlich nicht bloß historische, ideologische und personelle Wurzeln, er war auch ökonomisch bedingt. Sein und Bewußtsein des nationalsozialistischen Staates griffen mehr denn sonst wie Zahnräder ineinander, um sich gegenseitig vorwärtszutreiben. Für Hitler handelte es sich allerdings nicht mehr wie im Zweiten Reich um den normalen Expansionstrieb des Hochkapitalismus, wenn auch Industrie, Handel und Finanz nur das alte Schema sahen: Heraus aus der Enge in den Weltmarkt und Beseitigung der revolutionären Drohungen der Millionen Arbeitslosen. Da sie beim System der parlamentarischen Demokratie keine rasche Lösung gefunden hatten, waren die Stärksten und Ungestümsten der deutschen Kapitalmächte bereit gewesen, mitzuhelfen, um Hitler in den Sattel zu heben. Ihm, dem Verfasser von „Mein Kampf", paßte der ökonomische Antrieb zur Rüstung ins Konzept! Die Durchführung dieses simplen Programms, nämlich, wirtschaftspolitisch betrachtet, den Haushalt eines Räuberstaates zu organisieren, verschaffte seinem Führer bei allen Kurzsichtigen vorübergehend billige Lorbeeren. Ohne allen Zweifel hat die deutsche Wirtschaftslage, rein faktisch, auf die besondere Entwicklung des Dritten Reiches stärkstens eingewirkt. Aber man kann deshalb den Nationalsozialismus trotzdem nicht einfach als politischen „Exponenten des deutschen Großkapitals" bezeichnen. Hitlers Vorstellungen vom Staat waren andere, und auch die Wirklichkeit, die er und seine Kamarilla schufen, sah anders aus, als die privatkapitalistisch denkenden Kreise, ob sie nun der klein-, mittel- oder großbürgerlichen Schicht angehörten, sie erwartet hatten. Die Tendenz der herrschenden Männer mit Hitler an der Spitze ging vielmehr, als sie einmal an die Macht gelangt waren, dahin, sich selbst mit Hilfe ihrer parteilichen Mittelsleute in den Besitz der wirtschaftlichen Kommandostellen zu bringen, diesen Vorgang auf jede mögliche Weise zu verschleiern und sich dabei, nebenher, auch die wirtschaftlichen und sozialen Vorteile des modernen Helotensystems zu verschaffen, das sie, mit allerlei täuschendem Firlefanz aufgeputzt, einzurichten entschlossen waren. In soziologischer Beurteilung kann ein solches Staatswesen nicht mehr kapitalistisch genannt werden, zumindest nicht in irgendeinem liberalen Sinn. Von den möglichen Formen eines echten Sozialismus war es noch weiter entfernt. Wäre der Ausdruck nicht zu hypertroph, so möchte man es im Hinblick auf gewisse Großpraktiken, die das Oberhaupt dieser merkwürdigen Volkgemeinschaft und, jedermann sichtbar, sein designierter Nachfolger Hermann Göring entwickelt haben, am liebsten als einen teils spartanisch, teils sybaritisch getarnten Gangster-Kapitalismus bezeichnen, der in seinem wirtschaftlichen Gefüge nur deshalb nicht zerbrach, weil das deutsche Volk in seiner Masse brav, bieder und fleißig fronte, während die starke Stammschicht von Direktoren und Prokuristen in allen Teilen des nationalen Getriebes mit fachmännischer Kenntnis, patriotischem Ethos und sturem Ernst „ihre Pflicht" tat.

Es wird noch einmal davon zu sprechen sein, ob Hitler gezwungen war, aus ökonomischen Gründen mit Notwendigkeit den Weg der Eroberung zu gehen. Tatsache ist, daß er ihn ging, und daß die wirtschaftlichen und sozialen Spannungen, die er in Deutschland vorfand, ihn erst recht auf diesen Weg gebracht haben. Das Ziel aber, das er sich gesetzt hatte, war ein politisches und soziales:

Zuerst „Ordnung“ in Deutschland und dann *„Ordnung“ in Europa*
zu schaffen! Wenn es die Nachbarvölker noch nicht gewußt hätten,
daß der preußische Deutsche alles das, was er bei sich zu Hause
unter Ordnung verstand, im Ausland in den Sammeltrieb „Kommandieren“ zu verdichten pflegte (falls er Gelegenheit dazu bekam),
– an den Kostproben, die das Dritte Reich in seinen Pressestimmen
und ab 1938 in seinen außenpolitischen Aktionen gab, hätten sie es
erkennen müssen, selbst wenn sie Preußen-Deutschland und Adolf
Hitler vorher nicht gefürchtet, sondern verehrt und geliebt hätten.
Österreich, Sudetenland, Böhmen und Mähren wurden trotz aller
nationalsozialistischen Propaganda von „Anschlußfreudigkeit“,
„Begeisterung“ und „Bruderliebe“ abschreckende Beispiele der
Unterjochung und der Ausbeutung. Die Bilanz zwischen dem, was
das Dritte Reich den Ländern, die es überzog, gebracht, und dem,
was es von dort weggeschafft hat, war allzu deutlich, als daß sie
durch Propaganda völlig hätte verdunkelt werden können.

Die Welt des Westens und die östlichen Nachbarn des Dritten
Reiches hatten eine andere Vorstellung von Leben und von der
politischen Ordnung Europas. Als Hitler am 1. September 1939
das deutsche Volk zur letzten Gewaltprobe antreten ließ, da erhoben auch sie sich am 3. September – notgedrungen, nicht begeistert –, um das, was ihnen nach einem Worte Chamberlains „lieb
und wert“ war, vor dem Ansturm dessen zu beschützen, was sie aus
tiefster Seele verabscheuten. Dieses System durfte nicht über
Europa siegen!

*Frankfurter Hefte, Juni 1946*


# Die Legende:
## „Im Felde unbesiegt“ – „Der Dolchstoß“

### 1978

Nur in den zeitgeschichtlichen Zusammenhängen sind Hitler und
seine Folgen zu erklären.

Während die Herrschaft der Fürstenhäuser im Deutschen Reich zu Ende des Krieges 1914/18 zusammenbrach und die bürgerlichen Ordnungen sich aufzulösen drohten, lag der Meldegänger des Stabes vom 16. Bayerischen Reserve-Infanterieregiment „List" den Ereignissen gegenüber ohnmächtig in einem pommerschen Ort namens Pasewalk im Lazarett: er war in der Nacht vom 13. auf den 14. Oktober 1918 bei Ypern (Südwestbelgien) in einem Gasgranatenangriff der Engländer verwundet worden und – vorübergehend – sehbehindert. Das Ende des Krieges nun erschien ihm teils als Ergebnis von Verrat, teils als Schuld einer unfähigen Führung. Der Traum von Größe und Heldentum, deretwegen er sich am 15. August 1914 in München als Freiwilliger zur Armee gemeldet hatte, versank in einer ihm unerträglichen Schäbigkeit. Nicht verwundert hatte ihn der Zerfall der Donaumonarchie, aus der er kam, – von Jugend an war ihm die Gesellschaft dort verhaßt gewesen, immer hatte er sie verachtet, im Mai 1913 sie schließlich verlassen, um sich der imperialen Macht des Deutschen Reiches anheimzugeben. Im Krieg war die persönliche Erhebung erfolgt: durch die Verleihung des Eisernen Kreuzes II. Klasse, durch ein Regimentsdiplom wegen Tapferkeit vor dem Feind, unlängst dann, am 8.August 1918, durch die Verleihung des Eisernen Kreuzes I. Klasse, – seltene Auszeichnung für einen Gefreiten. Alles dies, Jahre endlich nationalen Geborgenheits-, ja Glücksempfindens, sollte vorbei sein, weil „meineidige Verbrecher der Revolution" die Niederlage bewirkt hatten?

Der das Augenlicht allmählich zurückgewinnende „unbekannte Soldat des Weltkrieges", von der höheren Qualität seines Bewußtseins ohne jegliche Anfechtung überzeugt, nahm die wahren geschichtlichen Zusammenhänge, die wirkliche Abfolge der Ereignisse nicht zur Kenntnis. Es kam ihm schon damals nicht auf die Wahrheit, nicht einmal auf die Wirklichkeit, sondern auf die Überzeugung an.

Gewiß war Hitler damals nicht der einzige haßerfüllt Voreingenommene, aber kaum einer hat wie er, als sich in München dann entschloß, „Politiker zu werden", so bedingungs- und hemmungslos noch und noch die Legende vom „Dolchstoß" verkündet, der einer „im Felde unbesiegten" glorreichen Armee feige von hinten versetzt worden sei. Den Machtwechsel, der im November 1918 stattfand, bezeichnete er als eine Schmach, verübt im übrigen

im Dienste des internationalen westlich-kapitalistischen und öst-
lich-bolschewistischen Judentums.

Jedoch bare Erfindung beides.

Schon Ende 1916 war es klar, daß Deutschland den Krieg, der
zum Durchhaltekrieg geworden war, als solchen nicht gewinnen
konnte. Die Oberste Heeresleitung, die Reichsregierung, die Parteien und die vom Kriegspresseamt unentwegt mit optimistischen
Berichten versehene Bevölkerung gestanden es sich nur noch nicht
uneingeschränkt ein. So sehr auch den Alliierten alle Kräfte abgefor-
dert waren, verfügten sie doch, erst recht, nachdem die Vereinigten
Staaten von Amerika im April 1917 in den Krieg eingetreten waren,
über die unvergleichlich größeren Reserven. Die immer rücksichtsloser angewandte deutsche Waffe des U-Boot-Krieges vermochte
weder den überseeischen Nachschub des Feindes kriegsentscheidend
zu unterbinden, noch umgekehrt den britischen Blockade-Ring zu
zerbrechen. Das deutsche Rohstoffbewirtschaftungs-Amt sah sich
gezwungen, den privaten Verbrauch auf das rigoroseste einzuschrän-
ken (am Ende gab es für die Zivilbevölkerung weder Textilien mehr
für die Bekleidung noch Leder für Schuhe ...), alle wichtigeren
Lebensmittel wurden rationiert, bereits im Sommer 1916 war es zu
ersten Hungerdemonstrationen gekommen, es mußte damit begonnen werden, billige öffentliche Speisungsmöglichkeiten einzurichten, nach dem darauffolgenden „Steckrüben-Winter" betrugen die
deutschen Ernten, gemessen an 1913, bei Weizen nur mehr 50%,
bei Roggen 58%, Hafer 38%, Kartoffeln 65%, Zuckerrüben 59%,
Rauhfutter 77%, es fehlten der Landwirtschaft Arbeitskräfte, Zug-
tiere, technische Ausrüstung und Kunstdünger. Am 15. April 1917
wurde die Brotration erneut gekürzt, worauf in Berlin, Leipzig,
Köln, Breslau und anderen industriellen Zentren die Belegschaften
der Fabriken zu streiken begannen: 1,5 Millionen Arbeiter nach und
nach. In der Reichshauptstadt allein waren es am 16. April 1917
über 200 000. Im Sommer dieses letzten Kriegsjahres standen für die
Zivilbevölkerung statt wie in Friedenszeiten 1050 Gramm Fleisch in
der Woche nur mehr 125 Gramm zur Verfügung, ganze 7 Gramm
Fett je Person und Tag – 14% von vormals, an Brotmehl lediglich die
Hälfte, Milch nur mehr für Kleinkinder und stillende Mütter, die
Säuglingssterblichkeit verdoppelte sich.

Es ist erstaunlich, daß der Glaube an die Unbesiegbarkeit des Reiches trotz allem so lange vorhielt. Zwar nahmen schließlich am 19.

Juli 1917 die drei Reichstagsmehrheitsparteien SPD, Zentrum und Fortschrittliche Volkspartei mit 212 gegen 126 Stimmen bei 17 Enthaltungen eine Entschließung an, die sich für einen Verständigungsfrieden und für die parlamentarische Demokratisierung des monarchischen Verfassungssystems erklärte. Doch erwiesen sich einerseits die Macht und der Einfluß der Obersten Heeresleitung, an deren Spitze Ende August 1916 Generalfeldmarschall Paul von Hindenburg als Chef des Generalstabs des Heeres und Generalleutnant Erich Ludendorff als Generalquartiermeister getreten waren (sie hatten Kaiser Wilhelm II. damit praktisch das militärische Oberkommando abgenommen), als so stark, anderseits die Auseinandersetzungen der Parteien um die Verfassungsänderung als so schwierig und hinderlich, daß die Generäle die Oberhand behielten. Nicht zwischen Krieg und Frieden habe Deutschland die Wahl, dies die Überzeugung Ludendorffs, die er bereits im Winter 1916/17 ausgesprochen hatte, sondern nur die Wahl zwischen Sieg oder Niederlage.

Der Zusammenbruch des zaristischen Regimes in der russischen Februar- und Oktoberrevolution 1917 nährte in Deutschland die Hoffnung auf einen Siegfrieden im Osten, der den Zweifrontenkrieg beenden und die deutsche Versorgungslage verbessern konnte. Die Erwartung schien sich zu bestätigen, als die Sowjets und Rumänien gezwungen werden konnten, Unterwerfungsverträge zu unterzeichnen: die Sowjetregierung am 3. März 1918 in Brest-Litowsk, die Rumänen am 7. Mai 1918 in Bukarest. Der deutsche Vorherrschaftsbereich erweiterte sich immens.

Die militärisch unmittelbar wichtigste Folge der Veränderungen war die Möglichkeit, nun zahlreiche deutsche Divisionen an die Westfront zu verlegen. Dies erlaubte, um die Unbedingtheit und Unbeugsamkeit der deutschen Siegesentschlossenheit zu beweisen, der Obersten Heeresleitung die Planung einer letzten Großoffensive unter Einsatz aller Reserven. Von Flandern bis in den Frontabschnitt von Reims sollten in rascher Aufeinanderfolge die „Hammerschläge", wie Ludendorff seine Strategie nannte, den deutschen Armeen aus dem Stellungskrieg heraus den Durchbruch ermöglichen. Die Überraschungsschlacht dauerte von Mitte März bis Mitte Juli 1918. Die ersten Erfolgsmeldungen versetzten die Bevölkerung zuhause in die optimistischesten Erwartungen. Doch brach das Unternehmen von Abschnitt zu Abschnitt in der reorganisierten Abwehr der Alliierten zusammen. Die Verluste auf

deutscher Seite betrugen an die 425 000 Mann, während um diese
Zeit die Amerikaner monatlich bereits 200 000 Mann frische Truppen in Europa landeten.

Die Strategie der „Hammerschläge", so Peter Graf von Kiel-
mansegg, hatte „etwas von dem Umsichschlagen eines Verzweifel-
ten an sich. Hindenburg und Ludendorff ließen sich von dem Beispiel des plötzlichen, unerwarteten Zusammenbruchs Rußlands
ermutigen. Konnte es mit Frankreich und England nicht ähnlich
gehen, wenn nur der Druck anhielt? Das war ein Wunschbild, ganz
wirklichkeitsfremd. Aber im April 1918 begann die Oberste Heeresleitung sich in wachsendem Maß der Wirklichkeit zu verschließen. Kronprinz Rupprecht urteilte Anfang Juni sehr richtig,
daß Ludendorff im Grunde auf einen deus ex machina hoffte,
wenn er sich an die Möglichkeit eines inneren Zusammenbruchs
Frankreichs oder Englands klammerte. Die Oberste Heeresleitung
vermochte die Tapferkeit und die Nüchternheit nicht aufzubringen, deren es bedurfte, um am Ende so hochgespannter Hoffnungen der Möglichkeit einer Niederlage ins Auge zu sehen."

Wenige Wochen später, am 8. August, begannen die Alliierten,
unter massivem Einsatz ihrer Tank-Angriffswaffe, bei Amiens (etwa
120 Kilometer nördlich von Paris an der Somme) ihrerseits die Ent-
scheidungsoffensive. Deren Wucht erzwang die Zurücknahme der
deutschen Verteidigung bis an die „Siegfried"-Auffanglinie. Hindenburg und Ludendorff mußten erkennen, daß der Krieg für
Deutschland militärisch keinesfalls mehr zu gewinnen war. Sie
erklärten, vorerst allerdings lediglich im engsten Generalstabskreis
der Heeresleitung, die Fortführung des militärischen Kampfes als
auf Dauer aussichtslos. Die Reichsregierung und gar der Reichstag
wurden über den vollen Ernst der Situation noch nicht aufgeklärt.

Umso niederschmetternder wirkte es daher, als Ludendorff am
29. September 1918 plötzlich und kategorisch die sofortige Abgabe
eines deutschen Waffenstillstandsangebots forderte. Verbunden
damit war das Verlangen, die Regierung im Sinne parlamenta-
rischer Verantwortlichkeit umzugestalten. Er eröffnete dies am
1. Oktober in einer Ansprache auch dem tief schockierten Stab der
Obersten Heeresleitung. Doch fügte er hinzu, „die Suppe auslöf-
feln" sollten nun die, die sie eingebrockt hätten.

Unter fortgesetztem heftigem Drängen – in den ersten Okto-
bertagen gingen in Berlin alle paar Stunden Dringlichkeitstele-

gramme der Obersten Heeresleitung ein, die Armee könne nicht
mehr warten, ein Durchbruch mit katastrophalen Folgen sei jederzeit zu befürchten – schufen Regierung und Reichstag während
knapp einer Woche die politischen und rechtlichen Voraussetzungen, die als erforderlich erschienen, dem „Ultimatum" der Obersten Heeresleitung gerecht zu werden.

Kaum war dies geschehen, als Hindenburg und Ludendorff zu
ihrem Verfahren zurückkehrten, die militärische Lage zu verschleiern: sie sei keineswegs elementar gefährdet, die Front lasse sich sta-
bilisieren, sie könne, wenn man die Moral der Truppen wieder
stärke, aller Voraussicht nach bis zum Frühjahr 1919 gehalten werden. Zermürben, zumindest für eine bessere politische Ausgangs-
lage, lasse sich auf solche Weise die Moral des Feindes.

Die Bekanntgabe der alliierten Waffenstillstandsbedingungen
am 8. Oktober beantwortete die Oberste Heeresleitung mit strikter
Ablehnung, – allenfalls müsse das deutsche Volk zusammen mit seiner Armee in einem heldenhaften Endkampf untergehen. Es war
ersichtlich, daß hier der Versuch unternommen wurde, die Verantwortung für die unausweichlich gewordenen Friedensschritte und
die Verantwortung für die Niederlage der jetzt parlamentarisch
zusammengesetzten Regierung sowie den Reichstagsparteien zuzu-
schieben.

Am 8. Januar 1918 hatte der Präsident der Vereinigten Staaten
von Amerika, Woodrow Wilson, als Grundlage für einen kommenden Weltfrieden „Vierzehn Punkte" verkündet: Abschaffung der
Geheimdiplomatie; Freiheit der Meere; Freiheit der Weltwirtschaft;
Rüstungsbeschränkung; Regelung der kolonialen Ansprüche; Räumung Rußlands durch die Mittelmächte; Wiederherstellung Belgi-
ens; Rückgabe Elsaß-Lothringens; Festsetzung der italienischen
Grenzen nach dem Nationalitäten-Prinzip; freie autonome Entwicklung für die Völker der Donaumonarchie; Räumung Rumäni-
ens, Serbiens, Montenegros; Unabhängigkeit der Türkei, Öffnung
der Meerengen, Autonomie der nichttürkischen Völker des Osma-
nischen Reiches; Errichtung eines unabhängigen polnischen Staates
mit freiem und sicherem Zugang zum Meer; Gründung eines Völ-
kerbundes. In der Nacht vom 3. auf den 4. Oktober 1918 bat die
deutsche Reichsregierung im Einvernehmen mit den Fraktionen der
Mehrheitsparteien im Reichstag, die im Juli 1917 die damalige
Resolution für einen Verständigungsfrieden unterzeichnet hatten,

den amerikanischen Präsidenten, auf der Basis dieser „Vierzehn Punkte" einen Waffenstillstand zu vermitteln. Die erste Antwort Wilsons, der mit den verbündeten Mächten verhandeln mußte, ließ bis zum 8. Oktober auf sich warten; weitere Erklärungen folgten am 14. und 23. Oktober mit immer schärfer werdenden Forderungen: daß als Vorleistung der U-Boot-Krieg sofort einzustellen sei, daß alle von Deutschland besetzten Gebiete in West und Ost geräumt werden müßten, daß Sicherheit gegen eine Wiederaufnahme der Feindseligkeiten seitens der deutschen Streitkräfte zu schaffen sei..., aber außerdem werde man nur „mit demokratischen Vertretern der deutschen Nation" verhandeln. In seiner vierten Note erklärte Wilson schließlich gleichwohl, daß seine „Vierzehn Punkte" als Grundlage des Friedens Gültigkeit behalten sollten.

Hindenburg und Ludendorff weigerten sich, den Unterwerfungsbedingungen ihre Zustimmung zu geben. Insbesondere wollten sie die Möglichkeit gewahrt wissen, den militärischen Kampf – nach einer Atempause – allenfalls wiederaufzunehmen. Für den Fall, daß sich die Reichsregierung und die Mehrheitsparteien entschlossen zeigten, den nunmehr eingeschlagenen Verhandlungsweg zum Waffenstillstand trotz der bevorstehenden Härten fortzusetzen, bot Ludendorff dem Kaiser am 26. Oktober die Demission an. Der Monarch stimmte zu, er überredete jedoch Hindenburg, im Amt zu bleiben – Ludendorff hat diese Bereitschaft nie verziehen. Der Generalfeldmarschall unterzeichnete aber, ohne Fühlungnahme mit der Regierung, einen „Tagesbefehl", in dem er die Armee und die Nation zum „Widerstand mit äußersten Kräften" aufrief. Der „Tagesbefehl" blieb beim Heer und beim Volk, die beide gleichermaßen erschöpft waren und nur an ein Ende des völlig sinn- und aussichtslos gewordenen Kampfes dachten, ohne Wirkung.

Die Alliierten, um die Kapitulation zu erreichen, verzögerten den Abschluß des Waffenstillstandes um weitere vierzehn Tage. Er kam schließlich, als ultimatives Diktat, am 11. November 1918 zustande – vor dem französischen Marschall Foch im Wald von Compiègne bei Paris von einer deutschen Delegation unter der Führung des Zentrumsabgeordneten und Staatssekretärs Matthias Erzberger unterzeichnet, nachdem die Reichsregierung und die Oberste Heeresleitung (!) erklärt hatten, daß dies geschehen müsse, wenn vom Gegner Zugeständnisse keinesfalls mehr zu erreichen seien.

Zu den Waffenstillstandsbedingungen zählte: daß die besetzten
Gebiete und Elsaß-Lothringen, anschließend das linke Rheinufer
zusätzlich einer neutralen Zone auf dem rechten Rheinufer
geräumt werden mußten; Kriegsmaterial aller Art war zu überge-
ben, dazu 5000 Lokomotiven, 150 000 Waggons und 5000 Lastwagen; die gesamte Hochseeflotte und alle U-Boote verfielen der
Auslieferung; die alliierten Kriegsgefangenen, ohne Anspruch auf
Gegenseitigkeit, waren zu entlassen. Deutschland mußte sich
außerdem bereit erklären, die Verträge von Brest-Litowsk und
Bukarest zu annullieren, doch sollten die auf ehemals russischem
Territorium stehenden deutschen Truppen vorläufig nicht zurück-
gezogen werden. Die Blockade wurde nicht aufgehoben, die Alliierten gaben aber die Absicht kund, das deutsche Volk mit den not-
wendigsten Lebensmitteln zu versorgen.

Nicht weniger wirklichkeitsfremd als Hitlers Vorstellungen vom
Zustand und von den verbliebenen Möglichkeiten der deutschen
Militärmacht gegen Kriegsende war seine Meinung, im
Oktober/November 1918 habe in Deutschland ein verbrecherischer, „vom Weltjudentum angezettelter" Umsturz stattgefunden.
Joachim Fest hat in der Biographie Adolf Hitlers „die Beharrlich-
keit, mit der er gegen die Realität träumte", als „Realitätsverweigerung" bezeichnet, – eine Eigenheit, die viele Deutsche damals mit
ihm gemeinsam hatten. Von den „hebräischen Volksverderbern"
hätte man, so äußerte er sich später (Joachim Fest, Seite 107),
„zwölf- oder fünfzehntausend unter Giftgas halten müssen", dann
wäre es nicht dazu gekommen, daß „der Feind den Deutschen die
Republik aufzwingen konnte", in der sie „vierzehn Jahre Schmach"
zu ertragen hatten...

In Wahrheit ist das monarchische System im Deutschen Reich
nahezu ohne jede Gewaltanwendung durch eine parlamentarische
Demokratie ersetzt worden; wo revolutionäre Gewalt wirklich
angewandt wurde, richtete sie sich, während der ersten fünf Jahre
der Republik, bis sie sich festigen konnte, fast stets gegen diese
selbst. Die Gewaltauseinandersetzungen waren Begleiterscheinungen des Wechsels, nicht seine Ursache...

Aus dem unveröffentlichten Buchfragment „Rückblick auf den
Nationalsozialismus".

# Über Rassenwahn

## 1965

Wir sprechen von Wahn, wenn jemand sich etwas vorstellt, was nicht wirklich ist, er es aber für wirklich hält. Die *Halluzinationen* erfinden das Unwirkliche als wirklich. Sehen wir hingegen etwas anders an, als es ist, oder als es seinem Wesen und Erscheinungsbild entspräche, so bezeichnet die Psychologie den Vorgang als *Illusion*. In beiden Fällen täuscht man sich, im einen Fall vollständig, insofern das Vorgestellte überhaupt nicht existiert, im andern Fall teilweise, indem man verkennt, was ist oder was sein könnte.

Wir sind gewohnt, den Grad der Gefährlichkeit solcher Täuschungen sehr verschieden einzuschätzen. Halluzinationen rechnen wir in der Regel schlicht dem Bereich der Geisteskrankheiten zu, – je nach Tragweite für das praktische Verhalten dessen, der vom Wahn befallen ist, wird der Kranke entweder für harmlos gehalten oder zwangsisoliert. Über die Illusionen – im allgemeinen freilich nicht die eigenen – ärgert man sich oder man lacht.

Ganz anders in der *Politik*. Da bemerken die Leute gar nicht, daß die zwei Täuschungen sich miteinander verbinden, und wie sehr der Menschheit das Ergebnis seit Jahrtausenden zu schaffen macht. Die Wissenschaft hat in der *Ideologie-Kritik* gerade eben erst begonnen, den Vorgang zu durchleuchten, – von Hilfe kann noch keine Rede sein (außer daß es schon etwas heißt, Verkehrtes bewußt zu machen).

Der Grund, warum sich beinahe niemand wundert, daß sich da zwei Täuschungen miteinander verbinden, ist die Selbstverständlichkeit, mit der noch immer geglaubt wird, die Politik werde – angeblich – ohnehin vom Irrationalen bestimmt. In der mannigfachsten Verkennung der menschlichen Wirklichkeit nimmt die Sache ihren Ausgang, die Erfindung dessen, was nicht ist, als vermeintliche Wirklichkeit tritt hinzu, und bevor man sich's versieht, bestimmen *Fiktionen*, das heißt eingebildete Größen aus Illusion und Halluzination, unser Schicksal. Das modernste europäische Leben ist voll davon, nur weit raffinierter als im afrikanischen Busch. Der Wahn nimmt von der Selbsttäuschung zur Fremdtäuschung seinen Weg, auf dem er allgemeine Überzeugung wird, um in der Form von Glaubenssätzen, die im heutigen Zeitalter der Wissenschaftsgläubigkeit begrifflich gefaßte, als rational erwiesen ausgegebene Behauptungen sind, dann die Geister zu beherrschen. Ich greife zwei derartige Kombinationen, über die man wahrscheinlich verwundert sein wird, als Beispiele heraus.

Da ist die uralte politische Fiktion, die *männliche Primogenitur bestimmter Dynastien* sichere – „durch Gottes Gnade" – eine besondere Herrschaftsbegabung. Zu der Meinung, daß es am besten sei, wenn Einer die politische Spitze bilde, ist die jenseitige Verfügung, die das System sakralisiert, hinzuerfunden. Die geschichtliche Erfahrung, vorurteilslos angewandt, spricht radikal dagegen. Aber der monarchische Mythos tut in mächtigen Demokratien der Gegenwart noch als Relikt bis heute Wirkung, sogar über die Bevölkerungen der Republiken legt sich der illustrierte Zauber der Fürstenhochzeiten, durch die jenes Wunder der Blutmystik zustandegebracht wird. Der Restaberglaube wäre gewiß harmlos, wenn nicht auch das Harmlose der dringend notwendigen Ausbreitung der Vernunft in den Demokratien abträglich wäre.

Zu der dringend notwendigen Ausbreitung der Vernunft das andere Beispiel: Die *politische Entscheidung durch Mehrheiten*, die geschichtliche Ablöse des Gottesgnaden-Prinzips also, zeigt, daß Fiktionen, die einmal sogar, als produktive Vorstellungen über eine gegebene Wirklichkeit hinweg, den Fortschritt der menschlichen Selbstbestimmung gefördert haben, unter Umständen in Gefahr sind, die tieferen Erfordernisse der Politik allmählich zu verschleiern, ja sie womöglich gar aus dem Bewußtsein der Bürger zu eskamotieren. Die Mehrheitsentscheidung in allgemeinen (gleichen, direkten und geheimen) Wahlen, auf der Einsicht in die Wahrscheinlichkeit beruhend, daß mehr Menschen die Zweckmäßigkeiten des Allgemeinwohls besser zu erkennen vermöchten als ein Einziger oder eine Minderheit, ist ebenfalls ein Mythos, nur daß seine Begründung nicht theologisch-politisch geschieht, sondern daß den Doppelkern der Wahrheit, die ihm Wirkkraft verliehen hat und Wirkkraft weiter verleihen soll, Charakter und Aufklärung bilden. Ohne gediegenen Charakter und ohne zureichende Auf-

klärung ist der Glaube an die Überlegenheit des Prinzips der Mehrheitsentscheidung offensichtlich Humbug, und zwar kein geringerer als der, gegen den sich der neue Mythos gewandt hat. In der
komplizierten Großgesellschaft unserer Zivilisation jedoch, soweit
sie pluralistisch organisiert ist, das heißt in der Zulassung aller
Autonomien der gesellschaftlichen Gruppen zur politischen Mitbestimmung, empfinden sich die gewählten Repräsentanten überall
bereits als voll legitimiert und sachlich für die unablässig erfor-
derlichen Existenzentscheidungen zuständig, wenn nur die Zahlen
der abgegebenen Wahlstimmen für sie sprechen. Das ist abermals
ein gefährlicher Wahn. Das System der pluralistischen Demokratie,
verglichen mit den Jahrtausenden der Privilegienherrschaften überaus jung, steht unter den quantitativen und qualitativen Bedingungen von heute erst in den Anfängen seiner Bewährung. Es bedürfte
kontinuierlich der Anpassung. Stattdessen sind die meisten unserer
Parlamentarier voll von falschem Selbstbewußtsein. Ist es ein
Zufall, daß in den Krisen der Demokratie seit dem Ersten Weltkrieg so oft die Diktaturen gesiegt haben?

Die Diktaturen mit ihrer *Systematik der politischen Wahnvorstellungen*! Ich habe, nach dieser Einleitung, die ein wenig den Rahmen abstecken sollte, in dem sich dem Soziologen das Problem
darstellt, nur eine einzige der großen Verführungsfiktionen aufzu-
zeigen, allerdings eine, die sich als so mächtig erwiesen hat, daß ihr
in unserer Zeit Ungezählte zum Opfer gefallen sind, – die einen als
aktiv Hörige, die anderen als verfemte, ausgestoßene, geknechtete
und hingeschlachtete Liquidationsobjekte. Da das Übel da und
dort noch nachwirkt, und um seine Wiederkehr ein- für allemal
unmöglich zu machen, ist es in der Tat angebracht, dieser besonderen Kombination von Illusion und Halluzination dann und wann
die kritische Aufmerksamkeit zuzuwenden.

Der *Rassenwahn* gehört nicht zu den ältesten Erscheinungen der
Menschheitsgeschichte – glücklicherweise, möchte man sagen,
vielleicht ist er auch um so eher zu überwinden, ganz besonders
nach den grauenhaften Paroxysmen, in denen er bei uns zutage
trat. Die Wahnvorstellungen, die früher vergleichbar Barbarisches
hervorgebracht haben, obschon niemals in solcher Zahl und in
einer solchen technischen Perfektion, diese Wahnvorstellungen
waren meist religiös oder sozial oder religiös und sozial bedingt.
Das Andersartige lockt den Menschen nicht nur an, es stößt den

Primitiven auch ab, er fürchtet es als das Fremde und Unbekannte. Xenophobie begleitet die Entstehung der Kulturen, die Selbstbehauptung scheint auf den einfacheren Stufen der Entfaltung zu verlangen, daß das Nicht-Eigene abgewiesen oder eingeschmolzen wird. Man markiert es. Und um es zu treffen, wird es auch noch entstellt; es wirkt dann um so abschreckender. Aber das, was wir Rasse nennen, haben die Alten und auch die Abendländer unseres Mittelalters als unterscheidendes Merkmal nicht gekannt. Als Substrat eines Wahns, somit als Entstellung der Wirklichkeit und Erfindung einer Unwirklichkeit, die es erlauben, in überhebliche Selbsttäuschungen zu verfallen und aus ihnen ausfällig zu werden, ist dieses Bewußtseinsphänomen erst verhältnismäßig spät aufgetreten.

Es scheint unser Zeitalter der Entdeckungen gewesen zu sein, mit seinen massiven Ungerechtigkeiten der Eroberung und der Vorherrschaft, das der Möglichkeit, Rassenwahn zu entwickeln, Vorschub geleistet hat. Doch trat diese Begleiterscheinung des neuen Kolonialismus noch lange im Gewande eines religiösen Überlegenheitsglaubens auf, der die Unterdrückung – der Neger und der Indianer – rechtfertigen sollte. Ihm seinerseits wirkte während des 17. und 18. Jahrhunderts allmählich das Toleranzstreben entgegen, das dem pur konfessionellen Denken in der Politik mehr und mehr die Kraft entzog.

Paradoxerweise war es der Fortschritt der Wissenschaften, der die Voraussetzungen dafür schuf, daß der *Wahn in ganz neuer Form* virulent werden konnte. Um die Mitte des 19. Jahrhunderts war es so weit, daß sich die Lehre von der Entwicklung, mit ihr die Abstammungslehre, systematisch aus dem Quellbereich formieren konnte, den, neben der Philosophie, eine Reihe von Einzeldisziplinen aufbereitet hatten, so die Soziologie, die Anthropologie, die Völkerkunde und die Medizin. Noch ehe aber allseits gesicherte wissenschaftliche Erkenntnisse gegeben waren, bemächtigten sich einige politische Schriftsteller, in erster Linie in Frankreich, Deutschland und Italien, der neuen Perspektiven, um ihren teils nationalistischen, teils, viel allgemeiner, sozialdarwinistischen Ideen Auftrieb zu verschaffen. Es erschienen die vier Bände „Versuch über die Ungleichheit der Rassen" des Comte de Gobineau, 1853 ins Deutsche übersetzt, und 1898 Houston Stuart Chamberlains „Die Grundlagen des Neunzehnten Jahrhunderts", dazwischen bereits zahlreiche antisemitische Schriften, die den *Rassenkult,* wie ihn die beiden genannten Hauptautoren als Prinzip in die Betrachtung der menschlichen Geschichte und in die Politik einführten, auf die Bekämpfung der jüdischen Emanzipation anwandten, die der Liberalismus in ganz Europa eingeleitet hatte. Bereits 1860 gab ein Deutscher namens H. Naudh das Buch „Die Juden und der deutsche Staat" heraus, das elf Auflagen erlebte. Eugen Dühring veröffentlichte 1880 „Die Judenfrage als Frage des Rassencharakters und seiner Schädlichkeiten für Existenz und Kultur der Völker", dem bis 1930 sechs Auflagen bestimmt waren, 1887 zusammen mit Th. Fritsch einen „Antisemiten-Katechismus", Fritsch selbst schrieb sein berüchtigtes „Handbuch der Judenfrage", das 1907 die sechsundzwanzigste Auflage erreichte. Die deutsche wissenschaftliche Anthropologie stand so vom Ausgang des 19. Jahrhunderts an in einem wildbewegten Feld der Auseinandersetzungen. Professor Karl Saller hat im zweiten Kapitel seines 1961 erschienenen Buches „Die Rassenlehre des Nationalsozialismus" die publizistische Inkubationszeit der späteren Rassenkunde und Rassenpolitik im einzelnen und mit vielen Zitaten dargestellt.

*Drei Eigenheiten* schufen den besonderen Wahncharakter der damaligen Rassenlehre (wenn man es eine Lehre nennen will). Die erste Eigenheit bestand, im Gefolge des Gobineauschen Dogmatismus, in der rein statischen Auffassung von Rasse: sie wurde als eine in ihrer Substanz unabänderlich fixierte leibliche, seelische und geistige Vererbungsgemeinschaft angesehen. Sie wurde zweitens ethisch und politisch gewertet: Bestimmte physische Rassenmerkmale galten als determinierende Anzeichen, ja, Voraussetzungen ethischer und politischer Hoch- oder Minderwertigkeit. Drittens boten mehrfache Begriffsvermengungen die Möglichkeit, verschiedenartige, auch einander widersprechende Wirklichkeiten scheinwissenschaftlich an den Mann zu bringen: man sprach zum Beispiel von „artfremden Rassen", obgleich es die nicht gibt (Art ist der Oberbegriff, die Arten sind unter anderm dadurch gegeneinander natürlich abgegrenzt, daß sie miteinander nicht zeugungsfähig sind); es wurde eine einheitliche „Nordische Rasse" konstruiert mit gleichzeitig kombinierten und vereinfachten Hochqualitäten; die Bezeichnung „arisch", die der indogermanischen Sprachgruppe zukommt, wurde zu einer angeblich typischen Rassenbezeichnung.

Zu welchen Unsinnigkeiten, wissenschaftlich gesehen, die zuletzt erwähnte Konfusion führt, mag ein Zitat aus dem 1949 erschienenen Buche J. Zollschans dartun „Der Rassenwahn als Staatsphilosophie":

> „Es steht heute fest, daß die linguistischen Zusammenhänge nicht mehr als Indikator für den anthropologischen Zusammenhang gelten können. So ist die Sprache der Zigeuner rein arisch, obwohl sie innerhalb der weißen Rassengruppe anthropologisch von den als Hauptvertreter des Ariertums geltenden Norddeutschen weit genug entfernt sind. Ferner gehören anderseits die Finnen, welche den nordischen Typus fast rein präsentieren, einer nichtarischen Sprachengruppe an. Und so stehen die semitisch redenden Hebräer den ebenfalls semitisch redenden Amhara, der herrschenden Klasse Abessiniens, nur sprachlich, aber nicht anthropologisch nahe. Hingegen zeigte sich – der größte Hohn auf die arische Rassentheorie –, daß die Hethiter des Altertums, welche anthropologisch die bei weitem stärkste Komponente des jüdischen Volkes ausmachen, gerade eine arische Sprache redeten."[1]

Widersprüche solcher oder ähnlicher Art bekümmerten weder seinerzeit die Kreise des „Alldeutschen Verbandes", die sich eifrig der Bemühungen bedienten, der Politik eine rassische Grundlage „arischen" Charakters zu geben und ihr das verabscheuungswürdige jüdische Gegenbild zu schaffen, noch zu seiner Zeit gar Adolf Hitler, den bedenkenlosesten Konfusionisten, der in „Mein Kampf" geschrieben hat:

> „(S. 317) Es ist ein müßiges Beginnen, darüber zu streiten, welche Rasse oder Rassen die ursprünglichen Träger der menschlichen Kultur waren und damit die wirklichen Begründer dessen, was wir mit dem Worte Menschheit alles umfassen. Einfacher ist es, sich diese Frage für die Gegenwart zu stellen, und hier ergibt sich auch die Antwort leicht und deutlich. Was wir heute an menschlicher Kultur, an Ergebnissen von Kunst, Wissenschaft und Technik vor uns sehen, ist nahezu ausschließlich

---

[1] Abgedruckt bei: K. Saller, Die Rassenlehre des Nationalsozialismus in Wissenschaft und Propaganda, Darmstadt 1961, S. 51.

schöpferisches Produkt des Ariers ... (S. 324) Die Blutsvermi-
schung und das dadurch bedingte Senken des Rassenniveaus ist
die alleinige Ursache des Absterbens alter Kulturen; denn die
Menschen gehen nicht an verlorenen Kriegen zugrunde, sondern am Verlust jener Widerstandskraft, die nur dem reinen
Blute zu eigen ist ... (S 421) Menschliche Kultur und Zivilisation sind auf diesem Erdteil unzertrennlich gebunden an das
Vorhandensein des Ariers. Sein Aussterben oder Untergehen
wird auf diesem Erdball wieder die dunklen Schleier einer kul-
turlosen Zeit senken ... (S. 438) Dies ist der Segen des Unter-
bleibens restloser Vermischung: daß wir auch heute noch in
unserem deutschen Volkskörper große unvermischt gebliebene
Bestände an nordisch-germanischen Menschen besitzen, in
denen wir den wertvollen Schatz für unsere Zukunft erblicken
dürfen ... (S. 444) Nein, es gibt nur ein heiligstes Menschen-
recht, und dieses Recht ist zugleich die heiligste Verpflichtung,
nämlich: dafür zu sorgen, daß das Blut rein erhalten bleibt, um
durch die Bewahrung des besten Menschentums die Möglichkeit einer edleren Entwicklung dieser Wesen zu geben. Ein völ-
kischer Staat wird damit in erster Linie die Ehe aus dem Niveau
einer dauernden Rassenschande herauszuheben haben, um ihr
die Weihe jener Institution zu geben, die berufen ist, Ebenbil-
der des Herrn zu zeugen und nicht Mißgeburten zwischen
Mensch und Affe... (S. 468) Es ist im übrigen die Aufgabe eines
völkischen Staates, dafür zu sorgen, daß endlich eine Weltgeschichte geschrieben wird, in der die Rassenfrage zur dominie-
renden Stellung erhoben wird ...“[1]

Adolf Hitler hat diese Geschichte für einige entsetzliche Jahre mit
dem Blut vieler Millionen geschrieben: In der Gewalteroberung,
die er betrieb, hat er seinem Wahn vom Tausendjährigen Reich des
deutschen Volkes alles geopfert, dessen er mit Überzeugungskraft,
List und Geheimer Staatspolizei habhaft werden konnte. Wie er
sich die Weltordnung unter seiner und der SS siegreichen Herrschaft vorstellte, wen er dazu bestimmen wollte, der privilegierten
Herrenklasse anzugehören, und wen, nach den abgeschlossenen
Massenmassakern mit allen Folgen, den „Minderwertigen“ oder

---

[1] Adolf Hitler: Mein Kampf, München 1933, 78.-84. Auflage.

erneut den „Lebensunwerten" zugerechnet zu werden, das kann man in den aufgezeichneten „Tischgesprächen" aus seinem Kriegshauptquartier nachlesen. Gefährlich Unsinnigeres ist kaum jemals von einem, der Macht hatte, Gesetze zu geben, ja dessen Befehl bereits Gesetzeskraft hatte, geäußert und ins Auge gefaßt worden.

Man braucht aber nicht bloß auf Adolf Hitler und den Nationalsozialismus zurückzublicken ... In den USA erleben wir seit Jahren das verschärfte Ringen der farbigen, insbesondere der schwarzen Bevölkerung mit, die volle Gleichheit gesellschaftlicher Chancen zu erlangen. Das Diskriminationsverlangen eines Teils der Weißen dort gefährdet nicht nur immer wieder den innerstaatlichen Frieden, sondern diskriminiert auch im internationalen Wettbewerb der gegnerischen politischen Systeme die USA selbst. Die konsequente Apartheid-Methode in *Südafrika* beschwört einen Zustand herauf, der inmitten der raschen und turbulenten Emanzipation des Schwarzen Erdteils die Anzeichen einer wahrhaft katastrophalen Zukunftsentwicklung der Weißen in sich trägt. Wohin soll es führen, wenn die Politik, die mehr und mehr von *Peking* ausgeht, den Spieß nunmehr umdreht und überall in Asien und Afrika den Völkern den Weißenhaß predigt? Wird die Wissenschaft noch genügend viel Zeit haben, die richtigen Erkenntnisse unbezweifelbar einer Politik der Partnerschaft in einer Welt ohne Vorherrschaft, gegen alle nationalistischen Wahntendenzen, zur Verfügung zu stellen?

... Was im Wahn wurzelndes politisches Vorurteil im Felde des Nichtwissens zusammenphantasieren kann, mag eine von Saller zitierte Stelle aus H. F. K. Günthers 1927 erschienenem Buch „Der Nordische Gedanke unter den Deutschen" zeigen. Da gehen die Rassenseelenschilderungen in folgende Details:

„... Sind Blau und Grün die ‚Seelenfarben' der nordischen Rassen, Braun und Veil (Violett) die der Ostischen, und bestehen zwischen der Welt der Farben und der Töne Beziehungen, so läßt sich gegenüber denen, die für solche Beziehungen der seelischen Welt zu Farben und Tönen ein Empfinden haben, dies aussprechen: Die Tonkunst Beethovens zeigt sich oft als eine Auseinandersetzung einer Rassenseele, der Braun und Veil zugehören, mit einer Rassenseele, der Blau und Grün zugehören. Wo Beethoven sich einmal freuen kann, wie zum

Beispiel im ‚Fidelio‘ – ‚Wer ein holdes Weib errungen, stimm’ in unsern Jubel ein‘ –, da sinkt plötzlich das Braun und Veil hinweg, und eine blaue und grüne Welle geht auf. Beethovens Tonkunst erscheint als der Kampf eines Helden gegen ein ‚dunkles‘ seelisches Erbe – und eben dieser Kampf mag Beethoven so groß, seine Siege so jubelnd gemacht haben."[1]

Wäre es im Rassenwahn nur bei derlei publizistischen Phantastereien geblieben! Die politisch bestimmte Willkür hat ja aber leider noch ganz andere Ableitungen vorgenommen. Man lese aus dem Werk „Neue Grundlagen der Rassenforschung", das Dr. H. Gauch aus dem Stabsamt des nationalsozialistischen Reichsbauernführers Darré 1933 veröffentlicht hat, Sätze wie diese:

„Die Hautfarbstoffverteilung bei den Affen entspricht auch derjenigen nichtnordischer Menschen... Der nichtnordische Mensch lebt immer im Schmutz, wo er unter seinesgleichen ist. Sogar viele Tiere sind ihm in Reinlichkeit über... Wären die Aasgeier nicht, dann wären manche Völker nichtnordischen Rassegepräges von Schmutzseuchen schon längst dahingerafft... Der nichtnordische Mensch nimmt eine Zwischenstellung zwischen Nordischem Menschen und den Tieren, zunächst den Menschenaffen, ein. Er ist darum kein vollkommener Mensch, er ist so überhaupt kein Mensch im eigentlichen Gegensatz zu dem Tiere, sondern eben nur ein Übergang dazu, eine Zwischenstufe. Da einer der kennzeichnendsten Vertreter dieser Übergangsstellung zwischen Nordischem Menschen und Menschenaffen, letzterem sogar näherstehend als ersterem, der Neandertaler ist, so könnten wir die nichtnordischen Menschen auch Neandertaler nennen; besser und treffender aber ist die von Stoddard (‚Der Kulturumsturz, Die Drohung des Untermenschen‘) geprägte Bezeichnung ‚Untermensch‘... In keinem Merkmal unterscheidet sich der Nordische Mensch vom Affen, worin er sich nicht auch vom Nichtnordischen unterscheiden würde, und in keinem vom Nichtnorden, worin nicht auch vom Affen. Was der Nordische Mensch mit dem

---

[1] K. Saller, a.a.O., S. 115.

Nichtnorden gemein hat, hat er auch mit Affen und anderen Tieren gemein."[1]

Bedauerlicherweise kann man diesen frech überheblichen Unsinn nicht einfach als lächerlich abtun, weil ja aus solchen „Weltanschauungs"-Prämissen im Nationalsozialismus die fürchterlichsten praktischen Mord- und Unterdrückungskonsequenzen gezogen worden sind.

Die verschiedene Bewertung der in der Menschheitsgeschichte entwickelten kulturellen und politischen Systemvarietäten hat mannigfache Ursachen. Privilegiendenken steht meist mit an vorderster Stelle.

Die von den Weißen getragene Zivilisation hat im Verlauf der jüngsten Jahrhunderte, hauptsächlich infolge ihrer technischen und industriewirtschaftlichen Qualität, die anderen Kulturen überlagert. Die europäische Ausbreitung über die Erde, der globale Sieg jeweils im ersten Ansturm genügte dem Vorherrschafts- und Selbstbehauptungsverlangen der weißen Minderheit aber nicht, man suchte nach zusätzlichen Rechtfertigungen und fand sie in den angeblich werttieferen oder gar als vollendet minderwertig angesehenen rassischen Anlagen der anderen. Das verlieh der Herrschaft überdies – wegen der angeblich unveränderbaren Konstanz dieser Anlagen auf beiden Seiten – Aussicht auf unbeschränkte Dauer. Welch ein Zweck-Wahn! Seine Selbstbestätigung fand er im Zusammenstoß der Lebensweisen mühelos auf allen Pfaden abseits der Herrenwege, denn wann hielte jemand, beraubt man ihn plötzlich seines stützenden und schützenden Sozialgefüges, kulturell stand? Nicht nur dem Polynesier ist es unmöglich, dem Indianer, dem Eskimo; das gilt in gleicher Weise, wie die unvoreingenommene Erfahrung zeigt, vom Weißen. *Vorherrschaft ist kein Beweis für Wertüberlegenheit.* Das leuchtet uns sofort ein, wenn es sich zum Beispiel um kommunistische Vorherrschaft handelt. Schwerer in der Erkenntnis und Unterscheidung der wirklichen Zusammenhänge tut sich das Interessendenken dann, wenn wir selber die Obsiegenden und Privilegierten sind. Naive Vorurteile und Verwechslungen aus Mangel an realem Wissen kommen häufig hinzu. Sie insbesondere lassen sich von Demagogen mühelos mobilisieren.

---

[1] Zitiert bei K. Saller, a.a.O., S. 112 ff.

*Der einzige Maßstab von Allgemeingültigkeit,* die Entfaltung der personalen Humanexistenz, die Schaffung optimaler Bedingungen gesellschaftlicher Art für sie, erlaubt kein Werturteil zugunsten eines Volkes, einer Völkergruppe oder gar einer Rasse. Das Verdienst, zur Entwicklung des Bewußtseins und der Praxis der Humanität beigetragen zu haben, sowie die Schrecklichkeit des Gegenteils kommt in der Geschichte vielen zu, und noch ist sie nicht abgeschlossen ...

Wir befinden uns auf dem Weg zu einer globalen Kultur und Politik, die sich unter den gemeinsamen Bedingungen, die sie schafft, in zahlreichen Varianten ausprägen wird. Es liegt im Interesse buchstäblich der ganzen Menschheit, Wahnvorstellungen, die uns die Zukunft blockieren, aus der Welt zu schaffen. Der „Rassismus", der die geistig-seelischen Qualitäten des Menschen allein aus der Zusammensetzung seines Blutes ableiten möchte, ist primitiver Blutmaterialismus – Halluzination und Illusion zugleich.

In: Massenwahn in Geschichte und Gegenwart – ein Tagungsbericht; herausgegeben von Wilhelm Bitter, Ernst Klett Verlag, Stuttgart 1965, S. 36-49; unter dem Titel „Der Rassenwahn – Relikt oder fortdauernde Drohung?" nachgedruckt in: Frankfurter Hefte, April 1965.

# Die Ausgangslage

## 1978

Geschichte ist zuweilen kurios: Nie hätte jemals jemand die Idee gehabt, von Pasewalk in Pommern könnte eine revolutionäre, die Welt verändernde Bewegung ihren Ausgang nehmen. Dort lag, im Oktober 1918, im Lazarett ein unbekannter Gefreiter namens Adolf Hitler – vorübergehend, wie sich herausstellte, erblindet, Opfer eines englischen Giftgasangriffs bei Ypern in Nordfrankreich. Man weiß nicht, wieviel von den Zusammenhängen der Ereignisse, die zum Ende des Krieges 1914/18 geführt haben, Hitler zur Kenntnis gelangt war, er praktizierte jedenfalls, wie nicht wenige Deutsche damals, eine, so hat man es zutreffend bezeichnet, radikale „Realitätsverweigerung": Was seinem Weltbild widersprach, durfte nicht geschehen sein und nun geschehen. „Pasewalk" konnte nicht der Sinn des deutschen Heldentums sein, das während dieser jüngsten Jahre erwiesen war.

Im Mai 1913 hatte Hitler seine Heimat Österreich, deren gesellschaftliche und politische Führungsschicht er für degeneriert ansah, verlassen und war nach München übersiedelt. Die Wiener Kunstakademie hatte ihm, er hielt sich für einen bedeutenden Maler und Architekten, die Aufnahme verweigert. Nun sollte ihm, dem verkannten österreichischen Zollbeamtensohn, die imperiale deutsche Macht, die von der Mitte Europas aus zur Teilnahme an der Weltherrschaft strebte, den erträumten Aufstieg ermöglichen.

Als der Krieg ausbrach, meldete er sich, fünfundzwanzigjährig, freiwillig zum 16. Bayerischen Infanteriereserveregiment „List" und wurde Meldegänger des Stabes. Zum Gefreiten befördert erhielt er wegen erwiesener besonderer Bravour im Verlauf des Krieges das Eiserne Kreuz beider Klassen.

An ihm und Seinesgleichen konnte es folglich nicht liegen, daß der Krieg verloren ging. In der Erblindung „träumte er" erst recht „gegen die Wirklichkeit an", bis die einfachen Erklärungsthesen zurechtgezimmert waren, die zum unveränderlichen ideologischen Fundament seiner Propaganda wurden, als er sich, von der Beeinträchtigung der Sehkraft geheilt und aus Pasewalk entlassen, „entschloß, Politiker zu werden".

> Aus dem unveröffentlichten Buchfragment „Rückblick auf den National-sozialismus".

# Der „Sozialismus" Adolf Hitlers und seiner Partei

## 1979

… Was die Zielsetzung des historischen Sozialismus betrifft, so meint er in allen seinen Varianten „das wahre Menschsein" universal: die Emanzipation des Individuums in Selbst- und Mitbestimmung aufgrund von Aufklärung, – das „Reich der Freiheit", gesichert durch Grundrechte (Gleichheit der Chancen vor allem für jede vergleichbare Begabung, Gerechtigkeit also ohne jegliche Ausbeutung und ohne irgendwelche Erbprivilegien), gesichert durch entsprechende gesellschaftliche Auffassungen, Einrichtungen und Praktiken (Prinzipien und reale Zustände).

Das trifft der Proklamierung nach sogar auf den totalitär-diktatorialen Kommunismus zu. Das Dogma vom geschichtlichen Fortschritt durch revolutionären Klassenkampf zwingt ihn jedoch in die Paradoxie, die Bedingungen der Humanität durch Anwendung inhumaner Mittel herbeiführen zu wollen. Die Notwendigkeit der Einheit von Bewußtsein und Aktion im Klassenkampf schließt Souveränität und Autonomie des Individuums, die Gleichberechtigung von Minderheiten, die Verfahrensweisen der pluralitären Demokratie, den parlamentarischen Mehrparteien-Staat sowie die Gewaltenteilung bis zur vollen und bleibenden Verwirklichung des Zieles aus.

Für die Reformsozialisten jeder Variante hingegen gilt das kritische Prinzip der Humanität in einem ständigen Prozeß der Evolution unter allen Umständen. Im Programm 1951 der Sozialistischen Internationale, übereinstimmend mit den Prinzipien bis zurück zu Wilhelm Liebknecht nach der Mitte des vorigen Jahrhunderts, heißt es unmißverständlich: „Die Sozialisten erstreben mit demokratischen Mitteln eine neue Gesellschaft in Freiheit. Es gibt keinen Sozialismus ohne Freiheit. Der Sozialismus kann nur durch die Demokratie verwirklicht, die Demokratie nur durch den Sozialismus vollendet werden." Reformsozialisten sind daher sowohl gegen die diktatorial-kommunistischen als auch gegen die autoritären und sozialreaktionären Bewegungen und Systeme. Erst recht gegen den Faschismus.

Hatten die Hitler-Bewegung und der Hitler-Staat mit der humanitären Zielsetzung der Politik irgendwas zu tun? Allerdings: sie standen in prinzipiellem, radikalem und vollständigem Gegensatz zu ihr. Das „weltanschauliche" Fundament der NSDAP und des für sie allein maßgebenden „Führers Adolf Hitler" war der Rassismus in sozialdarwinistischer Prägung: man wurde zur gesellschaftlichen Herren- oder Sklavenrolle geboren. (Als „Parasiten" waren die Juden – und noch einige andere – zu „Sonderbehandlung" bestimmt.) Ziel der Politik konnte es nach dieser Auffassung für die Deutschen daher nur sein, sich von allen „zweifelhaften Einflüssen" zu säubern, nationale Macht zu erwerben und, im Verbund mit Eliten, Herrschaft anzutreten. Pflege der „Personalität", die Hitler forderte, hieß: durch Zuchtwahl als Produkt nationaler Kollektivität völkische Führerqualitäten entwickeln.

Als am 30. September 1920 aus der ursprünglichen DAP (der „Deutschen Arbeiter-Partei"), der sich Hitler als politischer Propagandist der Reichswehr in München angeschlossen hatte, unter seiner Initiative die NSDAP gegründet wurde, verzeichnete das Protokoll als Ziel „des Vereins": „ ...alle körperlich und geistig arbeitenden deutschen Volksgenossen, die deutschen Blutes (arischer Abstammung) sind, zu sammeln, gemäß dem Parteiprogramm in gemeinsamer Zusammenarbeit durch Erziehung zur politischen Reife, durch körperliche Ertüchtigung und Pflege der sittlichen Kräfte den einzelnen und damit die Gesamtheit auf eine höhere und glücklichere Kulturstufe zu bringen." ... und damit die Gesamtheit? Eine der vielen Formeln, die Hitler gebrauchte, um seine Absichten zu verschleiern, – immer meinte er den Einzelnen nur als „Ausdruck des Ganzen": „Der Einzelne ist nichts, das Volk ist alles", hieß es später treffend.

Was in den „unveränderlichen" 25 Punkten des Parteiprogramms von 1920 nach „Sozialismus" aussehen mochte (die Punkte 11 bis 17), hatte in Hitlers Absicht die Funktion, Anhänger in der Arbeiterschaft und im Mittelstand zu gewinnen: „Abschaffung jedes arbeits- und mühelosen Einkommens", „Brechung der Zinsknechtschaft", „Verstaatlichung aller (bisher) bereits vergesellschafteten Betriebe" (Trusts), „Gewinnbeteiligung an Großbetrieben", „Großzügiger Ausbau der Altersversorgung", „Aufteilung der großen Warenhäuser an die Kleinhändler", „Agrarreform und entschädigungslose Enteignung von Land für gemeinnützige Zwecke, Verbot der Bodenspekulation". Wer Hitlers Auffassung nach ein Sozialist war, das erklärte er offenherzig in einer Rede am 28. Juli 1922: „Wer bereit ist, für sein Volk so vollständig anzutreten, daß er wirklich kein höheres Ideal kennt als nur das Wohlergehen dieses seines Volkes; wer unser großes Lied ‚Deutschland, Deutschland über alles' so erfaßt hat, daß nichts auf der Welt ihm höher steht als dieses Deutschland, Volk und Land, Land und Volk, der ist ein Sozialist."

Nicht wenige noch weitere Belege ließen sich dafür anführen, was Hitler unter „Sozialismus" verstanden wissen wollte. „Ich bin

Sozialist ... Ich könnte niemals dulden, daß mein Chauffeur anders ißt als ich", sagte er am 21. Mai 1930 in einer Auseinandersetzung mit Otto Strasser, der für einen Streik sächsischer Arbeiter eintrat, den Hitler aus Rücksichtnahme auf die Finanzierung der Partei durch Unternehmer nicht billigte. „Die Masse der Arbeiter verlangt nichts anderes als ‚Brot und Spiele', sie hat kein Verständnis für irgendwelche Ideale. Wir können niemals damit rechnen, diese Masse zu gewinnen, wenn wir uns auf Ideale berufen. Was wir brauchen, das ist eine Auslese: Männer, aus einer neuen Schicht von Herrenmenschen ausgewählt ... Diese Herrenschicht muß wissen, daß sie das Recht hat zu befehlen, und zwar eben aufgrund der Tatsache, daß sie einer höheren Rasse angehört. Sie muß dieses Recht verteidigen und rücksichtslos aufrechterhalten." Als Otto Strasser und sein Bruder Gregor, Wortführer eines in der Tat sozialistischen nordwestdeutschen und Berliner Flügels der Partei, dem bis 1930 auch Joseph Goebbels angehörte, die Verstaatlichung der Großindustrie für erforderlich hielten, bezeichnete Hitler dies als baren Bolschewismus. „Diese Demokratie, die für den Trümmerhaufen verantwortlich ist, auf dem wir leben, wollen Sie auch noch auf den Bereich der Wirtschaft ausdehnen! Das wäre das Ende der deutschen Wirtschaft! Die Kapitalisten sind nach oben gekommen, weil sie fähig waren, und aufgrund dieser Leistung, die wiederum ein Beweis für ihre höhere Rasse ist, haben sie das Recht auf Führerschaft. Sie wollen an ihre Stelle einen unfähigen Betriebsrat oder einen Arbeiterausschuß setzen, der nicht genug Ahnung hat, um mitbestimmen zu können. Kein Wirtschaftsführer würde so etwas dulden." Otto Strasser fragte Hitler, „was er denn mit den Kruppwerken machen werde, wenn er an die Macht komme". Die Antwort war: „Selbstverständlich würde ich nichts ändern. Halten Sie mich für so verrückt, daß ich die deutsche Großindustrie zerstören will? Nur wenn ihre Tätigkeit den Interessen der Nation zuwiderläuft, dann und nur dann müßte der Staat intervenieren. Das aber ist noch kein Grund, die Besitzbeteiligung der Arbeiter oder das Mitbestimmungsrecht zu fordern ..."

Otto Strasser wurde, als er sich, im Gegensatz zu Gregor Strasser, in der Frage des „Sozialismus" Hitler nicht unterordnete, aus der Partei ausgeschlossen, Goebbels, der sich seinerseits schleunigst unterwarf, damit beauftragt, insbesondere in Berlin die NSDAP von jenen „bolschewistischen Tendenzen" zu säubern.

Das Wirtschafts- und Sozialsystem, das Hitler, nachdem er an die Regierung gekommen war, entwickelt hat, war Staatskapitalismus zu Macht- und Rüstungs- und Expansionszwecken mit Hilfe der Großindustrie (sowie der Generalität), der er innerhalb dieser Zwecksetzung, die er mehr oder minder billigte, als sie ihn mit-hochgebracht hatte, zwischen „interessenspolitischer Selbstverwaltung" und „staatspolitischer Auftragsverwaltung" eine relative, kontrollierte Selbständigkeit beließ. Humanisierung, das war keine Maxime, die im NS-Staat Bedeutung hätte haben können. „Schönheit der nationalen Arbeit" nach Ausschaltung der Gewerkschaften. „Urlaub und Erholung in organisierter Form" mit „Kraft durch Freude", Ernährung, Unterhaltung, Zufriedenheit der Massen, die sich endlich wieder versorgt sahen, fern von den Entscheidungen, die Abenteuer für Abenteuer das Ganze aufs Spiel setzten, das war der Anteil, der der „Volksgemeinschaft" zugedacht wurde, die die Vorgänge teilweise zwar ahnte, aber nicht mehr durchschaute. Bis sich das bittere Ende einstellte.

Nein, von „Sozialismus" kann bei Adolf Hitler und seiner Partei, obgleich der Ausdruck in ihren Erklärungen gelegentlich vorkommt, vernünftigerweise keine Rede sein. Die wirklichen Sozialisten aller Varianten waren ja auch unter der NS-Herrschaft – nach den Juden – die am meisten Verfolgten. Sie haben, soweit es möglich war, am markantesten Widerstand geleistet.

Frankfurter Hefte, November 1979. Originaltitel: „Der Streit um den ‚Sozialismus' Adolf Hitlers und seiner Partei".

# Die SS als Orden

## 1947

Die SS war *ein Orden und ein Zweckverband zugleich.* Von allem Anfang an hat *Himmler* sie als solche ins Leben gerufen. Nie war beabsichtigt gewesen, aus ihr eine Millionenarmee zu machen. Die allgemeine Entwicklung des Dritten Reiches erst hat sie in diese Richtung getrieben. Aber noch bis zuletzt hat *Himmler* immer wieder versucht, ein Grundkader aufrechtzuerhalten, das es ihm ermöglichen sollte, einmal zu der ursprünglichen Absicht zurückzukehren: ein deutsch-rassisches Herrschaftssystem zu entwickeln und es mit allen Mitteln der Macht zu schützen. Daß die SS die messianische Voraus-Verkörperung, den sogenannten Führer, persönlich zu sichern hatte, verstand sich von selbst.

Schon die *Ansprüche an den SS-Kandidaten* waren ungewöhnlich: er mußte mindestens 1,80 m groß sein (später galt diese Forderung nur noch als Idealmaßstab, und man machte im Krieg Ausnahmen bis herab zu Fußkranken der Völkerwanderung, zu Leuten, die mit germanischen Reckenvorstellungen nicht mehr das geringste zu tun hatten); sein Stammbaum mußte bis 1750 zurückverfolgbar und rein „deutschblütig" sein, sein Charakter – im nationalsozialistischen Sinne – einwandfrei.

Ob die *Masse der SS-Leute,* die der Organisation im Laufe der Zeit freiwillig, verführt oder gezwungen beitraten, die eigentlichen Ziele *Himmlers* und seines engeren Stabes gekannt, geahnt oder durchschaut hat, ist bei den Herrschaftsverhältnissen, die innerhalb der SS bestanden, für die Beurteilung der Pläne zu einem wahren SS-Staat nicht sonderlich wichtig. Die Führung jedenfalls strebte seine Verwirklichung an, und sie war zu allem entschlossen: folgerichtig wurde von Stufe zu Stufe geplant, jedes Teilziel mit unerbittlicher, normale Vorstellungen ganz und gar sprengender Härte angestrebt. Erhaltengebliebene Dokumente und nach dem Sturz des nationalsozialistischen Regimes zutagegebrachte Zeugnisse zeigen heute der Welt das wohlausgebaute Gefüge. Ein ganz anderes Kapitel sind Wissen, Anteilnahme und insbesondere die Beweggründe der einzelnen Mitglieder der SS-Verschwörergemeinschaft; sie wechseln und unterscheiden sich in hundert Graden wie das Leben selbst.

Aus: Der SS-Staat, Verlag des Druckhauses Tempelhof, Berlin 1947 (Volksausgabe), S. 22–23.

\* \* \*

»Es war in der Tat ein SS-Staat geplant, und die Konzentrationslager waren ein grausiges Hohlmodell – die Probekammern rings um den Circus Maximus des Tausendjährigen Reiches, auf dessen großdeutscher Rennbahn, im Angesicht einer teils begeisterten, teils gezwungenen Volksgemeinschaft die zum Tode bestimmte Freiheit unter die Hufe jenes entsetzlichen Viergespanns geworfen wurde, das als Führeranbetung, Rassenwahn, Nationalismus und Militarismus der Geschichte dieser Zeit die blutigen Spuren eingestampft hat. Allüberall standen die Schwarzuniformierten, durch Sigrune oder Totenkopf markiert, bereit, die Zügel an sich zu reißen, um unser Geschick endgültig auf den Boden ihrer Bahn zu zwingen. «

Aus: Der SS-Staat, Verlag des Druckhauses Tempelhof, Berlin 1947 (Volksausgabe), S. 5.

# Die Machtergreifung

## 1958

... Daß Adolf Hitler an 30. Januar 1933 vom Reichspräsidenten Hindenburg mit der Regierungsbildung betraut werden konnte, hatte im wesentlichen die folgenden Gründe:

- Die Weimarer Verfassung sah eine möglichst vollkommene parlamentarische Vertretung aller Meinungs- und Willensströmungen im Lande vor und keineswegs gleichzeitig eine zureichende Stabilität der Regierung. (Daher von 1919 bis Ende 1932 nicht weniger als 8 Reichstage und 19 Kabinette.) Gegen außerordentliche Schwierigkeiten führte sie das Notverordnungsrecht ein, das beim Reichspräsidenten lag.
- Allzu viele Parteien und eine turbulente Verwirrung sowohl des nationalen wie des sozialen Bewußtseins machte ein staatspolitisches Zusammenwirken der Gegner allmählich unmöglich. In ihrem letzten Abschnitt, von 1929 bis Anfang 1933, sollte sich die Republik unter dem Ansturm der extremen Radikalen von rechts und links in der Auseinandersetzung zwischen der fortschrittlichen Mitte und der reaktionären Restauration behaupten. Das Verlangen weitester Kreise nach einer „die Gegensätze überbrückenden einfachen und radikalen Einheitslösung" nahm zu.

- Die Alliierten des Ersten Weltkrieges bestraften die junge deutsche Demokratie für die Sünden des Kaiserreiches und sahen die Notwendigkeit der Revision des Versailler Vertrages viel zu spät ein, insbesondere in der Frage der Höhe und der Dauer der Reparationen. (Noch der Young-Plan 1929 sah 59 Jahreszahlungen – bis 1988! – in der Gesamthöhe von 34,5 Milliarden Reichsmark vor.)
- Die seriös-klassisch-kapitalistische Krisenbekämpfung der Regierung Brüning kam gegen die anhaltende Dauer und zunehmende Schwere der Weltwirtschaftskrise (Ende 1932 stieg die Zahl der Arbeitslosen im Reich auf rund 6 Millionen, die der Kurzarbeiter auf 3,5 Millionen) nicht an.
- Die Konservativen, vor allem die Großagrarier und die Führung der Schwerindustrie, hohe Beamte und hohe Offiziere der Reichswehr, hielten Hitler nur für einen „Trommler", der ihren eigenen Bestrebungen den Weg bereite.
- Der alte Generalfeldmarschall von Hindenburg als Reichspräsident, bei dem in der Krise die Entscheidung über die Machtentwicklung lag, war politisch völlig unqualifiziert, so daß Intrigen innerhalb der ihn umgebenden Clique persönlicher Vertrauter jeweils den Ausschlag gaben.

Als die NSDAP bei den Reichstagswahlen vom 31. Juli 1932 mit 230 Abgeordneten (37,8% der 608 Mandate) als stärkste Partei ins Parlament eingezogen war, als sie am 6. November des gleichen Jahres bei neuerlichen Wahlen abermals 33,5% aller Sitze erhielt, als Franz von Papen, in der Reichskanzlerschaft durch General von Schleicher ersetzt, gegen ihn jene Clique mobilisierte, mit Hitler sich verbündete und beide dem Reichspräsidenten beibringen ließen, Schleicher habe die Absicht, ihn verhaften und „im Viehwagen nach Neudeck" – sein ostpreußisches Gut – transportieren zu lassen, da überwand er seine Abneigung gegen den „böhmischen Gefreiten" und ließ ihn am 30. Januar 1933 an die Macht heran.

Nur drei Kabinettspositionen erhielten die Nationalsozialisten: Hitler die Reichskanzlerschaft, Frick das Innenministerium und Göring einen Sitz „ohne Geschäftsbereich", alles übrige wurde von den Deutschnationalen besetzt, die Vizekanzlerschaft durch Franz von Papen, der auch Reichskommissar für Preußen blieb, – sie hielten sich für gesichert; wie sehr haben sie sich getäuscht!

Den entschlossenen Radikalen genügte der erste Ansatz; binnen zweier Monate des raschen Terrors und einer ebenso umfassenden wie lügnerischen Propaganda war die Macht vollends erobert. Bei den Neuwahlen am 5. März 1933 erhielt die NSDAP 44%, die deutschnationale „Kampffront Schwarz-Weiß-Rot" knapp 8% der Mandate, am 24. März beschloß der neue Reichstag mit Zweidrittel-Mehrheit, gegen die alleinigen Stimmen der SPD, das berüchtigte „Ermächtigungs-Gesetz zur Behebung der Not von Volk und Reich", das der Regierung das Recht gab, Gesetze selbst verfassungsändernder Art ohne den Reichstag zu erlassen: der „Führerstaat" war begründet, die nationalsozialistische Unheilspolitik, durch formale Legalisierungen und durch vorübergehenden Wirtschaftsaufschwung verschleiert, nahm ihren Lauf ...

Der Rückblick auf die Ereignisse der Zeit vor 25 Jahren ergibt in erster Linie die Erkenntnis, daß es nicht nur auf die Massenentwicklung ankommt, sondern daß in jedem Einzelfall auf wichtige personelle Besetzungen bestimmender Einfluß genommen und für eine wirksame Kontrolle jeder Konzentration wirtschaftlicher, gesellschaftlicher und politischer Verfügungsmacht rechtzeitig und unablässig vorgesorgt werden muß. Im nachhinein gibt es keine Abhilfe, die Anfänge bereits entscheiden.

Typoskript, Verwendung nicht bekannt.

# Die deutsche Katastrophe: ein Zufall?

## 1946

Die folgenden Kommentare schrieb Eugen Kogon in das Buch von Friedrich Meinecke: Die deutsche Katastrophe – Betrachtungen und Erinnerungen, Eberhard Brockhaus Verlag, Wiesbaden 1946.

*Friedrich Meinecke* (S. 138):
Es war ja eine ganz singuläre und in nicht geringem Grade zufällige Verkettung von Ursachen, die zur Machtergreifung Hitlers geführt hat.

*Eugen Kogon:* Nein!

*Friedrich Meinecke* (S. 93):

Ich erzähle zunächst etwas, das ich aus dem Munde eines bekannten früheren Führers der deutschnationalen Volkspartei gehört habe. Ich hatte in einem kleinen Kreise ein paar Worte über das Problem des Zufalls in der Geschichte gesagt, da trat er an mich heran und sagte: „Ihre Worte erinnern mich an den 30. Juni 1930. Damals fand die entscheidende Sitzung der deutschnationalen Volkspartei über die Frage statt, ob man die Regierung Brüning im Reichstage unterstützen solle oder nicht. Ich und meine Freunde waren für die Unterstützung. Hugenberg und sein Anhang gegen sie. Ein paar meiner Freunde fehlten ganz zufällig in jener Sitzung. Wären sie dagewesen, so wäre die Abstimmung für Brüning ausgefallen, – und der ganze weitere Ablauf der Dinge hätte anders (d. h. gegen Hitler sich kehrend) werden können". So aber siegte nun Hugenberg und führte die Partei zu ihrem törichten Bündnis mit Hitler. Und dieser wieder, auf ein solches Bündnis gestützt, konnte dann auch dem Reichspräsidenten v. Hindenburg als der Führer einer wirklichen, aus zwei großen Parteien zusammengesetzten Mehrheit hingestellt werden.

*Eugen Kogon:*

Irrtum! Reine Sache der „Geschäftsordnung": neue Sitzung einberufen (und Protest am selben Tag), neue Abstimmung. Aber sie schwiegen eben und stimmten also zu, inaktiv!

*Friedrich Meinecke* (S. 92-93):

Wohl haben auch wir uns Mühe gegeben, die Vergangenheit Deutschlands nach Hergängen und Tatsachen allgemeiner Art abzusuchen, die dem Hitlertum vorgearbeitet haben. Aber schon die eine Tatsache, daß zur Zeit der noch leidlich freien Reichstagswahlen von 1932/33 Hitlers Anhängerschaft niemals eine wirkliche Mehrheit gewinnen, bei der zweiten Reichstagswahl von 1932 sogar sichtlich etwas (von 13,7 Millionen auf 11,7) zurückgehen konnte, läßt die Frage nicht zur Ruhe kommen, ob nicht auch der Dämon Zufall dem verwegenen Glücksspieler und Hochstapler Hitler bei seinem Aufstiege und bei seiner schließlichen Berufung zum Kanzleramte zu Hilfe gekommen ist.

*Eugen Kogon:*

Gefährlicher „Notausgang"!

*Friedrich Meinecke* (S. 88):
Wer kann das Persönlich-Zufällige und das aus den Tiefen des
Volkslebens aufsteigende Allgemeine jemals voneinander ganz klar
scheiden?
*Eugen Kogon:*
Die Institutionen und Überlieferungen müssen so sein, daß „der
Zufall" nicht frei wirken kann!

# Wehret den Anfängen!

## 1978

Die folgenden Äußerungen machte Eugen Kogon beim Schlußgespräch
der Tagung „Hitler – eine Erweckungsbewegung?" vom 6.-8. Januar 1978
in der Theodor-Heuss-Akademie in Gummersbach unter der Leitung von
deren Direktor Rolf Schroers; siehe auch S. 301.

*Rolf Schroers:*
... Herr Kogon hat vorgeschlagen, und ich möchte diesen Vorschlag
aufgreifen, doch für den ersten Augenblick der Diskussion etwas
inhaltlich zu erörtern, was er – und ich glaube zurecht – für eines
der entscheidenden Daten zur Beurteilung des Dritten Reichs nach
der Machtergreifung 1933 hält. Ein Datum, an dem die deutsche
Bevölkerung, die Verantwortlichen, wissen mußten, daß es sich
nicht mehr nur um eine Machtergreifung einer Partei, zu der man
vielleicht noch ein geduldiges und vielleicht auch oppositionelles
Vertrauen haben könnte, handelte, sondern daß es sich um organisierte Totschläger handelte. Das Datum ist der 30. Juni 1934, der
Röhm-Putsch. Ich darf Sie, Herr Kogon, bitten, die Frage einmal
zu formulieren, die Sie damit verbunden haben.
*Eugen Kogon:*
Ich möchte die Frage vor allem an Herrn Speer richten. Ich bin der
Meinung, daß das Ereignis des 30. Juni jedem, wo immer er stand,
klarmachen mußte, daß es sich in der Tat um ein Unrechtsregime
äußersten Ausmaßes handelte, das nicht dadurch besser wurde, daß
erklärt wurde, alles sei rechtens gewesen, was der Führer getan

habe. Meine Frage an Herrn Speer ist also: Stimmt das, was ich sage? Mußte jedermann das erkennen? Wieso konnte man dann noch nationalsozialistisch weitermachen oder das Regime in irgendeiner Weise tolerieren und sich nicht zum möglichen Widerstand bekennen?

*Albert Speer:*
Ich würde gerne Ihre Frage so beantworten, wie Sie es erwarten, aber so waren die Umstände nicht ...

*Eugen Kogon:*
... Die Verfassung müssen wir weglassen. Das hat Graf Werthern schon gezeigt. Die war bereits durch das Notverordnungsrecht rechtlich ausgeschaltet und dann praktisch nicht mehr beachtet. Aber das Phänomen, auf das es meines Erachtens hier ankommt, ist der totale Verfall des Rechtsbewußtseins in den Führungsschichten des ganzen deutschen Volkes. Das zeigt, daß die Ursachen der Entwicklung viel tiefer und früher lagen. Der 30. Juni ist für mich also wirklich der entscheidende Einschnitt, von dem an es für mich sozusagen keinen „Pardon" mehr gab. Konservative mußten sehen, daß das Recht so nicht mißbraucht werden durfte. Es durfte nicht zugelassen werden, daß dieser Mann in der Geschichte herumfuhr und sozusagen einfach im Kreis herumschoß und dann sagte, das war rechtens, als ob er die Inkorporation des Rechtes gewesen wäre. Und es gab noch mächtige Positionen, wo etwas zu machen gewesen wäre! Wo also lagen die Wurzeln? Wenn die Bedingungen der Humanität nicht mehr das Kriterium der Politik sind, und das fängt leider in der Weimarer Zeit früh an, viel früher als 1934 oder 1933, dann ist der Verlauf der Geschichte oft überhaupt nicht mehr aufzuhalten. Ich kann also nur sagen: den Anfängen widerstehen ...

Jetzt darf ich die Aufmerksamkeit auf die andere Seite lenken, nämlich auf die Seite der organisierten Arbeiterschaft und der Arbeiterparteien. Da haben wir zwar ein enorm entwickeltes Legalitätsbewußtsein. Nicht Legitimität war das Prinzip, sondern Legalität. Die Gewerkschaftsbewegung und die kommunistische Partei und die SPD hielten sich ganz außerordentlich an Formalitäten. Sie haben dann, als die Gleichschaltung im Mai 1933 begann, praktisch keinen Widerstand geleistet. Gewerkschaftsführer in Hamburg sagten am 2. Mai, als die Beschlagnahmungen durch die Arbeitsfront der Nationalsozialisten erfolgten: Wir können nichts machen, wir müssen eine Weisung aus Berlin von der Zentrale des

Allgemeinen Deutschen Gewerkschaftsbundes abwarten. Das ist natürlich grotesk. Es erinnert enorm an die Leninsche Formulierung, daß die Deutschen einen Bahnhof nur erobern, wenn sie vorher Bahnsteigkarten lösen. Hier haben wir ein ausgeprägtes formales Rechtsbewußtsein auf der Gegenseite, die durchaus nicht revolutionär verfuhr. Das hat von Anfang an, also weit vor dem 30. Juni, mit dazu beigetragen, daß ein enormer Widerstand nicht wach wurde.

Dazu noch eine kleine Bemerkung: Ich habe den Eindruck, daß bei internationalen Diktaturen sich eine merkwürdige widerspruchsvolle Entwicklung vollzieht. Am Anfang könnte man an allen Ecken und Enden Widerstand leisten. Da lebt die Diktatur von allen den Unterlassungsfehlern des vorherigen Regimes und verbessert die Situation, wie z.B. die Arbeitslosigkeit damals: sechseinhalb Millionen und dreieinhalb Millionen Kurzarbeiter. Dann verfestigt sich das Regime, und in dem Maße, wie es sich verfestigt, verlagert sich die Widerstandsmöglichkeit ins Innere. Am Schluß ist sogar ein Witz, den sie öffentlich machen, schon tödlich, weil sie hingerichtet würden. Aber in der „Uniform des Feindes" können sie dann Widerstand leisten. Da werden die Schichten dieser Armee natürlich besonders bedeutsam im Verlauf der Diktatur ... Herr Trott zu Solz hat das ja so bezeichnet, ich habe den Ausdruck übernommen. Er scheint mir zuzutreffen. Der Widerstand wird immer schwieriger, nur Machtträger können am Schluß noch Widerstand leisten; auf denen liegt dann die ganze Verantwortung.

Liberal, Juni 1978.


# Die Ziele des nationalsozialistischen Staates

## 1946

Im Spätherbst 1937 hatte ich in Frankfurt am Main Gelegenheit, mich mehrere Nachmittage lang mit einem SS-Führer der Burg Vogelsang eingehend zu unterhalten. Sonthofen im bayerischen

Allgäu, Vogelsang im Eifelgebirge und Krössinsee in Ostpommern waren die drei einsam gelegenen, malerischen Ordensburgen des neugermanischen Führernachwuchses.

Die Unterredungen, die von beiden Seiten mit großer Offenheit geführt wurden, hatten den Sinn der deutschen Geschichte, die Rolle des Dritten Reiches sowie die Rassenideen der SS zum Gegenstand. Sie brachten mir, gerade durch die äußerste Gegensätzlichkeit der vorgebrachten Ansichten, eine Fülle interessanter Einblicke und manche Bestätigung für bereits Vermutetes.

Aus den Äußerungen dieses wohlinformierten, überlegenen, absolut nicht dummen, wenn auch durch und durch fanatischen SS-Führers seien hier drei bemerkenswerte Sätze herausgehoben.

„Was wir Ausbilder des Führernachwuchses wollen, ist ein modernes Staatswesen nach dem Muster der hellenischen Stadtstaaten. Diesen aristokratisch gelenkten Demokratien mit ihrer breiten ökonomischen Helotenbasis sind die großen Kulturleistungen der Antike zu danken. Fünf bis zehn von Hundert der Bevölkerung, ihre beste Auslese, sollen herrschen, der Rest hat zu arbeiten und zu gehorchen. Nur so sind jene Höchstwerte erzielbar, die wir von uns selbst und dem deutschen Volke verlangen müssen."

„Die Auslese der neuen Führerschicht vollzieht die SS – positiv durch die Nationalpolitischen Erziehungsanstalten (Napola) als Vorstufe, durch die Junkerschulen und die Ordensburgen als die wahren Hochschulen der kommenden nationalsozialistischen Aristokratie sowie durch ein anschließendes staatspolitisches Praktikum; negativ durch die Ausmerzung aller rassenbiologisch minderwertigen Elemente und die radikale Beseitigung jeder unverbesserlichen politischen Gegnerschaft, die sich grundsätzlich weigert, die weltanschauliche Grundlage des nationalsozialistischen Staates und seine wesentlichen Einrichtungen anzuerkennen."

„Innerhalb von spätestens zehn Jahren wird es uns auf diese Weise möglich sein, Europa das Gesetz Adolf *Hitlers* zu diktieren, um den sonst unvermeidlichen Verfall des Kontinents zum Stillstand zu bringen und die wahre Völkergemeinschaft, mit Deutschland als führender Ordnungsmacht an der Spitze, aufzubauen."

Die Darlegungen, die ich gegen diese Thesen ins Feld geführt habe, bleiben hier außer Betracht; sie haben, falls es noch weiterer „belastender Umstände" gegen mich bedurft haben sollte, jeden-

falls den Ausschlag dafür gegeben, daß ich die Ehre hatte, gleich auf
der ersten Schwarzen Liste zu stehen, die von der Gestapo Berlin
beim Einmarsch der Deutschen nach Österreich, am 12. März
1938, mitgebracht wurde. Wichtig ist hier lediglich die außergewöhnliche Genauigkeit, mit der in jener Unterhaltung ein SS-Führer die *wahren Ziele des nationalsozialistischen Staates* dargelegt hat.

> Aus: Der SS-Staat, Verlag der Frankfurter Hefte, Frankfurt am Main
> 1946, S. 1-2.

# Der Terror als Herrschaftssystem

## 1948

Das Zeitalter der „Aufklärung", das heißt des optimistischen Glaubens an unbeschränkten Fortschritt durch Vernunft, ist außerhalb
der Wissenschaft in Europa so gut wie total gescheitert. Entfesselte
Willenskräfte, von Mythen und Interessen getrieben, haben es
liquidiert. Unterhöhlt wurde es von Anfang an durch eine beständige, mehr und mehr zunehmende Aufspaltung des modernen
Menschen in „Arbeitskraft", „Konsument", „Parteimitglied",
„Wähler" und „Privatperson" (mit „Weltanschauung" und Ver-
gnügungsanteil). So ist der europäische Mensch, unter dem von
ihm selbst verkündeten Anspruch auf Diktatur der Vernunft, zum
Objekt verhängnisvoller, teilweise glanzvoll überdeckter Abhängigkeiten geworden. Mit Wissen und Technik beladen, ist er in einen
der Sklaverei ähnlichen Zustand zurückgekehrt. Feudalherren oder
Fürsten des Absolutismus beherrschen ihn nicht mehr; stattdessen
ist er jetzt der Gefangene zahlreicher Bedürfnisse, die wachgerufen,
aber nicht befriedigt wurden, ein desorientiertes, tief unzufriede-
nes und oft verzweifeltes Opfer bürokratisch verwalteter Termiten-
staaten.

Schrecken umgibt uns wieder wie Primitive. Der zivilisatorische
Komfort kann ihn nicht bannen; wir versuchen nur, uns mit seiner
Hilfe darüber hinwegzutäuschen. Es gelingt uns bloß brüchig und
zeitweise.

Was liegt näher, als daß machtgierige Einzelne oder Minderheiten von dieser Situation Gebrauch machen?

Auch die Schreckensherrschaft unterscheidet sich heute von der früherer Zeiten durch *Rationalität*. Zwar beruht sie notwendigerweise wie immer auf einer zynischen Anschauung von der Natur des Menschen. Mit den Tyranneien überwundener Stufen der Geschichte hält die moderne Schreckensherrschaft den Menschen, wie er ist, für ein niedriges Wesen, – nach den einen bleibend und unveränderlich, nach den anderen bis auf weiteres; keine, die nicht wenigstens bestimmte Gruppen von Menschen für unentwickelbar ansähe. Aber die moderne Tyrannei ist in der Wahl und in der Anwendung ihrer Mittel durchaus ein Kind der Zeit: sie bedient sich sehr vieler Errungenschaften des menschlichen Geistes, die ohne seine freie Entwicklung nicht möglich gewesen wären und die ohne sie erfahrungsgemäß nicht möglich sind. Außerdem stellt sie eine gewisse formale „Aufgeklärtheit" der von ihr unterdrückten oder zu unterdrückenden Massen, die auf jene rationalen Mittel zugeschnitten sind, mit in Rechnung. Rationalität ist eben ein Bestandteil unseres modernen Daseins geworden. Im Gegensatz zu den Despotien von einst ist in unseren Tagen der Terror als Herrschaftssystem daher bis zu einem bestimmten Grade auch auf eine theoretische Begründung angewiesen, die ihn sozusagen plausibel oder sogar notwendig erscheinen läßt. Für die Inhaber der Gewalt, welche sie gegen die anderen oder gegen andere schrankenlos anwenden, ist die Frage des „Dürfens" zwar meist kein Problem. Sie müssen aber die „Ausnahme", die gerade sie von der Niedrigkeit der menschlichen Natur darstellen sollen, begründen. So entstehen in den *faschistisch-totalitären Erscheinungsformen* der Gewalt die seltsamsten Mischungen aus Scheinmystik und Auftragsverhältnissen: durch Glaube, Gehorsam, Hingabe und Ja-Plebiszite, durch einen „consenso del popolo". Im *bolschewistisch-totalitären System* wird die „stellvertretende" Ausübung der Gewalt bis zum durchorganisierten Terror als die Kampf- und Verteidigungspflicht der „Bewußtseinsavantgarde" des herrschenden Kollektivs erklärt. Ist diese Startgrundlage einmal gewonnen und zur gültigen Anschauung erklärt, das heißt der wirklich kritische Verstand in Bann geschlagen, dann kann sich die Despotie einer Fülle brauchbarer Argumente und höchst rationaler Möglichkeiten, Methoden und Techniken bedienen, die samt und sonders die Verwirrung um den einfachen Tatbestand der Unterdrükkung noch erhöhen. Mit Vernunft wird die Unvernunft, mit Wissenschaft die Unmenschlichkeit zum System ausgebaut.

Gegen diese tückische Art des modernen Terrors hilft nur der unbeirrbare Blick auf die wahre menschliche Natur, der unerschütterliche Wille, die aus ihr stammenden Rechte des Einzelnen und der sozialen Gruppen zu wahren, das unverrückbare Maß der Menschlichkeit, das ihre Verächter an ihren Praktiken kenntlich macht, also eine in ihren Grundlagen gesicherte äußerste und beständige Wachsamkeit.

Man muß den Terror in seinen Anfängen, in seinen Erscheinungsformen, in seinen Praktiken und in seinen Folgen entlarven. Denn wir wurden Zeugen davon, und werden es noch immer, wie er sich inmitten heutiger Demokratien entwickelt, wie er zur Macht kommt und sich als Demokratie selbst ausgibt, geradezu als eine Regierungsform von Freiheiten.

Von vornherein zu trennen ist der Terror von den Beweggründen und den Zielen der Terroristen. *Er ist als Gewaltmethode, die das Recht bricht, in sich schlecht.* Und er korrumpiert, ja vernichtet selbst ideale Beweggründe und Ziele (angenommen, die Beweggründe und die Ziele der Terroristen wären so ideal, wie sie gerne ausgegeben werden). Raskolnikoff in Dostojewskijs Roman „Schuld und Sühne" war ein Idealist und wurde als solcher zum Mörder; der Großinquisitor Torquemada war ein Idealist und wurde als solcher zum Schlächter; sehr viele Verfechter des radikalen Klassenkampfes sind Idealisten, wollen „das Beste der menschlichen Gesellschaft" und werden durch den angewandten Terror zu Teufeln. Weder Motive noch Ziele rechtfertigen jemals verderbliche Mittel. Im übrigen: zumeist entsprechen sie einander.

Es ist bezeichnend, daß der Terrorist, der zur Herrschaft gelangen oder seine Herrschaft aufrechterhalten will, nicht bestimmte Stärken, sondern bestimmte *Schwächen der menschlichen Natur* ins Auge faßt. Zwei dieser Voraussetzungen sind ihm dabei von ausschlaggebender Bedeutung: eine individual- und eine sozialpsychologische.

Der Mensch hält einem Ausnahmezustand seines Daseins, wenn er plötzlich, radikal und nachhaltig in ihn versetzt wird, nur selten stand. Er vermag in solchen Fällen die spezifischen Abwehr- und Überwindungskräfte, die er seiner Anlage nach besitzt, kaum zu entfalten. Schrecken lähmt die Reaktionsfähigkeit des Verstandes. Wirkt der Schrecken total, so treibt die totale Angst vor tiefgreifender Benachteiligung das Vorstellungsvermögen mit einem Schlag in eine Blendperspektive, in der die Folgen wie eine reale Kettenreaktion sich häufen: Achtungsverlust, gesellschaftliche Beeinträchtigung, gefürchtete physische Übel wie Schmerz bis zur Existenzvernichtung erzeugen den *Panikzustand,* in dem die Person von einem Gefühlschaos überschwemmt wird, das sich durch physiologische Begleiterscheinungen noch verschärft: plötzlichen Blutandrang zum Herzen (bis zum Herzschlag), Blutentleerung des Gehirns, Sauerstoffmangel, erneute Herabsetzung der Denkfähigkeit. Schrecken macht den durchschnittlichen Menschen hilflos und überwältigt oft auch starke Persönlichkeiten für kürzere oder längere Zeitspannen, in denen dann erst das eigentliche Verhältnis von Überlegenheit und Unterlegenheit geschaffen wird.

Die zweite Voraussetzung ist die Erfahrung, daß *Massen* auf unbeschränkte Gewaltanwendung, sei es vorübergehend, sei sie von Dauer, durchaus nicht einheitlich, keineswegs allgemein ablehnend, sondern je nach Interessenlage verschieden reagieren. Wie rasch das Interesse erkannt wird, hängt von dem Zustand ab, in dem sich eine Masse zum Zeitpunkt des Eintritts des den Schrecken erzeugenden Ereignisses befindet, selbstverständlich auch von seiner Heftigkeit und vom besonderen Erscheinungsbild. Sowohl bei einem plötzlichen Brandalarm im Theater, als auch bei einer Überfallsattacke auf der Straße ist die Lähmung des Einzelnen in der Masse im allgemeinen geringer und partieller als in der isolierten Begegnung, weil das Kollektiv immer noch ein Gefühl von Geborgenheit, wenn auch möglicherweise nur mehr einen Rest davon gewährt. Das geht ja so weit, daß bei gewissen Schreckensereignissen der Einzelne in das Kollektiv geradezu flüchtet, und wäre es bloß in Gedanken: der Bürger zum Beispiel, der zuhause, beim Mittagessen, durch den Lautsprecher von einer nichtbürgerlichen Revolutionsverkündigung überrascht wird, der Arbeiter, der von einem reaktionären Staatsstreich erfährt. Der individuelle Belebungstrieb erhält inmitten der Massenstockung und Massendesorientierung Spielraum, um Anschluß an die Bewahrung, vielleicht sogar, bei gesellschaftlich-politischen Schreckensvorgängen, an die den Terror ausübende Gruppe zu finden. Das an irgendwelchen Zeichen erkenntlich werdende Ziel des Terrors zersetzt die Objektgleichheit der Masse und teilt sie: in Opfer und Anhänger des Terrors.

Diese psychologischen Tatbestände sind für die Errichtung, für die Aufrechterhaltung und für die Überwindung eines Terror-Regimes von Bedeutung.

Die *ideelle Grundlage*, von der der Terror seinen Ausgang nimmt, ist die Leugnung oder die Relativierung jener Rechte, die wir aus dem Wesen und den Aufgaben des Menschen selbst herleiten. Sie kann, wie bereits angedeutet, prinzipiell sein. Wer eine monarchische oder cäsarische Despotie anstrebt, würde in der Anwendung terroristischer Mittel behindert, wenn er Autorität und Freiheit, die beiden Seiten eines und desselben Grundrechtes, auch nur irgendeines anderen Menschen anerkennen wollte. Außer dem Despoten und allen jenen, auf die er als seine Werkzeuge die vermeintlich absolute Verfügungsgewalt überträgt, besitzt niemand Rechte aus sich oder aus dem ihm zustehenden Sachbereich. Wer aber das Gesetz der niederen Natur vom „Kampf ums Dasein" auch in der menschlichen Gesellschaft und in ihren Ordnungen für gültig hält, muß jede Art von Recht zu einer Ausdrucksform der Freund-Feind-Theorie relativieren, die es ihm erlaubt, selbst die gemeinsten Mittel der Gewalt für gerechtfertigt anzusehen, sofern sie ihm in einem gegebenen Fall besser angebracht erscheinen als List, Überredung und jeder andere Versuch, Oberhand zu gewinnen. Denn die Meinung, es sei ein „Naturgesetz" auch der menschlichen Gemeinschaft, daß der Tüchtigste, der Stärkste, schließlich vielleicht sogar der Gewalttätigste überlebe und überleben solle, da er allein zur Herrschaft berufen sei, heiligt von solchem Zweck her selbstverständlich den Rechtsbruch.

Die meisten Terroristen stehen auf dem Boden dieser Grundanschauungen, ob sie sie kritisch erkennen oder nicht. Infolgedessen halten sie *Recht* überhaupt entweder nur für eine Fiktion oder bloß für ein Kampfinstrument in geschichtlichen Auseinandersetzungen. Da in der Tat alles, was ist, einschließlich der Wahrheit, zu Interessenkämpfen benutzt werden kann und benutzt wird, hat sich ein Teil der liberalen Rechtsphilosophie dazu verleiten lassen, diese Argumentation noch zu stützen. Natürlich wollte sie nicht dem Terror Bahnen öffnen. Aber indem der absolute Rechtspositivismus in der Fülle wechselnder geschichtlicher Konkretisierungen nicht mehr die Zuständigkeiten,

die dem Wesen der Person und der gesellschaftlichen Ordnung
selbst entstammen, als die Quelle von Rechten erkannte, denen
Machtbefugnisse zukommen, sondern die tatsächliche geschichtliche Macht im Stadium der formalen Legalität als die alleinige
Quelle des Rechtes bezeichnete, geriet er in einen Relativismus,
der mittelbar auch dem Terror Vorschub leistete. Mit der Ver-
wandlung des Rechtes in eine substantiell aufgelöste, lediglich
durch systematische Sammlung und Darstellung noch zusammen-
gehaltene Menge von Gesetzesformen ging die eigentliche Verbindlichkeit verloren (oder sie galt von vornherein als Einbil-
dung). Dann kann auch niemand mehr einen wirksamen Einwand
erheben, wenn nicht bloß die Stabilität mißbrauchter, geschichtlich gewordener Systeme gewaltsam gebrochen wird, sondern
radikale Rassen-, Klassen- und Schichtenkämpfe sich des Rechtes
bemächtigen, um ihren prästabilierten Überlegenheitsvorstellun-
gen, diesen Ideologien a priori, den Mantel der Legalität umzu-
werfen. Widerstand dagegen ist dann nicht mehr als das eben ent-
gegengesetzte Rassen-, Klassen- oder Schichteninteresse, und
wenn er Aussicht auf Selbstbehauptung oder Sieg haben soll, wird
er sich ebenfalls der Gewalt bis zum Terror bedienen müssen.
Solange eine Gesellschaft die in ihr liegenden Antinomien tatsächlich bewältigt, hat es den Anschein, als ob sie sich den Luxus
falscher philosophischer Prinzipien und irriger Grundansichten
leisten könnte; später, es ist nur eine Frage der Zeit und des
Wachstums gegnerischer Kräfte, die an solchen Fehlern, ja mit
ihnen großwerden, geht sie daran zugrunde.

Der *geschichtliche Anlaß* zur Anwendung von Terror, um Herrschaft zu erringen, liegt wohl ebenso häufig in begangenen Fehlern
und in der hartnäckigen Unterlassung von Reformen wie in der
Heraufkunft von Ideologien, die ohne Terror sich kaum durchzusetzen vermöchten, weil sie den allgemeinen und bleibenden
Grundanschauungen der Menschen widersprechen, ferner in
Übergangssituationen, deren Verworrenheit verwegenen Gestalten
gelegen kommt.

Der Terror ist je nachdem ein Mittel von Mehrheiten oder von
Minderheiten, die sich in aktive Opposition gegen ein herr-
schendes System, aus welchem Grund immer, begeben haben, um
es zu beseitigen oder zu erobern. Sie können zu Terrormethoden
durch die Art des bestehenden Systems von vornherein veranlaßt

sein, sie können selbst dazu neigen, oder sie können im Ablauf der Ereignisse in sie hineingeraten.

Der *Terror von Mehrheiten* hat in der Regel Ausbruchscharakter. Er ist wild, zügellos und von verhältnismäßig kurzer Dauer, wenn ihn nicht Minderheiten oder Einzelne systematisieren. Meist wendet er sich dann rasch gegen die Mehrheit selbst, die den Durchbruch zur Macht vollzogen hat. Terror, den eine Mehrheit gegen eine herrschende Minderheit über längere Zeiträume und systematisch anwendet, findet man fast nur bei zwischenvölkischen kriegerischen Überfällen, in der Antike sowohl wie heute, aber auch da ist es bald eine Minderheit der Eroberer, die ihn sozusagen stellvertretend ausübt. Die Mehrheit kann sich an seine Anwendung schwer gewöhnen, selbst wenn er außerhalb ihres unmittelbaren Gesichts- und Erfahrungskreises stattfindet; sie läßt dann höchstens zu, daß in einer gewissen Reihenfolge der Ablöse die terroristischen Kader instandgesetzt bleiben, und autorisiert sie in mehr oder minder vagen Formen, meist nach entsprechender Verhetzung gefühlsmäßig.

Im Regelfall der Geschichte ist der Träger des Terrors zur Eroberung von Herrschaft eine *Führungsminderheit,* die sich mit der Mehrheit, berechtigt oder unberechtigt, zumindest ideell gleichsetzt. Sie handelt in tatsächlicher oder behaupteter Stellvertretung. In beiden Fällen kann sie, wenn der angewendete Terror ein wirklich allgemein gehaßtes Objekt, einen Einzelnen oder eine Schicht, trifft oder sichtbare Vorteile eröffnet, rasch Mehrheitsanhang gewinnen. Zahlreiche Revolutionen sind Beispiele dafür.

Die *absolute Minderheit* wird nur in den seltensten Fällen der Machtaspiration auf die Anwendung von Terror verzichten können, ob es sich um einen Staatsstreich positiv oder negativ zu bewertender Art handelt, um eine Räuberbande in China oder um einen racketeer- und kidnapping-gang in den USA, den die Politik nicht interessiert, sondern lediglich ein Machtsektor im wirtschaftlichen und gesellschaftlichen Leben. Sie ist auf die wirksamsten Terrormethoden umsomehr angewiesen, als sie ein Vabanque-Risiko eingeht; sie kann nicht wie eine Führungsminderheit mit Reserven und Rückhalt rechnen, sie setzt buchstäblich alles auf die Karte der Lähmung des Gegners.

Die *Ausführung des Terrors* zur Machterrichtung geschieht immer überfallsartig. Und sie ist auf die Schlüsselstellungen ge-

richtet, die Nervenzentren, im Staat auf die Eroberung der wesentlichen Machtmittel: Polizei, Armee, Verkehrssystem, Nach-
richtenübermittlung, Partei- und Gewerkschaftsbüros, Vorrats-
lager. Sie alle müssen schlagartig entweder übernommen und im
Sinne derer, die den Griff an die Hebel getan haben, gelenkt, oder
notfalls lahmgelegt werden. Nur eine plötzliche, absolut sicher in
Erscheinung tretende Gewaltaktion, die den geringsten Widerstand ohne jedes Zaudern angeht und überwältigt, erweckt den
Eindruck unüberwindlicher Stärke, der Gleichzeitigkeit, der End-
gültigkeit und der Aussichtslosigkeit jedes Aufbegehrens.

Je mehr tatsächliche Schwächen hinter der Ausführung derartigen Terrors stecken, je größer also der Bestandteil an Bluff, durch
Terror erzielt, ist, desto dringender die Notwendigkeit, alsbald
nach dem Grundsatz „*Teile und herrsche!*" zu verfahren: für Gefolgsleute und neue Anhänger – Vorteile, Versprechungen, Aussichten,
vor allem materielle und gesellschaftliche; für die anderen –
Schrecken, Schrecken und noch einmal Schrecken. Wer mittut,
wer sich anschließt, gewinnt Leben, Sicherheit, Reichtum, Ehre
und Einfluß, eins von ihnen oder alle, was ihm begehrenswert
erscheint; wer Widerstand leistet, ist verloren, das wird ihm sofort
deutlich vor Augen geführt: Tötungen erfolgen, umfangreiche Verhaftungen, Hausdurchsuchungen, steckbriefliche Verfolgungen,
Verbannungen, Ausbürgerungen, Diffamierungen, Deklassierun-
gen, „Säuberungen"; „Sondergesetze" werden erlassen, „Sonderge-
richte" eingesetzt.

Die technischen und hochentwickelten formalrationalen Methoden unserer Zeit erlauben es dem modernen Terror, gelegentlich
weniger Blut zu vergießen und massiven Rechtsbruch aller Art zu
verschleiern, ja im Handumdrehen zu legalisieren. Der deutsche
Diktator war immer stolz darauf, „unblutig" zur Macht gelangt zu
sein. Abgesehen davon, daß es eine Lüge ist, weil vom ersten Tage
an und schon vorher genug Blut floß, wenn auch den meisten
damals noch nicht sichtbar, darf uns die alte Vorstellung, bei Revolutionen mit Massencharakter müsse immer gleich Blut knüppel-
dick fließen, nicht über den Terrorcharakter solcher Machtergreifungen hinwegtäuschen. Und selbst die blutigsten Maßnahmen
werden heutzutage ja nicht selten wie glatte bürokratische Verfügungen, sozusagen „rein technischer Art" ausgeführt; in zahlreichen
Erlassen Heinrich Himmlers ist die angeordnete „Liquidierung"

von Tausenden und Zehntausenden nie anders bezeichnet, in den
„Vollzugsbefehlen" stehen ähnliche termini technici, denen niemand mehr den blutigen Charakter anmerkt. Im NKWD-Staat ist
es nicht anders. *Entscheidend für die Beurteilung ist allein die Art,
wie Einzel- und Gruppenrecht gebrochen wird.* Das beginnt in unse-
ren Tagen meist mitten in der Demokratie, scheinbar sehr legal,
durch eine hemmungslose Diffamierung und durch einen
Parteitotalitarismus, der von seiner paradoxen Wurzel an auf die
Verletzung der Rechte anderer angelegt ist, der einen Staat im
Staate bildet und sich so lange ausbreitet, bis ein allgemeiner
Zustand der Hochspannung herbeigeführt ist, der Wirrnis und des
Kräftegegeneinanders, daß der Einzelne und riesige Massen der
Parole von der Freiheit durch den Einparteistaat erliegen. An eine
solche integrale Unordnung, welche die Unterdrückung von Rech-
ten schon in ihrem Wesen birgt, allmählich wie an eine rettende
Ordnung gewöhnt, meint der Bürger dann, die Machtübernahme
im Innern und außerhalb habe sich „ordnungsgemäß" vollzogen,
und er merkt viel zu spät, weil er die Anfänge gar nicht bemerkt
oder ihnen nicht widerstanden hat, daß an die Stelle des Rechtes
der Terror getreten ist; oder er merkt es überhaupt nie (solange er
nicht selbst unmittelbar davon betroffen wird) und verwechselt am
Ende, in das Gesamtverhängnis und seine Folgen verstrickt, alles
und jedes, – ein Stadium, dessen geistige Überwindung im gün-
stigsten Falle Jahre dauert.

Es gibt zwei Formen der Anwendung von Terror, die zwar der
Errichtung von Herrschaft dienen, die aber Sonderfälle darstellen.
Die eine Form ist der *Terror gegen eine Tyrannei.* Er dient der Wiederherstellung einer Ordnung des Rechtes, mag sie im einzelnen
fragwürdig und verbesserungsbedürftig sein, und ist ihr letztes, ihr
äußerstes, vom Recht her gesehen ihr verzweifeltes Rettungsmittel.
Durch den in jeder andern Weise unüberwindlichen Zwang der
despotischen Diktatur hervorgerufen, in gewisser Hinsicht ein
Stück von ihr selbst, aber selber von keinerlei tyrannischen Beweggründen geleitet, dieser Terror – ein Sohn der Gewalt, die er zum
Vater hat, und des Rechtes, das seine Mutter ist – beseitigt ohne
Rücksicht das Regime der Willkür und legitimiert sich alsbald
durch Rücktritt, der dem Recht und nur dem Rechte platzmacht.
Die zweite Sonderform ist der *Terror gegen den Terror eines Angrei-
fers im Kriege,* besonders im totalen Krieg. Auch hier geht es um die

Erringung von Herrschaft; ins Riesenhafte übertragen, ist dieser Terror, ob er als Repressalie auftritt oder als Terror der Bombenteppiche, ein Verwandter des terroristischen Kampfes gegen eine Tyrannei, nur moralisch weitaus fragwürdiger, weitaus gefährlicher auch für den, der ihn vielleicht als letztes, ihm notwendig erscheinendes Mittel anwendet. Denn hier schlägt die Quantität in Qualität um, und die Folgen jeder Art sind kaum übersehbar, nicht mehr zu kontrollieren. Der Tod der Willkür kann das Recht mit in den Abgrund reißen, so daß der Terrorkrieg um den Sieg in diesem Stadium einer aufs äußerste getriebenen Rationalisierung und Technisierung gegen den Krieg überhaupt spricht, weil alle Last des Besiegten, einschließlich der moralischen, den Sieger mittrifft und ihn auf die gleiche Bahn des Unrechts und des Unheils treibt, auf der sich der Angreifer bewegte und auf der er zugrundeging; man kann am Ende die Gegner nicht mehr unterscheiden. Aus solcher tragischen Entwicklung gibt es keinen andern Ausweg, als unter härtester Arbeit für den Frieden den Rückweg zu allgemein verbindlichen, mehr und mehr wieder gelebten Normen der Menschheit zu suchen, – eine Aufgabe auch der Wissenschaft in vielen ihrer Zweige. Denn wo geraten wir hin, wenn wir auf der Seite des Rechtes so terroristisch werden, wie es die Willkür sein muß!

Eine Tyrannei, einmal zur Macht gelangt und nicht gestürzt, kann der Mittel, die sie gebraucht, um die Herrschaft zu erringen, nicht mehr entraten. Der Terror muß zum *System der Aufrechterhaltung der Herrschaft* ausgebaut werden, weil niemals ein System der totalen Rechtlosigkeit oder des systematischen Unrechts gegen Einzelne und Gruppen auf Dauer ohne aktive Widersacher bleibt; zum mindesten muß sie der Despot und sein terroristischer Anhang stets fürchten. Platon hat aus diesem Grunde den Tyrannen als den unglücklichsten aller Menschen bezeichnet, der, von Haß erfüllt, Haß um sich her fühlt, seine Komplizen verachtet und zugleich fürchtet und daher niemanden in seiner Umgebung duldet als Kreaturen. Montesquieu hat die despotischen Regime als Herrschaftsformen analysiert, die auf Furcht der Beherrschten und der Beherrschenden gegründet sind und die den Charakter verderben. Engels schreibt am 4. September 1870 an Karl Marx: „Unter der Schreckensherrschaft verstehen wir die Herrschaft von Leuten, die selbst erschrocken sind. La Terreur, das sind großenteils nutzlose Grausamkeiten, begangen von Leuten,

die selbst Angst haben, zu ihrer Selbstberuhigung." In J. Steinbergs
„Gewalt und Terror in der Revolution" (1931, S. 108) heißt es:
„Trotz seiner Strenge, trotz seiner äußerlich kühnen Ausdrucksfor-
men bleibt der Terror in seinem Wesen ein Spiegel der Unruhe und
der Furcht der Terroristen, die sich schließlich vor dem zitternden
Blatt auf dem Baume fürchten ... Die terroristischen Greuel werden
nur im Zustand einer permanenten Panik verübt. Daher ist die ter-
roristische Diktatur gewissermaßen auch die Diktatur der Panik".
Der Terror wird unvermeidlich zu einer „Erziehungsanstalt für
Schurken", die häufig an die Spitze der Staatsorgane aufrücken.
Diese Schurken können aus allen sozialen Gruppen, Schichten,
Klassen, aus jeder Rasse und Konfession kommen, denn der Terror
ist aus bestimmten Grundanlagen der menschlichen Natur durch
Entartung entwickelbar.

Damit eine Herrschaft terroristisch wird, dafür ist übrigens
nicht notwendig, daß sie durch Terror begründet wurde. Die
Macht kann auch erschlichen oder ordnungsgemäß-legal übernommen, aber gegen ernste Widerstände mit Schreckensmitteln
aufrechterhalten worden sein. Nach vorübergehenden „Aus-
nahmezuständen" mag die Gewalt als ein Willkürsystem beibe-
halten, durch Entartung der Person oder der Gruppe, die sich an
der Herrschaft befindet, zum System gemacht werden. An den
Mißbrauch der Macht gewöhnt sich der Mensch, wenn die Einrichtung und die Mitmenschen es zulassen, so rasch wie der Auto-
mobilist an das Schnellfahren; das geht sozusagen ganz von selber.
Nur steht in jenem Fall das Glück und Wohl der Gesamtheit eines
Volkes oder weiter Schichten auf dem Spiel und nicht selten das der
Gemeinschaft der Völker.

Der Kreis der *Objekte des Herrschaftsterrors* ist an sich durch
nichts begrenzt, außer durch Gegenmacht oder teilweise und zeitlich, je nach Umständen, durch „freiwillige" Unterwerfung. Der
Terror richtet sich gegen einzelne, und zwar tatsächliche und bloß
vermutete Widersacher, wobei sein Ausmaß gradweise verschieden
sein kann, und gegen Gruppen oder gegen die Gesamtheit. Er
macht weder außerhalb noch innerhalb der Reihen der Herrschenden halt. Außerhalb der eigenen Reihen steht der ganze Rest der
Herrschaftsvorgänger auf Vormerkliste, sowie jeder in den Augen
der Despotie mögliche Gegner: Angehörige von Rassen, Klassen,
Konfessionen oder Interessenschichten. Innerhalb der eigenen Rei-

hen gebietet der Willkür die Vorsicht, mit Privilegien eine „heilsame Furcht" der Anhängerschaft zu verbinden, die der Treue den doppelten Kitt geben soll: das Verlangen, um den Preis blinden Gehorsams zu behalten, was man hat oder bekommen hat, und die Dankbarkeit, bei einer „Tschistka", einer Säuberungsaktion, jeweils ungeschoren geblieben zu sein.

Die *Mittel des Systemterrors* zur Aufrechterhaltung einer Herrschaft erscheinen beinahe unbeschränkt. Sie dienen der Ausrottung, der Vergewaltigung, der Niederhaltung und der Gewinnung. Auch der Gewinnung, denn durch die Androhung von Gewalt bis zur Folterung und ihre Anwendung werden Menschen unter einem Terror-Regime gefügig gemacht, werden zur Preisgabe anderer, selbst von Freunden, oder von Sachwerten oder von Positionen bewogen, werden dazu gebracht, als dauernde Werkzeuge der Tyrannei zu dienen, äußerlich mit Ehren umkleidet oder als Spezialisten ohne Aufsehen, als Spitzel im geheimen.

*Terrormittel in begrenzter Auswahl* und meist in abgeschwächter Form verschmähen zur Aufrechterhaltung von Vorherrschaftsverhältnissen auch andere Systeme als Despotien, ja sogar freiheitliche Regime nicht, die sie zuweilen wenigstens zulassen. Immer handelt es sich hierbei um die Wahrung von Privilegien, die anzustreben zwar theoretisch-formal allen möglich ist, die aber tatsächlich in der Hand Weniger liegen, so daß sie unter dem Motto verfassungsrechtlich gesicherter Freiheiten unter Umständen auch mit terrorähnlichen, in der Wirkung auf Terror hinauslaufenden Methoden aufrechterhalten werden. Die Entwicklung des kapitalistischen Wirtschaftssystems war voll von solchen Praktiken, sowohl in seinen sogenannten Mutterländern wie insbesondere in seinen Kolonialgebieten. Sozial willkürliche Entlassungen, willkürliche Stillegungen oder ihre Androhung können auf den schuldlos wirtschaftlich Ungesicherten nicht weniger vernichtend einwirken als einige der Terrormaßnahmen einer politischen Diktatur, und sie haben es in der Geschichte oft genug getan. Der ökonomische, soziale und schließlich politische Klassenkampf, eine beständige Existenzgefahr der Demokratie, ist nicht dem Gehirn von Karl Marx entsprungen, obgleich er es war, der ihn zum Prinzip der geschichtlichen Entwicklung überhaupt erklärte, das seiner Meinung und Hoffnung nach durch eine letzte gleichartige organisierte Anstrengung des Proletariats überwunden werden müsse und überwunden werden könne. Der ökonomische Terror der Inhaber tatsächlich errungener, formalrechtlich gesicherter Privilegien hat jenen andern Terror bis herauf zum System der Sowjetunion in einer Kette verhängnisvoller Wechselwirkungen erst hervorgerufen. Und man weiß sehr wohl, daß es nicht bloß die Linkssysteme sind, die sich aus Ideologie und ihr innewohnender, zuweilen auch äußerer Notwendigkeit des Terrors bedienen, um Oberhand zu gewinnen oder die Herrschaft zu bewahren, sondern ebenso jene Rechtssysteme, die nur den Namen des Rechtes mit ihrem Standort gemeinsam haben, in Wahrheit magna latrocinia sind: staatlich organisierte Ausbeutergesellschaften, die zuerst den ökonomischen Terror wie selbstverständlich handhaben, wenn die Gesamtheit ihn nicht rechtzeitig und immer wieder auf die normale Weise der politischen Interessenauseinandersetzungen überwindet, dann ihn systematisch heranzüchten, sobald ihre Privilegien, elementar bedroht, ihnen nicht mehr anders rettbar erscheinen. Auch hier zeigt die Erfahrung, daß es auf dem Wege des Terrors schwer einen Halt gibt, ist er einmal auch nur im kleinen oder „bloß" im Vorpolitischen – und wäre es formal „rechtens", wie einer jener späteren Staatsgangster, Hermann Göring, sich auszudrücken pflegte – beschritten, weil Gewalt Gewalt hervorruft – die Lust zu ihr in ihrem Träger, die Abwehr beim Gegner, auf einer nächsten Stufe schon die „Notwendigkeit", in die sich von da an beide versetzt sehen. Was wir am Ende des Weges, im Terror der totalitären Systeme, erlebt haben und erleben, müßte, so möchte man meinen, jeden Einsichtigen und Gutwilligen dazu bringen, der Praxis und der Theorie von der angeblich in der Natur des Menschen oder der Geschichte liegenden Notwendigkeit gewaltsamer Auseinandersetzungen zu entsagen.

Denn wie sieht eigentlich ein *Leben unter dem Terror* aus! Es wird mit Eisengittern, Blutstriemen und Todesängsten noch besonders gekennzeichnet durch die Sondereinrichtungen, die der Terror hervorbringt, um seine Willkürherrschaft zu sichern: zu dauernder und umfassender Kontrolle ein durchgebildetes System der Überwachung für alle Zweige des gesellschaftlichen Daseins; zu kontinuierlicher Ausschaltung, Diffamierung und Vernichtung polizeiliche Geheimapparate mit Sonderbefugnissen, eigene Gerichtshöfe für „Sonderfälle", deren öffentliche Behandlung abschreckend wirken soll, die aber den ordentlichen Gerichten, selbst wenn sie im allgemeinen bereits dem Geist der Diktatur sich gebeugt haben, nicht überlassen werden können, Abschließungslager von vielerlei Art, in denen die Willkür auf das äußerste Unmaß getrieben und von oben her geradezu rationalisiert wird, die stufenweise auch als Ausbildungs- und Übungsbrutstätten des Terrorismus dienen; zur Niederhaltung von Opposition und zur Gewinnung unfreiwilliger Hilfskräfte Geiselaushebung und Sippenhaftung, so daß Männer dauernd um das Wohlergehen und die Existenz ihrer Frauen und Kinder fürchten müssen, Frauen um ihre oft ins Unbekannte verschleppten Männer, Kinder um ihre Eltern oder Geschwister.

Gewiß, kein Terrorsystem kann es sich heute leisten und leistet es sich, diese Einrichtungen völlig nackt in Erscheinung treten zu lassen. Zum Schrecken kommt die List und die Heuchelei. Man umkleidet den Terror mit einer *Teilanonymität,* die zureicht, um alles zu leugnen und doch genügend Furcht zu erwecken. Der Terror muß spürbar, das Gewand des Rechtes aber sichtbar sein. Äußerlich ist alles „in bester Ordnung", Diktatur tritt ja in unserer Zeit als ein System volksgewollten positiven Rechtes auf, welches den Mißbrauch des Rechtes und die Rechtlosigkeit einkleidet. Zahlreiche *„Ja- oder Nein"-Abstimmungen* über simplifizierte, zum Teil völlig falsche, aber mit viel Propagandagetöse plausibel gemachte Alternativen verschaffen der Diktatur, sei es eines „Führers", einer Gruppe oder einer Klasse, die Formalvollmachten, zu tun und zu lassen, was sie für zweckmäßig hält. Als Kollektiv- und Individualersatz für die verlorene, durch die Stimme des Abstimmenden abgegebene Freiheit der Kontrolle und der echten Mitbestimmung werden *Ideologien* aus Vergangenheit oder Zukunft oder ein Gemisch aus beiden, *utopische Mythen* und wohlsortierte *Privilegien* geboten, – oft nur eines eingebildeten Ansehens, wenn es sich um breite Schichten handelt, im Kreise der engeren Anhänger meist mit beachtlichen materiellen Vorteilen. Im Glanze dieser Privilegien, Illusionen und Ideologien entfalten sich gebündelte Willenskräfte, der *Vitalismus* feiert in den künstlich überstrahlten Lauf- und Werkhallen einer betriebsamen Sklaverei Triumphe, und der Terror erscheint am Ende als eine Notwendigkeit gegen die Widersacher gemeinsamen Glückes oder eines gemeinsamen Marsches in eine vermeintlich bessere Zukunft der kollektiven und individuellen Freiheit. Die Gesamtheit als teilweise tatsächliches und als jederzeit in Aussicht genommenes Opfer des Terrors wird gut dosiert systematisch an ihn gewöhnt, ohne daß seine abschreckende Wirkung im Einzelfall schwindet. Man pflegt gewisse *Terrorinstinkte* in allen und gleicht sie durch *Sentimentalitäten* aus, man barbarisiert gesellschaftliche Gepflogenheiten und überdeckt den Verfall der echten Kräfte durch technische Verfeinerungen, man schafft gegen Angstanfälle und Neurosen *Ablenkung durch Spiele,* durch Massenzauber und vielerlei Tamtam, nicht zuletzt durch einen kraftmeierischen *Nationalismus.* Wenn sich der Terror in auffallend krassen Begebenheiten gar nicht mehr übertünchen läßt, dann wird er frech als eine notwendige *Übergangserscheinung* der allgemeinen Entwicklung hingestellt, und es finden sich immer Leute genug, die das gläubig aufnehmen, es mit Fanatismus weiterverbreiten, und Wissenschafter, die eine einäugige geschichts-, rechts-, staats- oder gesellschaftsphilosophische Theorie dazu liefern.

Die *Folgen des Terrors* als eines Systems zur Aufrechterhaltung von Herrschaft sind in allem dem bereits sichtbar.

Ganz allgemein besteht in einem Regime der Despotie ein *Zustand der Unsicherheit bei scheinbarer Festigkeit und Kraftentfaltung.* Der Untergrund des Systems ist, solange die Menschen nicht zu Robotern oder zu politischen Glaubensmarionetten, zu Glaubensfanatikern und Glaubensjanitscharen geworden sind, permanent revolutionär, so daß die herrschenden Terroristen zu einer fortwährenden Revolutionierung von oben und zur Anstachelung ihnen gleichartiger revolutionärer Gegenkräfte von unten gezwungen sind.

Politisch ist die Willkürherrschaft auf das Mittel äußerster *Zentralisierung und Gleichschaltung* angewiesen. Autonomien jeder Art, der politischen Selbstverwaltungen, der Gewerkschaften, der Berufsorganisationen, der Kulturverbände, der Kirchen, muß sie aufheben. Wenn sie sie aus Opportunitätsgründen beläßt, dann nur auf Zeit und unter argwöhnischer Beobachtung; wenn sie sie wieder einführt, dann erst nach ihrer Umwandlung in Ausführungswerkzeuge und nur auf Widerruf der nunmehr bloß übertragenen Vollmachten.

Zum *Schicksal des Rechtes* unter einer langdauernden Terrorherrschaft ist nichts weiter zu sagen: die *Gesetzgebung* ist zur Maschinerie degradiert, die *Rechtsprechung* feil geworden, da kein Richter im Amte bleiben kann, wenn er sich dem diktatorischen

Willen, sobald er einmal an ihn herantritt, nicht beugt, die *Justizverwaltung* eine Bütteleinrichtung, wenn nicht viel Schlimmeres. Recht als eine normierte Ordnung zur Sicherung der Freiheiten aller ist der Todfeind der Willkür, es wird von ihr, kaum kommt sie zum Zuge, entmachtet, in Teilen außer Kraft gesetzt, in anderen vergewaltigt, verstümmelt, und selbst wenn es heilbleibt, mißbraucht.

Viel schwerer hat es ein Terrorregime mit der *Wirtschaft*. Nicht mit den Wirtschaftern, denn die meisten von ihnen stellen sich sehr rasch um, – wenn man sie läßt oder sogar auffordert (falls sie nicht überhaupt, wie erwähnt, in bestimmten sozialökonomischen Krisenlagen zur vorbereitenden Finanzierung des Gewaltregimes beigetragen haben). Die Wirtschaft arbeitet mit bestimmten Größen und Werten, die sich nicht beliebig handhaben lassen. Der Terror versucht es gleichwohl, denn sein System wie seine Träger brauchen immer neue Mittel. Aus dem Herrschaftstrieb, der Angst, dem Sicherungsbedürfnis und dem Ausführungsdrang entspringt zuerst das Verlangen nach *totaler Reglementierung,* die mehr und mehr eine bürokratisierte Wirtschaft herbeiführt, dann die *Autarkiepolitik,* dann die *„Wehrwirtschaft",* die in der Scheinform der Produktivität der Arbeit auf Zeit gehortete Zerstörung ist. Kein einziges derartiges System wird dauernd mit den eigenen materiellen Unterlagen sein Auslangen finden, es wird zur Expansion getrieben, umso rascher, je schmaler die wirtschaftliche Grundlage ist, auf der es mit allen Mitteln der technischen Rationalität wuchert. Anderseits ist es nicht so, als ob der Terror an ökonomischen Schwierigkeiten unmittelbar zugrundegehen könnte; dazu bieten der Ausbeutung die modernen Nationalwirtschaften zu lange Zeit zu viele Ausweichmöglichkeiten. Und ehe ein Terrorregime seinen wirtschaftlichen Bankrott eingestünde, bricht es aus, um sich durch Eroberungen zu helfen. Innerwirtschaftliche Konflikte müssen immer erst auf die politische Ebene gelangen, wenn sie für den Bestand eines Willkürregiments Bedeutung annehmen sollen; andernfalls wird es mit ihnen Jahre, bei entsprechendem Reichtum Jahrzehnte hindurch fertig, und noch gegen Ende kann die Ausbeutung im Wechselspiel zwischen Materie und Mensch dem Menschen eine zeitlang aufladen, was die Materie vielleicht nicht mehr hergibt.

Denn die *Rolle des Menschen* im Herrschaftssystem des Terrors ist erbärmlich, gleichgültig, wo er seinen Platz in ihm hat, oben

oder unten im Herrschaftsgefüge. Mißtrauen und Heuchelei, Fanatismus und Byzantinertum erfüllen die Gesellschaft. Eine unablässige Flut von Propaganda ersäuft das umfassende kritische Denken,
Pomp und Kraftprotzerei einmal mit Erfindungen, ein andermal
mit Planzahlen, ein drittes mal mit der Armee, mit Büchern, Thea-
terstücken oder mit wissenschaftlichen Leistungen decken den
Mangel wahren Selbstbewußtseins zu, das aus der Freiheit und
Selbstbestimmung stammt, und nur aus ihr. Haben die Massen um
ökonomischer Sicherheit willen ihr politisches Erstgeburtsrecht an
die Autorität eines Einzelnen oder einer Vertretungsgruppe ver-
kauft, sind sie mit dem Versprechen ökonomischer Sicherheit um
ihr politisches Freiheitsrecht betrogen worden, so suchen sie Ersatz
in den betäubenden gesellschaftlichen Veranstaltungen und den
utopischen Erwartungen, die ihnen die Diktatur bietet. Das Leben
nimmt den Charakter hektischer Betriebsamkeit an. Es wäre nicht
nötig, den Massen gleichzeitig und immer wieder den Schatten
bedrohlicher Gefahren ins Bewußtsein zu jagen oder sie gar nach
Parole „gefährlich leben" zu lassen, – ihr Dasein ist unter dem
System der Willkür ohnehin nichts anderes als eine überglänzte
Misere mit der Aussicht, früher oder später in geschichtliche Abenteuer getrieben zu werden.

Wie sollte da *Kultur in einem höheren Sinn* bestehen oder sich
entwickeln können? Das Quantitative, das Kolossalische, das
Gewogene, Gemessene und Gerichtete überwiegt, und selbst
wenn Differenzierungen noch möglich sind – soweit sie möglich
sind –, in geistigen Naturschutzparks, die der Diktatur als Aus-
rede und tarnende Propaganda dienen, in gepflegten Treibhäu-
sern, – ihr Preis ist mit den Opfern, die den anderen Kräften der
Kultur abverlangt werden, umso mehr überzahlt, als die Fragwür-
digkeit des Hervorgebrachten den schleichenden allgemeinen
Verfall höchstens verzögern, aber nicht aufhalten oder ausglei-
chen kann. Nur auf einem Gebiet: dem der spezialisierten *technischen Leistung und ihrer wissenschaftlichen Vorarbeiten,* wobei sich
natürlich auch echte kulturelle Fundwerte als Nebenprodukte
einzustellen pflegen, ist ein durch Terror aufrechterhaltenes
modernes Regime teilweise weniger hinderlich als sogar fördernd.
Es kann nicht gerade behauptet werden, daß es als Ganzes, im
Ausgleich von Fanatismus, Antrieb, Verschwendung und Minder-
ertrag erzwungener Arbeit, mehr zu leisten vermöchte als ein

Regime der Freiheit, aber daß es besonders in den technischen Wissenschaften und Erzeugnissen Unverhältnismäßiges hervorzubringen vermag, ist nicht zu leugnen. Wer das für kulturell ausreichend hält, wird sich zufrieden erklären. Wer vom Menschen, seiner Wohlfahrt und seinem Glück, eine vollständigere Vorstellung hat, wird gerade diese Formen der Zivilisation in ihrer Isolierung als typisch für einen Gesamtabstieg ansehen. Und immer wieder ist die Frage zu stellen, ob Bruchstücke selbst echter Kultur, die sich schließlich immer irgendwo erhält oder durchsetzt und weiterentwickelt, solange nicht alles zugrundegerichtet ist, mit solchen Opfern an Gut und Menschen erkauft werden dürfen, wie ein terroristisches System sie erfordert. Die Frage gilt meines Erachtens sogar gegenüber hohen künstlerischen Leistungen der Terrorzeiten des Renaissance-Individualismus, der freilich die Kräfte anders unterschied, als es in unseren kollektivistischen Zeiten der Fall ist, indem er die Kunst gewisser äußerer Fesseln entband, in die er andere schlug. Aber weder Kunst, noch Wissenschaft, noch beide zusammen allein sind Kultur, wie sie der Mensch der Freiheit aufzufassen gewohnt ist. Es gab gewiß auch Kulturen auf der Grundlage der Unfreiheit, und der Tyrann mochte zu ihrer Entwicklung beigetragen haben; die Tyrannei mag es noch heute tun; aber wir sind nicht bereit, nachdem wir andere Kulturen kennengelernt und entwickelt haben, auf diese besseren, reicheren Möglichkeiten, nur weil ihre Realisierungen beständig reformbedürftig sind, zu verzichten und die Willkür mit ihrer Existenz-Abenteuerlichkeit und ihren in der heutigen Zeit mehr als fragwürdigen Kulturexperimenten dafür einzutauschen.

Der Kreislauf der dargestellten Voraussetzungen und Folgen auf Terror aufgebauter Herrschaftssysteme wird entweder durch *Widerstand* unterbrochen oder er führt, wenn das Regime sich nicht in einem allgemeinen Ausbruch selbst *ruiniert,* bei gegebenen zureichenden materiellen Voraussetzungen – die auch durch Unterwerfung anderer und durch Eroberung geschaffen werden können –, in längeren Zeiträumen zu einer *Verfestigung.* Mit dem allgemeinen Verschwinden gegnerischer Schichten, sei es durch Liquidierung, sei es durch Einschmelzung, stabilisiert sich die neue politische Hierarchie in ständigen, dann gewohnten und endgültig legalisierten Unrechtsverhältnissen. Der Terror als Mittel der Aufrechterhaltung des Regimes kann gelindert und teilweise eingeschränkt werden. Daß die moderne gesellschaftliche Entwicklung die *gefährliche Tendenz zur Herausbildung einer solchen Art von Termitenstaat* in sich trägt, ist schwerlich zu übersehen, zudem sich in der gegenwärtigen Kampfverflechtung der gegensätzlichen Ideale und Ideologien eine oft überaus bedenkliche Angleichung der Methoden vollzieht: wie nach dem Greshamschen Gesetz schlechtes Geld gutes verdrängt, scheinen sich totalitäre Tendenzen überall auszubreiten. Es ist notwendig, schon ihnen, nicht erst dem vollendeten Terror, mit aller Kraft zu begegnen.

An die Herrschaft gelangter Terror, woher immer er seinen Ausgang nahm, kann von innen, wenn überhaupt, nur mit Gewalt gebrochen werden. Ihn durch gewaltsame *Intervention von außen* zu beseitigen, wäre, je nach der Schwäche seiner Gesamtposition, seiner Entwicklungsmöglichkeiten und seiner Reserven, unter Umständen ebenfalls angebracht und möglich, sofern es nur eine überlegene Rechtsinstanz gäbe, die unter Ausschluß von Willkür mit Autorität zu entscheiden vermöchte, wo überall Terror herrscht. Angesichts der ungeheuerlichen technischen Entwicklung unserer Zeit und des Fortschritts, den wir auf dem Wege zu Einer Welt gemacht haben, wäre aber mit einer derartigen Intervention heute, nämlich jetzt, nach diesem Zweiten Weltkrieg, außerdem das untragbare Risiko eines allgemeinen Gesamtruins verbunden und überdies, wie bereits mehrfach angedeutet, die Gefahr, daß der überlebende Sieger – angenommen, es wäre der, der wirklich für die Freiheit kämpfte, – als keineswegs fortschrittlicher, sondern als höchst reaktionärer Totalitarist aus der Grauenhaftigkeit hervorginge; denn wie sollte er mit allen überlebenden und überwundenen Andersgesinnten fertigwerden, da er sie nicht einfach umbringen könnte. Oder doch? Eben dann hätte er sich selbst dem bekämpften Prinzip unterworfen, und man wüßte nicht, wozu die Intervention stattgefunden hätte.

Es gibt, wie die Entwicklung nun einmal verlaufen ist, keine andere Möglichkeit mehr als die: wenigstens der *Ausbreitung des Terrors* machtvoll entgegenzutreten – durch Sicherheit, durch jede nichtkriegerische, den Krieg nicht provozierende Einwirkung, wo die Voraussetzungen sich dazu bieten, ferner durch Bewahrung der Eigenbereiche vor Ansteckung, vor allem durch sichtbare, nachhaltige Erfolge der Freiheit und des Rechtes für alle. Eine fragliche, materiell nicht gesicherte Formalfreiheit lockt den Terror herbei; wirkliche Freiheit im Sinne gefestigter, materiell unterbauter Selbständigkeit und Mitbestimmung in einer jeden Tüchtigen befriedigenden aussichtsreichen gesellschaftlichen Ordnung ist der stärkste Schutzwall gegen die Verlockungen und die Aspirationen der Willkür.

Man muß die auf Freiheit gegründete Gesellschaft von vornherein und jederzeit gegen Tendenzen terroristischer Entwicklung schützen. Das geschieht auf dreifache Weise: durch den *Rechtsstaat und seine Einrichtungen,* deren geringster Verletzung gegenüber das Bewußtsein des Einzelnen und der Öffentlichkeit von höchster Empfindlichkeit sein soll; durch *wirksame demokratische Kontrollen* in einem System der Gewaltenteilung und der unverletzlichen, unverletzten *Autonomien,* die ein stets dynamisches Gleichgewicht der gesellschaftlichen Kräfte sichern; durch *Befriedigung des politischen und ökonomischen Freiheitsanspruches aller* im Maße ihrer Befähigung und Leistung, also auch durch eine gestaffelte Führungsausbildung.

Kein System der Freiheit kann allerdings bestehen ohne einen entwickelten, immer wachen *Freiheitswillen* seiner Bürger. Nie ist Demokratie ein Zustand, immer eine Forderung. Dieser Wille ist es, der jeder Vorherrschaftsideologie, kaum macht sie sich irgendwo bemerkbar, entgegentritt und ihr mit Nachdruck, in der Praxis des Alltags wie des Staates, die Anerkennung der Gleichheit der Grundansprüche aller entgegenstellt.

Ich weiß nicht, wie es in Europa möglich sein sollte, der *außerordentlichen Gefahren* Herr zu werden, in denen wir uns, von innen und außen bedroht, befinden, ohne die unablässige Aktivität des edelsten Humanismus derer, die human sind, des menschlichsten Sozialismus derer, die freiheitliche Sozialisten sind, und der echtesten Religiosität aller, die aus Religion eine Verpflichtung auch für diese Welt ableiten. Denn niemals sind es Institutionen allein, die uns zu schützen vermögen, immer ist es in besonderen Gefahrenlagen der Geist, der darüber entscheidet, wie von ihnen Gebrauch gemacht wird. Überwältigt der Terror dann dennoch den Freien, so wird die Substanz dieser nicht bloß formalen und brüchigen, sondern dieser echten Freiheit dem Terror so lange zu schaffen machen, bis er daran erstickt oder bis er von ihren Rachegeistern eines Tages, sei es aus den eigenen Reihen, sei es durch

kühne Einzelne, sei es durch Zusammenstoß mit der verbliebenen
Welt der verwirklichten Freiheit, erschlagen wird .

Referat gehalten auf dem 9. Deutschen Soziologentag 1948 in Worms;
Schriften der Deutschen Gesellschaft für Soziologie, I. Serie, IX. Band,
Verlag J. C. B. Mohr, Tübingen 1949, S. 112-131.

# Das deutsche Volk und der Nationalsozialismus

## 1946

Als Adolf Hitler am 1. September 1939 morgens 5 Uhr dem deutschen Volke den Befehl gab, zu marschieren, marschierte es. Zwar
nicht begeistert, aber gehorsam.

Nicht begeistert, aber gehorsam – das ist die Formel, die für die
unmittelbare Vorkriegszeit das *Verhältnis des Volkes zum Regime*
wiedergibt. Der aufmerksame und gewissenhafte Beobachter
konnte fast überall in Deutschland feststellen, daß es, von den konsequenten und radikalen Gegnern des Regimes abgesehen, wenige
Deutsche gab, die nicht in irgendeinem Punkte mit dem Nationalsozialismus einverstanden gewesen wären, aber noch weniger, die
nicht in viel mehr Punkten gegen ihn gestanden hätten. „Was aus
allem werden sollte", wußte so gut wie niemand. Sie wollten es vielfach auch gar nicht wissen; sie waren „der ewigen Politik" überdrüssig. Was sie interessierte, war das Unmittelbare, das Nächstlie-
gende: Haus, Familie, Betrieb, Vergnügen – das, was sie „Leben"
nannten. Nach eineinhalb Jahrzehnten Freiheit in Not hatten sie
die „Not der Freiheit" so stark empfunden, daß sie nicht ungern
bereit gewesen waren, für jede der neuen Errungenschaften den
Kaufpreis zu bezahlen, der ihnen abverlangt wurde.

Sie erwarben *Brot um den Preis der Rüstung.* Wer von ihnen
hätte nicht gewußt, daß tatsächlich und in größtem Maßstab gerü-
stet wurde? Jedermann wußte es. Aber sie sahen nur auf den privaten Ertrag ihrer neuen Arbeit, nicht auf den volkswirtschaftlichen
und politischen Sinn des Getriebes. Der war nicht ihre Sache, war
vielmehr Sache der nationalsozialistischen Führung. Sie wären

bestimmt mit überwältigender Mehrheit gegen die Rüstung, wie das neue Regime sie betrieb, gewesen, aber sie waren froh, nicht dagegen sein zu müssen. Die Verantwortung lag ihrer Meinung nach nicht auf ihnen. Die Ironie, mit der sie am Sonntag die Plakate lasen: „Das danken wir dem Führer!", verbanden sie naiv am Zahltag mit der Genugtuung des Lohn- und Gehaltsempfängers. Bis es so weit war, daß Hermann Göring offen für die Rüstung den Preis des Verzichtes auf die Butter fordern konnte. Sie durchschauten den Zusammenhang wohl: daß man sie verdienen ließ, nur nicht zuviel; daß die Erzeugung von Verbrauchsgütern beschränkt bleiben mußte, damit die Fertigung kriegswichtiger Erzeugnisse höher und höher geschraubt werden konnte. Aber es gab kein Zurück mehr, weder ökonomisch noch psychologisch.

Weil es keinen Ausweg sah, ließ sich das deutsche Volk mehr und mehr die *Darbietung von Spielen zur Vertreibung von Gedanken* wohl gefallen. Das großaufgezogene Tamtam empfand es allmählich als willkommene Ablenkung vom tiefsitzenden politischen Mißvergnügen. In großen Zusammenhängen denken, Wahrscheinlichkeiten und Gefahren einer Zukunft erschließen, war lästig und vor allem unnütz. Änderte sich irgend etwas, wenn man den eigenen Kopf zum Tummelplatz all jener Überlegungen machte, die nicht mehr ausgesprochen werden durften, seitdem Adolf Hitler die Herrschaft angetreten hatte? Nein, es änderte sich nichts. Also schien es gescheiter zu sein, die dargebotenen Vergnügungen mitzumachen. „Freut euch des Lebens!" hieß die Losung, und sie blieb doch schließlich wahr, wenn sie auch von einem betrunkenen Schwätzer wie Ley verkündet wurde ...

Den Rest normalen zivilen Lebens gab das deutsche Volk gern dahin für *Uniformen*. Es ist schon so, daß die Deutschen von allen Kleidern, die ein Mensch tragen kann, die Uniform am heißesten begehrten. Zwar wurde ein Teil von ihnen, als alles, auch die Arbeitskleidung uniformiert werden sollte – in einer Weise übrigens, mit der nicht Staat zu machen war –, ein wenig überdrüssig. Aber es gab eine Zeit, um 1937/38, da lief ein Großteil der Nation in Uniform herum. Selbst die Beamten des Außenministeriums bekamen Einheitsjacken, Mützen, gestreifte Gürtel. Die Geltungssüchtigen wie die Masse der politisch Unsicheren fühlten sich durch die Uniform in eine feste Hierarchie aufgenommen, die sie schützte und sie der Mühe enthob, allein, auf sich gestellt, Hirn

und Herz bewähren zu müssen; die Stiefel ersetzten den Charakter,
die Kappen individuelles Denken, – es war entschieden leichter so.

Als der Führer des uniformierten Kollektivums anfing, auf dem
internationalen Forum Forderungen anzumelden und sie auch
schon, ehe noch der Klang der drohenden Stimme ganz verhallt
war, selbst und aus eigener Machtvollkommenheit zu verwirklichen, packte die meisten ein *Machtgefühl,* den Älteren wohlbe-
kannt aus den Tagen einstigen Glanzes, das stärker und stärker
wurde und schließlich die Angst vor der Courage völlig überwand.
War das tägliche Brot gesichert und der Sonntagsausflug dazu,
dann mochte das Ganze, der Staat, die Nation mit dem millionen-
fachen Schrei „Los von Versailles!" die Sicherheit des Kollektivs
getrost preisgeben und „gefährlich leben". Das Kraftbewußtsein,
das die Uniform verlieh, hielt die politische Vernunft in Bann. Ihr
hätte die Aufforderung gelten müssen, zu erwachen! Sie hätte im
Nu den Zusammenhang der Gefahren erkannt, die Leben und Existenz auch des einzelnen Volksgenossen bedrohten, sobald das
Ganze in die Risikowaagschale eines ungeheuerlichen Vabanque-
Spiels geworfen wurde.

Wenige Deutsche nur konnten unter der Herrschaft des Nationalsozialismus *Erfahrungen im Ausland* sammeln. Sie begegneten
dort einer Ablehnung, die sie nicht eigentlich verstanden. Da sie
sich politisch selbst betrogen, fanden sie es aufrichtig verwunderlich, daß die Welt der Beteuerung der deutschen Friedfertigkeit
nicht glauben wollte. Sie mochten unter keinen Umständen für
wahrhalten, was die anderen sahen: das treibende Verhängnis, das
aus Hitlers Willen schwärte. Denn sie selbst billigten in der deutschen Politik nur, was ihnen paßte, und lobten, sie errungen zu
haben glaubten, – vom Kaufpreis durfte keine Rede sein, beileibe
nicht! Schließlich liebt es niemand, überzeugt zu werden, daß er
ein Dummkopf war. Vielleicht befiel sie manchmal eine Art Trotz,
der bei 10 Reichsmark Devisenzuteilung angesichts der ausländischen Leckerbissen nicht geringer werden mochte. Die gastfreund-
liche Bewirtung der „armen Freunde aus Deutschland" war auf die
Dauer unangenehm genug; sie auch noch mit politischen Gesprächen gewürzt zu finden, die einem die Augen übergehen
ließen, war mehr als lästig. Die nicht unstolz auf die „deutsche Leistung" ausgezogen waren, kehrten so mit zerrissenen Empfindungen in die heimatlichen Gaue zurück. Nicht zu leugnen, daß es

draußen Brot *und* Freiheit gab, zuhause Schwarzbrot ohne Freiheit.
Warum? Die Propaganda gab für sie die Antwort: Weil Euch die
Welt vorenthält, was in erster Linie Euch zukäme, den Tüchtigen!
Arbeiteten sie nicht? Waren sie nicht fleißiger als andere? In mancher Hinsicht (in vieler, wie sie sich sagten) auch begabter? Und
trotzdem –. Man mißverstand sie also, schob ihnen offensichtlich
eine Schuld zu, die sie nicht anerkennen konnten. *Sie* machten
doch die Politik Adolf Hitlers nicht („obgleich er, im Verhältnis zu
den großen anderen Staaten, vielleicht gar nicht so unrecht hatte...")! Peinlicher Knäuel von Gedanken. Es war bequemer, ihn
unaufgelöst zu lassen, ihn einfach beiseitezuschieben. Und das
Ergebnis war, daß die politische Geschäftsführung erst recht den
Leuten überlassen blieb, die von ihr Besitz ergriffen hatten. Die
Macht war erobert, verankert, ausgebaut. Da zerbrachen sie sich
denn nicht länger ihre Köpfe. Geschehen war geschehen; man
mußte trachten, so gut wie möglich durchzukommen, jeder einzelne für sich – uniformiert, geduckt und eingeordnet.

Bei so kompliziert unklaren politischen Verdrängungsgefühlen,
wie das deutsche Volk sie unter dem Nationalsozialismus entwickelte, hatten es die *wirklichen Gegner des Regimes,* die klar sahen,
sich unter keinen Umständen einnebeln ließen und nicht bereit
waren, ihr politisches Erstgeburtsrecht für ein Eintopfgericht zu
verkaufen, von vornherein sehr schwer. Es hätte ihnen vielleicht
doch gelingen können, offensichtliche Schwierigkeiten des Systems
auszunützen und breitere Schichten wenn schon nicht zu revolu-
tionieren, so doch vor dem Absinken in eine gefährliche apolitische
Haltung zu bewahren. Diese Möglichkeit sah die nationalsozialistische Führung von Anfang an. Sie kannte ihre eigenen mannigfachen Schwächen, wußte, daß nicht jede von ihnen unbemerkt und
unbeschränkt auf dem Boden der politischen Gutmütigkeit des
deutschen Volkes gedeihen konnte, und war entschlossen, stören-
den Möglichkeiten rechtzeitig zu begegnen. Ihr Prinzip im innen-
politischen Kampfe war, den Gegner lieber zu überschätzen und
dementsprechende Maßnahmen gegen ihn zu treffen, als überrascht zu werden. Sofort nach der Machtübernahme wurden daher
Tausende und Abertausende wirklicher oder vermeintlicher Gegner: Kommunisten, Sozialdemokraten, Deutschnationale, Zen-
trumsleute, freie Literaten, in Konzentrationslager eingeliefert.
Kaltblütig erklärte Herr Himmler 1935, er sei entschlossen, viele

von ihnen lebenslang hinter Stacheldraht zu halten. In jeder kritischen Phase der nationalsozialistischen Entwicklung griff er zu der gleichen Methode, besonders ab August und September 1939. Er hielt sich dabei keineswegs an den Grundsatz „bewiesener Schuld", sondern an die barbarische Maxime der Abschreckung. Furcht einjagen und im Keime ersticken – das war die Absicht, die rücksichtslos verwirklicht wurde. Lieber zehn Unschuldige in Ketten legen, als einen einzigen Gegner laufen lassen! Um aber dem tiefeingewurzelten deutschen Rechtsempfinden (das allerdings durch Autoritätsgläubigkeit und Feigheit häufig starke Hemmungen erfuhr) zu begegnen, brachte die nationalsozialistische Führung einige neue, markante Rechtssätze in Geltung, die mit entwaffnender Sicherheit vorgetragen wurden und geeignet erschienen, jeden Widerstand zu diffamieren. Recht ist, was dem deutschen Volke nützt. Was dem deutschen Volke nützt, bestimmt die NSDAP. Gegner der NSDAP sind Verbrecher. Mehr: Der politische Feind ist der schlimmste Verbrecher, schlimmer als jeder Kriminelle und Asoziale! Und man griff die „Freund-Feind-Theorie" eines Rechtsphilosophen wie Carl Schmitt auf, der schon 1925 gelehrt hatte, daß ein- und dieselbe Rechtssatzung notwendigerweise ganz verschieden angewendet werde, je nachdem, ob es sich um einen politischen Freund oder um einen politischen Gegner handle. Das war zu viel für das deutsche Volk: es konnte nicht glauben, daß es eine Obrigkeit geben sollte, die so gemein war, – also mußte sie wohl recht haben! Die Eingesperrten waren die Schuldigen. Sie hatten eben, wie es in Preußen so selbsttreffend heißt, den „inneren Schweinehund" nicht überwinden können. Man mußte sich wahrhaftig in achtnehmen, daß man nicht gleiche Wege ging!

Unter geschickter Ausnützung dieser perversen Verbindung von Autoritätsglauben und Rechtsgefühl zog der Nationalsozialismus in wenigen Jahren durch das „Kraft durch Freude"-Netz, das alles Volk umschlungen hielt, das sichernde Stahlgeflecht der „Kraft durch Furcht", die alles niederhielt. Mußte nicht jeder Deutsche doppelt eifrig darauf bedacht sein, an den Vorteilen, Freuden und Genüssen des Regimes teilnehmen zu dürfen, statt den Kolben und Ochsenziemern der SS überantwortet zu werden, die den schuldigen Widerspenstigen, während allenthalben die Schalmeien der neuen Fröhlichkeit erklangen, mit blutigen Striemen die Lehre einbleuten, daß es besser sei, nach den nationalsozialistischen „Liedern der Nation" zu marschieren, als „am Baum" zu hängen oder „auf dem Bock" zu liegen?

Gegnerschaft blieb trotzdem genug. Aber sie hatte keine aktuell aktive Bedeutung. Auch die der Konfessionen nicht, denen man bald mit Hohn und Spott, bald mit Zugeständnissen entgegen-wirkte, einmal mit brutalem Gewissenszwang, wie in der Frage der Einheitsschule, ein andermal mit Gleichgültigkeit oder auch mit Sexualprozessen. Mochten viele im Geheimen „meckern"; politisch wirksame Opposition entstand aus all dem nicht.

Die *politische Willensbildung* war das ausschließliche Vorrecht der NSDAP und ihrer Gliederungen. Vielleicht wäre es besser, zu sagen: die einheitliche Ausprägung und Darstellung dessen, was als der politische Wille der deutschen Nation deklariert wurde. Auch die Partei war in all dem nichts anderes als ausführendes Organ, der Arm der Führung. Ihre politische Hauptaufgabe bestand darin, dafür zu sorgen, daß jeder Deutsche das „Führerwort" zu Ohr bekam und keine Möglichkeit mehr fand, diesem Willen sich zu entziehen. Die Nation wurde durch eine Armee von Blockwarten und Zellenleitern „organisatorisch erfaßt". Und man muß – nicht mit Anerkennung, sondern mit Abscheu – sagen, daß dieser Appa-rat funktionierte. Das Volk trug ihn nicht gern, weil er voll von Par-teilichkeit war; weil die Korruption grassierte und doch nicht allge-mein genug war, als daß jeder aus ihr Nutzen hätte ziehen können; weil die Einmischung in private und privateste Dinge oft zu kraß und die Propaganda allzu aufdringlich war. Dadurch erhielt sich eine gewisse Spannung zwischen dem dauernden Druck, die stan-dardisierte politische Einheitsmeinung der Führung den Köpfen einzupressen, und dem unablässigen Bestreben des Einzelnen, sich trotz allem irgendeinen ungestörten eigenen Bereich zu wahren. Aber insgeheim bewunderten die meisten Deutschen sowohl die Organisation als auch die Propaganda des Nationalsozialismus. „Warum haben das nicht unsere Leute gemacht?" war eine viel-gehörte Klage derer, die das Spiel verloren hatten und nun gar nicht merkten, daß sie mit diesem Wunsch und Ausruf den Weg zum früheren Gegner fanden. Bestimmte Züge im Charakter des Neu-deutschen fühlten sich eben durch die Art der NSDAP angespro-chen. Betriebsam, Minderwertigkeitsgefühl durch Überhebung kompensierend, romantisch und materialistisch zugleich, politisch ohne fundierte Kritik, autoritätsergeben, disziplinsüchtig, nach oben gerne kuschend, nach unten gerne tretend, und voll von Bewunderung für alles, was mit Militär zusammenhing, – waren sie das nicht?

Auf solchen Voraussetzungen baute Hitler das *nationalsozialistische System* auf. Oberstes Ziel war die Schaffung einer neuen rassischen Herrenschicht. Die Ausmerzung des Judentums, so vordergründig sie zutagetrat, war nur die noch dunklere Kehrseite dieses Strebens, dem außer der sogenannten Nürnberger Gesetzgebung vor allem das Gesetz zur Reinigung des deutschen Berufsbeamtentums, die Einrichtung der Ordensburgen und der Nationalpolitischen Erziehungsanstalten, sowie in erster Linie der Aufbau der SS nach Ideen Heinrich Himmlers diente. Der Materialismus des Blutes lieferte solcher „Besten-Auslese" die geistige Grundlage. Die politische Führung sollte allein bei dieser neuen Aristokratie liegen. Dem übrigen Volk, 95 Prozent, war die Einhaltung der Gefolgschaftstreue zugedacht, die sich auch bei den sogenannten Volksabstimmungen zu bewähren hatte, indem sie den Taten der Führung – niemals ihren Plänen! – hinterher den Glanz eines überwältigenden Mehrheitsplacets zu verleihen hatte; dazu die Vollbringung der nationalen Leistung in einer „Volksgemeinschaft" wennschon nicht des Besitzes, so doch der Arbeit. Dies die „wahre Demokratie", wie Hitler sie verstand. (Mein Freund und Konzentrationslager-Kamerad Franz Hackel, ein satirischer Dichter, hat von ihr gesagt: „Die Freiheit, die Herr Hitler meint, sieht so aus, wie mir scheint: Ein ganzes Volk in Ketten – brüderlich vereint ...")

Und der Sinn der gewaltigen Anstrengung? War ein außenpolitischer! Dem „braven", „anständigen", „tüchtigen" deutschen Volk den Platz in der Welt zu erobern, der ihm zustand. Was die Schüler Rosenbergs, die germanischen Heldenverehrer und Wikingerschwärmer, unter „Platz an der Sonne" verstanden, konnte in den Büchern des nationalsozialistischen Praeceptor Germaniae nachgelesen, an den Taten Himmlers als „Kommissar zur Festigung des deutschen Volkstums" praktisch erkannt und aus Liedern und Proklamationen in seiner Tragweite erahnt werden. 1937 meinte ein SS-Führer, der mit den Junkern der Ordensburg Vogelsang und ihren Ausbildnern in enger Verbindung stand: „Noch zehn Jahre, und wir werden der Welt das Gesetz Adolf Hitlers diktieren!" Die Ausweitung des Liedtextes der HJ: „Heute (ge)hört uns Deutschland, morgen die ganze Welt!" wurde aus

begreiflichen Gründen zwar verboten, aber trotzdem straßauf
straßab gesungen.

Die *Mittel,* mit denen Hitler seinem Ziel zustrebte, waren einfach und stur, aber unter den für ihn gegebenen Verhältnissen wirksam. Er schuf zuerst einen überaus düsteren Hintergrund von „14
Jahren der Schmach". Da gab es keine Unterschiede von schlecht,
schlechter oder weniger schlecht; ehe Er, Adolf Hitler, gekommen
war, hatte in Deutschland ganz einfach das Chaos geherrscht. „Vor
mir war es wüst und leer." In solcher Finsternis konnte jeder, dem
Unrecht, Leid oder Not widerfahren war, Wut, Schmerz und Ver-
bitterung bequem unterbringen. Der schärfste Blitzstrahl in den
schwarzen Pfuhl der Schuldigen traf die Parteien – die anderen,
versteht sich, nicht die NSDAP –, und das deutsche Volk war in
der Tat parteienmüde, so müde, daß es lieber eine einzige ertrug,
die ihm diktatorisch die politische Verantwortung und die Qual
der Wahlen abnahm, ihm aber doch den holden Schein einer gele-
gentlichen Befragung ließ, als zwei Dutzend, zwischen denen es
sich nicht zurechtgefunden hatte. Reichte auch die größte Keckheit
nicht mehr aus, um überkommene, neuentstandene und unüber-
windbare Übelstände den Parteien des „Systems" in die Schuhe zu
schieben, so wurden sie in Bausch und Bogen dem „Schandvertrag
von Versailles" zugerechnet, und das deutsche Volk war erfüllt von
Ressentiments und Ungeduld. Als Hitler „Gebt mir vier Jahre
Zeit!" forderte, erhielt er sie (natürlich, wie denn nicht!), und er be-
nutzte sie, um Deutschland sofort die „schimmernde Wehr" zu
schaffen, von der Göring, ein Herold atavistisch-infantiler Vorstellungen, so oft und gar so gerne sprach. Sie, die Rüstung, war das
Mittel aller Mittel, um die hochgesteckten Ziele zu erreichen. Daß
sie es auch noch ermöglichte, sechseinhalb Millionen Arbeitslose in
Bataillone, Regimenter und Armeen umzuwandeln, direkt oder
indirekt, – umso besser!

Die nationalsozialistische *Propaganda* hat es verstanden, durch
Primitivität, Einseitigkeit, Selbstsicherheit, Großmannssucht und
Wiederholung, immer neue Wiederholung, ewige Wiederholung
ein Nichts an wirklich produktiver Werteschöpfung zur „Jahrtau-
sendleistung" aufzupulvern und hinter dieser Wand von Schaum-
schlägerei den Moloch zu verleugnen, den man in Wahrheit schuf.
Nur Wenige konnten sich auf die Dauer den Wirkungen der
riesenhaften, vor allem unablässig, ruhelos tätigen Propaganda-

maschinerie entziehen. Die deutsche Objektivität, von den Nationalsozialisten gehaßt, verleumdet und bekämpft, verkroch sich all-
gemach in einige verbliebene Gelehrtenzimmer; auf der Straße, wo
SA marschierte, in den Sälen, wo die Hakenkreuzdrapierung
wallte, in den Betrieben und den Häusern, wo die Vertrauensleute
und die „Warte" agitierten und agierten, war sie nicht mehr zu finden. Also nirgends.

Was hatte dem das *Ausland* entgegenzusetzen? Emigranten, für
die sich in England oder Frankreich noch nicht jeder Tausendste
interessierte, prophezeiten von Vierteljahr zu Vierteljahr den
Zusammenbruch des Regimes. Die wenigen wirklich gut redigier-
ten publizistischen Erzeugnisse der Antinazipropaganda gelangten
nur in spärlichen Exemplaren über die deutsche Grenze. Im übrigen war Hitler Staatsoberhaupt und durfte „nicht beleidigt" werden. Auch die Fehler der anderen Seite, die sie der Weimarer Republik gegenüber begangen hatte, kamen dem Nationalsozialismus
jetzt zugute.

Die beste Propaganda Hitlers aber waren seine *außenpolitischen
Erfolge*. Ein Mythos der Unüberwindlichkeit legte sich allmählich
um ihn, der manchen Gegner im Inland beinahe zur Verzweiflung
trieb. Stein auf Stein türmte sich über dem Grabe aller Hoffnun-
gen; kein Schimmer drang allmählich mehr in die Nacht der
Knechtschaft. Weit und breit im Umkreis Deutschlands war keine
Kraft zu sehen oder gar zu spüren, die diesem schrecklichen Prozeß
Einhalt geboten hätte. Von den äußeren Ursachen, die für die
Unerschütterlichkeit des nationalsozialistischen Regimes verantwortlich zu machen sind, zählt diese am stärksten. Sie wirkte bei
Freund und Feind, indem sie die einen, Scheinfreie und Gefange-
nenwärter, ermunterte, die andern, die politisch Todgeweihten,
noch mehr entmutigte; die Schwankenden wurden durch sie in die
Hürden des Siegers getrieben. Die marxistische Arbeiterschaft sah
keine praktischen Aussichten mehr. Ebenso wenig die frühere Zen-
trumsanhängerschaft. Ihre einzige Hoffnung blieb der Krieg, den
sie beinahe wünschen mußten, wenn sie vielleicht noch befreit werden konnten, den sie aber aus hundert Gründen nicht wollen
mochten. Auch hier eine tragische Spaltung der Gefühle und Überlegungen. Das Kleinbürgertum orientierte sich ausschließlich nach
dem Erfolg. Der intellektuelle Mittelstand blieb hilflos oder war
gebannt in nationale Ideologien. Die höheren Wirtschaftskreise

begannen, England mit den Augen Ribbentrops zu sehen, und atmeten von Erfolg zu Erfolg tiefer die Morgenluft der Expansion in ihre breitgebetteten Industrie- und Handelslungen. Die Junker haßten zwar, noch von den Zeiten Hindenburgs her, den „böhmischen Feldwebel", wie der alte Oldenburg-Januschau, in den Kategorien der österreichisch-ungarischen Monarchie verharrend, Hitler immer genannt hatte, aber sie liebten und schätzten ihr preußisches Militär über alles, ihm, nicht der NSDAP maßen sie eben das Verdienst an den „nationalen Erfolgen" bei. Das hohe Offizierskorps liebte weder SA noch SS, weder die Partei noch Hitler, aber es sah trotz allem die eigene Sache durch ihn gefördert wie noch nie. Und es war ihm durch Eid verpflichtet! Nach dem 4. Februar 1938, als 17 Armeekorpskommandanten mit General v. Fritsch und Blomberg zurücktraten, erstarb auch die berühmte „Reichswehr-Opposition", obgleich ihr Mythus bis ganz zuletzt als Illusion verblieb.

Was hätte geschehen müssen, um Deutschland und den Nationalsozialismus rechtzeitig wieder voneinander zu trennen? *Sie waren nicht voneinander zu trennen!* Wenn etwas dieses Ereignis von unabsehbarer geschichtlicher Bedeutung hätte herbeizwingen können, so nur ein elementares Aufbäumen der ganzen Nation gegen die Knechtschaft einer Partei und eines Mannes – immer, überall und stets von neuem. Aber das ist ein Wahn. Denn hätten die Deutschen nach Freiheit und Selbstbestimmung gelechzt, dann wäre es, trotz den Intrigen des Herrn v. Papen, von allem Anfang an nicht zur Machtergreifung Adolf Hitlers gekommen. Wenn aber dennoch, so wäre nach dem 30. Januar 1933 gleich aus den ersten Erfahrungen ein Märzsturm aufgebraust, der mit vernichtender Wucht den „Führer", seine Kamarilla und seine Partei weggefegt hätte wie Spreu. Aber das deutsche Volk war im Grunde apolitisch, mangelhaft politisch, ohne sicheren Instinkt. Daher die vielen unaufgelösten Widersprüche in ihm, die einfach nebeneinander bestanden, von Schicht zu Schicht wechselten, bald hier als Wunsch, bald dort als lahme Opposition zutagetraten. Diese seelische Lage auszunützen, darauf verstand sich Hitler meisterhaft. Er hielt sich instinktiv an ein Wort Ernst Jüngers, daß man die Sklaverei ins Unendliche steigern könne, wenn man ihr den Anschein der Freiheit gebe. Was verlangten seine Deutschen denn? Sicherheit der persönlichen Existenz – der wirtschaftlichen, nicht der politi-

schen! –, dann empfanden sie irgendwo in ihrem Innern sogar
Freude über die Erfolge der riskanten Außenpolitik; Arbeit, Ordnung und Disziplin, und sie wollten nur das Recht behalten, nach
Herzenslust zu schimpfen (worin sie seit Väterzeiten schon ein
Politikum erblickt hatten); den Frieden, den Hitler so laut beteu-
erte, dann vertrauten sie der zunehmenden Macht, die derselbe
Mann immer heftiger zur Geltung brachte. So war es, und so ist es
verständlich, daß sie am 1. September 1939, als er sie rief, alle, alle
folgten ...

Zum dritten Mal innerhalb dreier Generationen zog das deutsche Volk in den Kampf. Söhne, Väter, Großväter – *Marschierende
der Geschichte.* Von Begeisterung wie 1870 oder 1914 konnte bei
den Männern von 1939 keine Rede mehr sein. Im Gegenteil: sie
steckten voll dunkler Ahnungen, und ein Teil von ihnen folgte nur
widerwillig. Aber alle blieben sie gehorsam, alle fanden sich bereit,
die Gewehre aufzunehmen, die Handgranaten umzupacken, die
Panzer und die Flugzeuge zu besteigen – Vollstrecker einer schrecklichen Idee: der Idee des Dritten Reiches.

Frankfurter Hefte, Mai 1946.

# Wie würde die Nachwelt Hitler beurteilen, wenn er 1938 ermordet worden wäre?

### o.J.

Damals, Jahre nach 1933, gab es nur wenige Deutsche, die nicht in
irgendeinem Punkt mit dem Nationalsozialismus übereinstimmten
und irgend etwas an seiner Praxis begrüßenswert, zumindest aner-
kennungswert fanden. Ebenso wenig Deutsche, außerhalb der Partei, gab es, die an dieser Praxis nicht noch mehr auszusetzen hatten.
So gut wie niemanden aber gab es, wiederum außerhalb der
NSDAP und ihrer direkten Anhängerschaft, der gewagt hätte, mit
Sicherheit zu sagen, daß dies der richtige politische Weg der Deutschen in die Zukunft sei.

Wäre Adolf Hitler getötet und das Regime gleichzeitig gestürzt worden, dies als Voraussetzung, so hätte das zu diesem Zeitpunkt die überwältigende Mehrheit, wenn sich damit keine Rückkehr in die Verhältnisse von vor 1933 verband und die wiedererstehende Demokratie das übernahm, was die meisten als „das Positive am Nationalsozialismus" ansahen, als Befreiung empfunden – Befreiung von der Herrschaft der „Goldfasane" bis hinauf zu Göring, von den Kontrollen durch den Blockwart und die Arbeitsfront bis zur Geheimen Staatspolizei, vom Goebbelschen Schreipathos und der Hitlerschen Abenteuerlichkeit. Der Nationalsozialismus, alles in allem, wäre vermutlich als ein Zwischenfortschritt unter teilweise unsympathischen, ja gräßlichen Begleiterscheinungen in das Geschichtsbewußtsein der meisten Deutschen eingegangen.

Sammeldokumentation „Das Dritte Reich", John Jahr Verlag, Hamburg o. J.; Nr. 15, S. 86-87.

# Konzentrationslager

## 1963

### Begriff

Die gewaltsame Absonderung von Menschen hat in der Geschichte viele Formen angenommen; sie reichen vom Kriegsgefangenenlager über das Ghetto bis zur Festungshaft, zum Arbeitshaus und zum Gefängnis. Das Konzentrationslager, eine durchaus neuzeitliche Erscheinung, zeigt Elemente all dieser Formen, unterscheidet sich jedoch von ihnen hauptsächlich durch seine Eigenschaft als ausschließlich politisches Instrument.

Der Zweck der Konzentrationslager ist, in Frieden oder Krieg, die Bekämpfung sämtlicher Personen und Personengruppen, Inländer oder Ausländer, die Gegner der betreffenden Herrschaft und Herrschaftsform sind oder als deren Gegner angesehen bzw. zu Gegnern erklärt werden oder die man aus weltanschaulichen, rassischen oder sozialen Gründen als Schädlinge klassifiziert. Diese

Gefangenen, auf Grund von Willkür oder Ausnahmerecht in Haft gesetzt, werden ohne ordentlichen richterlichen Urteilsspruch durch Exekutivorgane der Machthaber – meist durch eine Geheime Staatspolizei – in ein Konzentrationslager eingewiesen, d.h. in abseits gelegene, durch Sicherungsmaßnahmen isolierte Zwangsunterkünfte. Sie werden dort ohne die Möglichkeit eines Appells an Gesetze beliebig lange festgehalten. Ihre staatsbürgerlichen Rechte sind auf ein Minimum herabgesetzt oder auch völlig aufgehoben, ihre materielle Versorgung nachhaltig gemindert. Diese Maßnahme zielt darauf ab, den Kreis der gefangengenommenen Personen zeitweise oder für immer auszuschalten, ihre Gesinnung zu ändern, ihre Arbeitskraft auszunützen oder durch ihre Konzentrationslagerhaft andere – gegnerische ebenso wie eigene Gefolgsleute – gefügig zu machen bzw. gefügig zu halten.

Je nach verfolgtem Zweck ändern sich äußere Gestalt und innere Organisation des Konzentrationslagers: die Gewalt variiert ihre Mittel und wendet sie straffer oder lockerer an. Das Schicksal der Gefangenen, Niveau und Dauer ihrer Existenz sowie ihre Moral hängen außerdem von den allgemeinen Verhältnissen mit ab, die auf das Konzentrationslager einwirken (Kulturstand der Nation, Informiertheit und Einflußbereitschaft der Weltmeinung u. a.). Ein mit Strafsanktionen und Spitzelwesen raffiniert durchsetztes System der Häftlingsselbstverwaltung ermöglicht es den Herrschenden, durch eine geringe Zahl von Kommandierenden über einen großen Häftlingsbestand die Macht auszuüben; deren Korruption kann den Häftlingen (oder gewissen Kategorien von Häftlingen) das Überdauern erleichtern. Die Krankheits- und Sterberate aller Konzentrationslager ist über die Maßen hoch. Perversion und Heroismus der Gesinnungen wie der Verhaltensweisen erreichen unter solchen Voraussetzungen gleicherweise Höhepunkte.

In politisch freiheitlichen Staaten können Konzentrationslager nur ausnahmsweise eingerichtet und aufrechterhalten werden; Verfassung und öffentliche Meinung verhindern sie entweder von vornherein oder jedenfalls auf Dauer. Konzentrationslager sind eine für neuzeitliche Diktatur- und Privilegienregimes typische Erscheinung. Eine eigenartige Dialektik besteht darin, daß sich diese totalitären Systeme zur Rechtfertigung des sich in den Konzentrationslagern manifestierenden Terrors mit Hilfe juristischer Perversionen auf die Notwendigkeit des Schutzes von Ordnung

und Recht, Freiheit und Fortschritt berufen müssen. Das
Schlimmste an den Konzentrationslagern wird infolgedessen mit
einem dichten Mantel der Anonymität umgeben, der unter mannigfachen Tarnbemühungen nur so weit gelüftet wird, daß der
Schrecken je in der gewünschten Richtung seine Wirkung tut.

## Geschichte

Die Konzentrationslager des heute ausgeprägten Typs haben einige
wenige Vorläufer, in Krieg, Bürgerkrieg oder Revolutionskämpfen
aufgekommen, um den Gegner physisch und seelisch dadurch zum
Nachgeben zu veranlassen, daß man seine Angehörigen unter mehr
oder minder barbarischen Bedingungen internierte.

Im nordamerikanischen *Sezessionskrieg* (1861 bis 1865) richtete
sich auf solche Art wohlüberlegte Grausamkeit gegen Kriegsgefangene, und zwar auf seiten der konföderierten Südstaaten
hauptsächlich in den Lagern Danville (Virginia), Andersonville
(Georgia), Libby und Belle Isle (Richmond). Das schlimmste Lager
war das in Andersonville. Vom März 1864 bis zum April 1865 war
es mit insgesamt 49 485 Gefangenen auf knapp 12 ha Bodenfläche
ohne irgendwelche Schutzeinrichtungen gegen die Witterung
belegt; es starben nahezu 25%. Der Kommandant, Captain Henry
*Wirz,* ein Schweizer, wurde später von einem amerikanischen
Militärgericht wegen Grausamkeit und Mißhandlung zum Tod
durch den Strang verurteilt und hingerichtet. Der Lagerfriedhof
von Andersonville mit seinen 13 740 Gräbern ist eine nationale
Gedenkstätte der USA.

Der Name Konzentrationslager wurde erstmals während des
*kubanischen Unabhängigkeitskriegs* (1895-98) vom Gouverneur der
Insel Kuba benutzt, der, um die Rebellen unter Druck zu setzen, ca.
400 000 Einwohner, in erster Linie Frauen und Kinder, in Lagern
zu „reconcentrados" machte. Zehntausende sind darin an Krankheit und Hunger gestorben.

In Deutschland seinerzeit nachhaltig bekannt und verabscheut
wurden Name und Einrichtung während des *Burenkriegs* (1899-
1902), als die britische Regierung nach überaus verlustreichen Nie-
derlagen die Gegner zu Rebellen erklärte und Feldmarschall *Lord
Kitchener* mit äußerster Rücksichtslosigkeit die Zivilbevölkerung
der Buren in Konzentrationslager sperren ließ. Im gesamten

Oranje- und Transvaalgebiet dürften schließlich ca. 20 Konzentrationslager bestanden haben, eines der größten und schlimmsten in Bloemfontein. Von je 1000 Insassen, in der Regel Frauen und Kinder, starben bis zu 264.

## Nationalsozialismus

Seinen wahren Schrecken in aller Welt hat das Wort durch die Konzentrationslagerpraxis der Nationalsozialisten 1933-45 erhalten. Obgleich ihnen darin das stalinistische Regime in Sowjetrußland teilweise bereits vorangegangen war, sind sie es gewesen, die das System der Konzentrationslager zum überhaupt erreichbaren Gipfel der Barbarei getrieben haben.

Sie eröffneten sofort nach ihrer „Machtübernahme" improvisierend Konzentrationslager, in denen die SA ausschließlich politische Gegner „in Behandlung" nahm. Diese „wilden" Konzentrationslager organisierte von August 1933 an die Gestapo im formalen Rahmen der Landeskriminalämter unter Berufung auf die Verordnung des Reichspräsidenten „zum Schutze von Volk und Staat" (28. 2. 1933) zu „staatlichen Schutzhaftlagern" um (Oktober 1933 z. B. in Preußen 6, eines davon – Ravensbrück – für weibliche Gefangene, in Sachsen 5) und vereinheitlichte sowohl das Verfahren der Einlieferung wie die Vorschriften zur Behandlung. Mehr und mehr wurden nun auch kriminell schwer Vorbestrafte und sogenannte Asoziale eingeliefert; man hielt sie, um die politischen Gefangenen zusätzlich zu diffamieren, mit diesen unter völlig gleichen entehrenden Bedingungen, lediglich durch ein Abzeichen unterschieden, als gemeinsame „Schädlinge am deutschen Volkskörper" (es gab am Ende 9 Hauptkategorien von Konzentrationslagerhäftlingen, darunter die Bibelforscher, die Zigeuner und die Homosexuellen). Im Frühjahr 1934 ging die volle Verfügungsgewalt auf die Gestapo-Ämter über, deren Leitung die SS übernommen hatte. Man schuf das Amt eines „Inspekteurs der Konzentrationslager"; es wurde dem Führer der SS-Totenkopfverbände, die die Kommandanturstäbe und die Bewachungsmannschaften stellten, SS-Obergruppenführer Eicke, übertragen. Damit begann der systematische Ausbau der „KL", wie sie im offiziellen Sprachgebrauch, der „KZ", wie sie im Volk genannt wurden.

Am 29. 7. 1935 ordnete der „Politische Polizeikommandant", der spätere SS-Obergruppenführer Reinhard *Heydrich*, prinzipiell die Präventivhaft sowie die Möglichkeit der Schutzhaft nach verbüßter Strafhaft „zur Korrektur nicht genügender Justizurteile" an. Am 25. 1. 1938 faßte der Reichsminister des Innern sämtliche „Bestimmungen über die Anwendung der Schutzhaft" in einem Runderlaß zusammen, der sie als „Zwangsmaßnahme der Geheimen Staatspolizei" außerhalb der normalen Justiz charakterisierte. Im Zug der SA- und SS-Aktion „Kristallnacht" (9. 11. 1938) wurden mehr als 20 000 vermögende Juden des Reichs in die Konzentrationslager eingewiesen, viele von ihnen aber bald darauf, nach erzwungenem Verzicht auf Vermögen und nach Einwilligung zur Auswanderung, wieder entlassen; sie haben das mittlerweile entstandene System der deutschen Konzentrationslager in aller Welt bekanntgemacht. Bei Kriegsbeginn gab es 6 Hauptstammlager: Dachau, Sachsenhausen, Buchenwald, Mauthausen, Flossenbürg, Ravensbrück.

Das System erweiterte sich während des Krieges zu rund 2 Dutzend Haupt- und Hunderten von Nebenlagern ins Ungeheuerliche: durch umfassende Vorbeugungsmaßnahmen gegen Deutsche, durch Aussiedlungs- und Vergeltungsmaßnahmen gegen die ost- und südosteuropäischen Völker, durch die „Verfolgung von Straftaten gegen das Reich oder die Besatzungsmacht in den besetzten Gebieten" – des Westens – („Nacht-und-Nebel-Erlaß" des Chefs des Oberkommandos der Wehrmacht, 12. 12. 1941), durch die Massenliquidation russischer Kriegsgefangener, durch Serien von medizinischen Zwangsexperimenten, durch umfangreiche Aushebungen zur Rüstungszwangsarbeit (vor allem seit Mitte 1942: tägliche Arbeitszeit in den Konzentrationslagern 11 1/4 Stunden, sonntags 5 1/4 Stunden), durch die Ausrottung der jüdischen Bevölkerung auf dem Kontinent, insbesondere im Weg der Vergasung (von 8,3 Millionen im besetzten Europa zwischen 4,2 und 5,9 Millionen, also bis zu 72%), durch Evakuierungstransporte von Lager zu Lager (seit Sommer 1944). Die Gesamtzahl der Häftlinge hat schätzungsweise 7,2 Millionen betragen, von denen nur etwas mehr als 1/2 Million das Wüten der SS überlebte. Die „Verwertung" der Leichen (Haare, Knochen, Goldzähne) und der verbliebenen Habseligkeiten oblag dem SS-Wirtschaftsverwaltungs-Hauptamt in Berlin (SS-Obergruppenführer *Pohl* ).

Seit der Befreiung vom Nationalsozialismus fanden Prozesse vor alliierten und vor deutschen Gerichten gegen die Schuldigen statt, soweit sie noch lebten und nicht – wie in zahlreichen Fällen – in südamerikanische oder arabische Länder geflüchtet waren. Für die unter dem nationalsozialistischen Regime aus politischen, rassischen oder religiösen Gründen Verfolgten ist die Wiedergutmachungsnovelle vom 1. 4. 1956 (BGBl I 1956, S. 559) zum Bundesentschädigungsgesetz ergangen.

## Sowjetbereich

In Rußland hat die Zwangsverweisung von politisch Mißliebigen nach Sibirien als gerichtlich verfügte Strafe eine lange Tradition. Zur Errichtung der ersten Konzentrationslager kam es im Bürger- und Interventionskrieg (1917—1920). Sie wurden anschließend zum System der Zwangsarbeiterlager ausgebaut. Im Zug der mit stalinistischen Methoden betriebenen Industrialisierung wurden sie von 1928 an (Beginn des 1. Fünfjahrplans) zu einem festen Bestandteil der sowjetwirtschaftlichen Entwicklung. Ein Netz von sicherlich annähernd 200 Konzentrationslagern mit zuletzt (1953/54) wahrscheinlich mindestens 12 Millionen Insassen legte sich allmählich über die UdSSR.

Die Hauptanlieferungen aus so gut wie allen Bevölkerungsschichten, ganz besonders jedoch der Bauernschaft, begannen mit der „Großen Säuberung" (1936-1939) und setzten sich von 1939 an in der Verschickung ganzer Völkerteile aus dem Baltikum, aus Polen, aus Bessarabien, aus geschlossenen innerrussischen Siedlungsgebieten, schließlich (seit 1945) von Hunderttausenden, die aus deutscher Zwangsarbeit und Kriegsgefangenschaft zurückgekehrt waren, fort.

Sowohl die Verfassung der UdSSR wie Spezialbestimmungen des sowjetrussischen Strafrechts sehen „Besserungsarbeit" und „Verbannung mit Besserungsarbeit" als justizielle Sanktion u. a. für „konterrevolutionäre Tätigkeit" vor. Die Verwaltung der „Erziehungs-" und Strafarbeitslager wurde der Geheimen Staatspolizei (vormals Tscheka, dann GPU, NKWD, MWD genannt) unterstellt. Sie führte ein Antriebsverfahren ein, das den Gefangenen die Wahl überließ, entweder gegen äußerste Leistung vielleicht am Leben zu bleiben oder in den Todeszirkel verminderten Unterhalts bei verminderter Normerfüllung zu geraten. Die Zahl der Opfer dieses Systems ist nicht bekannt, sie ist aber zweifellos barbarisch hoch.

Das System fand im ganzen Sowjetbereich Eingang, auch in der sowjetischen Besatzungszone (vor allem für den Uranbergbau), ebenso in Jugoslawien, zum Teil auf Grund alter Zwangsarbeitsgesetze der betreffenden Staaten, so in Ungarn auf Grund der innenministeriellen Verordnung 760 von 1939. Die zusammenfassende formalgesetzliche Regelung erfolgte in Rumänien am 27. 2. 1948, in Bulgarien am 25. 3. 1948, in der Tschechoslowakei an 25. 10. 1948, in Polen am 31. 8. 1950. In Jugoslawien wurde die Konzentrationslagerzwangsarbeit am 2. 3. 1951 formalgesetzlich aufgehoben.

Seit der mit der sogenannten Entstalinisierung begonnenen Reform des sowjetischen Justizwesens (von 1953 an), die auch eine Einschränkung der Machtbefugnisse der Geheimen Staatspolizei mit sich brachte, setzte eine rückläufige Entwicklung des gesamten Systems ein.

## Ähnliche Einrichtungen

Von den totalitären Staaten hat lediglich das faschistische Italien auf Konzentrationslager verzichtet und sich für besondere Fälle mit der Verbannung politischer Gegner auf die Liparischen Inseln begnügt. Japan hingegen hat Zehntausende von Kriegsgefangenen des zweiten Weltkriegs konzentrationslagerähnlichen Zuständen unterworfen, so vor allem nach der Kapitulation von ca. 65 000 Mann auf den Philippinen (1942), in erster Linie in den Lagern Cabanatuan und Davao. Das gleiche gilt für eine Reihe von deutschen Kriegsgefangenenlagern, in denen sowjetrussische Soldaten 1941-1945 untergebracht wurden, schließlich, mit Abstand, in der unmittelbaren Nachkriegszeit für einige alliierte Lager, die für Massen von deutschen Kriegsgefangenen, für SS-Angehörige und für schematisch nach Rängen belastete Nationalsozialisten errichtet worden sind; berüchtigt war das von Bad Kreuznach in der Pfalz.

Literatur:

US. Sanatory Commission. Report of a Commission of Inquiry. Philadelphia 1864. – US. Senate. Affairs in Cuba; Report of the Committee on Foreign Relations. Washington 1898. – E. Hobhouse: Die Zustände in den südafrikanischen Konzentrationslagern; Bericht. Berlin 1901. – J. F. Rhodes: History of the US. Bd. 5. New York 1904. – M. H. McCoy, S. M. Mellnik, W. Kelley: Ten Escape from Tojo. New York, Toronto 1944. – B. Kautsky: Teufel und Verdammte; Erfahrungen und Erkenntnisse aus 7 Jahren in deutschen Konzentrationslagern. Zürich

1946. – E. Kogon: Der SS-Staat; Das System der deutschen Konzentrationslager.
München 1946. – D. Rousset: L'univers concentrationnaire. Paris 1946. – D. J.
Dallin, B. 1. Nicolaevsky: Forced Labour in Soviet Russia. New Haven (Conn.)
1947. (Deutsch: Zwangsarbeit in Sowjetrußland. Wien o. J.). – Der Prozeß gegen
die Hauptkriegsverbrecher vor dem Internationalen Militärgerichtshof. Nürnberg
14. 11. 1945 – 1. 10. 1946. (Amtlicher Wortlaut. Deutsche Ausgabe). 42 Bde.
Nürnberg 1947/49. – H. Arendt: Konzentrationslager, in: Die Wandlung, 3
(1948), 309 ff. – A. Weissberg-Cybulski: Hexensabbat; Rußland im Schmelztiegel
der Säuberungen. Frankfurt/M. 1951. (Original: The Accused. New York 1951.
Conspiracy of Silence. London 1952). – H. G Adler: Theresienstadt 1941-45; Das
Antlitz einer Zwangsgemeinschaft; Geschichte, Soziologie, Psychologie. Tübingen
1955. – H. Arendt: Elemente und Ursprünge totaler Herrschaft. Frankfurt/M.
1955. (Original: The Origins of Totalitarianism. New York 1951). – Die neue
Sklaverei. Hrsg. R. N. Baldwin. Frankfurt/M. 1955. (Original: A New Slavery.
New York 1953). – L. Poliakov, J. Wulf: Das Dritte Reich und die Juden; Doku-
mente und Aufsätze. Berlin 1955. – Werner Hofmann: Die Arbeitsverfassung der
Sowjetunion. (Volkswirtschaftliche Schriften, 22). Berlin 1956. – G. Reitlinger:
Die Endlösung; Hitlers Versuch der Ausrottung der Juden Europas 1939 bis 1945.
Berlin 1956. [Lit.] (Original: The Final Solution. London 1953). – R. Schnabel:
Macht ohne Moral; Eine Dokumentation über die SS. Frankfurt/M. 1957. [Lit.].
– H. Alleg: Die Folter. München 1958. (Original: La Question. Paris 1958). – M.
Buber-Neumann: Als Gefangene bei Stalin und Hitler. Stuttgart 1958. – Com-
mission Internationale contre le régime concentrationnaire. Livre blanc sur les
camps de concentration soviétiques. o. O. o. J.

> In: Staatslexikon – Recht, Wirtschaft, Gesellschaft, herausgegeben von der
> Görres-Gesellschaft, 6. Auflage, Verlag Herder, Freiburg, undatierter Son-
> derdruck, Sp. 23-28.

# Gericht und Gewissen (das deutsche Volk und die Konzentrationslager) – Teil II*

## 1946

Wir wollen in aller Ruhe *Frage um Frage stellen*, ohne vorhergefaßte
Absichten, ohne Nebenzwecke und so leidenschaftslos, wie diese
Sache es zuläßt.

---

\*   Teil I siehe S. 219.

*Was hat der Deutsche von den Konzentrationslagern gewußt?* Außer
der Existenz der Einrichtung beinahe nichts, denn er weiß heute
noch wenig. Das System, die Einzelheiten des Terrors streng
geheimzuhalten und dadurch den Schrecken anonym, aber umso
wirksamer zu machen, hat sich zweifellos bewährt. Viele Gestapo-
beamte ... kannten das Innere der KL, in die sie ihre Gefangenen
einwiesen, nicht; die allermeisten Häftlinge hatten vom eigentlichen Getriebe des Lagers und von vielen Einzelheiten der dort
angewandten Methoden kaum eine Ahnung. Wie hätte das deutsche Volk sie kennen sollen? Wer eingeliefert wurde, stand einer
ihm neuen, abgründigen Welt gegenüber. Das ist der beste Beweis
für die allgewaltige Wirksamkeit des Prinzips der Geheimhaltung.
Und dennoch! Kein Deutscher, der nicht gewußt hätte, daß es
Konzentrationslager gab. Kein Deutscher, der sie für Sanatorien
gehalten hätte. Wenig Deutsche, die nicht einen Verwandten oder
Bekannten im KL gehabt oder zumindest gewußt hätten, daß der
und jener in einem Lager war. Alle Deutschen, die Zeugen der vielfältigen antisemitischen Barbarei geworden, Millionen, die vor
brennenden Synagogen und in den Straßenkot gedemütigten jüdischen Männern und Frauen gleichgültig, neugierig, empört oder
schadenfroh gestanden haben. Viele Deutsche, die durch den ausländischen Rundfunk einiges über die KL erfahren haben. Mancher Deutsche, der mit Konzentrationären durch Außen-
kommandos in Berührung kam. Nicht wenige Deutsche, die auf
Straßen und Bahnhöfen Elendszügen von Gefangenen begegnet
sind. In einem am 9. November 1941 an alle Staatspolizeileit-
stellen, an alle Befehlshaber, Kommandeure und Inspekteure der
Sicherheitspolizei und des Sicherheitsdienstes sowie an alle Kommandanten der Konzentrationslager und den Inspekteur der KL
ausgegebenen Rundschreiben des Chefs der Sipo und des SD heißt
es: „Insbesondere ist festgestellt worden, daß bei Fußmärschen,
zum Beispiel vom Bahnhof zum Lager, eine nicht unerhebliche
Zahl von Gefangenen wegen Erschöpfung unterwegs tot oder halb-
tot zusammenbricht... Es ist nicht zu verhindern, daß die deutsche
Bevölkerung von diesen Vorgängen Notiz nimmt." Kaum ein
Deutscher, dem nicht bekannt gewesen wäre, daß die Gefängnisse
überfüllt waren und daß im Lande unentwegt hingerichtet wurde.
Tausende von Richtern und Polizeibeamten, Rechtsanwälten,
Geistlichen und Fürsorgepersonen, die eine allgemeine Ahnung

davon hatten, daß der Umfang der Dinge schlimm war. Viele
Geschäftsleute, die mit der Lager-SS in Lieferbeziehungen standen,
Industrielle, die vom SS-Wirtschafts-Verwaltungs-Hauptamt KL-
Sklaven für ihre Werke anforderten. Angestellte von Arbeitsämtern,
die wußten, daß die Karteikarten der Gemeldeten Vermerke über
die politische Zuverlässigkeit trugen und daß große Unternehmen
SS-Sklaven arbeiten ließen. Nicht wenige Zivilisten, die am Rande
von Konzentrationslagern oder in ihnen selbst tätig waren. Me-
dizinprofessoren, die mit *Himmlers* Versuchsstationen, Kreis- und
Anstaltsärzte, die mit den professionellen Mördern zusam-
menarbeiteten. Eine erhebliche Anzahl von Luftwaffenangehöri-
gen, die zur SS kommandiert worden sind und etwas von den konkreten Zusammenhängen erfahren haben. Zahlreiche höhere
Wehrmachtsoffiziere, die über die Massenliquidierungen russischer
Kriegsgefangener in den KL, außerordentlich viele deutsche Soldaten und Feldgendarmen, die über die entsetzlichen Greueltaten in
Lagern, Ghettos, Städten und Dörfern des Ostens Bescheid gewußt
haben.

Ist eine einzige dieser Feststellungen falsch?

Dann wollen wir in gleicher Ruhe und Sachlichkeit die weitere
Frage stellen: *Wie hat das deutsche Volk auf das Unrecht reagiert?* Als
Volk überhaupt nicht. Das ist eine bittere Wahrheit. Man hat zur
Erklärung des Versagens anführen wollen, daß Deutschland zu spät
in der Geschichte seine Einheit erlangt habe; es sei ihm dadurch die
Möglichkeit verschlossen geblieben, über gewöhnliches nationales
Empfinden hinaus eine öffentliche Meinung von Rang zu entwickeln und für höhere Werte geschlossen aufzutreten. Abgesehen
von der Tatsache, daß es nationale Einheiten gibt, die im gleichen
Jahrhundert, ja um dieselbe Zeit entstanden sind, ohne daß man
sagen könnte, diese Völker hätten Unrecht so hingenommen wie
die Deutschen, verwechselt jener Erklärungsversuch Ursache und
Wirkung: die besondere Art des Deutschen ist es, die ihn so spät
zur nationalen Einheit hat gelangen lassen, nicht die späte staats-
politische Konkretisierung, die seine Art erzeugt hätte. Während
alle übrigen europäischen Völker – von einigen slawischen vielleicht abgesehen – ein festes, bestimmtes Verhältnis zu der Wirklichkeit haben, in die sie gestellt sind oder die sich ihnen eröffnet,
so daß sie ihren realpolitischen Weg in der Geschichte bald fanden
und mit einer gewissen Konsequenz, wenn auch mit wechselndem

Erfolg gehen konnten, sind die Deutschen ein Volk der Möglichkeiten, nicht der Tatsachen. Schweifend im Reich der Phantasie,
unerschöpflichen Plänen, vielen Empfindungen und Träumen hingegeben, sieht es in jeder Konkretisierung eine Beeinträchtigung
des Hohen und Idealen. Wie es dem Irrglauben aus Glaubens-
überfülle verfällt, so dann leicht einer realen Bindung, die gar nicht
einmal aus ihm stammt. Ihr unterwirft es sich räsonierend-resi-
gnierend, am Ende zufrieden mit einer Philosophie des Besseren,
oder es hält das brüchige Regiment, wenn andere Beweggründe
und Umstände noch dazu verleiten, eine Zeitlang gar für die Verwirklichung des Anfangs der ersehnten Idealgemeinschaft, wütend
womöglich in diese fremde Wirklichkeit verbissen, weil es ihm
doch endlich einmal gelingen müsse, politischen Erfolg zu haben
„wie andere Völker". Der Protestantismus deutscher Herkunft und
deutscher Prägung, Ausbruch des individuellen Gewissens aus
fester Form, hat diese Tendenzen des Deutschtums noch wesentlich
verstärkt. Denn er trennte das Gewissen, das er dem Schöpfer
unmittelbar verbunden sah, auf den religiös-kirchlichen Raum es
beschränkend, vom Machtgetriebe des irdischen Staates, der ihm
verderbt, dem Bösen unterstellt und eigenen ihm innewohnenden
Gesetzen der Schlechtigkeit hörig erschien. Je kraftvoller die Autorität, die ihn im Zaume hielt, umso besser daher und umso
gottwohlgefälliger. Ein bedeutender Antrieb zum Absolutismus in
Deutschland ging von dieser Anschauung aus. Er ließ die Kraft zur
politischen Gemeinschaftsbildung erst recht verkümmern, und
keine Intelligenzschicht, das nationale Gewissen verkörpernd,
überwand den Widerstand zwischen dem deutschen Möglichkei-
tenreichtum und den unzulänglichen politischen Ausdrucksformen. Denn der deutsche Geistesträger – bezeichnenderweise „Aka-
demiker" genannt – hatte selbst kein reales Verhältnis zur Politik
außer dem des Untertanen. Sein Reich war der Geist, das Denken
und Dichten. Viele widerspruchsvolle Züge im deutschen Charakter und in der deutschen Geschichte werden durch diese Grund-
veranlagung erklärlich. Es ist nicht möglich, hier ausführlich darüber zu schreiben, obgleich es gerade jetzt, in diesem entscheidenden
Abschnitt der Geschichte, wo es um die Selbsterkenntnis und die
neue deutsche Stellung im europäischen Ganzen geht, notwendig
wäre. Ein solches Volk konnte hohe Individualitäten von überra-
gendem Kulturrang hervorbringen, sie mußten aber, bei aller Wir-

kung wieder auf Einzelne, doch isoliert bleiben. Es konnte politisch debattieren, ohne je an den realen Kern der Politik heranzukommen. Es konnte rechtlich gesinnt sein und sich doch, als Volk, jeder autoritätsverkleideten Gewalt unterwerfen, so daß es den Terror schon fürchtete, ehe er überhaupt in Aktion trat. Es verherrlichte in vielen Gesängen die Freiheit, die es als volle politische Wirklichkeit des Einzelnen nie erlebt hat. Ich möchte beinahe sagen, daß es infolge seiner Verlorenheit an die Vielfalt der Möglichkeiten fast instinkthaft einen ausgleichenden Halt in der Hingabe an die staatliche Autorität und in der Uniform das Gegenstück zum Multiformen seiner Seele suchte. Es hat niemals eine politisch prägende nationale Gemeinschaft hervorgebracht, die ihrerseits das Volk durch Generationen geschützt und gehalten hätte. Das Fehlen dieser befruchtenden Wechselwirkung zwischen echter, inhaltserfüllter politischer Form und möglichkeitsreichem Individuum macht beim deutschen Volk auch verständlich, warum es so tapfer und so feige zugleich ist. Angeborenes militaristisches Empfinden erklärt solches Doppelwesen nicht. Auch der Deutsche fürchtet, einzeln, den Tod, mag ihm das Knochengesicht durch allerlei nationale Mystik noch so verschönert werden. Sobald er sich aber in fester Gemeinschaft weiß, fürchtet er ihn nicht; denn er idealisiert die Gemeinschaft, wie immer sie ist, sofort und fühlt sich ihr durch „Pflicht" und „Ehre" verbunden. Selbst im kleinsten Stoß- und Spähtrupp oder als Einzelkämpfer bleibt er mutig, solange er das Kollektiv geistig und seelisch hinter sich weiß. Kaum soll er aber revolutionär – für das Recht etwa – aus den schützenden Reihen der vorhandenen, der konkret gegebenen Gruppe heraustreten und, auf sich ganz allein gestellt, für einen hohen menschheitlichen Inhalt, selbst unter Verfemung, kämpfen, scheut er zurück und duckt sich. Als Mensch individuell, ist er politisch ein Nichts, Objekt und Massenbestandteil so sehr, daß ihm jede Surrogatpolitik das individuelle Recht und die individuelle Freiheit zerschlagen kann, ja daß er noch, Parsifal und Faust in einem, mithilft, sich selbst in Ketten zu bringen, vertrauensvoll und sehnsüchtig wähnend, es sei die Freiheit, die ihm gebracht werde. Deutschland ist gegen den Terror des Nationalsozialismus nicht aufgestanden, weil es bis jetzt ein politisches Volk im Sinne des Wortes nicht gewesen ist. Alle zivilen Helden in Deutschland waren Ausnahmen und mußten Ausnahmen bleiben – Tausende unter achtzig Millionen.

Die *Millionen einzelner Deutscher* haben sich unter dem System der Diktatur entsprechend verhalten. Wenn man ihre hohen Eigenschaften: den Fleiß, die Sauberkeit, die Ordnungsliebe, die Pflichttreue, das Ehrbewußtsein, die Objektivität und das rechtliche Empfinden im Auge hat, dann kann man nur sagen: es war eine Tragödie sondergleichen. Wie hätte es aber unter den geschilderten Voraussetzungen anders sein können? Alles, was sie zu leisten vermochten, kam dem Regime zugute, auch wenn sie mit ihm nicht einverstanden waren (in manchem und vielem waren sie bei allem innerlichen Widerstand wohl einverstanden). Von den Konzentrationslagern wußten sie zu wenig. Sie hätten sie auch bei vollem Wissen nicht zu einer moralischen Kernfrage gemacht, weil Freiheit und Recht als absolute Werte ihnen kein Zentralproblem waren. Das vorhandene Wissen vom Unrecht entflammte daher die Männer und Frauen nicht. Der Deutsche hat während der Diktatur sogar mannigfache Beweise dafür erbracht, daß er aus Angst und aus einer gewissen Unbehaglichkeit bereit war, sich täuschen zu lassen, dem Ernst der Sache aus dem Wege zu gehen und die dunkle Angelegenheit zu verdrängen. Viele machten sich – gedankenlos, aber bezeichnenderweise – das schändliche Naziwort „Konzertlager" zu eigen, durch das der Schrecken verniedlicht wurde. Sie enthoben sich, aus den angedeuteten Beweggründen, der Pflicht, den Vorgängen auf den Kern zu kommen, und verschlossen ganz bewußt ihre Augen jeder weiteren Kenntnis. Wissen hätte Verpflichtung gebracht, daher war es doppelt gefährlich. Außerdem erschien es ihnen wohl nicht so ausgemacht, daß alle, die in Konzentrationslager geschickt wurden, zu Unrecht hineinkamen, wie? Prinzipiell, wenn man sich die Sache genau überlegte, immerhin – die Absonderung hatte bei dem und jenem vielleicht doch ihre Berechtigung ... Fälle von Justizirrtümern ereigneten sich ja wohl dann und wann, aber daß der Staat, die anerkannte Autorität systematisch Unrecht tun könnte, das war doch schwer anzunehmen. Möglicherweise handelte es sich da und dort um Übertreibungen oder bei dem, was man hörte, um einzelne Ausschreitungen. Im ganzen – nein, so schlecht konnte eine deutsche Obrigkeit nicht sein, daß sie die reine Willkür, dazu mit einem System von Marterungen, betrieb. Noch gab es schließlich Richter im Lande! Das individuelle Rechtsempfinden des Deutschen, der Autoritätstreue hörig, führte in der Tat zu der Denkparadoxie des Morgenstern-

schen Gedichtes vom Autounfall, den der als Opfer im Krankenhaus liegende Palmström sich selber logisch wegdisputiert, „weil",
so schloß er messerscharf, „nicht sein *kann*, was nicht sein *darf!*" ...
Ihre fast bedingungslose Autoritätsgläubigkeit machte die Deutschen allmählich geneigt, selbst in der Diktatur die Verhafteten,
nicht die Verhaftenden als Verbrecher anzusehen. (Bis sie selbst
verhaftet wurden, dann war recht häufig des Entsetzens und des
Jammerns kein Ende, und es dauerte bei diesen „braven, anständigen Deutschen" – die *Hitler* mit Vorliebe als solche ansprach
– in der Regel ziemlich lange, bis sie den Glauben an die Gerechtigkeit „der Behörden" auch in ihrem individuellen Falle verloren
hatten.) Welch ein Unterschied, wenn man als Polizeigefangener
durch die Tschechoslowakei, um nur eines der anderen Länder zu
nennen, oder durch Deutschland transportiert wurde! Dort Sympathie der Bevölkerung von allen Seiten, kleine Hilfen unter erheblicher Gefahr, hier ängstliche Scheu, Ablehnung oder Verachtung.
In Weimar haben NSV-Schwestern Buchenwalder KL-Gefange-
nen, die nach einem Luftangriff im Februar 1945 Verschüttete aus-
gruben und Aufräumungsarbeiten leisteten, selbst einen Schluck
Wasser verweigert. Das Städtische Krankenhaus lehnte es ab,
schwerverwundete Häftlinge aus den dortigen Gustloff-Werken
zur ersten Hilfe aufzunehmen. Noch im Spätherbst 1945 hörte ein
Bekannter von mir in der Bahn eine deutsche Rotkreuz-Schwester,
die in Weimar tätig gewesen war, erzählen, wie sie veranlaßt werden
sollte, einige Zeit nach der Befreiung des Lagers Buchenwald sich
dort kranken Gefangenen zu widmen. „Wie komme ich dazu",
meinte sie, „tuberkulöse Verbrecher zu pflegen!" Alle diese
Schwächen, Fehler und Unterlassungen hingen mit der deutschen
Autoritätssüchtigkeit, dem mißbrauchten Rechtsbewußtsein und
dem allgemeinen Mangel an freiheitlichem Mut zusammen. Der
Einzelne konnte und wollte mit Aussicht auf Wirkung und Erfolg
nichts mehr tun, weil die anderen Einzelnen fehlten, die gleich
gehandelt hätten. So wurden die höheren Pflichten der Menschlichkeit und der Bergpredigt, die jedem gegenüber gelten, der unser
menschliches Antlitz trägt, allmählich überdeckt von einem angst-
geborenen und angstbeherrschten Opportunismus.

    Hier beginnen die nationalen Fehler *individuelle Schuld* zu wer-
den. Was das deutsche Volk in langen Generationsreihen nicht hervorgebracht hat, kann ihm auch nicht moralisch zur Last gelegt

werden. Wo die vielen Einzelnen hingegen dem Anruf ihres persönlichen Gewissens nicht Folge geleistet oder das Gewissen in sich
getötet haben, und wäre es nur durch Gewöhnung, da liegt in der
Tat Schuld vor. Auch in der Politik, die von den Geboten der Sittlichkeit nicht frei ist. Der Geistliche, der nicht geholfen und die
Gelegenheit nicht gesucht hat, wo er helfen konnte, ist schuldig.
Der Richter, der nicht – wie so mancher seiner Kollegen im
Deutschland des Dritten Reiches – genau die Art und die Länge
der zu verhängenden Freiheitsstrafe abwog, um zu verhindern, daß
der Verurteilte ein KL-Opfer der Gestapo wurde, ist schuldig. Das
gleiche gilt vom Arzt, dem der unsittliche Parteiantrag gestellt war,
zu sterilisieren oder unerwünschte Leute geistesschwach zu schreiben und sie so den bekannten Mordanstalten zu überantworten,
vom Journalisten, vom Universitätsprofessor, vom Betriebsführer,
vom Staats- und Kommunalbeamten, vom Offizier, vom Arbeiter,
vom Soldaten, von jedem. Mir ist von einem deutschen Polizisten
erzählt worden, der im Osten wie so viele seiner Kollegen den
Befehl bekommen hatte, bei Bevölkerungs„liquidierungen" mitzu-
wirken. Als ihm ein blasses, zwölfjähriges jüdisches Mädchen,
schon in der Leichengruppe stehend, flehend die Ärmchen
entgegenstreckte und bat, er möge nicht schießen, senkte er die
Pistole. Sein Offizier brüllte, er solle vorwärtsmachen, sonst werde
er selbst die Kugel bekommen. Da schoß er. Der Mann ist trüb-
sinnig geworden, weil er das schmale Gesicht des niederbrechenden
Kindes nicht mehr vergessen konnte. Befehl? Zwang? Terror? Nein!
Die Gebote des höchsten sittlichen Kodex kann kein Feldwebel
und kein Blockwart, kein Minister und kein Feldherr, kein *Himmler* und kein *Hitler* über den Haufen kommandieren. Frage sich
jeder, ob er nach diesem Maßstab, nicht nach dem wilden Grundsatz, Recht sei, was dem deutschen Volke nütze, oder gar was einem
Parteiaktivisten paßte, immer und unter allen Umständen seine
Pflicht, *die wahre Pflicht!* getan hat. Und nehme sich nur keiner
pharisäisch aus, kein Bischof und kein Pfarrer, kein großer und
kein kleiner Politiker, kein Lehrer, kein Unternehmer, kein Ingeni-
eur, kein Arbeiter – niemand, weder Mann noch Frau! Haben wir
wirklich alle, immer und überall, für Recht und Freiheit unsere
Pflicht getan? Wäre es geschehen, die Wandlung des deutschen
Volkes brauchte nicht erst jetzt zu beginnen, sie hätte längst begonnen – vor dem Kriege schon, während dieses entsetzlichen Krieges,

zumindest aber am 20. Juli 1944. Unter den fünftausend Männern und Frauen aller Schichten, die damals verhaftet wurden, befanden sich wahre Märtyrer für die deutsche Zukunft. Sie gaben das große Beispiel sittlicher Kraft und persönlichen Mutes. Diese hohe Bedeutung ihrer Tat wird nicht herabgemindert durch den echt deutschen Mangel an gleich großer politischer Klugheit, noch gar durch den Abenteurer- und Konjunkturisten-Anhang, den sie hatten; sie hat auch nichts zu tun mit den reaktionären Bestrebungen einiger von ihnen. Ihr Vorbild wird den Deutschen nicht verlorengehen, wenn sie nur einsehen lernen, daß Mann und Frau im Kampf um Freiheit und Recht – nicht des Kollektivs, sondern aller Einzelnen! – über berechtigte und gar über unberechtigte Bedenken hinweg zum höchsten Wagnis sich erheben müssen.

So rückblickend möge Deutschland sich selbst erkennen: seine edlen und seine entsetzlichen Züge, damit das entstellte, das verzerrte Antlitz wieder Gleichmaß gewinne. Es wird den Richter dann nicht mehr zu fürchten brauchen, weil es sich selber ehrlich beurteilt hat. Und wenn er die Frage erneut an Deutschland stellt: „Erkennt ihr mich jetzt?", dann wird es in ihm den Erlöser sehen aus Irrtum, Verbrechen, Blutschuld, Schande und Not, den *Erlöser zur Freiheit und Menschenwürde*. Weit werden die Konzentrationslager dann hinter dem erneuerten Deutschland liegen – nur noch eine Mahnung aus den Zeiten der Finsternis dieses Dritten Reiches.

Frankfurter Hefte, April 1946.

# Wie der Massengiftmord möglich wurde

## 1983

... Gegen mögliche Zweifel derjenigen, die jene Zeit nicht miterlebt haben, sowie gegen Verteidiger des nationalsozialistischen Systems, die solche Zweifel bewußt nähren, ja sogar die Tatsachen in Abrede stellen oder ihre Bedeutung bestreiten, muß offengelegt werden, welche Faktoren zusammengewirkt haben, daß es zu dem Massen-

giftmord in Europa kommen konnte: zur bürokratisch und tech-
nokratisch exekutierten Unmenschlichkeit im großen und im einzelnen.

Es liegt eine Reihe von Versuchen vor, das nationalsozialistische
Morden zu erklären: So seien eben die Faschisten im Extremfall,
wie ihn Deutsche zustande brachten; im Totalitarismus, die Praxis
der Konzentrationslager beweise es, gehöre die Ausmerzung des
Gegners zum System; auf dem imperialistischen Weg zur nazistischen Weltherrschaft habe das Judentum als Hindernis beseitigt
werden müssen, wobei immenses Kapital „übernommen" werden
konnte; in einem Chaos von Machtbestrebungen innerhalb der
neuen „Ordnung" habe sich der SS-Fanatismus bis zum Zusammenbruch des Gewaltregimes schließlich durchgesetzt; psychoana-
lytisch zu begreifende Motivationen seien für das nationalsozialistische Vorgehen bestimmend gewesen; und schließlich wird die
These verfochten, die Ursache des Massenverbrechens sei allein
und ausschließlich in der Person Adolf Hitlers zu suchen.

Jeder dieser hier nur eben angedeuteten Erklärungsversuche
trägt etwas zur Erhellung der Tatsachen und ihrer Zusammenhänge
bei, aber sie reichen nicht aus, auch nicht mehrere von ihnen oder
alle zusammen, den auf die nationalsozialistische Weise vorgenom-
menen und weiter geplanten Mord an Millionen Menschen als
Konsequenz der Prämissen des verfochtenen Systems verstehbar zu
machen. Nirgends außerhalb des hitlerschen Bereichs ist es in
faschistisch beherrschten Ländern zu einer vergleichbaren Tötungs-
praxis gekommen. Totalitäre Regime verlangen ohne Zweifel die
Ausschaltung jedes wirklichen oder möglichen Gegners, und der
Nationalsozialismus war totalitär; nirgends aber, wo sich solche
Alleinherrschaft durchzusetzen vermochte, war es eine Weltanschauung wie die dem Dritten Reich zugrunde gelegte, die ein solches Ausmaß, eine solche Methode des Mordens und eine solche
Auswahl der Opfer bewirkt hätte. Reaktionär-kapitalistische Klas-
seninteressen, die zum Sieg des Nationalsozialismus beigetragen
und in ihm mit eine Rolle gespielt haben, bedurften in keiner
Weise eines organisierten Vernichtungsverfahrens; Großunterneh-
men waren, als es stattfand, nutznießend an ihm beteiligt, aber
nicht seine Urheber. Die „strukturalistische" Analyse der Faktoren-
vielfalt, die das Vorhandensein einer Gesamtplanabsicht ausschließt, verkennt sowohl die Führungsbedeutung der Person

Adolf Hitlers wie die Effizienz der Gefolgschaftsfügsamkeit, die
dem Führerkult individuell und kollektiv entsprach. Politisch
wenig Wert haben Beiträge zu psychoanalytischer Aufklärung der
Entstehung von Geschichtsvorgängen; man kann aus ihnen keine
praktisch anwendbaren Schlußfolgerungen ziehen. Was die
„Alleinschuld Hitlers" betrifft, so läßt diese Theorie völlig außer
acht, daß einerseits nicht er der Erfinder des Rassismus war, und
daß andererseits die Ausführung der Verbrechen ohne die aktive
Mitwirkung der im gesamten Staatsapparat Mitverantwortlichen
unmöglich gewesen wäre.

Es war die nationalsozialistische Weltanschauung, von Hitler in
die Form unumstößlich gültiger Behauptungen gebracht, die das
Ungeheuerliche zur Folge hatte – den radikalsten Antihu-
manismus, der je in der Geschichte vorgekommen ist.

Zu Adolf Hitlers fundamentalen Überzeugungen gehörte die
Annahme, daß sich in der menschlichen Entwicklung der gleiche
„Auslese-Prozeß" vollziehe wie in der übrigen Natur: das „Tüchtigste", von körperlichen und geistigen Qualitäten bestimmt, die
rassisch begründet und unabänderlich vorgegeben seien, habe die
Funktion, sich im „Kampf ums Dasein" durchzusetzen. Individuen
und Völker teilen sich demzufolge nach einer Wertskala, die über
ihr Schicksal entscheidet.

Diese Grundauffassung des Daseins und die politische Welt-
sicht, die sich ihm daraus ableitete, hat sich Hitler bereits in seinen
jüngeren Jahren durch die Lektüre aller möglichen Schriften, die in
Betracht kamen, „erarbeitet". Einer der Hauptautoren, deren Ideen
er sich aneignete, war Houston Stewart Chamberlain gewesen
(1855-1927), der Wahldeutsche, der auch zwei Jahrzehnte in Wien
gelebt hat.

Er schrieb: „Dieser Germane ist seit 1500 Jahren die lebendige,
die einzig und allein schöpferische Kraft unserer Zivilisation und
unserer Kultur. Das heutige weltumfassende Europa ist sein
Werk."[1]

Eine der schärfsten Schlußfolgerungen zog der Philosoph Eugen Dühring, der 1881 schrieb: „Die Juden, die nach der Verdrängung und Zinsbarmachung der Angehörigen aller anderen Völker

---

[1] Houston Stewart Chamberlain: „Die Rassenfrage", Auswahl aus seinen Werken, herausgegeben von Ferdinand Hirt, Breslau 1934, S.15.

streben, sind billigerweise mit ihrem eigenen Maß zu messen. Es
würde also alle Humanität mißverstehen heißen, wenn man hier
auch nur einen Augenblick Anstand nehmen und sich scheuen
wollte, den Kampf gegen die Juden nicht ernsthaft auf eine dauernde Unschädlichmachung einzurichten."[1]

Hitlers weltanschauliche Fundamentierung des Nationalsozialismus war, als ihm 1933 die Macht in Deutschland überantwortet wurde, abgeschlossen. Er hatte ihr in den nachfolgenden
zwölf Jahren seiner Herrschaft nichts Wesentliches hinzuzufügen.
Sie war, von 1919 an, in Reden, Artikeln und drei Büchern: Band
1 und 2 von „Mein Kampf", 1928 dann in einem weiteren, zu-
sammenfassenden, aber nicht mehr veröffentlichten Werk unmißverständlich zum Ausdruck gebracht.[2] Die „völkische Weltanschauung" erkennt, so formulierte er, „die Bedeutung der
Menschheit in deren rassischen Urelementen ... Sie glaubt somit
keineswegs an eine Gleichheit der Rassen, sondern erkennt mit
ihrer Verschiedenheit auch ihren höheren oder minderen Wert und
fühlt sich durch diese Erkenntnis verpflichtet, gemäß dem ewigen
Wollen, das dieses Universum beherrscht, den Sieg des Besseren,
Stärkeren zu fördern, die Unterordnung des Schlechteren und
Schwächeren zu verlangen. Sie huldigt damit prinzipiell dem ari-
stokratischen Grundgedanken der Natur und glaubt an die Geltung dieses Gesetzes bis herab zum letzten Einzelwesen."[3] „Der
Stärkere hat zu herrschen ..., nur der geborene Schwächling kann
dies als grausam empfinden."[4]

Was die Frage der Humanität betrifft, so siegt nach Hitler „ewig
nur die Sucht der Selbsterhaltung. Unter ihr schmilzt die sogenannte Humanität als Ausdruck einer Mischung von Dummheit,
Feigheit und eingebildetem Besserwissen, wie Schnee in der Mär-
zensonne. Im ewigen Kampfe ist die Menschheit groß geworden –
im ewigen Frieden geht sie zugrunde."[5] „Die Gewinnung der Seele
des Volkes kann nur gelingen, wenn man neben der Führung des

---

[1]  Eugen Dühring: „Die Judenfrage als Racen-, Sitten- und Culturfrage", [a.a.O.,
     o.J.], S. 118.
[2]  Die beste Darstellung darüber bei Eberhard Jäckel: „Hitlers Weltanschauung.
     Entwurf einer Herrschaft", Tübingen 1969.
[3]  Adolf Hitler: „Mein Kampf", S. 420, 421.
[4]  Ebenda, S. 312.
[5]  Ebenda, S. 148/49.

positiven Kampfes für die eigenen Ziele den Gegner dieser Ziele vernichtet. Das Volk sieht zu allen Zeiten im rücksichtslosen Angriff auf einen Widersacher den Beweis des eigenen Rechtes, und es empfindet den Verzicht auf die Vernichtung des andern als Unsicherheit in bezug auf das eigene Recht, wenn nicht als Zeichen des eigenen Unrechtes."[1]

Berufen zur Herrschaft sei die „arische Rasse". Was die ihr zugehörenden Völker, die „Kulturbegründenden" und „Kulturtragenden", brauchen, ist, gegen alle anderen – die „Minderwertigen" – Lebensraum ohne Beschränkung. Friedens- und Kriegspolitik war im expansionistischen Sinne für Hitler dasselbe. Immer ergibt sich, so schrieb er, „etwa das folgende Bild der Entwicklung": „Arische Stämme unterwerfen – häufig in wahrhaft lächerlich geringer Volkszahl – fremde Völker und entwickeln nun, angeregt durch die besonderen Lebensverhältnisse des neuen Gebietes (Fruchtbarkeit, klimatische Zustände usw.), sowie begünstigt durch die Menge der zur Verfügung stehenden Hilfskräfte an Menschen niederer Art, ihre in ihnen schlummernden geistigen und organisatorischen Fähigkeiten."[2]

Der Zielsetzung muß der politische Wille entsprechen: „Jede Weltanschauung, sie mag tausendmal richtig und von höchstem Nutzen für die Menschheit sein, wird so lange für die praktische Ausgestaltung eines Völkerlebens ohne Bedeutung bleiben, als ihre Grundsätze nicht zum Panier einer Kampfbewegung geworden sind ... Hier muß aus dem Heer von oft Millionen Menschen, die im einzelnen mehr oder weniger klar und bestimmt diese Wahrheiten ahnen, zum Teil vielleicht begreifen, einer hervortreten, um mit apodiktischer Kraft aus der schwankenden Vorstellungswelt der breiten Masse granitene Grundsätze zu formen ... Das allgemeine Recht zu einer solchen Handlung liegt begründet in ihrer Notwendigkeit, das persönliche Recht im Erfolg."[3] „Die Größe jeder gewaltigen Organisation als Verkörperung einer Idee auf dieser Welt liegt im religiösen Fanatismus, in der sie sich unduldsam gegen alles andere, fanatisch überzeugt vom eigenen Recht, durchsetzt."[4]

---

[1] Ebenda, S. 371.
[2] Ebenda. S. 319.
[3] Ebenda, S. 418/419.
[4] Ebenda, S. 385.

Der Fanatismus galt den „minderen Rassen", den „Schwächlingen in den eigenen völkischen Reihen", den Internationalisten, den demokratischen „Gleichmachern", den Marxisten, den Humanisten, den Pazifisten..., von vornherein am meisten und konsequentesten den Juden, die für den Antisemiten Hitler der Rassenfeind par excellence waren.

Mit Vorliebe, und damit die anzuwendenden Methoden der Ausrottung andeutend, bediente sich Hitler in seiner Bekämpfung der Juden parasitologischer Bezeichnungen: „Der Jude ist die Made im faulenden Leibe, Pestilenz, schlimmer als der schwarze Tod von einst, Bazillenträger der schlimmsten Art, ewiger Spaltpilz der Menschheit, die Drohne, die sich in die übrige Menschheit einschleicht, die Spinne, die dem Volke langsam das Blut aus den Poren saugt, eine sich blutig bekämpfende Rotte von Ratten, der Parasit im Körper anderer Völker, der typische Parasit, ein Schmarotzer, der wie ein schädlicher Bazillus sich immer mehr ausbreitet, der ewige Blutegel, der Völkerparasit, der Völkervampir."[1]

So übler Vergleiche hatte sich bereits 1887 unter anderen der Kulturpolitiker Paul de Legarde bedient: „Es gehört ein Herz von der Härte der Krokodilhaut dazu, ... um die Juden nicht zu hassen, um diejenigen nicht zu hassen und zu verachten, die – aus Humanität! – diesen Juden das Wort reden, oder die zu feige sind, dies wuchernde Ungeziefer zu zertreten. Mit Trichinen und Bacillen wird nicht verhandelt. Trichinen und Bacillen werden auch nicht erzogen, sie werden so rasch und so gründlich wie möglich vernichtet."[2]

Hitlers Schlußfolgerung lautete daher: „Mit den Juden gibt es kein Paktieren, sondern nur das harte Entweder - Oder."[3]

Über diese die äußerste Radikalität vorsehende Zielsetzung der Judenfeindlichkeit ließ der Rassenideologe Hitler von allem Anfang an keine Unklarheit aufkommen. Bereits 1919 schrieb er in einem am 16. September jenes ersten Nachkriegsjahres an einen gewissen Adolf Gemlich gerichteten Brief: „Der Antisemitismus als politische Bewegung darf nicht und kann nicht bestimmt werden durch Elemente des Gefühls, sondern durch die Erkenntnis von

---

[1] Auswahl der Bezeichnungen aus „Mein Kampf" bei Eberhard Jäckel (Anmerkung 3), S. 75.
[2] Paul de Legarde: „Juden und Indogermanen", 1887, S. 339.
[3] Adolf Hitler: „Mein Kampf", S. 225.

Tatsachen ... Der Antisemitismus aus rein gefühlsmäßigen Gründen wird seinen letzten Ausdruck finden in der Form von Progromen" [so die Schreibweise Hitlers]. „Der Antisemitismus der Vernunft jedoch muß führen zur planmäßigen gesetzlichen Bekämpfung und Beseitigung der Vorrechte des Juden, die er zum Unterschied der anderen zwischen uns lebenden Fremden besitzt
(Fremdengesetzgebung). Sein letztes Ziel aber muß unverrückbar
die Entfernung der Juden überhaupt sein."[1]

Die politische Grundlegung der Absicht erfolgte im Programm
der NSDAP, das Hitler am 29. Juli 1921 als unveränderbar erklärte.
Es forderte in Punkt 4: „Staatsbürger kann nur sein, wer Volksgenosse ist. Volksgenosse kann nur sein, wer deutschen Blutes ist,
ohne Rücksichtnahme auf Konfession. Kein Jude kann daher
Volksgenosse sein." In Punkt 7: „...daß sich der Staat verpflichtet,
in erster Linie für die Erwerbs- und Lebensmöglichkeit der Staatsbürger zu sorgen. Wenn es nicht möglich ist, die Gesamtbevölkerung des Staates zu ernähren, so sind die Angehörigen fremder
Nationen (Nicht-Staatsbürger) aus dem Reiche auszuweisen."

Die erste Etappe der Verwirklichung des Programms der „Entfernung" setzte sofort nach der Machtübernahme ein, eingeleitet
von der am 1. April 1933 das gesamte Reichsgebiet signalartig
umfassenden Boykottaktion der SA gegen die jüdischen Geschäfte,
gegen die jüdische Ärzteschaft und jüdische Rechtsanwälte sowie
gegen den Besuch von Schulen und Universitäten durch Juden.
Das „Gesetz zur Wiederherstellung des Berufsbeamtentums"
(7. April 1933) hatte die Ausschaltung aller Gegner des Nationalsozialismus, insbesondere aber die der jüdischen Deutschen zum
Ziel. Es folgten, nachdem sich das Regime durch allseitige Gleichschaltungsmaßnahmen gefestigt hatte, bis 1938 in immer kürzerem Abstand immer härtere Verfügungen. Noch schwebte es Hitler
vorerst vor, die Juden zur Auswanderung zu zwingen: das „jüdische
Problem", wie er es sah, aus Deutschland wegzuverlagern. Er
hoffte, dadurch zugleich die anderen Völker ihrerseits zu verstärktem Antisemitismus anzustiften. Mehr und anderes war unter den
bis dahin gegebenen Verhältnissen nicht vollziehbar. Erst der Krieg
ermöglichte das weitere Vorgehen.

---

[1] Eberhard Jäckel/Axel Kuhn: „Hitler. Sämtliche Aufzeichnungen 1905-1924",
1980, S. 88, 90.

Hitler kündigte es am 30. Januar 1939 in einer Rede vor dem Großdeutschen Reichstag an: „Wenn es dem internationalen Finanzjudentum inner- und außerhalb Europas gelingen sollte, die Völker der Welt noch einmal in einen Weltkrieg zu stürzen, dann wird das Ergebnis nicht die Bolschewisierung der Erde und damit der Sieg des Judentums sein, sondern die Vernichtung der jüdischen Rasse in Europa."

Das war sieben Monate, bevor er die Feindseligkeiten eröffnete. Die Darstellung der systematischen physischen Vernichtung der Juden sowie weiterer vom Nationalsozialismus als „lebensunwert" bezeichneten Bevölkerungsgruppen, die mit dem Polenfeldzug im September 1939 begann und sich bis zum Kriegsende fortsetzte, liegt in zahlreichen Publikationen vor. Die Vergasungen waren außerhalb der Kriegshandlungen eine, schließlich die hauptsächlichste der angewandten Tötungsmethoden. Sie wurde vom Winter 1939/40 an in den sogenannten „Euthanasie"-Anstalten entwickelt. Nach Eröffnung des Krieges gegen die Sowjetunion stellten sich nämlich bei den SS-Einsatzgruppen, die von Nord bis Süd hinter den Fronten die Liquidation ganzer Dorfbevölkerungen, der Zigeuner, der in Gefangenschaft geratenen politischen Kommissare der Roten Armee und vor allem der einheimischen Juden erledigten, mehr und mehr physische und psychische „Leistungsschwierigkeiten" ein. Es wurden daher in den SS-Führungskreisen Erwägungen über die Möglichkeiten anderer Tötungsarten, als es die Massenerschießungen waren, angestellt. Die Erfahrungen in jenen Anstalten führten zur Erprobung von zuerst mobilen, dann stationären Vernichtungsmaschinerien – Gaswagen und Gaskammern in Vernichtungslagern.

Mancherlei Tendenzen und vielerlei Kräfte waren an dem Geschehen beteiligt, nicht immer in voller Übereinstimmung. Aber durchgesetzt hat sich, als der von Hitler gewollte, für unvermeidlich, für notwendig gehaltene Krieg die Gelegenheit bot, der ursprüngliche und bleibende Wille des „Führers". Er hat, ohne für die Ausführung seiner historischen Absichten jeweils schriftlich Befehl zu erteilen – anders als die meisten seiner Untergebenen war er ganz und gar kein Bürokrat –, sowohl die generelle Weisung gegeben, wie über die Einzelheiten des Vorgehens sich in Kenntnis gesetzt.

Mit der Idee, durch Giftgas zu töten, ist Hitler bereits aufgrund der Erfahrungen, die er im ersten Weltkrieg damit gemacht hatte, umgegangen. „Hätte man", schrieb er in „Mein Kampf", „zu Kriegsbeginn und während des Krieges einmal zwölf- oder fünfzehntausend dieser hebräischen Volksverderber so unter Giftgas gehalten, wie Hunderttausende unserer allerbesten deutschen Arbeiter aus allen Schichten und Berufen es im Felde erdulden mußten, dann wäre das Millionenopfer der Front nicht vergeblich gewesen. Im Gegenteil: Zwölftausend Schurken zur rechten Zeit beseitigt, hätte vielleicht einer Million ordentlicher, für die Zukunft wertvoller Deutschen das Leben gerettet."[1]

Als er 1939 anordnete, „lebensunwertem Leben" unter Anwendung von Kohlenmonoxyd ein Ende zu setzen um der „Reinheit der arischen Rasse" willen, ließ er die vorbereitenden Versuche durch einen Repräsentanten der „Kanzlei des Führers" beobachten.

Auf einen ihm erteilten „Befehl des Führers", das „Judenproblem" radikal zu lösen, hat Heinrich Himmler sich wiederholt berufen. Am 5. Mai 1944 sagte er in Sonthofen (wo sich eine der Nationalsozialistischen Politischen Erziehungsanstalten befand) vor Generalen der Wehrmacht: „Den Juden war es vom Führer angekündigt worden, bei Beginn des Krieges oder vor dem Krieg: ‚Wenn ihr noch einmal die europäischen Völker in einen Krieg gegeneinander hetzt, dann wird das nicht die Ausrottung des deutschen Volkes bedeuten, sondern die Ausrottung der Juden.' Die Judenfrage ist in Deutschland und im allgemeinen in den von Deutschland besetzten Ländern gelöst ... Ich spreche das zu Ihnen als Kameraden aus. Wir sind alle Soldaten, ganz gleich, welchen Rock wir tragen. Sie mögen mir nachfühlen, wie schwer die Erfüllung dieses mir gegebenen Befehls war, den ich befolgt und durchgeführt habe aus Gehorsam und aus vollster Überzeugung." Drei Wochen später, am 24. Mai 1944, äußerte sich Himmler in Sonthofen abermals vor Generalen: „Eine andere Frage, die maßgeblich für die innere Sicherheit des Reiches und Europas war, ist die Judenfrage. Sie wurde nach Befehl und verstandesmäßiger Erkenntnis kompromißlos gelöst." (Die erhalten gebliebene Tonbandaufnahme verzeichnet an dieser Stelle Applaus.) „... Ich habe mich nicht für berechtigt gehalten – das betrifft nämlich die jüdischen Frauen und Kinder –, in den Kindern die Rächer groß werden zu lassen, die dann unsere Väter und unsere Enkel umbringen.

---

[1] Adolf Hitler: „Mein Kampf", S. 772.

Das hätte ich für feige gehalten. Folglich wurde die Frage kompromißlos gelöst."

Am 21. Juni 1944 sprach Himmler erneut in Sonthofen vor Generalen. „Eine andere große Frage war noch notwendig zu lösen. Es war die furchtbarste Aufgabe und der furchtbarste Auftrag, den eine Organisation bekommen konnte: der Auftrag, die Judenfrage zu lösen."[1]

Das Hauptinstrument der „Ausführung des Führerwillens", wie sie zu Recht genannt worden ist, war die SS. Art und jeweiliger Grad der Kompromißlosigkeit blieb ihrer Entscheidung überlassen.

Ihr Wüten hat Hitler auf dem Höhepunkt der Auseinandersetzung mit der Sowjet-Union öffentlich wiederholt bestätigt; so am 24. Februar 1942: „Meine Prophezeiung wird ihre Erfüllung finden, daß durch diesen Krieg nicht die arische Menschheit vernichtet, sondern der Jude ausgerottet werden wird. Was immer auch der Kampf mit sich bringen oder wie lange er dauern mag, dies wird sein endgültiges Ergebnis sein."

Noch am 2. April 1945 diktierte er in seine testamentarische Hinterlassenschaft: „Das mit Füßen getretene deutsche Volk sollte sich in seiner nationalen Ohnmacht stets bemühen, die Gesetze der Rassenlehre hochzuhalten, die wir ihm gaben. In einer moralisch mehr und mehr durch das jüdische Gift verseuchten Welt muß ein gegen dieses Gift immunisiertes Volk schließlich und endlich die Oberhand gewinnen. So gesehen, wird man dem Nationalsozialismus ewig dafür dankbar sein, daß ich die Juden aus Deutschland und Mitteleuropa ausgerottet habe."[2]

Eine mit der Ausrottungsaktion geradezu weltmissionarische Leistung zu vollbringen, hatte Hitler in scheinreligiöser Einkleidung von allem Anfang an angekündigt: „So glaube ich heute im Sinne des allmächtigen Schöpfers zu handeln: Indem ich mich des Juden erwehre, kämpfe ich für das Werk des Herrn."[3]

Nach der von Hitler begründeten nationalsozialistischen Weltanschauung in der vorliegenden Darstellung des ungeheuerlichsten

[1] Heinrich Himmler: „Geheimreden 1933 bis 1945", Frankfurt l971, S. 202f.
[2] Eberhard Jäckel: „Hitler und der Mord an den europäischen Juden", in: „Im Kreuzfeuer: Der Fernsehfilm Holocaust/Eine Nation ist betroffen", herausgegeben von Peter Märthesheimer/Ivo Frenzel, Frankfurt 1979, S. 162.
[3] Adolf Hitler: „Mein Kampf", S.70.

Mordgeschehens der Geschichte einleitend so die Erklärung der Ursachen, stand an zweiter Stelle „die aus Überzeugung oder aus Untertanengewohnheit oder allenfalls aus Indifferenz geleistete Gefolgschaft vieler, die die grauenhafte Ausführung der Untaten ermöglicht hat".

Man wird allerdings unterscheiden müssen. Die Zahl der Deutschen, die aus sich bereit und entschlossen gewesen wären, Pogrome zu inszenieren und dabei sogar zu töten – von Massenmord konnte zu Anfang der Terrorherrschaft offen ja noch keine Rede sein –, dürfte außerhalb der SS und SA gering gewesen sein. Für die meisten Deutschen war der Antisemitismus mehr eine allgemeine, vage Stimmungsangelegenheit, die sich aus langen Überlieferungen herleitete. Das reichte natürlich aus, um aktiven Widerstand, auch christlichen, gegen die Verfolgung der Juden – und der Zigeuner – zu verhindern. Man ließ, als die Nationalsozialisten zur Herrschaft gelangt waren und die antijüdischen Unterdrückungsmaßnahmen einsetzten, die Vorgänge mit mehr oder minder Zustimmung, aber auch mit mehr oder minder Abneigung geschehen. Genau dies genügte, die Dinge im hitlerschen Sinne weitertreiben zu lassen – wer hatte schon die zwischen 1919 und 1933 gegen die Juden gehaltenen Drohreden wörtlich genommen? Einschränkungen, die verfügt wurden – na ja. Später, als die Verfolgung anfing, die Formen der Unerbittlichkeit anzunehmen, überwog bei denen, die „im Prinzip" keineswegs einverstanden waren, die Angst, als „Judenfreund" angesehen zu werden. Von Massenwiderstand – wie dann 1940/41 gegen die Tötungen in den „Heil"-Anstalten – konnte keine Rede sein.

Die radikal-antihumane Weiterentwicklung wäre gleichwohl nicht ausführbar gewesen, wenn nicht ungezählte Deutsche als Beamte, sehr viele als Juristen, sich den Nationalsozialisten zur Verfügung gestellt oder zumindest zur Verfügung gehalten hätten. Das gilt von 1933 an bis zum Ende. Es handelte sich dabei um Tausende und Abertausende: in der Reichskanzlei, in den Reichsministerien des Inneren, des Äußeren, der Justiz, der Wirtschaft, der Finanzen, der Arbeit, der Landwirtschaft, der Erziehung, der Propaganda, der Verteidigung, des Verkehrs. Dazu bei der Polizei, in den Kreis- und Landratsämtern, bei den kommunalen Verwaltungen, in den Schulen, in den Verbänden, in der Industrie, im Handwerk. Der Beamteneid (der selbstverständlich nie als Grund zur

Ausübung von Unrecht gelten kann) wurde, wenn die Umstände es erforderten, zur Rechtfertigung der Gehorsamsleistung jeglicher Art herangezogen. Das reichte dann allenfalls bis zur Scheinlegitimierung der Beteiligung an Ermordungen, besonders während des Krieges.

Was war an dem hier dokumentierten Geschehen das geschichtlich Spezifische? Es war der Massenmord aus Rassegründen. In keinem anderen faschistischen oder sonst terroristischen Regime wurde so sehr alles, ja der gesamte Staatsapparat in den Dienst einer tödlichen Rassenideologie gestellt wie im nationalsozialistischen Dritten Reich.

Gegen die Pervertierung ist die einzig mögliche wirksame Abhilfe die sichere Verankerung des Denkens und Handelns in der Humanität. Sie allein bietet Schutz gegen den Rassenwahn mit allen seinen Folgen. Aus ihr lassen sich für alle Existenzentscheidungen die richtigen normativen Erkenntnisse ableiten. Das gilt für das Individuum, für die Gesellschaft, für den Staat.

> In: Nationalsozialistische Massentötungen durch Giftgas, herausgegeben von Eugen Kogon, Hermann Langbein, Adalbert Rückerl u. a., S. Fischer Verlag, Frankfurt am Main 1983, S. 288-299.

# Juden und Nichtjuden in Hitler-Deutschland

## 1949

...Hitler und seine Nationalsozialisten, vor allem bestimmte Verbände der SS, haben innerhalb kürzester Zeit den größten Teil des jüdischen Volkes in Europa, wenigstens fünf Millionen Menschen, unter ihnen vier Fünftel der Judenschaft Deutschlands, getötet. Diese Tatsache, nach beinahe zweitausend Jahren abendländischer Christianisierung und mehreren Jahrhunderten moderner Humanitätskultur vollbracht, überschreitet alles Maß geschichtlich bekannt gewordener Greuel. Die Art und Weise, wie es geschehen ist, zutreffend zu beschreiben, wird so leicht keinem menschlichen

Gehirn und keiner menschlichen Hand gelingen. Aktiven Widerstand gegen das unbeschreibliche Wüten haben nur ganz wenige Angehörige des deutschen Volkes geleistet. Geholfen, gelindert, unter eigener hoher Gefahr einzelne der Verfolgten geschützt hat eine größere Zahl von Deutschen. Innerlich empört waren viele, die den Beginn oder Teile der Massaker ansahen. Zugestimmt, ohne die Tragweite des Geschehens voll zu ermessen, haben nicht wenige. Mehr oder minder gleichgültig war die Mehrheit. Geschwiegen, aus welchen Gründen immer, haben fast alle...

Aus: „Juden und Nichtjuden in Deutschland", Frankfurter Hefte, September 1949.

# Die Judenverfolgung im „Dritten Reich"

## 1961

Gegenüber den schätzungsweise 550 000 Deutschen jüdischen Glaubens, die es in der Weimarer Zeit in Deutschland gegeben hat, gibt es heute nur noch etwa 30 000 hier im Lande. Die in der Bundesrepublik bestehenden jüdischen Gemeinden sind außerdem sehr überaltert. Man muß also damit rechnen, daß ihr Bestand, aller Voraussicht nach, abnehmen wird. Das Zahlenverhältnis allein zeigt schon an, um welch grausige Vorgänge es sich in den Jahren 1933 bis 1945 gehandelt hat. Nimmt man dazu die Zahlen, die für Europa gelten: von etwa 11 Millionen europäischen Juden (unter Einschluß des europäischen Rußland, wo sich schätzungsweise 5 Millionen befanden) sind mindestens 6 Millionen ausgerottet worden.

Ich kann hier kein annähernd vollständiges Bild der grauenvollen Ereignisse geben. Ich kann nur versuchen, die Hauptdaten in den geschichtlichen Zusammenhang zu stellen.

### Die erste Welle der Verfolgung

Es sind mehrere Verfolgungen der Juden im „Dritten Reich" zu unterscheiden. Die erste reicht von 1933, von der sogenannten

„Machtergreifung" bis zum Herbst 1938. Die im Nationalsozialismus und durch ihn im deutschen Volk schon lange als notwendig verkündeten antisemitischen Aktionen begannen – nachdem es zu einigen ersten Ausschreitungen in den Wochen nach der „Machtergreifung" gekommen war – systematisch am 1. April 1933. Josef Goebbels hatte für den Monatsanfang eine *Boykottwoche* gegen die Juden in Deutschland vorgeschlagen und beschlossen. Es kam aber zu lebhaften Interventionen gegen den von Hitler gebilligten Plan. Insbesondere intervenierte Mussolini, der befürchtete, daß gleich zu Beginn des „Dritten Reiches" erhebliche internationale Komplikationen sich ergeben könnten, wenn der aktive Antisemitismus sofort so markant zutage träte. Mussolini selbst war kein mit den Nationalsozialisten auch nur vergleichbarer Antisemit. – Den Interventionen gelang es, die Aktionen praktisch auf einen einzigen Tag zusammenzudrängen, eben den 1. April 1933. Dieser Tag wurde aber immerhin zum deutlichen Signal. Nur nahmen es weder die meisten deutschen Juden noch gar das deutsche Volk so ernst wie viele Kreise des Auslandes. Die allermeisten Deutschen, tief überzeugt von der Kulturkraft des deutschen Volkes und des deutschen Geistes, überzeugt vom Gerechtigkeitssinn der Deutschen, meinten, daß es sich da nur um ein erstes Überschäumen der nationalsozialistischen Bewegung handelte, das sich schon wieder legen werde.

Es folgte an praktischen Maßnahmen – in Anwendung des Gesetzes vom 11. April 1933 „zur Wiederherstellung des Berufsbeamtentums" – die Entlassung aller jüdischen Beamten innerhalb der Reichs- und Landesbeamtenschaft. Dann begannen im Jahre 1934 systematischere Boykottmaßnahmen gegen die Juden. In den Reihen der Nationalsozialisten wurden mehr und mehr Pläne erörtert, wie man es erreichen könne, daß die Juden Deutschlands auswanderten. Die verschiedensten Pläne kamen dabei zur Sprache. Selbstverständlich wollte man Druck hinter eine solche Auswanderungsaktion setzen, sie aber möglichst als freiwillig erscheinen lassen.

Am 15. September 1935 wurden die sogenannten „*Nürnberger Gesetze*" erweitert. Bei ihnen handelte es sich um einen ganzen Komplex von Maßnahmen. Bis zum 1. Juli 1943 wurden neben den Zusatz- und Nachfolgegesetzen 13 Durchführungsverordnungen erlassen. Es hatte mit dem „Reichsbürgergesetz" vom

15. September 1933 begonnen, das die Bewohner des Deutschen Reiches einteilte in *„Deutsche oder Bürger artverwandten Blutes"* und in *„Staatsangehörige"* verschiedener Kategorien. Zu den letzteren gehörten automatisch, aufgrund der erfolgten Definition, die Juden. Den „Staatsangehörigen" standen nicht die gleichen Rechte zu wie den „Reichsbürgern". Eines dieser Nürnberger Gesetze war das „Gesetz zum Schutz des deutschen Blutes und der deutschen Ehre", das sich in besonderer Weise gegen die Juden richtete. Hier kurz die Maßnahmen, die aus den Nürnberger Gesetzen folgten: Verlust des Reichsbürgerrechtes, Erfordernis des deutschen Ahnennachweises zur Ausübung öffentlicher Funktionen, Verbot der Ehe von Juden mit Nichtjuden und Bestrafung des außerehelichen Geschlechtsverkehrs zwischen ihnen, der als „Rassenschande" bezeichnet wurde. In den Konzentrationslagern trugen alle jene Juden und Nichtjuden, die der *„Rassenschande"* beschuldigt worden waren oder denen man sie nachgewiesen hatte, in dem Farbwinkel, den alle Häftlinge zu tragen hatten, einen schwarzen Punkt, der bedeutete: „Rassenschänder". Es erfolgte ferner die Ausscheidung aller Juden aus den geistigen Berufen, überwacht von der Reichskulturkammer. Dann mußten die Juden und diejenigen, die dem jüdischen Volk zugerechnet wurden, den *gelben Judenstern* tragen, damit sie sich überall in der Öffentlichkeit von den „Reichsbürgern" deutlich unterschieden. Es folgte das Verbot der Benutzung öffentlicher Bäder und Verkehrsmittel (Juden durften zum Beispiel nicht normal in der Straßenbahn fahren oder in der Eisenbahn, sondern nur in ganz bestimmten Abteilen oder an bestimmten Plätzen, später überhaupt nicht mehr) und die Zuweisung bestimmter Einkaufsgeschäfte; die jüdische Bevölkerung konnte sich also innerhalb des „Reiches" nicht mehr wie jeder „Reichsbürger", sogar nicht einmal wie die übrigen „Staatsangehörigen" überall versorgen. Schließlich kam es zur allmählichen Zuweisung bestimmter Wohnstellen, sei es in Wohnhäusern, sei es in Wohnvierteln: zum Beginn der *Ghetto-Bildung.*

Alle diese Maßnahmen sind nicht auf einmal erfolgt; sie sind im Laufe der Zeit immer dichter geworden. Es wurde die deutliche Absicht erkennbar, daß man zu einer, wie immer gearteten, radikalen Ausscheidung des jüdischen Bevölkerungsteils innerhalb des Deutschtums gelangen wollte. Von einer Vernichtung der Juden war zu jenem Zeitpunkt sicher nachweisbar noch nicht die Rede.

Aber es war die Rede von radikalen Aussonderungen in den verschiedensten Formen. Heydrich etwa war kein Freund der Errichtung von Ghettos; er fürchtete sie als Herde von Epidemien; er bevorzugte bis 1939 den Plan der Auswanderung.

Das also war, auf das Kürzeste dargestellt, die vorbereitende Entwicklung, wobei das Wort Vorbereitung nicht allzu zart zu nehmen ist. Es handelte sich bereits um sehr einschneidende, bis an die Wurzeln der Existenz gehende Verfügungen: *Ausscheidung der jüdischen Kinder aus den Schulen, Entzug der Verkehrsmittel, Verlust der gesellschaftlichen Positionen, Diffamierung durch den Judenstern.*

## Die zweite Welle der Verfolgung

Der zweite Abschnitt der nationalsozialistischen Verfolgung des Judentums reichte vom November 1938 bis zum Herbst 1939. Die vorgenannten Aktionen wurden außerordentlich beschleunigt durch das Ereignis der Ermordung eines deutschen Gesandtschaftsangehörigen in Paris.

Dies sind die Tatsachen: Am 7. November 1938 meldete sich auf der deutschen Botschaft in Paris ein Junge von 17 Jahren mit dem jüdischen Namen Herschel Grünspan. Er verlangte den Botschafter zu sprechen, Graf Johannes von Welczek. Der Junge blieb draußen auf der Treppe stehen und wartete. Man schickte ihm den Dritten Sekretär, Ernst vom Rath. Als dieser erschien, schoß Herschel Grünspan ihn nieder. Warum? Der polnischen Regierung war zur Kenntnis gekommen, daß die Nationalsozialisten im Zuge ihrer antisemitischen Politik beabsichtigten, 60 000 Juden polnischer Staatsangehörigkeit, die in Deutschland wohnten, aus dem Reichsgebiet auszuweisen und nach Polen abzuschieben. Da die polnische Regierung selbst antisemitisch gesonnen war, wenn auch nicht auf die Weise der Nationalsozialisten, versuchte sie, einer solchen Maßnahme zuvorzukommen. Am 6. Oktober 1938 verordnete sie, daß alle im Ausland lebenden Polen, die innerhalb von 3 Wochen ihre Pässe nicht in Polen selbst unter Vorlage bestimmter Dokumente erneuerten, staatenlos würden. Der entscheidende Termin war der 29. Oktober. Daraufhin ließ der deutsche Gestapo-Chef Reinhard Heydrich am 28. Oktober, also einen Tag vor der polnischen Frist, mehr als 17 000 in Deutschland ansässige Juden polnischer Staatsangehörigkeit, ehe sie diese am nächsten Tage verloren, verhaften, polizeilich ausweisen, in Lastwagen verfrachten, an die Grenzstation Bentschen bringen und dort in Richtung Polen auf die Felder jagen: Männer, Frauen, Kinder, Alte, Kranke, alle! Unter ihnen befand sich auch der Vater des jungen Herschel Grünspan, der seinerseits gerade zu einem Besuch bei einem Onkel in Paris war. Herschel Grünspan wollte durch sein dem deutschen Botschafter zugedachtes Attentat die Staatsmänner der freien Welt wachrütteln und ihnen das Unrecht zeigen, das hier den Juden angetan wurde. Die Absicht gelang auf eine erschreckende Weise: Hitler und Goebbels ordneten am 9. November 1938 eine umfassende Racheaktion an, nachdem die Nachricht eingetroffen war, daß Ernst vom Rath, übrigens weder Parteigenosse noch Gesinnungsanhänger des Nationalsozialismus, in Paris den Schußverletzungen erlegen war. *Heydrich* führte die Aktion unter der Bezeichnung *„Kristallnacht"* durch.

Hier das Fernschreiben der Geheimen Staatspolizei vom 9. November 1938:

An alle Stapo-Stellen und Stapo-Leitstellen.

An Leiter oder Stellvertreter.

Dieses FS ist sofort auf dem schnellsten Wege vorzulegen.

1. Es werden in kürzester Frist in ganz Deutschland Aktionen gegen die Juden, insbesondere gegen deren Synagogen stattfinden. Sie sind nicht zu stören, jedoch ist im Benehmen mit der Ordnungspolizei sicherzustellen, daß Plünderungen und sonstige besondere Ausschreitungen unterbunden werden können.

2. Sofern sich in Synagogen wichtiges Archivmaterial befindet, ist dieses durch eine sofortige Maßnahme sicherzustellen.

3. Es ist vorzubereiten die Festnahme von etwa 20 000 bis 30 000 Juden im Reiche. Es sind auszuwählen vor allem vermögende Juden. Nähere Anordnungen ergehen noch im Laufe dieser Nacht.

4. Sollten bei den kommenden Aktionen Juden im Besitz von Waffen angetroffen werden, so sind die schärfsten Maßnahmen durchzuführen. Zu den Gesamtaktionen können herangezogen werden Verfügungstruppen der SS, sowie Allgemeine SS. Durch entsprechende Maßnahmen ist die Führung der Aktionen durch die Stapo auf jeden Fall sicherzustellen.

Gestapo 2

Dieses FS ist geheim.

Das Ergebnis des mehrere Tage währenden Pogroms war: 191 jüdische Gotteshäuser in Brand gesteckt, zahlreiche Wohnungen zertrümmert, mindestens 7500 jüdische Geschäfte zerstört und geplündert (allein der Versicherungsschaden an zerbrochenen Schaufensterscheiben in jüdischen Geschäften, die mittlerweile bereits auf Nichtjuden übertragen worden waren, bezifferte sich auf rund 6 Millionen Mark), 35 Tote, 36 Schwerverletzte, mehrere 10 000 Einlieferungen von Juden in Konzentrationslager (davon 9815 nach Buchenwald, wo viele von ihnen gemartert und getötet wurden). Bei den Verhaftungen und in den Lagern spielten sich grauenhafte Szenen ab. Die niedrigsten Instinkte des nationalsozialistischen Mobs und der SS-„Elite" tobten sich an den wehrlosen Opfern aus.

Dies war indes, unter dem Vorwand der Vergeltung, nur der sogenannte „spontane" Teil der Maßnahme. Hitler erteilte dem Reichsmarschall Göring den Auftrag, eine einheitliche, zusammenfassende Erledigung der Judenfrage in die Wege zu leiten. Sie begann mit einer riesigen *Raubaktion in gesetzlichem Gewande*. Durch Verordnung vom 12. November 1938 – drei Tage nach der „Kristallnacht" – wurden alle Juden aus dem Wirtschaftsleben ausgeschaltet. Sie mußten kollektiv eine Sühneleistung in Höhe von *1 Milliarde Mark* erbringen und den durch die „Spontanzerstörungen" angerichteten Schaden selbst ersetzen. Wenig Tage später wurden *die letzten jüdischen Kinder vom öffentlichen Schulunterricht ausgeschlossen, vom 28. November ab durften Juden die Erholungs- und Vergnügungsstätten Deutschlands nicht mehr betreten.*

Das war der Anfang der furchtbaren *„Endlösung"*, die der „Kristallnacht" folgte. Wie der Boykott vom 1. April 1933 ein Signal für die Maßnahmen gewesen war, die dann bis Herbst 1938 durchgeführt wurden, so war jetzt die „Reichskristallnacht" der Beginn einer neuen Phase der Verfolgung. Noch war nicht Krieg, und die nationalsozialistische Führung war bemüht, durch eine forcierte, systematisch erzwungene Auswanderung – und zwar gegen Devisenerlöse, die mit der Auswanderung verknüpft sein sollten –, die Judenfrage für sich zu erleichtern. Schon in dieser Zeit, ab Herbst 1938, tauchte die Idee auf, man müsse in der Welt ein gesondertes Territorium finden, in das man, im Einvernehmen mit den anderen Staaten der Welt, die Juden abschieben könne. Alfred Rosenberg nannte ein solches Gebiet eine „Reservation" (nach dem Vorbild der seinerzeit in Amerika geschaffenen Schutzgebiete für die Indianer). Man nahm dafür Madagaskar in Aussicht, ein Zeichen, wie weit man schon im Kriegsdenken Adolf Hitlers war, da diese Insel ja schließlich, alles was recht ist, ein französischer Besitz östlich von Afrika war.

Um die Auswanderung zu forcieren, erfolgte am 30. April 1939 die *systematische Einschränkung des Wohnrechts der Juden in Deutschland und eine Verfügung über die Möglichkeit von Zwangsarbeit.* Damit wurde es für alle Juden, die noch in Deutschland lebten, klar, daß ihres Bleibens in diesem Reich nicht mehr länger war. Als sich nach dem „Anschluß" Österreichs und nach der staatlichen Auflösung der Tschechoslowakei rascher und rascher die akute Möglichkeit eines kriegerischen Zusammenpralls der freien Welt mit dem „Dritten Reiche" abzeichnete, drohte Hitler, weil ihm dieser Krieg – wie wir heute aus den Dokumenten wissen – zu früh kam, der Welt unter anderem an, daß die gesamte jüdische Rasse, wie er sich ausdrückte, in Europa vernichtet würde. Nicht die Bolschewisierung Europas, so sagte er in einer großen Rede damals, werde das Ergebnis eines Krieges sein, sondern die Vernichtung des Judentums. Er hat sich im Laufe der kommenden Jahre nicht weniger als fünfmal auf diese seine „Prophezeiung" berufen, als die lange geplanten Aktionen gegen die Juden dann wirklich durchgeführt wurden.

Zu diesem Zeitpunkt, Sommer/Herbst 1939, beginnt die eigentliche Rolle *Adolf Eichmanns.* Er verlangte als Leiter des Gestapo-Referates „Judenerhebungen" Verhandlungen mit Vertretern des ausländischen Judentums, um die Auswanderung der noch verbliebenen Juden aus Deutschland zu beschleunigen. Er forderte als Gegenleistung für die Auswanderung Geld, und zwar nicht nur Reichsmark, sondern Auslandsdevisen. Er schlug vor, daß jährlich eine bestimmte Anzahl von Juden, er nannte die Zahl 70 000, gegen Bezahlung auszuwandern hätten.

Diese Juden wurden bei der SS und bei den Polizeiämtern die *„Quotenjuden"* genannt. In jenen Tagen wurde zwangsweise die sogenannte *„Reichsvereinigung des Zentralrates der deutschen Juden"* geschaffen. Ihr wurde – eine der grauenhaften Paradoxien unserer Zeit – die Durchführung der gegen die Juden gerichteten Maßnahmen übertragen! Sie hatten also selbst auszuführen, was die Nationalsozialisten gegen sie verfügten: *Selbstverwaltung der eigenen*

*Liquidation...* In den Konzentrationslagern ist diese Praxis dann gang und gäbe geworden.

## Die „Vernichtung" und die „Endlösung"

Der dritte und letzte Abschnitt der nationalsozialistischen Judenverfolgung begann im Herbst 1939 mit Kriegsausbruch. Es muß genügen, die Ereignisse chronologisch anzuführen und sie lediglich mit einigen Zusatzbemerkungen zu erläutern.

Vom 1. bis zum 21. September 1939 fand der berühmte Blitzfeldzug gegen Polen statt. In seinem Verlauf kam es zu Pogromen, die nicht ohne Mitwirkung einzelner Wehrmachtsteile und Wehrmachtangehöriger stattgefunden haben. Es war also nicht nur die SS, es waren auch Teile des deutschen Volkes, die aktiv mitgewirkt haben. Freilich führte das zu ersten Konflikten innerhalb der Wehrmacht, und ein beachtlicher Teil der hohen Offiziere wehrte sich damals noch gegen die Einführung einer derartigen Praxis.

Statt der Auswanderungspläne, weil diese ja nicht mehr wie vorgesehen möglich waren, tauchten jetzt innerhalb der SS und der Gestapo konkrete Ghettopläne auf. Es beginnt der Gedanke *systematischer Deportationen der verbliebenen Judenschaft aus Österreich, der Tschechoslowakei und aus dem Deutschen Reich nach Polen* platzzugreifen. Am 6. Oktober 1939, zu Beginn also der Pause zwischen dem Ende des Polenkrieges und der Eröffnung des Westfeldzuges im Frühjahr 1940, verkündete Hitler die Notwendigkeit, die Juden im Großdeutschen Reich und im besetzten Gebiet zu isolieren. Ein Teil Polens wurde zum Generalgouvernement erklärt, Hans Frank zum Generalgouverneur ernannt, für alle dort lebenden Juden der Judenstern eingeführt. In diesen Wochen und Monaten des Spätherbstes 1939 begann auch die Praxis, polnische Juden nach der neuen sowjetrussisch-polnischen Grenze abzuschieben und sie über diese Grenze nach Sowjetrußland zu treiben. Die sowjetrussische Geheimpolizei schickte ihrerseits die Verjagten wieder nach Polen zurück, in den Bereich des Nationalsozialismus. Hier begann eine barbarische Übung, die später zu schrecklichen Folgen geführt hat.

Am 30. Januar 1940 wurde der Beschluß zur *„Umsiedlung"* der Juden gefaßt. Es setzten die ersten Transporte nach Polen ein. Allerdings verfügte am 23. März 1940 Hermann Göring wiederum darin Einstellung, weil sich große Schwierigkeiten ergeben hatten; man kam in dem ersten Aufbauwirbel im Generalgouvernement nicht zu Rande, die Organisation klappte nicht. Außerdem hatten Interventionen stattgefunden, Bedenken waren da und dort gegen diese neue Praxis aufgetreten. Bei der Verordnung zur Einstellung handelte es sich jedoch lediglich um einen vorübergehenden, teilweisen Aufschub. Schon am 30. April 1940 zeigte sich, daß man die Umsiedlung systematisierte; es wurde das erste *Groß-Ghetto* der Nationalsozialisten für die Juden, und zwar in *Lodz*, eingerichtet.

Am 20. Juni des gleichen Jahres, nach der Niederwerfung Frankreichs, erwähnte Hitler Mussolini gegenüber den Gedanken, ob man nun nicht größere Teile der Judenschaft Europas nach Madagaskar verpflanzen könne. Er disponierte in diesem Zeitpunkt also bereits über das französische Territorium, obgleich damals noch nicht einmal ein Waffenstillstand abgeschlossen war. Von da an befaßte sich das Auswärtige Amt in Berlin mit dem *„Madagaskar-Plan"*, wie er nun hieß. Im Herbst 1940, am 4. Oktober, schloß sich das nichtbesetzte Frankreich unter Marschall Pétain den antisemitischen Gesetzen der Nationalsozialisten weitgehend an. Es wurde das sogenannte *Judenstatut (statut des juifs)* erlassen, das sich gegen die jüdischen Flüchtlinge richtete, die vor dem Krieg und während des Krieges nach Frankreich gekommen waren und die nun vom besetzten in den unbesetzten Teil flüchteten, aber nicht in beliebiger Weise etwa von dort ins Ausland konnten. Sie mußten damals noch nicht den Judenstern tragen – das wurde erst später verfügt –, aber es wurde ihnen die französische Staatsbürgerschaft entzogen, wenn sie sie erworben hatten. Die Gefahr, daß sie den Nationalsozialisten in die Hände fielen, erhöhte sich.

Am 16. Oktober 1940 erging durch die Gestapo der Befehl zur Einrichtung eines *Großghettos in Warschau.* Am 15. November wurde verfügt, es hermetisch zu schließen, so daß nur Einlieferungen stattfanden, aber niemand mehr das Ghetto verlassen konnte.

Am 22./23. Januar 1941 fand in *Rumänien* – die Aktionen greifen nun um sich – in einem Aufstand der sogenannten *„Eisernen Garde"*, der dortigen Nationalsozialisten, das erste Großgemetzel unter Juden statt. Nun erfolgten vom Februar bis zum April Masseneinlieferungen aus dem gesamten Herrschaftsgebiet des Nationalsozialismus in das Warschauer Ghetto. Schließlich lebten dort bis zu einer halben Million Juden.

Am 30. März 1941, während dieser Masseneinlieferungen, erging geheim einer der berühmt-berüchtigten „Führerbefehle": *der Befehl zur „Endlösung", wie sie von da an genannt wurde, der Beschluß zur Ausrottung, zur Liquidation der Judenschaft.* Ende Mai, knapp vor Beginn des Rußlandfeldzuges, bestimmte die SS eigene *Einsatz-gruppen für den Osten.* Es wurde vorgesehen, daß hinter den vordringenden Truppen sofort die Liquidationskommandos gegen die Juden in Aktion treten sollten. Als einer der Leiter der Einsatz-gruppen, und zwar zentral, wurde Odilo Globotschnig bestimmt, der sich zu dieser Rolle einigermaßen gedrängt hatte. Nach dem Beginn des Feldzuges gegen Sowjetrußland und nach den ersten großen Erfolgen der Wehrmacht setzte dann auch alsbald die Serie von *Großpogromen gegen die Juden des sowjetischen Bereiches* ein.

Um mit Problemen fertig zu werden, die im Zuge dieser wüsten Pogrome auftauchten – zum Teil wurden 10 000, 15 000 und mehr Juden an bestimmten Orten erfaßt –, beschloß man im Juli 1941, eigene *Vernichtungslager* einzurichten. Es war das eine Sonderart von Konzentrationslagern, die zwar ohnehin in ihrer Praxis vielfach Vernichtungslager waren, aber diese neuen sollten eigens zur *physischen Liquidierung jüdischer Bevölkerungsteile,* die in die Hände der Nationalsozialisten fielen, eingerichtet werden. Das erste Lager wurde in *Majdanek* in Polen eingerichtet, das dann eines der berüchtigten Vernichtungslager der Nationalsozialisten geworden ist. Jetzt beginnen die Austreibungen aus den gesamten eroberten Gebieten Europas. Schon vor Beginn des Rußlandfeldzuges war die ganze Südostflanke des „Großdeutschen Reiches" gesichert worden, indem man Jugoslawien und Griechenland erobert hatte, worauf sich die übrigen Balkanstaaten der nationalsozialistischen Politik anschließen mußten. Nur *Ungarn* war noch einigermaßen eine Enklave, in der die Juden verhältnismäßig verschont blieben, obgleich das dortige Horthy-Regime antisemitisch war. Aber Ungarn war jetzt wie eingeschlossen. Aus allen Gebieten begannen die systematischen Austreibungen. Die Juden wurden eingefangen, in Züge gesetzt, in Viehwagen eingesperrt unter den unmenschlichsten Bedingungen in die neu für sie eingerichteten Ghettos und Lager nach dem Osten abtransportiert. Noch lief die Entwicklung nebeneinander her zwischen Ghetto und Vernichtungslager. Im Herbst 1941 gab es erst das eine Vernichtungslager: Majdanek, aber die Zahl der Ghettos nahm fortwäh-

rend zu; am Ende gab es schätzungsweise *50 Groß-Ghettos* im polnischen Gebiet.

Am 23. September 1941 wurde im Lager *Auschwitz,* das ein
schon vorher gegründetes „normales" Konzentrationslager gewesen
war, eine erste *Vergasung* durchgeführt: Es öffnete sich die dritte
Aktionslinie – man fürchtete, mit den Ghettos nicht fertig zu werden oder mit den Vernichtungslagern nicht schnell genug zu Rande
zu kommen. Man überlegte vorsorglich Maßnahmen zur Schnell-
liquidation, und zwar durch Gas, das die Lungen zerriß. Die Ver-
gasungsräume waren als Bäder getarnt. Im Oktober des gleichen
Jahres wurde vorgeschlagen, Vergasungslager in Riga und Minsk zu
errichten, damit man aus den baltischen Ländern und aus Sowjetrußland die gesamte Judenschaft dorthin leiten konnte.

Anfang 1942 kamen die Herren Verfolger und die Mitwir-
kenden der Berliner Ministerien, einschließlich des Auswärtigen
Amtes, dann in Berlin-Wannsee zu einer Besprechung zusammen,
die man die *„Wannsee-Besprechung"* genannt hat. Dort wurde die
schnelle und radikale Ausrottung der Juden als Einheitsmaßnahme
beschlossen. Es haben, wie erwiesen ist, einige Teilnehmer doch
Bedenken gehabt und hinhaltenden Widerstand geleistet, aber es
ist niemand aus diesem Kreis deshalb ausgeschieden. Bestimmend
waren die obersten SS-Führer der Gestapo. Der relative Widerstand wurde ermöglicht durch eine Reihe von Umständen, nicht
etwa bloß durch ausländische Reaktionen. Schon 1938 hatten die
Juden, die nach Buchenwald gekommen waren und von denen
dann ein Teil sofort, nachdem sie auf ihr Vermögen verzichtet hatten, wieder entlassen und zur Auswanderung gezwungen worden
war, die Kenntnis von den Zuständen in den Konzentrationslagern
ins gesamte Ausland getragen. Immer mehr Informationen sicker-
ten durch, und selbstverständlich bemächtigte sich die Kriegspropaganda der tatsächlich entsetzlichen Greuel. So mußten also
gewisse Rücksichten in Erwägung gezogen werden. Die Schwierigkeiten einer genauen Definition kamen hinzu: was Judenmisch-
linge seien. Mischlinge ersten und zweiten Grades. Dadurch gab es
allmählich für die Durchführungsverordnungen mancherlei
Differenzen, und immer hatten maßgebende Leute irgendwelche
nähere jüdische oder teiljüdische Bekannte, die sie den grauenhaften Entwicklungen entziehen wollten. Alles das spielte eine Rolle,
so daß die eine oder die andere Stelle versuchte, Verzögerungen

zustandezubringen. Bei der Unterscheidung verschiedener Arten von Juden kam es unter anderm zu dem Beschluß, in ein eben eingerichtetes Ghetto in *Theresienstadt* bestimmte Kategorien, besonders ältere Juden und Frontkämpfer, die sich im ersten Weltkrieg ausgezeichnet hatten, abzuschieben. Diese Einlieferungen nach Theresienstadt erfolgten von 1942 an; Juden, die dorthin kamen, mußten zwar unter schrecklichen Bedingungen vegetieren, aber sie erhielten immerhin eine Chance, eine etwas größere Chance zu überleben als andere; freilich nicht, wenn das Dritte Reich siegte.

Wie systematisch und schnell die Dinge aber nun vorwärts getrieben wurden, ist aus der Tatsache zu ersehen, daß am 3. Februar 1942 dem SS-Obergruppenführer *Oswald Pohl* die Leitung aller Konzentrationslager unterstellt und die wirtschaftliche Verwertung der Opfer vorgesehen wurde, was zu entsetzlichen – man kann das Wort Kultur hier kaum negativ gebrauchen – antikulturellen Konsequenzen geführt hat: Verwertet wurden ganze Haufen von Goldzähnen (allen Vergasten wurden ja die Goldzähne herausgerissen), alle Brillen, die Schuhe, die Frauenhaare. Auf den Lagerstraßen von Auschwitz wurden zum Teil die Knochen von Verbrannten als Wegebelag benutzt. Die am 3. Februar 1942 neu eingerichtete Zentralstelle hieß *SS-Wirtschaftsverwaltungshauptamt*.

Im März 1942 begann der sogenannte *„Einsatz Reinhard"* im gesamten Osten. Die Liquidationskommandos der SS hinter der Front, und zwar unmittelbar hinter ihr, wurden in Tätigkeit gesetzt. Sie belieferten die Todeslager und vollzogen die Liquidationen, sei es in den Lagern, sei es außerhalb dieser Lager, durch Massenerschießungen.

Im Sommer 1942 griff die Einzugsaktion auf Westeuropa über, das bisher relativ in Ruhe geblieben war. Nun aber war man sich des Sieges sicher. Es wurde für *Frankreich und Holland der Judenstern* für alle Juden eingeführt, und es begannen die sogenannten *„Selektionen"*: die Auswahl für die Todestransporte nach Osten oder für die Einlieferung in die Ghettos.

Mehr und mehr wurden die Ghettos lediglich zu Zwischenetappen. Denn am 22. Juni 1942 wurde beschlossen, aus ihnen sogenannte „Umsiedlungen" vorzunehmen, abermals ein Tarnausdruck in der langen Reihe derer, die den Nationalsozialisten geläufig waren. „Umsiedlung" hieß jetzt nicht mehr: seinen Wohnsitz aus

einem bestimmten Gebiet Europas nach dem Osten verlegt zu
bekommen, sondern *aus dem Ghetto in ein Todeslager, in die Gasöfen*
geschickt zu werden oder zu *Massenerschießungen,* wobei sich alle
Opfer *ihre Gräber immer selbst schaufeln* mußten.

Die Verfügung zur Liquidation wurde im August 1942 für das
Warschauer und für das Lemberger Ghetto getroffen, die beide zu
sehr angewachsen waren. Diese Verfügung war der Anfang der
Überlegung aktiver Juden in Warschau, besonders der jüngeren,
der Entwicklung nun nicht mehr ruhig zuzusehen, sondern zu
kämpfen; wenn man schon sterben mußte, dann wollte man kämp-
fend sterben. Der Entschluß dazu ging auf den Sommer 1942
zurück.

Am 4. Oktober erfolgte Befehl des SS-Wirtschaftsverwal-
tungshauptamtes im Einvernehmen mit der Gestapo, daß alle
Juden aus den „normalen" Konzentrationslagern, deren Zahl mit
ihren Nebenlagern schon in die Hunderte ging, zur Vergasung
abzutransportieren seien. Dieser Befehl ist aus lokalen Gründen in
den einzelnen Lagern nicht immer durchgeführt worden, obgleich
sehr viele Juden jeweils zu Vergasungstransporten zusammengestellt wurden. Wir in Buchenwald wußten jedesmal, ob es
sich um einen Vergasungstransport handelte, oder ob es um eine
Arbeitsplatzverlegung in ein Außenlager ging.

1943 kam es zu einer gewissen Verlangsamung der Vernich-
tungsaktionen, und zwar durch die Notwendigkeit verstärkter
Rüstungsarbeiten. Es zeichnete sich damals der Rückschlag ab, der
in Sowjetrußland nach Stalingrad eingetreten war. Die Frage nach
den notwendigen Rüstungsarbeitern rückte in den Vordergrund,
und man überlegte, ob man nicht jüngere Juden, die noch die volle
Arbeitskraft besaßen, aus ganz Europa für die Rüstung mitverwen-
den könnte.

Aus dem Warschauer Ghetto waren um diese Zeit, im Frühjahr
1943, bereits 310 000 Juden – Männer, Frauen und Kinder –,
„umgesiedelt", das heißt in Vernichtungslagern vergast worden.
Und nun begann erstmals aktiver Widerstand unter den Todgeweihten, ein Widerstand, der sich bis zum berühmten *Warschauer Ghetto-Aufstand* gesteigert hat. Er ist im heroischen Untergang der Judenschaft in Warschau beendet worden.

Am 11. Juni 1943 ordnete Himmler die Liquidation sämtlicher
Ghettobewohner im Osten an. Jetzt münden die verschiedenen

Aktions-Linien der SS in einer einzigen zusammen: in der sogenannten *„Endlösung"*, in den Massenvergasungen und Erschießungen. Am 24. August 1943 wurde Himmler Reichsminister
des Innern. Zu diesem Zeitpunkt fand die Liquidierung der Juden
– und nicht nur der Juden – in Sowjetrußland nicht mehr hinter
einer vorrückenden deutschen Front, sondern vor den zurückge-
henden deutschen Truppen, vor den vormarschierenden Sowjetrussen statt. Der Befehl, den Himmler am 11. Juni erteilt hatte, war
bereits auf die völlige Wendung der Frontereignisse in Rußland
zurückgegangen. Das ganze Halbjahr 1943 hindurch wurden nun
die Liquidationen im Osten bis hin zu den Vergasungslagern in
Deutschland durchgeführt.

### Die letzte Phase

Im Frühjahr 1944 versuchte man – unter dem Druck der anrük-
kenden Sowjetfront im Osten – auch noch die Juden Ungarns zu
deportieren. Der Widerstand der ungarischen Behörden, den diese
wirklich sehr lange geleistet hatten, wurde beseitigt. Der „Pfeil-
kreuzler" Salassi stellte sich als Anlieferer zur Verfügung. Aber
damals bereits verhandelten SS-Führer der obersten Spitze mit
Wissen von Himmler, insbesondere auch Eichmann und in seinem
Auftrag andere, mit den Vertretern der ausländischen Judenschaft
über die Möglichkeit, ungarische Juden vor der Deportation, das
heißt vor der Vernichtung, zu bewahren. Als Gegenleistung wurde
die Zahlung ausländischer Devisen pro Kopf und die Lieferung
von Lastwagen für die Wehrmacht und die SS gefordert: Handel
mit Menschen gegen Devisen und Lastwagen! Es ist allerdings nur
eine ganz geringe Zahl – wenn ich mich recht erinnere, von nicht
einmal 1500 Juden – auf solche Weise gerettet worden. Die Verhandlungen verliefen überaus schwierig. Sie wurden von den
Judenreferenten der Gestapo geführt. Währenddessen fanden
jedoch die Abtransporte in die Vernichtungslager statt. Allein in
Auschwitz sind während dieser Zeit, gleichzeitig mit den laufenden
Verhandlungen, mindestens 250 000 ungarische Juden vergast
worden. Diese Aktion sollte einerseits die Unterhändler abschützen
gegen radikalere Kräfte innerhalb der SS und der Gestapo, andererseits die ausländischen Unterhändler unter Druck setzen: Man
sollte sehen, daß es Ernst war ...

Das merkwürdige „Handelsunternehmen" schuf indes eine gewisse
Chance des Überlebens für andere Juden in Konzentrationslagern.
SS-Leute, die von dem Geschäft erfuhren, wurden unsicher, sie
fragten sich, warum dies alles geschehe, ob sich die Führung
sichern wolle, indem sie diesen Handel eingehe, und ob man sich
nicht selber eventuell bestimmte „Judenreservoirs" schaffen müsse.
Die SS-Leute gingen allmählich zu vielerlei Spekulationen über,
und sie schufen damit einige Aussichten für einige Leute.

Am 24. Juli wurde das erste östliche Großliquidationslager,
Lublin, von den Russen befreit. Von da an erfolgen die Evakuie-
rungen der Lager, soweit man die Insassen nicht vorher liquidieren
konnte; es begannen die berüchtigten *Todesmärsche*. Die ausgemergelten Gestalten, die gerade noch für die Arbeit aufgespart
worden waren und die nun in Marsch gesetzt wurden, mußten sich
auf ihren weiten Wegen, zurück in den Westen, dahinschleppen.
Wenn sie nicht weiterkonnten, wurden sie erschossen. Ich selbst
habe im Lager Buchenwald solche Ankömmlinge erlebt, besonders
ungarische Juden. Aber das kann man nicht schildern. Am aller-
schlimmsten war es mit den Kindern, die sich nicht verständigen
konnten. (Ich befand mich hinter einem Sonderstacheldraht – wo
es uns aber besser als anderen ging – und sah die Angekommen,
völlig abgemagerte jüdische Buben von 12 und 13 Jahren, vorüber-
ziehen – ins sogenannte „Kleine Lager", eine Elends- und
Schreckensabteilung. Ich konnte vier, fünf ungarische Worte sprechen, wie man sie in Österreich lernte – „bitte schön", „danke
schön", „Küß die Hand" und so; die rief ich den Kindern zu. Man
kann sich kaum vorstellen, wie ihre Augen aufleuchteten, weil sie,
wenn auch sonst sinnlos, ihre Heimatsprache hörten! Die Welt ver-
lor ihre entsetzliche Fremdheit, die vollendete Feindschaft. Ich
habe einmal noch einen Laib Brot über den Drahtzaun geworfen,
hoffentlich hat es ihnen wenigstens für ein paar Stunden, noch für
einen Tag, eine Nacht geholfen...)

Ende Oktober 1944 fanden in Auschwitz die letzten Selektionen statt, dann geriet auch dieses Großvernichtungslager in den
Bereich der sowjetischen Armee.

1945 handelte es sich nur noch um einen Wettlauf zwischen
Befreiung und Liquidation. In diesem Wettlauf hat es viele Tote,
letzte Tote, aber auch viele Gerettete gegeben. Die SS-Führer suchten durch beschleunigte Verhandlungen in der Schweiz und in

Schweden eine letzte Chance. Das hatte immerhin den Erfolg, daß die Vernichtung der Juden in allen Konzentrationslagern verzögert und teilweise eingestellt wurde. Das System zersetzte sich in den letzten Monaten zusehends.

Am 30. April 1945 beging Himmler Selbstmord, am 3. Mai wurde das Kommando Eichmann, er selbst und etwa zehn Mann der führenden SS-Liquidatoren, im Salzkammergut gesehen, wohin sie sich von Prag aus „abgesetzt" hatten. Es begann ihre Flucht in die arabischen und südamerikanischen Länder ...

> Stimme der Gemeinde, 13 Jg., Heft 11, 1. Juni 1961; überarbeitete Bandaufnahme eines Vortrages auf der Studientagung der evangelischen Studentengemeinde Darmstadt im Herbst 1958.

## Unvergeßliche Stimmen

### 1954

Am 9. November 1938 habe ich in Wien, als ich als Gestapo-Häftling in einem Polizeigefängnis saß, die Einlieferung von Wiener Juden erlebt, jüdischen Männern, Frauen und Kindern. Das ist nun schon sechzehn Jahre her. Allmählich verblassen die Eindrücke von jenem Tag und jener Nacht. Einige Szenen freilich haften unauslöschlich in der Erinnerung. Vor allem aber die Stimmen der Vorsänger. Es waren die Stimmen jüdischer Kantoren. Die Aktion „Kristallnacht" war angelaufen. „Singen!" kommandierte einer aus der SS, und der erste begann. Ob so etwas schon jemals befohlen worden war? Eine zweite Stimme fiel ein. Es war kein Gesang in einem Feuerofen. Und nun die dritte. Der Weg ging, wie sich später zeigte, zu den Gasöfen, worin die Lungen zerrissen wurden. Jetzt erhoben sich die Gott lobpreisenden Töne aus dem langgestreckten Gefängnishof die grauen Mauern hinauf. An ihrem Ende verhallten sie ins Leere. Es war erst 1938, achter November, gegen sieben Uhr abends, kein Menetekel am Himmel, weit und breit.

Die Welle der Befreiung, die im Oktober ins Sudetenland und in Teile Mährens eingebrochen war, hatte im Rücklauf Tausende von Gefangenen an die Ufer des Dritten Reiches geworfen – nationales Strandgut, Deutsche, die ein wenig böhmisch sprachen, harmlose Leutchen aus der sozialdemokratischen oder einer anderen, jedenfalls nicht der nationalsozialistischen Partei, armselige Männer, die nicht wußten, wie ihnen geschah. (Als ob nicht zu jeder Befreiung Gegner gehörten, irgend jemand muß sie doch stellen, und wäre es auch nur als Opfer post festum, von wackeren Nachbarn in brüderlicher Solidarität den einsammelnden Schergen angezeigt.) „Sie räumen gleich nach dem Essen die Zelle Zehn und ziehen mit Ihren Leuten in den Schlafsaal", eröffnete mir gegen Mittag der diensthabende Wachtmeister. Ich war vorübergehend verlegt worden und nun sogenannter Zellenkommandant. Als solcher hatte ich die ratlosen vierzig „Böhmen", die sich bei mir befanden, (teils zu trösten, teils) in Ordnung zu halten. Der Gefängnis-Trakt, in dessen viertem Stockwerk wir uns befanden, war ein den Hof der Hauptgebäude abschließender Nebenbau, wo es nach Art eines Bezirksgerichtsbetriebes zuging – es war in Wien –, also nicht gar so übel. Die Gemeinschaftsräume waren mehr Stuben als Zellen, sie hatten richtige Fenster, nicht bloß Oberlichten, ihr Glas war weder weiß noch grau verschmiert, man konnte hinuntersehen, was störten uns schon die Gitter, kurzum, es ging an, so unglücklich die Neueingelieferten auch waren. „Zugänge?" fragte ich den Inspektor, mit dem ich ganz gut stand. Er runzelte die Stirn. „Weiß es selber nicht. Wir sind gänzlich ausgeschaltet. Anscheinend eine Sonderaktion. Der SS."

Wir transportierten Strohsäcke und zogen um. „Sorgen Sie dafür, daß sich niemand an den Fenstern blicken läßt, wenn es losgeht. Die von der SS sind nicht wie wir!" Ich schärfte es meinen vertrauensseligen, ohnehin alles andere als zu Widerstand geneigten Genossen aus den befreiten deutschen Gebieten der Tschechoslowakei ein und stand selbst ab fünf Uhr in der Nähe eines Fensters, von wo aus sich die in mehreren hundert Metern Entfernung gegenüberliegende Einfahrt in den Gefängnishof überblicken ließ.

Es war noch hell, als sich die Tore öffneten und drei Lastwagen hintereinander hereinfuhren. SS-Leute in feldgrauer Uniform sprangen ab, ließen die rückwärtigen Planken herunter, und „raus!" brüllte das Kommando. Zu sechst, zu acht, zu zweien, übereinanderstürzend fielen sie heraus – Juden, in die Gewehrkolben, Männer, Mädchen, Frauen, Kinder. „An die Wand!" das nächste Kommando, schon schoben sie sich durcheinander, „Ob ihr euch wohl trennt, ihr Schweine!", sie stoben voneinander weg, wer Würde zeigen wollte, bezahlte es, und nun standen sie, Männer und Kinder, Frauen und Kinder, jedes bedacht, den Kolben zu entgehen, erste lange Reihen. Die Wagen fuhren ab, drei junge Kerle blieben als Bewachungsmannschaft. „Hände hinterm Kopf verschränkt!" Es geschah. *Diese* Stimmen waren fröhlich; man sah es den Gesichtern und den leichten Bewegungen an, wie beschwingt sie sich fühlten.

Eine Viertelstunde später kam der nächste Transport, und dann riß die Kette nicht mehr ab, bis es dunkel war, und die ganze Nacht hindurch. Im Licht der Scheinwerfer drängten sich die Eingelieferten Kopf an Kopf.

„Erste Reihe an der Wand in die Kniebeuge! – Alles andere hinlegen!" „Auf!" „Wollt ihr in der Kniebeuge bleiben!" „Hinlegen!" „Auf!" „Hinlegen!" „Auf!", aber es wurde ihnen bald zu langweilig, sie holten sich ein paar von den Gefangenen heraus, die das Kommandieren übernehmen mußten. „Lauter!", „Rascher!", und von da an ging es in die Monotonie der Qualen über, die man lange aushält – länger als jene die Freude –: „Auf!" „Hinlegen!" „Auf!" „Hinlegen!" ..., sie fingen an, geschäftig hin- und herzurennen.

Meine Leute lagen auf ihren Strohsäcken, die einen plaudernd, die andern erstarrt. Ein Schrei gellte plötzlich durch die eintönigen Kommandos, die weitergingen: Zwei der SS-Leute, die langes Haar an jungen Männern verabscheuten, waren mit Rasiermessern, die sie herbeigeholt hatten oder aus den Habseligkeiten der Verschleppten sich griffen, dazwischengefahren und hatten einem ihrer Opfer ein Stück Kopfhaut weggeschnitten. Sie steckten ihm den blutenden Schädel unter einen aufgedrehten Wasseranschluß. „Auf!" „Hinlegen!" „Auf!" „Hinlegen!" (Drei Tage später, als alles vorüber war, kehrten in den Kellern die Hausarbeiter büschelweise blutverkrustetes Kopfhaar zuhauf.)

Schließlich Stille. Eine Atempause. Eine Hoffnung? Keine Hoffnung, es begann von neuem, die Nacht war lang, eine kristallen harte Nacht bis zum Morgen, ich lag mit wachen Augen, aber wozu es berichten, nach sechzehn Jahren, trotz den Veranstaltungen heute erfolgreicher Versorgungsverbände – nicht der Hinterbliebenen der Opfer von damals; jedem sind andere Stimmen unvergeßlich.

Gegen neun oder zehn Uhr erscholl jener Ruf „Singen!", und der
erste Kantor begann. Ich verstehe kein Wort Hebräisch, als sich
aber die Töne aus dem uralten Land der Verheißung erhoben, dieser kraftvolle, fremdartige, die Seele ganz mit Kind- und Männ-
lichkeit anfüllende Sang der Stämme des Heils, die unter den Ster-
nen und durch die Zeiten zum Tempel des Einen Gottes zogen –
eines so überaus gestrengen, eifersüchtigen, die Zuchtrute nicht aus
der Hand legenden, dann wieder von Erbarmen überfließenden,
wahrhaft liebenden Gottes im Alten Bund, da wußte ich: dies
waren Psalmen, und da ich selbst nur von dreien oder vieren einige
Zeilen auswendig wußte, so klammerte ich um die Gitterstäbe des
Fensters meine Hände, denn ich wollte sie nicht zu unser aller
Vater aufheben, dem Vater der Juden und der SS-Männer, damals,
der die wunderbaren Melodien aus dem Munde seiner Getreuen
inmitten des „Auf!" „Hinlegen!" „Auf!" „Hinlegen!" vernahm und
ja doch keinen Engel sandte, wie er ihn tausendmal in der
Geschichte des Heils nicht gesandt hat, das Grauen zu beenden,
denn die Zeit war nicht gekommen („Herr, Gott im Himmel, was
hat es nur für eine Bewandtnis mit der Notwendigkeit, zu warten,
bis etwas an der Zeit sei!"), und so betete ich, nicht wissend, warum
und für wen und ganz außerhalb allen Verstandes, nur den Stimmen folgend, die da vorangingen auf dem schrecklichen Wege ins
erst Späterbekannte, jetzt noch nicht Gewußte, wahrscheinlich
aber schon Tödliche, von dem doch vielleicht jenes Mädchen dort
... und der kräftige junge Mann ... und die Dame ... und ein alter
„Handlé"-Jude ..., warum nicht jeder, nicht die meisten? ausgenommen werden mochten, vielleicht die hinter mir, vielleicht ich
selbst:
       „Heil sei dem Mann, der nach der Frevler Rat nicht wandelt,
nicht auf dem Weg der Sünder bleibt, nicht in der Spötter Runde
weilt, den nur des Herren Lehre freut, der seine Lehre Tag und
Nacht betrachtet! Der Frommen Weg –: des Herren Sorge; der
Frevler Weg –: der Untergang... Was toben Heiden und schmieden
Nationen eitle Pläne? Der in dem Himmel thront, der lacht; der
Herr verspottet sie. Doch schließlich redet er in seinem Zorn mit
ihnen ... Nun, Könige, bedenkt es wohl! Ihr Erdenrichter, laßt euch
warnen! – Wie mancher sagt vor mir ‚Für ihn gibt's keine Hilfe
mehr bei Gott!' Du aber, Herr, du bist um mich ein Schild; du bist
mein Siegesruhm und du erhebst mein Haupt. Ich rufe laut zum

Herrn; von seinem heiligen Berg erhört er mich. Ich lege nieder mich und schlafe ein, und ich erwache wieder; der Herr verleiht mir Kraft. Ich fürchte mich drum nicht vor vielen Tausenden, die um mich her sich lagern. Des Herren ist der Sieg, dich hoch zu preisen deines Volkes Pflicht!"

Die Stimmen waren verklungen. Sie sind verklungen. Unvergeßliche Stimmen.

*Frankfurter Hefte, Dezember 1954*

# Ansprache am Geburtstag Anne Franks

## 12. Juni 1957

Anne Frank, das jüdische Mädchen, das wir aus ihrem Tagebuch kennen, wäre heute, wenn man es im März 1945 nicht getötet hätte, achtundzwanzig Jahre alt geworden, – vermutlich eine Niederländerin, denn dem Volk, aus dem die getreuen Helfer der Jahre von 1942 bis 1944 stammten – freilich wohl auch der Verräter –, dem Volk, in dessen Sprache sie ja ihre Aufzeichnungen niederschrieb, wollte sie im Fall des Überlebens angehören: und wenn ich mich an die Königin selbst wenden müßte, um mein Ziel zu erreichen, verzeichnete sie. Journalistin und Schriftstellerin wäre sie gern geworden. Das eine oder andere ihrer Bücher wäre vielleicht eines Tages in unsere Hand gelangt. In der Tat konnte sie schreiben; das Tagebuch der Vierzehn- und Fünfzehnjährigen beweist es, obgleich sie manchmal ernstlich daran zweifelte, ob sich später jemand, wie sie meint, für die „Herzensergüsse eines häßlichen jungen Entleins" interessieren werde. Die Welt hat sich außerordentlich für den Originalbericht dieser Tagebuchblätter interessiert, einmal weil er uns unverfälschten Einblick verleiht in den Entwicklungsgang jener erstaunlichen jungen Mädchen, wie wir sie heutzutage auch aus einigen, vor allem französischen Romanen kennen, zum andern aber, weil wir durch Anne Frank in einer Weise, die sonst kaum möglich gewesen wäre, Kunde von dem Zustand erhalten haben, den man als „Untergetauchtsein" bezeichnet, – als Untergetauchtsein von *Juden* in einer *Diktatur,* aber der *nationalsozialistischen* Diktatur, und zwar während der Besatzungszeit, im Westen Europas.

Ich weiß nicht, wie Anne Frank in Bergen-Belsen, wo der Tod im Auftrag wütete, dann gestorben ist. Ich habe gegen Kriegsende, als die Niederlage der Peiniger schon sichtbar war und die Opfer, die sie aus allen Ländern Europas vor sich hertrieben, wußten, daß der ganze Horizont ringsum, während die Konzentrationslagertore sich für sie auftaten, von Hoffnung sich erhellte, in Buchenwald viele Kolonnen der Deportierten erlebt, und Tausenden ist der Schimmer im Auge alsbald erloschen. Das Tagebuch so, wie es verfaßt ist, bezeugt mir, daß Anne Frank, auf welche besondere Art unter den von ihnen bevorzugten Arten die Massenmörder sie auch getötet haben mögen oder wie immer man sie zugrundegehen ließ, den Sinn ihres Todes ganz gewiß auf sich genommen hat. Ich vermute, daß sie einen solchen Sinn fand, das fröhliche und kluge, ihr Leben liebende, durchaus nicht heroische, soeben sich ausgärende Wesen. Wie aber wird ihre Mutter mit den Schrecken, die sie durchlaufen mußte, zurandegekommen sein und Frau van Daan, über die beide Anne Frank, um sich unter den Fittichen der Älteren und gegen sie zu behaupten, im Tagebuch wahrlich nicht liebenswürdig, wenn auch offensichtlich wahrheitsgemäß geschrieben hat, als in der gräßlichen Schäbigkeit des bedrückten, bedrohten, oft kaum mehr zu ertragenden Alltags in den Kammern des abgesperrten Amsterdamer Hinterhauses das Menschliche ohne Ausweg sich nur mehr allzumenschlich hervortat? Vielleicht haben sich die zwei Frauen im Angesicht des Konzentrationslager-Todes vollends in den letzten Nichtigkeiten verheddert, und Gott ließ barmherzig einen Engel seine Hand über die fassungslos erstarrenden Gesichter dieser Mütter legen, die in den Ereignissen *keinen* Sinn zu erkennen vermochten. Anne wird sich an die Worte erinnert haben, die sie am 11. April 1944 in einer ihrer längsten Tagesaufzeichnungen so gescheit formuliert hatte: „Immer unabhängiger werde ich von meinen Eltern. So jung ich bin, habe ich mehr Lebensmut, reineres und sichereres Rechtsgefühl als Mutter. Ich weiß, was ich will, habe ein Ziel, eine Meinung, habe einen Glauben und eine Liebe. Laßt mich so sein, wie ich bin, dann bin ich zufrieden ...", und wird, weit selbst über *ihre* Jahre hinaus, als der Tod sie einebnete, begriffen haben, was es für einen Unterschied ausmacht, ob man von Glaube und

Liebe zur Selbsterkenntnis und Selbstbehauptung *schreibt* oder sie unter *allen* Umständen leben muß.

Und darin, meine Damen und Herren, insbesondere meine jüngeren Zuhörer, sehe ich den Wert des uns überlieferten Zeugnisses der Kleinen, die nicht großwerden durfte, so daß sie das Niedergeschriebene hätte leben und im Leben vielfältig bekunden können, statt es im Tode besiegeln zu müssen, den Wert des Zeugnisses, wenn *wir* versuchen, uns einen Reim auf die Ereignisse zu machen, worum wir ja wohl nicht herumkommen, sofern wir den wahnbesessenen Barbaren, die sie und so viele andere getötet haben, uns nicht von *unserem* Ende her annähern wollen: die Ermahnung der Anne Frank, die Sätze vom Glauben und von der Liebe und „Laßt mich so sein, wie ich bin!" ernstzunehmen.

... Anne Frank ..., die ... in einer allgemeinen und alles umfassenden Angst leben mußte und immer im Schatten der Frage: Wann werden sie kommen, um mich und alle meine Angehörigen zur Vernichtung abzuholen?, aber sie vergaß darüber, in einem allmählichen Entwicklungsaufstieg bis zur sicheren Reife, die Probleme eben des menschlichen Herzens *nicht* ...

Am 15. Juli 1944, drei Wochen, ehe die „Untergetauchten" in ihrem Amsterdamer Versteck „ausgehoben" wurden, wie es in der Sprache der Unmenschen hieß, vermerkte Anne Frank in ihrem Tagebuch, und lassen Sie mich meine Worte des Gedenkens an das unheroische Mädchen, das den heroischen Opfern der schrecklichen Jahre zugeteilt wurde, mit der aufrichtigsten Zustimmung zu *ihren* Worten schließen: „Es ist ein Wunder, daß ich all meine Hoffnungen noch nicht aufgegeben habe, denn sie erscheinen absurd und unerfüllbar. Doch ich halte daran fest, trotz allem, weil ich noch stets an das Gute im Menschen glaube. Es ist mir nun einmal nicht möglich, alles auf der Basis von Tod, Elend und Verwirrung aufzubauen. Ich sehe, wie die Welt langsam mehr und mehr in eine Wüste verwandelt wird, ich höre immer stärker den anrollenden Donner, der auch uns töten wird, ich fühle das Leid von Millionen Menschen mit, und doch, wenn ich nach dem Himmel sehe, denke ich, daß alles sich wieder zum Guten wenden wird, daß auch diese Härte ein Ende haben muß und wieder Friede und Ruhe die Weltordnung beherrschen werden. – Inzwischen muß ich meine Ideale hochhalten; in den Zeiten, die kommen, werden sie dann vielleicht doch noch ausführbar sein."

Möge es durch unsere gemeinsame Anstrengung gelingen – in einem gemeinsamen Leben, das es uns erlaubt, den Satz des jüdischen Mädchens zu unserer europäischen Wirklichkeit zu machen: „Laßt mich so sein, wie ich bin, dann bin ich zufrieden!"

Ansprache zur Gedenkfeier in der Frankfurter Paulskirche am 12. Juni 1957, dem Geburtstag Anne Franks; veröffentlicht in: Frankfurter Hefte, Juli 1957.

# „Ein Idealist"

## 1961

Was hat den nationalsozialistischen Typ vom Schlage Adolf Otto Eichmanns, den mordenden Bürokraten und Biedermann, möglich gemacht? Der fast vollständige Mangel an richtiger Vorstellung darüber, was der Mensch ist und was er auf Erden soll; die in dem beschämenden, abscheulichen Hohlraum wuchernde Idee, der Mensch bewähre sich in „Freund-Feind"-Gegensätzen, für sie sei selbstverständlich erlaubt, was als geeignet erscheine, - rechthabe, wer sich als der Stärkere erweise. Die Qualitäten dieses Mannes: organisieren zu können und seine Gefühle zu unterdrücken, haben innerhalb des Systems, das andere schufen, aus dem „Reisenden für eine Ölfirma in Österreich", wie er sich selbst ausgedrückt hat, den „Reisenden für die Gestapo" gemacht, der, ein Wirrkopf sonst in allem, was über dieses Geschäft hinausging, das System des Grauens mit einer Wirksamkeit sondergleichen vertreten hat ...

Da ist zuerst eine Auffassung von Politik, die genau jener verderblichen Grundvorstellung vom menschlichen Leben entspricht. „Eine politische Lösung" wollen heißt für Eichmann bereits, keinen Unterschied zwischen Recht und Unrecht mehr anerkennen, jeder anderen Rechtfertigung als der, daß man gegebene Befehle ausgeführt habe, enthoben sein. Der Gehorsam der verschworenen Mördergenossenschaft erschien so als Ideal, – nicht oft genug kann der Gestapist beteuern, wie sehr es ihm darum zu tun war, als der Idealist zu gelten, der er gewesen sei. Und so wagt er es, ohne Ahnung davon, was das Wohl der Gesamtheit, das vaterländische Interesse erfordern kann, dem der Eid den Offizier und den Beamten in besonderer Weise gerade für den Notfall und gerade gegen die höchsten Übeltäter verpflichtet, die Männer des 20. Juli 1944 „Verbrecher" zu nennen ..., „Lumpen", die sich ihnen anschlossen, und „verächtliche Schweine" – er! „Wo wären wir hingekommen, wenn ein jeder sich in jenen Tagen seine eigenen Gedanken gemacht hätte?" meint er und weiß nicht, welche Wahrheit er da ausspricht.

Von seinen verkehrten Voraussetzungen aus durchsetzt die Scheinlogik alles. Er glaubt in der Tat, dieser Unheld, weil er aus ganz Europa „lediglich" die Zulieferung der jüdischen Männer, Frauen und Kinder in die Vernichtungslager organisiert hat, sei er ein Ehrenmann „gegen den Feind" geblieben, habe er sich „keiner rohen Methoden" schuldig gemacht, ja „keine Gewalt gewollt", sondern nur „mit säuberlicher Genauigkeit und Korrektheit gearbeitet". „Preußisch" nennt er das. Er konnte „andere nicht leiden sehen, ohne selbst zu erzittern," sagt er. Es wäre ihm aber „leichter gewesen", „den Judenexekutionen zuzusehen", wenn er „damals" schon „die Schrecken gekannt hätte, die später den Deutschen zugefügt wurden" ..., Vergasungen und Luftangriffe, Deportationen und Ausweisungen, das geht ihm alles in eins, – ehe man sich's versieht, ist der Ermordete schuld an den Folgen, ist die Grausamkeit des Mörders durch die Vergeltung, die dann über Unschuldige wie Schuldige kam, als begreiflich erklärt! Im übrigen werde vieles übertrieben ...

Er erzählt aber selbst, was es für eine Bewandtnis mit ihm, mit den getroffenen Mordmaßnahmen und mit den Vorgesetzten hatte, denen er „fasziniert" untertan war, und das Getue von „Ehre", von „Sauberkeit", vom „Respekt" vor einem „gleichwertigen Gegner" gehört ganz und gar zum bekannten Gehabe der Leute, die sich als Herrenmenschen auftaten, aber Gold und Devisen gegen Menschenablieferungen erpreßten, „antikommunistische" Lastwagengeschäfte für SS-Divisionen an der Ostfront gegen „1 Million Juden", „die man mit Leichtigkeit zusammenbringen" konnte, statt sie zu vergasen, erpressen wollten, – „Ehrenmänner", die sich etwas darauf zugute taten, daß sie, in einer Transaktion besonderer Art, einige tausend Juden aus Ungarn nach Israel entkommen ließen, die sie mit Wonne wieder eingefangen und abgeschlachtet hätten, wenn sie Sieger im Krieg geblieben wären.

Der nationalsozialistischen Geistesverwirrung entstammt allerdings nicht, obschon sie zum Typ gehören, die besondere Feigheit und die zynische Lüge, mit denen Eichmann sich ... außerdem präsentiert. Schuld an Barbareien, „die vorkamen", schiebt er Bundesgenossen und Untergebenen in die Schuhe, getötet worden seien aber gar nicht so viele Juden, denn „Hunderttausende erfreuen sich heute bester Gesundheit", aus Auschwitz seien sie bei Kriegsende aufgetaucht „wie Pilze nach dem Regen". Da sich die Feigheit des Massenmörders insgeheim jedoch mit Protzerei paart, so gibt er die Millionen Opfer an anderer Stelle, wenn es sich ihm darum handelt, „Leistung" nachzuweisen, halb offen, halb verdeckt wieder zu, und er erinnert nicht ungern daran, daß ihn die Genossen vom SS-Sicherheitsdienst den „Meister" der „Endlösung" genannt haben.

Und welch eine Sprache dieser Nationalsozialist redet, der Reue für „Selbsterniedrigung" hält: „Bearbeitung von ungefähr einer halben Million Juden", „die Juden herauskämmen", „die Parasiten", die „uns die Lebensluft raubten", „das Material arbeitsfähig zum Konzentrationslager bringen", „den richtigen Angelhaken für jeden Fisch finden", „jetzt konnte ich mir das Unternehmen leicht machen", – der Jargon verrät in jedem Ausdruck den Unmenschen ...

Unveröffentlichte Urfassung eines Beitrags, der dann in stilistisch weniger anspruchsvoller Form unter dem Titel „Ein zynischer und feiger Unmensch" am 19. Februar 1961 in der Illustrierten „Revue" erschien. (Eugen Kogon hatte der Redaktion die Wahl zwischen beiden Fassungen gelassen.)

# Die Verfolgung der Zigeuner

## 1979

... Die Nationalsozialisten, ihrer Rassendoktrin und ihrem barbarischen Gebrauch der Macht entsprechend, haben das Problem durch Ausrottung zu beseitigen versucht. 1937 wurden die Zigeuner im Dritten Reich durch einen „Führererlaß" prinzipiell diskriminiert, 1939 wurden sie „festgesetzt", wie die Befehlshabersprache die verfügten polizeilichen Maßnahmen damals bezeichnete, 1940 erfolgte der „Umsiedlungserlaß", 1942 die Anordnung, alle Zigeuner nach Auschwitz zu schaffen, dort sind sie vergast worden. Von den wahrscheinlich 2-3 Millionen zählenden Zigeunern Europas haben die Nationalsozialisten an die 500 000, die sie in ihre Gewalt brachten, ermordet. Verschont davon blieben sie vor allem in Spanien und teilweise in Italien.

Aus einer Sendung im Südwestfunk II am 24. Juni 1979.

## Ärzte als Knechte des Todes

### 1947

„Ich werde meine ärztlichen Verordnungen zum Nutzen der Kranken geben, nach meiner Kraft und nach meinem Urteil. Was Verderben und Schaden bringt, will ich von ihnen fernhalten. Ich werde niemandem ein tödlich wirkendes Gift verabreichen, auch auf Verlangen nicht. Ich werde auch keinen solch verwerflichen Rat erteilen..." Worte aus dem Eid des Hippokrates, „des Vaters der Heilkunde" (um 460-356 vor Christus). Dr. med. Franz Büchner, Universitätsprofessor und Direktor des Pathologischen Instituts in Freiburg im Breisgau, hat am 18. November 1941 – ! – an der Universität Freiburg einen Vortrag über „Die Grundgesetze der ärztlichen Ethik gehalten.[1] Er sagte unter anderem: „Der einzige Herr, dem der Arzt zu dienen hat, ist das Leben. Der Tod ist, ärztlich gesehen, der große Gegenspieler des Lebens wie des Arztes. Würde man aber dem Arzte zumuten, die Tötung unheilbar Erkrankter

---

[1] Der Vortrag ist unter dem Titel „Der Eid des Hippokrates" 1945 beim Verlag Herder, Freiburg im Breisgau, in der Reihe „Das christliche Deutschland 1933 bis 1945, Dokumente und Zeugnisse", herausgegeben von einer Arbeitsgemeinschaft katholischer und evangelischer Christen, als Heft 4 erschienen (31 Seiten). Wir wünschten, daß alle Ärzte und Hunderttausende von Gesunden und Kranken im deutschen Volke die Broschüre läsen.

anzuregen und durchzuführen, so hieße das, ihn zu einem Pakt mit dem Tode zu zwingen. Paktiert er aber mit dem Tode, so hört er auf, Arzt zu sein. Als Napoleon Bonaparte in Syrien die Qualen seiner Soldaten sah, schlug er dem Militärarzte Desgenette vor, die Kranken durch Opium zu einem schnellen Tode zu bringen. Die Antwort des Arztes: ‚Mein General, wir sind da, die Kranken zu heilen, aber nicht, sie zu töten.‘"

Dem muß man gegenüberstellen, was in den zwölf Jahren unermeßlicher Sünde mitten unter uns, in Deutschland, im Herzland der abendländischen Kultur, nach mehr als tausend Jahren christlicher Gesittung der germanischen Völker, geschehen ist. Der Nürnberger Ärzte-Prozeß, ein Teil der nun zahlreich erscheinenden Konzentrationslager-Literatur und die allmählich in Gang kommenden deutschen Gerichtsverhandlungen gegen das Todespersonal sogenannter Heil- und Pflegeanstalten, wo Mord auf Mord gehäuft wurde, zeigen es. Wer nur noch einen Funken Gewissen besitzt und ihn nicht in den unmittelbaren Sorgen des Tages oder verbrecherischem Leichtsinn erstickt, müßte von panischem Schrecken befallen werden. Unsere deutsche Luft ist angefüllt mit den nachhallenden Schreien, dem verröchelnden Stöhnen Zehntausender von Todesopfern deutscher Ärzte, – derer, die mit den Giftspritzen herumliefen, solcher, die ihre Hand auf die Gashebel legten, anderer, die den Tod in hundert grauenhaften Formen an ihren Mitmenschen erprobten, wieder anderer, die das lebendige „Material" oder die Mittel zur Tötung anlieferten, solcher, die nicht Widerstand geleistet haben, obgleich sie wußten oder – wie die meisten Kreisärzte – bei pflichtgemäßer Aufmerksamkeit wenigstens zum Teil hätten erfahren können, was vorging. Wir alle, ob unmittelbar schuldig oder nicht, sind in das Unheil verstrickt. Unzählige tragen die Kleider von Getöteten, in nationalsozialistischen Gau-Erholungsheimen haben Parteigenossen und ihre Familienmitglieder frisch-fröhlich-ahnungslos die ihnen zugewiesenen Lebensmittelrationen der Vergifteten als Extranahrung zu sich genommen. Es ist genug, übergenug. Man braucht nicht mehr bis zu den innersten Bereichen höllischer Mordlust, die den weißen Mantel trug, vorzudringen, dorthin, wo ein Dr. Rascher seinen Kollegen ermordete, um in den Alleinbesitz eines Blutgerinnungsmittels zu gelangen, das keinem Heilzweck mehr diente, sondern nur dem Tode, nur mehr der Tötung und nichts sonst; er wurde seinerseits von einem dritten Luftwaffen-"Arzt", der das Gift für seine eigene Mordgier haben wollte, wenige Monate vor Kriegsende ums Leben gebracht. Man braucht nicht bis zu solchen Bezirken wahrer Thanatologie vorzudringen, einer Wissenschaft, die es nur mehr darauf abgesehen hatte, Mittel zum Tode statt Mittel zum Leben zu finden. Was jedermann heute weiß, wenn er noch einen Rest guten Willens besitzt, was insbesondere jeder Arzt gelesen haben muß, genügt wahrhaftig, um uns erschauern zu lassen und jede Erörterung juristischer Art vor dem Hintergrund des moralischen Verhängnisses zum Verblassen zu bringen.

Es ist undenkbar, daß antike Völker, daß die Ägypter, die Juden, die Griechen, die Römer, die Rachegeister nicht gefürchtet, Sühne und Selbstreinigung durch ihre staatlichen und sakralen Vertretungen nicht verlangt und eher Ruhe gegeben hätten, als bis vom Himmel Verzeihung erwirkt worden wäre, um ihrem ganzen Tun und Lassen zu allererst wieder die Voraussetzung ordentlichen Gedeihens zu schaffen. Im afrikanischen Busch und in den finstersten Wäldern von Neuguinea würden nach nur einigen solchen Taten die Opferfeuer zum Himmel lodern. Bei uns? Als ich neulich einem berühmten deutschen Mediziner, von dem ich einmal schonungvoll sagen will, daß er immerhin einiges mit der „Heilkunst" des Dritten Reiches zu tun hatte, ähnliche Gedanken äußerte, weil er in einem Privatgespräch, zu dem er mich aufgesucht hatte, glaubte, auf die 1920 erschienene Schrift von Binding-Hoche „Die Freigabe der Vernichtung lebensunwerten Lebens" verweisen zu sollen (Binding war Jurist, Hoche Irrenarzt), da empfahl er sich in plötzlicher Eile mit der Bemerkung, er möchte mich nicht aufregen, ich stünde wohl noch unter der Nachwirkung der von mir erlebten Dinge, und dergleichen mehr, was man so zu armen Patienten, die im nächsten Regime vergast werden müßten, zu sagen pflegt. Mich nicht aufregen! *Er* und *seinesgleichen* sollten sich aufregen, endlich, endlich aufregen, und zwar zum Guten.

„Das Göttliche ist es wenigstens, welches von den größten und gottlosesten Verfehlungen sühnt und reinigt und welches die Schuld wieder von uns abwäscht. Wir bezeichnen ja auch die Grenzen der Heiligtümer, damit sie kein Unreiner überschreite, und beim Eintritt besprengen wir uns mit geweihtem Wasser ..., weil wir, wenn wir von früher her irgendeine schlimme Tat mit uns herumtragen, diese sühnen wollen." Das hat nicht irgendein katholi-

scher oder evangelischer Pastor gesagt, das hat – zweieinhalb-
tausend Jahre ist's nun her – Hippokrates gesagt.

*Frankfurter Hefte, Februar 1947.*

# Der Widerstand der Opfer

## o. J.

Der Untergang des jüdischen Großghettos in Warschau, das die SS
im Spätherbst 1940 gebildet hatte und das sie im Sommer 1942
wieder aufzulösen begann, um die 400 000 Insassen den Vernichtungslagern zuzuführen, zeigt auf Seiten einer Minderheit der Todgeweihten bis zum Äußersten gehende Entschlossenheit, sich nicht
widerstandslos abschlachten zu lassen, auf Seiten der Unterdrücker
die barbarische Verblendung, zur Liquidation berechtigt zu sein.
Die einen eröffneten einen Kampf heroischer Ohnmacht, mit
erhandelten, „organisierten", selbstgefertigten Waffen, aus Kellern,
Bunkern und Kanalisationsgängen, dem weltweiten Krieg gegen
die nazistische Tyrannei auf einem kleinsten Fleck nun aktiv beitre-
tend, jüdische Jugend in der Hauptsache, nicht nur männliche,
auch weibliche. Die anderen, vor allem Waffen-SS, Polizeikräfte
und ukrainische Helfershelfer, meinten – noch so primitiv –, der
Menschheit, wie sie sie sahen, und ihrem Vaterland, wie man es sie
gelehrt hatte, einen Dienst zu erweisen, wenn sie in umfassender
„Säuberungsaktion", so nannte es der Bericht des SS-Generals
Stroop an Himmler, das „Untermenschentum", die „Banditen",
das „jüdische Gesindel", das sich erkühnte, nicht mehr in Reih und
Glied zur Tötung anzutreten, „erledigten"...

Aus dem Vorwort zum Begleittext der Ausstellung „Warschauer Ghetto"
in der Paulskirche in Frankfurt am Main, o.J.

* * *

## 1979

... Der aktive Widerstand gegen ein so massives Unrecht, wie es die nationalsozialistische Judenverfolgung war, wurde im Verlauf der Ereignisse immer eindringlicher von Juden selbst erörtert. Nicht von den Hunderttausenden, ja Millionen derer, die den Anweisungen der deutschen Behörden und der SS von Etappe zu Etappe gehorsam folgten. Sie konnten sich, was mit ihnen geschah, ganz einfach nicht vorstellen. Daher glaubten sie es nicht, daher hielten sie die Täuschungen, mit denen der erbarmungslose Feind sie belog, bis zuletzt für begründete Hoffnung: Sie würden „nur" umgesiedelt, sie kämen „lediglich" in Arbeitslager, noch sei über ihren endgültigen Status innerhalb oder vielleicht außerhalb des Deutschen Reiches nichts beschlossen. Vergasung, wie sie dann systematisch betrieben wurde, war im übrigen ein völlig neues, von normalen Menschen doch nicht ausdenkbares Verbrechen.

Aktiver, bewaffneter Widerstand, als er im Warschauer Ghetto (dann in einigen wenigen Lagern) zustande kam, setzte ein Mindestmaß von Dispositionsmöglichkeiten, von Organisation, von Verbindungen zur Außenwelt voraus. Nur dann kam ein Aufbäumen gegen die uniformierten Mörder, das aber letzten Endes auch nichts anderes war als eine Form von Selbstmord, in Betracht, um einer nur zu erduldenden Hinschlachtung zu entgehen.

Ich war einmal in einer solchen Lage und habe die Möglichkeit in der Nacht vor dem Tag, als ich im Einzeltransport aus Buchenwald zur Liquidation nach Auschwitz abgeschoben werden sollte (wovor ich dann auf abenteuerliche Weise verschont blieb), nach allen Seiten hin durchdacht. Den Begleitposten anfallen, um wenigstens im „Kampf" erschossen zu werden? Gefesselt versuchen zu entfliehen, um in den vielleicht schützenden Bereich einer Kirche zu gelangen? Bei Vergasung sofort tief einatmen, um sich die Lungen gleich und nicht in acht bis zehn Minuten langsam zerreißen zu lassen? Nein, aktiver Widerstand gegen Unrecht muß von allem Anfang an, noch in der tiefsten Normalität, geleistet werden, immer und überall ...

Der Stern, 18. Januar 1979.

# Auschwitz

## 1970

... Der Nationalsozialismus war nicht bloß eine Episode, ein fürchterliches Intermezzo in unserer Geschichte, – er war eine neue Dimension. Man kann das durch vieles belegen; Auschwitz ist der eindringlichste der zu erbringenden Beweise ...; es war das erste Konzentrationslager, das zum Zweck des systematischen Genozids errichtet worden ist, zum Zweck des kalt beschlossenen, mit modernsten zivilisatorischen Mitteln erbarmungslos auszuführenden und dann ausgeführten Völkermordes.

So etwas hat es bis dahin in der Menschheitsgeschichte nicht gegeben. Sie strotzt zwar von Grausamkeiten; immer wieder haben Barbaren barbarisch gehaust, haben die schlimmsten Untaten begangen, Massen von Menschen ausgerottet. Jetzt aber, im 20. Jahrhundert, nach beinahe zweitausend Jahren Christentum in Europa, nach Renaissance und rationalistischem Naturrecht und Aufklärung, nach drei Revolutionen für die Menschen- und Bürgerrechte – der Glorreichen Revolution in England, der Amerikanischen Revolution und der Großen Französischen –, nach den bürgerlichen Verbesserungen, die der Liberalismus und insbesondere die Bemühungen um den demokratischen Rechtsstaat geschaffen haben, nach der internationalen Ausbreitung der Solidaritätsidee durch die Arbeiterbewegung geschah der Mord aus Rassenwahn, in unvorstellbarer politischer Hybris, auf wissenschaftlich-technische Weise, in überlegtester Großorganisation, durch Leute, die also nicht wie früher nämlich die Hunnen, die Janitscharen und fanatisierte Christen, drauflos mordeten, sondern die dabei unbewegt rational vorgingen.

Auschwitz hat alle Verhältnisse erschüttert. Man weiß, bis zu welchen Perversionen die Tyrannei im modernen Staat, in den Praktiken der Geheimpolizeien führen kann; was sich aber im Vergasungslager zutrug, mit dem die Nationalsozialisten ihre Absicht

zu verwirklichen begannen, buchstäblich aus der Welt zu schaffen
– jedoch unter ökonomischer Resteverwertung! –, was der Errichtung des SS-Staates im Wege stand oder auch nur im Wege zu stehen schien, das übersteigt jede Vorstellungskraft. Es ist darüber
geschrieben worden, man kann es nachlesen; so im Buch „Auschwitz / Zeugnisse und Berichte", das unser Freund Langbein mit
herausgegeben hat. Es gibt noch andere Dokumente, jedes in seiner
Zuverlässigkeit überprüft und als glaubwürdig erwiesen, die zeigen,
was der Welt bevorstand, wenn dieser Typ von Faschismus gesiegt
hätte.

Wie wäre es möglich gewesen, daß Menschlichkeit da sich hätte
noch behaupten können? Selbst sie nur in Perversion: Hannah
Arendt hat am Ende ihres Vorworts zu dem großen Auschwitz-
Bericht, den Bernd Haumann, der Korrespondent der „Frankfurter
Allgemeinen Zeitung", von dem 1964/65 gegen einige der Haupt-
täter geführten Schwurgerichtsprozess gegeben hat, eine Szene
erzählt, die andeutet, was ich meine, wenn ich von geradezu unaus-
weichlicher Perversion spreche, falls jene Herrschaft erhalten
geblieben wäre und sich über die halbe Welt, im Einfluß über die
gesamte Welt ausgebreitet hätte.

Eine jüdische Frau erschien aus den USA als Zeugin in Frankfurt, um den Auschwitz-Mörder ihrer Familie vor Gericht zu
sehen. Sie sagte gegen ihn aus: Er leitete die Selektion, als die
Frauen eingeliefert wurden – die Auswahl der Mehrheit zum Tod,
einer Minderheit zur Zwangsarbeit unter den Bedingungen dort
mit der dann doch gegebenen geringen Überlebenschance. Sie, die
es tatsächlich überstanden hat, trug, als sie vor den Herrn über
Leben und Tod hintreten mußte, ein Kind auf dem Arm, das ihr
die Mutter, da diese noch eines mit sich führte, anvertraut hatte.
Der SS-Offizier erkannte, daß das Kind nicht zu der Frau gehörte,
– er nahm es ihr weg und warf es der anderen zu. Darauf starben
sie, sagte die Zeugin, alle im Gas. Der Gerichtssaal erstarrte, aber
nicht über diesen Tod, denn von den Selektionsvorgängen hatten
die Richter, die Geschworenen, die Anwälte und die Zuhörer wahrlich bereits genug erfahren, sondern über der abgründigen Erbärm-
lichkeit, in die sich das menschliche Erbarmen da gebannt und verstrickt fand: Die überlebende jüdische Frau aus Amerika wußte
noch immer nicht, daß Mütter mit Kindern auf jeden Fall sofort
vergast wurden, – der SS-Angehörige, gegen den sie aussagte, hatte

aus einer Erwägung, die seine eigene war, indem er ihr das Kind
wegnahm und es der Vernichtung zuwarf, sie gerettet! ...

Es ist gut, daß das Lager in Auschwitz als Gedenkstätte und stei-
nernes Mahnmal erhalten geblieben ist. Die Gerichtspersonen und
die Politiker der deutschen Bundesrepublik beispielsweise, die jetzt
immer häufiger dorthin kommen, sind beeindruckt; das tut seine
Wirkung. Aber mehr noch als der Anblick der Plätze, an denen so
gestorben werden mußte, wie es geschehen ist, an denen die
Abgründigkeit des Menschen sich so gezeigt hat, wie es erfahren
werden mußte, mehr noch sollte für das Vordringen und die
Behauptung des Menschlichkeit in der Welt, im großen und im
kleinen, unsere lebendige Aktivität bewirken – an allen Stellen, wo
es erforderlich ist.

> Aus einem Vortragsmanuskript „25 Jahre nach der Befreiung von Ausch-
> witz" mit dem Vermerk „Für Brüssel, 25. Januar 1970"; einen weitgehend
> identischen Text sprach Eugen Kogon für die Sendereihe „Gedanken zur
> Zeit" des Süddeutschen Rundfunks, der ihn ebenfalls am 25. Januar 1970
> unter dem Titel „25 Jahre nach Auschwitz" sendete.

# Mit den Verlorenen gehen

## Janusz Korczak bedenkt den bevorstehenden letzten Weg

### 1960

Morgen früh also ist es soweit, 5. August 1942. Wir haben am
Bahnhof des Ghettos anzutreten – meine zweihundert Kinder des
Waisenhauses. Ich sollte sie hinführen, in Viererreihen. Dafür sorgen, daß sie „ordnungsgemäß" in die Waggons steigen, – in einen
der Waggons, alle in ihm eingepfercht. Der Judenrat hat mir klar-
zumachen versucht, daß ich selbst verschont bleiben würde, wenn
ich dafür sorge, daß „die Aktion" schwierigkeitslos verläuft. Es
wäre indes, ich kenne mich doch aus, nur ein kurzer zeitlicher
Aufschub für mich, da sechstausend täglich vom Son-
derkommando der SS in Warschau der anderen SS und den ukrai-

nischen Hiwis in Treblinka zur Vernichtung zugeliefert werden. („Umsiedlung" nennen sie es.) Innerhalb von drei Monaten werden sie uns Fünfhunderttausend, die wir hier eingeschlossen sind, „abliquidiert" haben. Vielleicht kommt auf die eine oder andere abenteuerliche Weise der und jener mit dem Leben davon, – welche Chance hätte gerade ich, einer von diesen paar wenigen zu sein? Und auf wie lange?

Aber ich will gar nicht. Ich lasse in dieser Situation die Kinder nicht im Stich. Ich gehöre zu ihnen. Ich gehe mit ihnen.

Ich weiß, was uns bevorsteht. Nicht in jeder Einzelheit, aber der Gesamtvorgang ist mir bekannt, die Information ist zu einigen von uns durchgedrungen. Wir werden, unter dem Vorwand, in einem Baderaum desinfiziert zu werden, durch einströmendes Gas getötet. Es dauert acht, neun Minuten, bis man erstickt ist, bis uns die Lungen zerrissen sind.

Mein Gott, was soll ich den Kindern sagen: die Wahrheit? Unmöglich. Wo denn, wann denn? Beim Weggang? Sie würden, mit Recht, versuchen auszubrechen und sich zu verstecken. Man würde sie einzeln einfangen und sie zu den Waggons zerren. Sie mit Knüppeln zusammenschlagen, wenn die Flucht erst am Bahnhof selbst begänne.

Ich bin aber nicht bereit, sie zu belügen, als kämen wir tatsächlich aus dem Ghetto in „Familienlager", wo es uns gutgehen solle. Ich werde sagen, daß ich nicht wisse, wohin unsere Reise geht. An einen Ort hoffentlich, wo wir in Frieden und Fröhlichkeit leben können.

Was es mit der SS für eine gewöhnliche Bedeutung hat, wissen die Kinder natürlich. Wenn sie mich fragen sollten, ob die denn aufgehört hätten, uns feind zu sein, werde ich antworten, daß sie uns nun lossein wollen.

Aber dann, nach der Ankunft in Treblinka, was werde ich dann sagen, wenn wir gedrängt vor der Gaskammer stehen werden, zweihundert nackte Kinder, die mir vertraut haben, mit ihrem nackten Arzt und Ersatzvater bei ihnen, mitten unter ihnen, von Gott und der Welt verlassen auf das Kommando wartend, das gleich ertönen wird, sobald sich die eiserne Tür zum Vernichtungsraum öffnet: „Los! Bewegt euch!"? Soll ich eines unserer uralten jüdischen Lieder zu singen beginnen? Vielleicht singen einige, vielleicht viele der Kinder mit, bis die Eisentüre krachend hinter uns zuschlägt und der Tod durch gewaltsame Erstickung über uns hereinbricht. Es wird entsetzlich sein.

Warum, o Gott, hast du den Weg in das gelobte Land des Friedens und der Fröhlichkeit so mit Leid bestückt? Du sagst, wir selbst trügen die Schuld daran. Ich kann da meine Kinder nicht einbeziehen. Ich verstehe, daß man von dem Moment an, in dem der unterscheidende Verstand sich bildet, die Menschlichkeit und alle ihre Tugenden in ihnen, in uns also, entwickeln muß. Jedes meiner Bücher, für sie und die Erzieher, würde ich, könnte ich noch einmal von vorn beginnen, wieder schreiben. Und ich würde den Weg, den ich, von 1919 an zusammen mit Maryna Falska, gegangen bin – möge sie am Leben sein und in unserem Sinn noch wirken können –, unverändert ein zweites Mal gehen.

Vielleicht hätte ich mich, wären die Kinder nicht gewesen, im Ghetto hier der Organisation des aktiven, zionistischen Widerstandes gegen die SS angeschlossen (obschon ich die Anwendung von Gewalt verabscheue). So freilich bin ich es zufrieden, eine andere Art von Beispiel geben zu können, zu müssen. Ich wünschte, es würde sogar auf einige unserer Feinde, sie verändernd, wirken.

Ich kann das Dunkel der Vorsehung nicht aufhellen. Ich kann nur, notgedrungen, helfen, daß darin selbst der Erstickungstod, den meine Kinder und ich erleiden werden, den erlösenden Sinn haben wird, Menschlichkeit wachzurufen.

In: Mut zur Tugend – Von der Fähigkeit, menschlicher zu leben, herausgegeben von Karl Rahner und Bernhard Welte, Verlag Herder, Freiburg im Breisgau, 2. Auflage 1979, S. 208-211; aus der 1. Auflage nachgedruckt in: Allgemeine, 21. März 1960.

\* \* \*

## 1960

Wende den Blick zu den Leichenhügeln. Betrachter der Zeitgeschichte, halte nur einen Augenblick inne und denke, dieser arme Rest von Fleisch und Bein sei *Dein* Vater, *Dein* Kind, *Deine* Frau, sei der Mensch, der Dir lieb ist! Dich selbst und Deine Allernächsten, an denen Dein Herz und Dein Sinn hängt, sieh nackt in den Dreck geworfen, gequält, verhungernd, getötet...

Aus: Der gelbe Stern – Eine Dokumentation der Judenverfolgung 1933-1945, Rütten & Loening, Hamburg 1960.

# Sie haben davon gewußt

## 1979

... Feststeht unbezweifelbar: Es hat von 1933 bis 1945 trotz der Geheimhaltungs-, der Lügen-, Propaganda- und Unterdrückungspolitik der Nationalsozialisten so gut wie niemanden, nahezu niemanden welcher Gesellschaftsschicht immer, im Deutschen Reich gegeben, der nicht in irgendeinem Punkt vom Unrechts- und Willkürcharakter des NS-Regimes, ja von seiner Unmenschlichkeit gewußt oder erfahren hätte: von den Gewalttaten der SA, der Herrschaft der SS und der Geheimen Staatspolizei, vom Spitzel- und Denunziationssystem, von der gesetzwidrigen Verhaftung vermeintlicher und tatsächlicher politischer Gegner, von ihrer Einlieferung in Konzentrationslager, von den Zuständen dort, von den Erschießungen am 30. Juni 1934, von den erzwungenen Gleichschaltungen, von der um sich greifenden Korruption der NSDAP-Funktionäre, von der Rassengesetzgebung, der „Kristallnacht", den „Arisierungen", der Isolierung, der diffamierenden Kennzeichnung, der Deportation und schließlich der „Liquidierung" der Juden – der Männer, der Frauen, der Kinder –, von der Expansions- und Kriegspolitik, der Behandlung der Fremdarbeiter aus dem Osten und der sowjetischen Kriegsgefangenen gegen alles Völkerrecht, von der Tötung der Geisteskranken, von der Schreckensherrschaft in den besetzten Gebieten ... Dies und jenes erlebte man selbst, anderes hörte man von Bekannten oder Soldaten oder auch durch ausländische Sender, vieles war die im Dritten Reich offiziell vertretene Politik.

Die Wahrheit zu verdrängen, hatte man ungezählte Entschuldigungen – zugunsten des Regimes und für sich selbst. Den Versailler Vertrag, die Weltwirtschaftskrise, die Arbeitsbeschaffung, die Notwendigkeit von „Gesetz und Ordnung"; daß es sich bei den offenkundigen Untaten nur um „revolutionäre Auswüchse" und „vorübergehende Entgleisungen" handle; die moralische Rechtfertigung, ja Legalisierung durch den Reichspräsidenten von Hindenburg; daß nicht wahr sein könne, was „die Gegner behaupteten", denn „Deutsche tun so etwas nicht", in den „Konzertlagern" erfolge lediglich die Umerziehung von Kriminellen und Arbeitsscheuen, allenfalls von Kommunisten; Mißstände und Verfehlungen seien außerdem „dem Führer nicht bekannt", wüßte er davon, so würden sie sofort abgestellt; selbst müsse man in jedem Fall „seine Pflicht tun"; im Krieg dürfe man nicht gegen das eigene Vaterland sein; die Juden würden ja nur „in den Osten ausgesiedelt"; was könne man schon als „kleines Rad am Wagen" ausrichten; es sei besser, nicht alles und jedes zu bemerken; schließlich habe man das Recht, auch auf die eigene Karriere zu achten; die Familie dürfe man nicht wegen geschehenden Unrechts, das einen nicht direkt angehe, gefährden; Politik und Geschichte seien „nun einmal so" ...

Es gibt vielerlei Erklärungen für das Verhalten der meisten Deutschen unter der nationalsozialistischen Herrschaft, und ganz und gar nicht alle Motive waren unehrenhaft. Verglichen mit anderen Völkern aus anderen Bereichen der Geschichte und der Zivilisationen sind wir auch nicht die einzige Ausnahme. Viele kleine und große, heroische Beispiele des Widerstands sind im übrigen bekannt.

Was aus den Erfahrungen, auf die die Aussagen hier sich beziehen, abgeleitet werden kann, ist die Erkenntnis der Möglichkeit für jetzt und immer, sich unter allen Umständen, sofern man die Wahrheit, die sich uns auf mannigfache Weise bemerkbar macht, nicht verdrängt, nicht abweist, sich ihr nicht entzieht, die Gesinnung der Freiheit und der Würde des Menschen zu bewahren. Aus ihr erwächst gegen anhaltend-schweres Unrecht der Widerstand im Maße des jeweils Möglichen – am besten bereits vorausschauend in den Anfängen, also schon innerhalb der Rechtsstaatlichkeit, deren Mißachtung oder Verletzung, um ihr entgegentreten zu können, zur Kenntnis gebracht und zur Kenntnis genommen werden muß, damit nicht wieder eines Tages die Antwort zu erfolgen braucht: „Davon haben wir nichts gewußt!" Aus der erlebten Unmenschlichkeit erhebt sich die Menschlichkeit als das universal gültige Regierungsprinzip.

Nachwort in: Walter Kempowski, Haben Sie davon gewußt? Albrecht Knaus Verlag, Hamburg 1979, S. 145-149.

\* \* \*

## 1949

... Der Zentralmephisto wunderte sich immer wieder, daß die Gegner nicht viel mehr und beständig das deutsche Volk als Bundesgenossen gegen den Nationalsozialismus ansprachen. Er konnte es offenbar nicht fassen, daß seine eigene stets wiederholte Lügenbehauptung, Volk und Regime seien bedingungslos eins, eine verschworene Gemeinschaft das Ganze, allmählich auch im Ausland ihre Wirkung getan hatte, – ein Erfolg aus Teilwirklichkeit und Propaganda ...

Aus: „Propaganda und Wirklichkeit unter einer Diktatur", Frankfurter Hefte, März 1949.

# Warum wurde die Massenmordanlage nicht bombardiert?

## 1980

... Das Problem von Schuld und Mitschuld an der Vernichtung von annähernd sechs Millionen Männern, Frauen und Kindern verschiedener europäischer Nationalität, aber jüdischer Volkszugehörigkeit oder jüdischer Teilherkunft ist das moralisch bedrückendste Kapitel der NS-Jahre. Der Rassenwahn in seiner umfassendsten und fürchterlichsten Form ist da zutage getreten. In die vormals nicht ausdenkbare Untat verstrickten sich viele mit – nicht nur Deutsche, auch Niederländer, Belgier, Franzosen, Österreicher, Tschechen, Ungarn, Rumänen, Polen, die Aufzählung ist nicht vollständig. Doch bleibt „Holocaust", das über die Maßen grauenhafte Massenbrandopfer, das von Deutschland zu verantwortende Faktum.

Die Zusammenhänge sind indes vielfältig, und vielfältig läßt sich aus ihnen lernen, wie man den Gefahren der Verstrickung in Unmenschlichkeiten bis hin zur objektiven Mitschuld, die subjektiv nicht erkannt wird, trotz allem entgehen müßte. Ein Beispiel dafür bietet ... die Geschichte des gescheiterten Versuchs, die zentrale Vernichtungsstätte Auschwitz durch alliierten Luftangriff von einem bestimmten Zeitpunkt an außer Betrieb zu setzen, das Barbarentum der SS dort zu unterbinden.

Warum Auschwitz *nicht* bombardiert wurde –, das Thema ist ..., aufgrund von Dokumenten, die zutage gekommen sind, vorerst nur aufgegriffen, noch ist es keineswegs geklärt. Um dies vor allem aus britischen und amerikanischen Archiven sowie durch weitere Unterredungen mit noch lebenden Tatzeugen zustande zu bringen, müßte wohl eine Forschergruppe gebildet werden wie die des Instituts für Zeitgeschichte in München und der Research Foundation for Jewish Immigration in New York, die soeben ein „Bibliographisches Handbuch der deutschsprachigen Emigration nach 1933" zustande gebracht haben. Auch da bestanden, was die Praxis der Aufnahme der Asylsuchenden in den verschiedenen Ländern, deren offizielle Politik gegen das Dritte Reich gerichtet war, betrifft, noch heute erhebliche Auskunftshemmungen ...

Im vorliegenden Fall „Nichtbombardierung von Auschwitz" geht es um die Klarlegung der Motive, die in London und Washington die negativen Entscheidungen ... verursacht haben. Handelte es sich tatsächlich um die Unmöglichkeit, militärisch einzugreifen (was von einigen der damals Maßgebenden behauptet wird), oder um bewußte Nichtbereitschaft, um partikuläre Rücksichtnahmen (des Britischen Auswärtigen Amtes etwa auf die Araber, als die Einwanderung von Juden nach Palästina verhindert wurde), um Uneinsichtigkeit, um Gleichgültigkeit, um beschränktes, eventuell starrsinnig-bürokratisches Beharren auf einmal erfolgter Ablehnung, was immer dann an Menschlichkeit auf dem Spiel stehen mochte?

Feststeht, daß eine Aktion gegen die SS in Auschwitz, gegen die Vergasungsanlagen und die Krematorien objektiv möglich gewesen wäre. Mehrere hunderttausend Opfer des nationalsozialistischen Mordterrors hätten dadurch nach menschlichem Ermessen eine Überlebenschance erhalten.

Klar wird ... ferner, daß das Prinzip der Humanität, konsequent angewandt, zu Entscheidungen zwingt, die sie aus sekundären Nützlichkeitserwägungen, mögen sie jeweils noch so vordringlich erscheinen, zu befreien und sie zu ihrem wahren zivilisatorischen Rang zu erheben vermag. Selbst wenn die humane Bemühung scheitert, rettet sie den Sinn, um dessentwillen wir leben. Aus keinem anderen Grunde als dem der Menschlichkeit ist der Krieg gegen den Nazismus über die Interessennotwendigkeiten hinaus gerechtfertigt geführt worden.

Vorwort zu: Heiner Lichtenstein, Warum Auschwitz nicht bombardiert wurde, Bund-Verlag, Köln 1980, S. 9-12.

# Hitlers Tischgespräche

## 1951

1941 begab sich Adolf Hitler in die ostpreußische Gegend von Rastenburg und vergrub sich dort in das für ihn gebaute, durch viel Wald geschützte Bunker-Hauptquartier, das er „Wolfsschanze" nannte. Im Sommer 1942 siedelte er in die Ukraine über; „Werwolf" hieß er den Platz bei Wyniza, von wo aus er die Verhältnisse in den eroberten Teilen der Welt zu reglementieren und die deutschen Armeen als größter Feldherr aller Zeiten zu dirigieren versuchte.

Seinem Mittag- und Abendessen durften jeweils zwei Dutzend höhere Partei- und Armeelakaien beiwohnen. Vor ihnen entwickelte er seine Ansichten über die Vorsehung, das Auswärtige Amt, den technischen Fortschritt, die italienischen Bundesgenossen, die Rolle der Maitressen in der Weltpolitik, die Verderblichkeit des Christentums, die Glanzleistungen der SS, die mögliche Gewinnung des Zehnfachen an Bienenhonig in Deutschland, die Großartigkeit Stalins – den er sehr bewunderte –, seine Meinungen über das, was er als Kunst verstand, die Transportraumverschwendung bei der Kartoffelversorgung Deutschlands, die Mönche vom Berge Athos, die Zukunft der Slawen (wie er sie ihnen zudachte), das Germanische Großreich Deutscher Nation und tausend andere Themen.

Martin Bormann hielt das alles rechtzeitig für so geschichtswichtig, daß er im Einvernehmen mit seinem Führer zwei Ministerialstenographen beorderte, die, jeder eine gewisse Zeit hindurch, mitzuschreiben hatten, damit es als weltanschaulich-politisches Testament der anders gedachten Nachwelt erhalten bliebe ...

Aus: „Habent sua fata libelli", Frankfurter Hefte, September 1951.


# Politik und Ethik am Beispiel des Widerstandes gegen eine innerstaatliche Tyrannei

## 1960

Der totalitäre Staat unserer Zeit hat neue politische und moralische Probleme des Widerstandes aufgeworfen. Der nachfolgende Versuch, sie auf den wenigen Seiten eines Vortragsmanuskriptes zu behandeln, kann nicht den Anspruch erheben, vollständig zu sein; er ist lediglich eine Skizze. Von ihr bleibt überdies die Untersuchung der politisch-ethischen Probleme ausgeschlossen, die dem Widerstand gegen eine fremdnationale Weltanschauungsdiktatur innewohnen. Sie sind zwar denen des innerstaatlichen Widerstandes in vielem verwandt, unterscheiden sich aber durch einige Merkmale doch so sehr von diesen, daß sie eine selbständige Variante darstellen.

Die Diskussion des Themas ist in der Bundesrepublik Deutschland besonders lebhaft. Die Erörterung gehört zu den Kernstücken der politisch-moralischen Besinnung des deutschen Volkes, einer zugleich notwendigen und verständlichen Folge der unheilvollen Verflechtungen, in die es durch das nationalsozialistische Dritte

Reich geraten ist. Das Erlebnis setzt sich in vergleichbaren Formen
außerdem fort: mehr als ein Viertel aller Deutschen müssen erneut
unter einer totalitären Diktatur „zurecht" kommen, und „unter
ihr" heißt sowohl mit ihr als auch gegen sie. Möglicherweise wird
der Prozeß der Entnazifizierung, der von 1945 an in Westdeutsch-
land auf fragwürdige Weise stattgefunden hat, eines Tages sich als
„Entbolschewisierung" wiederholen. Mit besserem Erfolg dann
aufgrund besserer Einsichten? Der „Terror als Herrschaftssystem"[1]
muß in allen seinen Zusammenhängen durchschaut sein, wenn die
heutigen Probleme des Widerstandes – einschließlich seiner Unterlassung – gerecht beurteilt werden sollen. Wie anders aber als
gerecht im Sinne des Rechtstaates hätte es zu geschehen, da es
ordentliche Gerichtsverfahren sind, die gemäß den Prinzipien der
erreichten Zivilisation an die Stelle der Revolutionsjustiz getreten
sind und weiterhin zu treten haben.

Im übrigen breitet sich, aus mehreren Gründen, die ich hier
nicht darzulegen habe, die Gefahr des Totalitarismus vielerorts in
der Welt aus, auch inmitten der pluralistischen Demokratien
selbst. Die deutschen Erfahrungen können daher gegen präfa-
schistische oder präbolschewistische Situationen von Wert sein.
Die Hilfe, die zu ihrer Verarbeitung die Wissenschaft zu leisten vermag, ist von erheblicher politischer Bedeutung.

## I.

Dem Wandel der gesellschaftlichen Verhältnisse unterliegt selbstverständlich auch die Technik der Revolution und des Staatsstrei-
ches. Daß die Männer des 20. Juli 1944 in Deutschland zwar die
Zentrale der Geheimen Staatspolizei besetzten, nicht aber die des
Rundfunks, hat mit zu ihrem Untergang beigetragen; Goebbels
war es, der sich des Instrumentes gegen die Empörer sofort
bediente. Aber die Handhabung der Mittel des Widerstandes
gehört nicht zum Thema, wie es hier gestellt ist.

Hier geht es um *die Bedingungen und die Konsequenzen des
staatsbürgerlichen Rechtes, ja der staatsbürgerlichen Pflicht,* einer
Tyrannei im eigenen staatlichen Verband zu widerstehen, und zwar
aktiv. Meine Darlegungen beziehen sich in keiner Weise auf die

---

[1] Titel eines Referats, das Eugen Kogon 1948 auf dem 9. Deutschen Soziologentag in Worms gehalten hat; siehe S. 84.

Gesinnung, die es verurteilt, daß die staatliche Macht dazu mißbraucht wird, die politische Selbst- und Mitbestimmung zu unterdrücken, eine Gesinnung, die aber nicht dazu gelangt, Taten zu setzen, um diesen Zustand zu ändern. Auch die Flucht ist kein aktiver Widerstand, es sei denn, sie gehörte dazu, ihn erst zu ermöglichen. „Sich entziehen" kann allerdings im Unterschied normalerweise zur Flucht Teil einer Widerstandsaktion sein, also alles, was in der Politik „passiver Widerstand" genannt wird: Handlungen, die von ihr als erklärte Maßnahmen des Widerstandes diktiert werden. Es ist dann die Mitarbeit, nicht die Person, die dem Unterdrücker entzogen wird. Das Unterscheidungsmerkmal, das somit für unseren Zweck „aktiven" und „passiven" Widerstand voneinander abgrenzt, ist das Engagement. Ich untersuche nicht, um mit Max Weber zu sprechen, einen gesinnungsethischen, sondern einen handlungsethischen Tatbestand. Die Mitwirkung an Unrecht verweigern, bewußt nicht handeln, wenn sie verlangt wird, ist aktiver Widerstand und je nach der Position, wo es geschieht, ein erhebliches Risiko – in einer totalitären Diktatur natürlich unvergleichlich mehr als etwa in der Armee einer pluralistischen Demokratie.

*Drei Generalbedingungen* müssen nach traditioneller Lehre erfüllt sein, damit von einer sittlichen, rechtlichen und politischen Legitimation solchen aktiven Widerstandes gegen die staatliche Autorität gesprochen werden kann: Es muß sich um einen unbezweifelbaren Notstand handeln; es darf kein anderes Mittel der Abhilfe geben; es muß die begründete Hoffnung auf Erfolg vorliegen. Die besonderen Verhältnisse unserer Zeit machen es schwieriger, als es – objektiv – früher war, diese Bedingungen einzuhalten. Der situationsethische Akzent, der das persönliche Wagnis bezeichnet, hat sich verschärft.

1. *Staatlicher Notstand* liegt unbezweifelbar vor, wenn die Menschen- und Bürgerrechte praktisch außer Kraft gesetzt sind und fortwährend ungesühnt auf das schwerste verletzt werden. Das ist die Definition eines Zustandes, aber wann liegt er in der Wirklichkeit vor? Beginnen wir mit dem Problem der Übernahme der Macht.

Vormals, unter der Herrschaft des monarchischen Denkens, war der Usurpator eo ipso *tyrannus ex defectu tituli*. Seitdem die Legitimität nicht mehr als charismatisch angesehen wird, ist aber der gesicherte faktische Besitz der staatlichen Macht das erste Kriterium für die Anerkennung oder Nichtanerkennung eines Herrschaftsanspruches, vor allem völkerrechtlich. Das zweite Kriterium ist die Übereinstimmung mit den als gültig angesehenen Weltanschauungsprämissen der Herrschaft. Hat der Akt der Machtübernahme das erklärte Ziel, eine Entwicklung, die als Verfall gilt, durch eine Ordnung, die als richtig gilt, zu beenden oder die „richtige Ordnung" zu sichern, so wird der „defectus tituli" als geheilt angesehen. Welches Gewaltregime tritt aber heute auf, indem es von vornherein proklamiert, es werde die Menschen- und Bürgerrechte außer Kraft setzen, und dies auf Dauer? Allein die konsequente Klassenkampf-Diktatur des Bolschewismus erlaubt das sichere Urteil, daß ein kommunistischer Umsturz – wie zuletzt am 25. Februar 1948 in der Tschechoslowakei – für breiteste Schichten der Staatsbürger jenen Notstand herbeiführen wird. Die Erfahrung mit den faschistischen Machtergreifungen hingegen lehrt, daß sich der Vorgang meist zwielichtig abspielt; die beiden markantesten Beispiele: das italienische und das deutsche, zeigen es. Benito Mussolini hat mit der Marcia su Roma einen nur halbrevolutionären Akt unternommen, der durchaus scheitern konnte, wenn der König dem Antrag des geschäftsführenden Ministerpräsidenten Facta stattgab, den Belagerungszustand zu verhängen. Viktor Emanuel berief stattdessen, hauptsächlich weil die Generalität der Armee teilweise profaschistisch war, am 30. Oktober 1922 den Häuptling der Schwarzhemden-Bataillone und der fasci di combattimento zum Chef der Regierung. Der Regimewechsel hatte sich legal vollzogen. Noch deutlicher zweifelhaft 1933 in Deutschland: Adolf Hitler wurde am 30. Januar vom Reichspräsidenten Paul von Hindenburg ohne jeden revolutionären Druck mit der Regierungsbildung betraut, und dem ersten nationalsozialistischen Kabinett von 12 Mitgliedern gehörten nur 3 Nationalsozialisten an: als Reichskanzler Hitler selbst, als Innenminister Frick und ohne Portefeuille, so daß er freie Hand besaß, Hermann Goering. Der Terror, der alsbald im Lande einsetzte – die „Nationale Revolution" – war ein Terror von paramilitärischen Verbänden der NSDAP; niemand konnte sagen, daß ihn „die" Regierung etwa angeordnet hätte oder ihn auch nur billigte. Die totalitäre Technik der formalen Trennung und faktischen Einheit von Partei und Regierungsmacht funktionierte. Der Reichstagsbrand vom

27. Februar 1933 erschien als das Fanal eines kommunistischen Aufstandes, die schon am nächsten Tag folgende Notverordnung des Reichspräsidenten „zur Abwehr kommunistischer staatsgefährdender Gewaltakte" als zwingende Ordnungsmaßnahme; sie genehmigte die Beschränkung der Menschen- und Bürgerrechte und verschärfte das Strafmaß für politische Vergehen enorm. Die Reichstagswahlen vom 5. März 1933 brachten den Nationalsozialisten gleichwohl erst 44 % der Mandate (zuzüglich 8 % der Deutschnationalen, ihrer Bundesgenossen in der „Nationalen Front"). Die Zustimmung der Zentrumspartei am 24. März 1933 zum „Gesetz zur Behebung der Not von Volk und Reich" (Ermächtigungsgesetz), demzufolge die Hitler-Regierung auf vier Jahre diktatorische Vollmachten erhielt, wurde zwar erschlichen, aber wer wußte das im Land? Am 6. Juli 1933 erklärte Adolf Hitler überdies die „Nationale Revolution" als beendet, am 11. Juli Innenminister Frick die Gleichschaltung, nachdem der „Führer-Staat" installiert war.

Gegenüber den Usurpatoren von heute, die von allem Anfang an im Gewande der Legalität auftreten, bleibt dem Staatsbürger daher meist nur die Möglichkeit, sie als *tyrannos regiminis – ex parte officii –* zu erkennen, das heißt durch den allmählich offenkundig und zur vorherrschenden Praxis werdenden Amtsmißbrauch der formal rechtmäßigen Autorität. Das aber heißt, in das tyrannische Regime bereits verflochten sein und innerhalb eines sich rasch ausbreitenden Systems von ausgeklügelten, ambivalenten, rechtlich verkleideten, höchst wirksamen Terrormaßnahmen alle Initialvorteile verloren haben. Der Widerstand hat dann die Legalität gegen sich und die Legitimität noch nicht sichtbar für sich.

2. Denn dies ist die weitere Schwierigkeit: Die Diktatoren beginnen ihr Regime in der Regel mit einem energischen Kampf gegen bekannte, allgemein empfundene, von der überwältigenden Mehrheit der Bürger mißbilligte gesellschaftliche Übelstände. Die Komplikation der Verhältnisse in zivilisatorisch hochentwickelten Gesellschaften erlaubt es nicht, eine allgemein verbindliche, anerkannte Skala von Dringlichkeits-Prioritäten aufzustellen. Das *Problem des Allgemeinwohls* löst sich unter solchen Umständen in eine Reihenfolge von Förderungsmaßnahmen auf, deren erste indes bereits, so scheint es, gegen Gefährdungen mannigfacher Art wirk-

sam abgeschirmt werden müssen. Der Begriff des „Staatsfeindes"
taucht in einer neuen Bedeutung auf, schillernd und möglichkei-
tenreich. Daß *er* keinen Anspruch auf den freien, unbeschränkten
Gebrauch der Menschen- und Bürgerrechte hat, leuchtet ein. Aber
muß sich nicht jedermann, solange die „nationalen Notstände"
nicht überwunden sind, gewisse einschneidende Opfer gefallen
lassen?

Die anfänglich schwer durchschaubare *Perversion* besteht also
darin, daß der „unbezweifelbare Notstand", der nach traditioneller
Auffassung den Widerstand erst erlauben soll, sich an der Basis des
Staates in der systematischen Unterminierung der Menschen- und
Bürgerrechte vollzieht, aber anscheinend in Abwehr von Gefahren,
die dem Allgemeinwohl drohen, mit Hilfe von Gesetzen und
Gesetzesauslegungen.[1] (Selbst die nationalsozialistischen Konzentrationslager waren Maßnahmen der „Schutzhaft" – im Doppel-
sinn: Schutz der betreffenden „schädlichen" Person gegen sich
selbst und die Empörung anderer, sowie Schutz des Volkes vor solchen Personen –, verfügt durch eine Geheime Staatspolizei, deren
Legalität durch ein Geflecht von Verordnungen im Anschluß an
das Gesetz vom 24. März 1933 getragen erschien.) Der immer weiter um sich greifende Zersetzungsvorgang an der Basis wird jedoch
überdeckt von einer Fülle positiver Wohlstandsleistungen, die
augenfällig und mit einem insbesondere die Jugend erfassenden
Elan vollbracht werden. Die Propaganda der totalitären Systeme
tut ein übriges.

Die Zerrüttung der Verhältnisse bis zum „unbezweifelbaren
Notstand" ist somit kein Ereignis von heute auf morgen. Es dauert,
bis allgemein erkennbar wird, daß zum Beispiel die Justiz nicht
mehr der Gerechtigkeit dient, sondern der Tyrannei. Und der Aus-
tausch der alten, gediegenen Beamtenschaft gegen eine system-
hörige neue, die Korrumpierung der Verbliebenen zu be-
dingungsloser Willfährigkeit geschieht nur in Jahren. Sogar ein so
grauenhafter Vorgang wie die Verfolgung der Juden im Dritten
Reich begann relativ „erträglich": mit einem gewissen Zwang zur
allgemeinen Auswanderung, bis sie in einer Kette von immer
neuen Zusatzgesetzen und Durchführungsverordnungen, die den
sogenannten Nürnberger Gesetzen vom 15. September 1933 folg-

---

[1] Vgl. E.v.Hippel: Die Perversion von Rechtsordnungen, Tübingen 1955.

ten, 1942 in die unvorstellbare Barbarei der „Endlösung" einmündete.

3. Auf die modernen Tyranneien angewandt erscheint ferner problematisch die zweite der obengenannten Generalbedingungen: daß es *kein anderes Mittel der Abhilfe* geben darf als den aktiven Widerstand. Ich bin zwar der Meinung, daß die Bedingung auch heute prinzipiell richtig ist, das heißt unter dem Gesichtspunkt des Allgemeinwohls notwendig; denn Anarchie wäre die Folge, wenn es dem Urteilsbelieben überlassen wäre, ob man von Fall zu Fall die friedlichen Möglichkeiten, die offenstehen, ausschöpft oder gleich zur Gegengewalt greift. Die Schwierigkeit ergibt sich jedoch aus einem dreifachen Sachverhalt. Erstens sind Reformen in einer Dauerdiktatur, die sich weltanschaulich oder rein persönlich versteht, in der Regel nur systemkonform – wenn überhaupt – durchzusetzen. Zweitens verfestigen sie eben dadurch das Regime. Drittens verschleiern sie, so unerläßlich die Maßnahmen der Hilfe und der Erleichterung für Einzelne und für Gruppen auch sind, seinen Unterdrückungscharakter. Man darf daher mit dem Widerstand nicht zuwarten; gibt man die Chance einer „Bewährung", einer „Reform", einer „Umwandlung", der „allgemeinen Besserung" durch noch vorhandene, noch nicht abgeschaffte friedliche und gewohnt gesetzliche Mittel, so gibt man gleichzeitig der Festsetzung und dem Ausbau der legalen Illegitimität die Chance. Diese wird notorisch besser genutzt als jene.

Es kommt hinzu, daß die totalitären Diktaturen für alle Staatsbürger, die ein Amt innehaben, in erster Linie für die Beamten, die Militärs und die Lehrer, rasch das *Dilemma der Loyalität* durch besondere Vereidigungen schaffen. Sie binden die Gewissen an die auctoritas und lösen diese von der veritas. Das Manöver gelingt bei allen jenen, die sich traditionell einen solchen Zwiespalt nicht vorstellen können und die über die Prämissen der Regime nicht aufgeklärt sind. Ein Musterbeispiel dafür war die Wirkung des Eides, den Adolf Hitler auf Anraten des nationalsozialistischen Generals von Reichenau, der die Formel gleich nach dem Tode des Reichspräsidenten von Hindenburg entworfen hat, am 2. August 1934, als er sich zum Staatsoberhaupt erklärte, der Armee und ihrer Generalität abverlangt hat. Der alte Text hatte gelautet: „Ich schwöre bei Gott diesen heiligen Eid, daß ich meinem Volk und Vaterland allezeit treu und redlich dienen und als tapferer Soldat bereit sein will, jederzeit für diesen Eid mein Leben einzusetzen." Der neue Text lautete: „Ich schwöre bei Gott diesen heiligen Eid, daß ich dem Führer des Deutschen Reiches und Volkes, Adolf Hitler, dem Obersten Befehlshaber der Wehrmacht, unbedingten Gehorsam leisten und als tapferer Soldat jederzeit bereit sein will, für diesen Eid mein Leben einzusetzen." Ludwig Beck, der Generalstabschef, hat dazu geschrieben, die Generalität sei „überrumpelt" worden: „... ich hätte vielleicht damals nicht schwören dürfen".

Die Sache des Treueides gegenüber dem Tyrannen und seinem tyrannischen Regime ist an sich einfach: Es gibt in sittlicher – und gar religiöser – Betrachtung keine feierliche Verpflichtung zum Unrecht. Man verpflichtet sich, allenfalls unter Anrufung des Namens Gottes, immer nur auf das Allgemeinwohl. Handelt ihm der Eidnehmer sichtbar, radikal, stets von neuem entgegen, so ist gerade der, der den besonderen Treueid geschworen hat, nicht etwa nur berechtigt, Widerstand zu leisten, das heißt von der Loyalität gegenüber den Führungspersonen des Regimes und diesem selbst gegenüber entbunden, sondern aufgrund der Legitimität, die der Eid meint, zum Widerstand verpflichtet, – niemand so sehr wie er! (Ausgenommen davon sind lediglich die überzeugten Anhänger und Gefolgsleute der Tyrannei: die SS-Führerschaft zum Beispiel hätte, gemäß ihren Prinzipien, samt und sonders Adolf Hitler in den Untergang folgen müssen.) Das eigentliche Dilemma gegenüber einer Willkürherrschaft liegt also keineswegs in der Eidesleistung als solcher; es liegt vielmehr darin, daß sie in einem Entwicklungsstadium der Diktatur, in dem die ethische und politische Perversion noch nicht an ihren Früchten deutlich genug erkennbar ist, der legalen Illegitimität die entscheidende Loyalitätsfrist verschafft, indem sie die Abwehrkräfte lähmt und die Hoffnung weit überschätzen läßt, es könne gegen die „Entartungen" noch andere Mittel der Abhilfe geben als den aktivsten Widerstand.

4. Damit ist bereits das Problem der dritten Generalbedingung berührt: daß die *begründete Hoffnung auf Erfolg des Widerstandes* gegeben sein müsse. Selbstverständlich ist das keine Frage opportunistischer Spekulation (wie 1923 etwa die Entscheidung das Reichswehrgenerals von Lossow in Bayern, der in den Tagen vor dem sogenannten Münchener November-Putsch erklärte, er werde sich einer Hitler-Ludendorff-Revolte anschließen, wenn 51%

Wahrscheinlichkeit des Erfolges für sie vorhanden seien, – die er dann nicht als gegeben ansah). Der Sinn der traditionellen Bedingung leitet sich vielmehr wiederum aus dem Allgemeinwohl her: die Folgen des Widerstandes dürfen aller Voraussicht nach nicht schlimmer sein als das Übel, das beseitigt werden soll, von der Tyrannei ist das aber zu erwarten, wenn die Aktion gegen sie scheitert.

Auch die dritte Maxime birgt im Spannungsverhältnis zur modernen Wirklichkeit eine Reihe besonderer Schwierigkeiten in sich. Ich erwähne in aller Kürze nur einige von ihnen, möchte aber eines vorweg betonen: Die Tatsache, daß es jetzt atomare Vernichtungsmittel gibt, schließt meines Erachtens jedenfalls einen Widerstand aus, der den *Krieg mit atomaren Waffen* gegen die Tyrannei, die sie ebenfalls besitzt, heraufbeschwören könnte. Praktisch bezieht sich das heute auf den sowjetrussischen Herrschaftsbereich. Eine Befreiung, die beiderseits nur Toten und grauenhaft Geschädigten „zugute" käme, wäre natürlich keine. *Ob* freilich eine bestimmte Widerstandsaktion die Kriegsgefahr solcher Art mit hoher Wahrscheinlichkeit zur Folge hätte, dies zu beurteilen, ist nur konkret, nicht generell-theoretisch möglich. Es kann höchstens gesagt werden, daß das Problem wohl nur im Zusammenhang mit einer Intervention von außen auftreten würde, ohne Interventionshilfe aber ein durchgreifender Widerstand gegen die kommunistische Herrschaft kaum mehr möglich erscheint.

Das konkrete Urteil über die Erfolgsaussichten einer Widerstandsaktion hängt einerseits vom Stand der Entwicklung der Diktatur ab, ist also eine Frage des Zeitpunktes, anderseits von der Position, in der sich die den Widerstand erwägenden Personen befinden.

In der *Frage des Zeitpunktes* kann eine sehr einfache allgemeine Regel aufgestellt werden: Je früher und je radikaler mit geeigneten Mitteln der Widerstand geleistet wird, umso größer die Aussicht auf Erfolg; je später, umso fragwürdiger. Selbst eine Schwächesituation der Tyrannei, die sich im Laufe ihrer Entwicklung ergibt, kann nach dem Ausbau des Systems unter heutigen Verhältnissen nicht ohne besonderes Glück ausgenützt werden, weil die permanente Organisation eines jederzeit eingriffsbereiten Widerstandes innerhalb der modernen Terrorsysteme kaum möglich ist. Die „einfache" Regel zur dritten ethisch-politischen Generalbedingung widerspricht aber einigermaßen der zweiten und der ersten dieser Bedingungen!

Was die *Position der zum Widerstand Berechtigten und Verpflichteten* im Zusammenhang mit der Frage der Erfolgsaussicht betrifft, so schafft auch darüber ein einfacher Satz Aufklärung: Je zentraler und höher die Stellung innerhalb des Regimes, umso besser und gründlicher der Einblick. Man kann daher sagen: Die Verantwortung für den Widerstand wächst im direkten Verhältnis zur Bedeutung des Amtes. Die Realität aber wird in der Paradoxie deutlich, daß somit die Aufgabe im Zentrum der Macht gleichzeitig leichter und schwieriger ist, umgekehrt, in weit geringerer Intensität freilich, an der Peripherie der Macht schwieriger und leichter. Konsequent weitergedacht führt diese Erkenntnis unter anderm zu dem Problem des Widerstandes „in der Uniform des Feindes".[1]

Daß die Aussicht auf Erfolg in dieser Weise spezifisch, sonst aber generell von der *Wirksamkeit der Mittel* mit abhängt, die dem Widerstand zur Verfügung stehen und die er anwendet, liegt zutage. Sie dürften nach aller traditionellen Moral nicht über das in Notwehr erforderliche Maß hinausgehen, müssen in sich sittlich erlaubt sein[2] und sollen beteiligte Unschuldige im Maße des Möglichen schonen. Der restriktive Charakter dieser Normen im einzelnen, der die Gefahr zu bannen sucht, daß sich der Zweck, dem die Mittel dienen sollen: die Wiederherstellung der Möglichkeit des bonum commune, unter ihrer Anwendung ins Gegenteil verkehrt, ist schon an und für sich ein Handicap im Kampf gegen die Willkür, die ihrerseits keinerlei sittliche Hemmungen kennt, erst

---

[1] Vgl. W. v. Trott zu Solz, Frankfurter Hefte XIII (1958), S. 3 und 4.

[2] Der katholische Moraltheologe R. Angermair unterscheidet zum Beispiel, mit Recht, in unserem Zusammenhang zwischen Töten und Morden. „Man sollte nicht ohne weiteres von ‚Tyrannenmord' sprechen, sondern nur von der Tötung eines Tyrannen. Denn ‚Mord' bezeichnet von vornherein etwas sittlich Verbotenes. Die Bibel weiß nichts von einem allgemeinen Verbot jeder Tötung, sondern nur von einem Verbot des ‚Mordens'. 2 Moses 20,13 und 5 Moses 5,17 verwenden bei Verkündigung des ‚fünften Gebotes Gottes' nicht den Ausdruck ‚katál', der jedes Töten bedeutet, sondern ‚razách', mit dem das hinterlistige ‚Niederschlagen', das private ungerechtfertigte ‚Morden' gemeint ist. So müßte das betreffende Verbot nicht mit ‚Du sollst nicht töten!', sondern mit ‚Du sollst nicht morden!' übersetzt werden." Widerstand und Grenzen der Staatsgewalt, Berlin 1956, S. 122.

recht natürlich gegen Machtapparaturen wie seinerzeit etwa die des stalinschen NKWD oder der hitlerschen SS. Ich meine, daß es unerläßlich ist, die Pflicht zum kühnsten Widerstand heutzutage mindestens ebenso stark zu betonen wie jene restriktiven Normen. Wie heikel das angesichts konkreter Konfliktsituationen sein kann, die sich *in extrema necessitate* zuweilen ergeben, mag das Beispiel jener Männer andeuten, die es als politische Häftlinge in national-sozialistischen Konzentrationslagern 1944 auf sich genommen haben, sich in die SS-Mordmaschinerie einzuschalten, um so viele der Todeskandidaten wie möglich retten zu können.[1] Selbst die für die gesellschaftliche Anomalität vorgesehenen ethischen Maximen reichen nicht zu, auszuschließen, daß, wer dem Unrecht wehrt, zuweilen selber mitschuldig wird. Es waren im deutschen Wider-stand insbesondere Protestanten der Bekennenden Kirche, die sich dieser Problematik eindringlich und nachhaltig bewußt geworden sind.

Die aktive Judenschaft des Warschauer Ghettos hat ihrerseits durch den Aufstand im April 1943, der zu ihrer Liquidierung im *heroischen Kampf* geführt hat, gezeigt, daß der äußerste Widerstand im übrigen auch dann seinen Sinn und seine Rechtfertigung haben kann, wenn nicht mehr die geringste Aussicht auf Erfolg besteht. Jener Untergang hat damals, für später und auf immer neue Kräfte gegen die Tyrannei wachgerufen.

5. Die Widerstandsnormen von heute sind das Ergebnis eines langwierigen und komplexen Prozesses, dessen Differenzierungen noch nicht abgeschlossen sind. Politisch ist es die besondere *Dialektik des Widerstandes,* daß er von Stufe zu Stufe seiner tragischen und glorreichen Geschichte jeweils durch Taten im nachhinein all-mählich die immer besseren Voraussetzungen für die Möglichkeit einer wirksamen Abwehr im vorhinein geschaffen hat. Mit anderen Worten: der Widerstand ist als Arrièregarde gegen die undomesti-zierte oder aus der Domestikation immer wieder ausbrechende Willkürgewalt in der europäisch-amerikanischen Entwicklung zur markantesten Kraft des Fortschritts geworden. Jede Etappe der all-mählichen Entstehung von Freiheit als Selbst- und Mitbestim-mung trägt seine Spuren.

---

[1]  Vgl. Eugen Kogon: Der SS-Staat / Das System der deutschen Konzentrations-lager, Frankfurt, 170. Tausend, S. 192, 261, 371.

Der modernen Freiheitsauffassung und Freiheitspraxis zum Durchbruch verholfen hat schließlich innerhalb der souveränen nationalen Kollektive das System der pluralistischen Demokratie, der als *Idee und Praxis der institutionalisierten Opposition* das Prinzip des Widerstandes innewohnt. So weit aber auch die Entwicklung des Freiheitsbewußtseins und der Freiheit selbst in unserer Geschichte zurückreicht, so jung ist doch die Formulierung der geistigen Prämissen und die Erfahrung mit den „checks and balances" dieses Systems. Seit den demokratischen Durchbruchsrevolutionen sind noch keine zweihundert Jahre vergangen und sie waren, mit Ausnahme der USA, ausgefüllt von fortwährenden, zuweilen heftigen Auseinandersetzungen zwischen der alten und der neuen Legitimität, bis am Ende des Ersten Weltkrieges die monarchische überall dort, wo sie sich der demokratischen nicht angepaßt hatte, zusammenbrach. Mittlerweile blieben drei der gesellschaftlichen Zentralprobleme ungelöst: die Überhöhung der nationalstaatlichen Souveränitäten durch die unerläßlichen supranationalen Entscheidunginstanzen im Zuge der Internationalisierung der Gesellschaft; zweitens die Ergänzung der freien Marktkonkurrenzwirtschaft durch eine zureichende gemeinschaftliche Mindestplanung; ferner die rechtzeitige ökonomisch-soziale Fundierung der Gleichheit der Startchancen für vergleichbare Begabungen. Alle drei Probleme waren typisch politischer Natur: vorausschauend Mittel bereit zu stellen, um schwere Existenzkonflikte der Gesellschaft zu vermeiden – die Kriege, die Krisen und die Klassenkämpfe –, also die Antagonismen der freien Gesellschaft in friedliche Kompromisse zu integrieren und die Kontinuität dieser Prozesse durch Institutionen zu sichern. Da es nicht geschah, sind der pluralistischen Demokratie ihre Gegner erwachsen, als die gefährlichsten die totalitären. In dem Versuch, sich ihrer zu erwehren, gerät sie selbst immer wieder sichtbar in die Gefahr, zu verlieren, was sie bewahren und entwickeln soll: die Denk- und Handlungsfreiheit der Personen und der Personengruppen.

Infolgedessen ist der Widerstand heute sowohl ein *philosophisches wie ein ethisches wie ein politisches Problem*. Er kann außerdem nicht mehr allein innerhalb der Grenzen der einzelnen Nationalstaaten geführt werden; die Bereitschaft zur Solidarität wird gefordert, Hilfe gewährt. Daraus erwächst weltweit das Dilemma zwischen dem Recht der Nationen auf Selbstbestimmung und der Notwendigkeit der Führungsmächte, im Gegensatz der totalen Systeme – des totalitären und des pluralistischen – um der Vermeidung eines beiderseitigen Vernichtungskrieges willen zu intervenieren, wenn die Demarkationen des Machtgleichgewichtes bedroht sind. Das Erlebnis der Unterdrückung unter so widerspruchsvollen Verhältnissen und die Gefahr, ihr zu erliegen, haben die Abwehrkräfte erneut zur Entfaltung gebracht – auch derer, die sich über die Zusammenhänge hinweggetäuscht, sie übersehen oder vergessen hatten. Alle wesentlichen Fragen des Widerstandes müssen an Hand der jüngsten und der gegenwärtigen Erfahrungen weitergedacht werden, damit eine mit zureichender Sicherheit gepaarte Freiheit den Konkurrenzkampf gegen eine mit Unterwerfung und Unterwürfigkeit erkaufte – vermeintliche – Sicherheit bestehen kann.

## II.

Die Aufgabe greift meines Erachtens in eindringlicher Weise auch in die moderne *Wissenschaftsproblematik* ein.

Die pure Beschreibung der Ergebnisse, zu denen die politische Soziologie durch sogenannte *wertungsfreie Analyse des Phänomens* „Widerstand heute" gelangen könnte, genügt nicht. Tyrannei und Widerstand wären in solcher Behandlung prinzipiell von gleicher Art und von gleichem Rang, die Unmenschlichkeit und ihre Opfer lediglich Farbbrechungen im selben Spektrum, – mag sich jeder heraussuchen, was ihm zusagt. Das ist das unüberwundene Dilemma des Positivismus alter Schule, der meint, Wissenschaft auf Naturwissenschaft einschränken zu müssen und deren Methoden auf die Erforschung kultureller Tatbestände anwenden zu dürfen, ja zu sollen.

Dem gleichen Dilemma entrinnt nicht, wer die Politik ausschließlich als das Feld von Machtkämpfen ansieht. Sämtliche Normen verwandeln sich in ihm zu Ideologien: funktionalistische Rechtfertigungen der Macht. Der *Sozialdarwinist* kann zwischen Tyrannei und Widerstand keine normative Kritik üben; sie unterscheiden sich in seiner Sicht, wenn er konsequent ist, nur äußerlich-formal und in den subjektiven Intentionen. Im übrigen bleibt es bei dem von Hilaire Belloc's Captain Blood „schlankweg proklamierten Prinzip": „Whatever happens we have got / The Maxim Gun, and they have not".[1]

Die sogenannte *Reine Rechtslehre* schließlich anerkennt nur den Staat als Quelle des Rechtes. Insofern ist sie, obgleich von neukantianischer Herkunft, vollständig positivistisch. Auch für sie kann es infolgedessen weder ein Recht noch gar, juristisch, eine Pflicht zum Widerstand geben (wie es der Feudalismus des Früh- und Hochmittelalters gekannt, die Stände-Demokratie des Spätmittelalters es kodifiziert, einige neuzeitliche Verfassungen, von der Virginias, Marylands, Pennsylvanias 1776 angefangen über die französische von 1793 bis zur hessischen von 1946, es deklariert haben[2]. Die Anerkennung eines „Rechtes" auf Widerstand wäre der Reinen Rechtslehre Selbstpreisgabe der Souveränität, die positive Pflicht zum Widerstand teils ein Widerspruch in der staatlichen Normierung, teils Aufforderung zur Anarchie. Aktiver Widerstand ist innerhalb dieser Lehre durch nichts zu legitimieren.

Der Verzicht auf materiale Wertung, woraus immer er abgeleitet wird, ist jedesmal verhängnisvoll. Der Gelehrte, sobald er spricht und schreibt, wird so zum Ideenlieferanten an jede Front. Das verschärft die Gefahr, in der sich die Intellektuellen befinden: daß man sich ihrer bemächtigt, damit sie als konformistische statt als nonkonformistische Kontrollgehirne Dienst leisten. Die *trahison des clercs* ist einer der traurigsten negativen Sonderfälle des Themas „Widerstand"; die meisten Menschen sind wissenschaftsgläubig geworden, folglich geht vom Ja und vom Nein des Gelehrten eine Wirkung aus, die zu den entwicklungsbestimmenden Faktoren gehört.

Der kulturwissenschaftlich aufgeschlossene Positivist, den spezifischen Zeitanfälligkeiten und Zeitkrankheiten gegenüber nicht blind, könnte einwenden, daß die Darbietung von Ratschlägen nicht zu leiden brauche, wenn sich der Wissenschaftler streng auf die *hypothetische Normenkritik* beschränke; die Postulate der sittlichen Vernunft sollten als Grundlage einer politischen Therapie, sei sie vorbeugend, sei sie wiederinstandsetzend, die sich auf die Ergebnisse der kritischen Vernunft stütze, genügen. Gegen eine solche Meinung lassen sich mehrere, wie mir scheint, gewichtige Einwände

---

[1] T.H. Weldon: States and Morals, 1950[4], S. 239.
[2] C. Heylan: Das Widerstandsrecht des Volkes, Tübingen 1950, S. 57 f.

erheben. Erstens ist der vorwissenschaftliche Impuls, sich gerade dem Phänomen „Widerstand" zuzuwenden anstelle anderer Objekte, die sich der Forschung in reicher Fülle darbieten, für den Positivisten vielleicht geringer; die Wahl des Themas verrät beinahe unvermeidlich eine politische Neigung und Position. Zweitens verlangen alle Fragen zentralen menschlichen Verhaltens, in denen es um Sein oder Nichtsein geht, strikte Verbindlichkeit sicherer Aussage; denn es handelt sich da nicht um Zweckmäßigkeiten, sondern um das Notwendige. Drittens bedarf die adäquate Erkenntnis eines Entscheidungphänomens, wie es der Widerstand ist, der verpflichtenden und nicht nur einer hypothetischen Annahme human-existentieller Wertprämissen; ohne Identifikation kein volles Verstehen.

Wenn es in dieser Sache zu einer übereinstimmenden Erkenntnis von Normen – als unbedingt verbindlicher sittlicher Anordnungen – kommen soll, und zwar so, daß die Aussagen darüber intersubjektive Gültigkeit haben, ob es Christen oder Nichtchristen, religiöse Menschen oder Ungläubige sind, die sie machen, dann muß ein zureichendes *gemeinsames Minimum philosophischer Anthropologie* vorhanden sein: mit immer gleichem Ergebnis nachprüfbare Antworten auf die Frage, worin und wodurch sich der Mensch unterscheidet, – John Smith und seinesgleichen von der Kuh Elsbeth, um in der schönen Einfachheit des bereits zitierten englischen Philosophen zu sprechen.[1] Was in Leben und Politik dann daraus gemacht wird, ob man sich in Übereinstimmung mit den als unverbrüchlich wahr festgestellten Fundamentalwerten erster Ordnung oder in Gegensatz zu ihnen entscheidet, ist eine ganz andere Sache. Mehrere Disziplinen sind in Zusammenarbeit dabei, jene Antworten in einer den heutigen Ansprüchen genügenden Weise zu geben.

Auf unser Thema bezogen, sind nach meinem Dafürhalten die folgenden *Sätze als sicher erweisbar* anzusehen. Der grundlegende und zielsetzende Wert der menschlichen Existenz ist die Personalität. Ihre Entfaltung ist der eigentliche Inhalt der Kultur und der überzeugendste Sinn der Geschichte. Außerdem ein zuverlässiges Kriterium, den Fortschritt objektiv zu messen. Die Herstellung und Sicherung jeweils optimaler Bedingungen dieser Möglichkeit (= des bonum commune durch Verwirklichung der justitia legalis,

---

[1] T. H. Weldon, 1. c., S. 245.

distributiva und commutativa, so daß sie zur justitia socialis des suum cuique wird) ist die Aufgabe der Politik (wozu sie naturgemäß der Macht als der domestizierten Gewalt bedarf). Sie begründet auf diese Weise die Legitimität im Staat und sie vollzieht sich im Rahmen seiner Gesetze, die der Ausdruck sowohl vorgeordneter sittlicher Normen als auch, normalerweise, der ihre Ausführung allenfalls erzwingenden Befehlsmacht sind. Legale nicht weniger als illegale Illegitimität schaffen den Fall des Widerstandes, der, seinerseits legal oder illegal, folglich immer, insofern er dem Allgemeinwohl gilt, die Legitimität – die Rechtfertigung aus dieser Prämisse – für sich hat. Diese aber ist, im Gegensatz zur Antike, vorstaatlich. Obgleich sich stets alsbald zum politischen Phänomen entwickelnd, ist der Widerstand sonach primär ethisch; als solcher wird er mit politischen Mitteln für politische Ziele wirksam.

Die *Politische Soziologie* kann sich infolgedessen nicht darauf beschränken, lediglich festzustellen und zu analysieren, was ist; sie statuiert vielmehr auch, aufgrund von Normenforschung und Normenkritik, was unter allen Umständen und was unter jeweils gegebenen Bedingungen richtig oder falsch ist. Sie hat hierin vergleichbar zu vollbringen, was je auf ihren Gebieten die Medizin und die Ingenieurwissenschaften leisten.

> Unveröffentlichtes deutsches Original eines englischen Vortragsmanuskripts für die „16th Conference on Science, Philosophy and Religion in their Relation to the Democratic Way of Life" zum Thema „Challenges to Traditional Ethics: Government, Politics, and Administration" am 1. September 1960 in New York.

# Widerstand gegen die Staatsmacht

## 1972

... Das Wort Widerstand, aufgefaßt als Widerstand gegen Hitler, gegen den Nationalsozialismus und gegen das Dritte Reich, weckt in Frankreich, in Italien, in den Beneluxländern, in Dänemark,

Norwegen, und in allen Bereichen des sozialistisch-kommunistischen Ostens tiefe Gefühle. Nicht so bei uns.

Ich gehöre dem Präsidium der Internationalen Union derer an, die gegen das Dritte Reich Widerstand geleistet haben oder die deportiert worden sind – einer Union, die viele Verbände mit Millionen Mitgliedern aus allen Schichten der Bevölkerungen mit Angehörigen umfaßt, die Politiker waren oder sind, Militärs, Professoren, Schriftsteller, Publizisten, Journalisten, Arbeiter und Angestellte, auch Männer und Frauen der Kirche. In West und Ost ist über diese Reihen hinaus der Widerstand, der damals geleistet worden ist, ein Faktor der Politik und des öffentlichen Lebens: Man bezieht sich auf eine Gemeinsamkeit der Schicksale, der Erlebnisse und der Erfahrungen, auf die Tradition, die Ideale und die Prinzipien, die den Kampf gegen die Gewaltherrschaft beseelt haben – in Rom, Paris, Brüssel, Amsterdam, Kopenhagen und Oslo wie in den Städten und den weiten Landstrichen des Ostens. In der Sowjet-Union gab man mir bei einer Gelegenheit eine Medaille, die an den Widerstand in der Stadt Minsk erinnert, und ich sagte: „Aber ich war doch gar nicht in Minsk! Was habe ich mit Minsk zu tun?" „Wir alle können jede dieser Medaillen tragen", antwortete man, „wenn wir uns im Widerstand bewährt haben." Das reicht, nicht wahr, Herr Kirchenpräsident Niemöller, lieber Freund Niemöller, bis nach Sibirien: In Irkutsk sagte man uns, als man erfahren hatte, daß wir beide in nationalsozialistischen Konzentrationslagern waren, auch hier sei einer, der Buchenwald überlebt habe, und „hier" hieß dann: Sechshundert Kilometer nördlich in der Taiga, in Bratsk, wo er uns, als wir hinkamen, da man ihn verständigt hatte, auf dem Flugplatz erwartete und begrüßte.

Diesem Geist, meine Damen und Herren, begegnen Sie in West und Ost in vielerlei Gestalt; bei uns aber ist das alles nahezu unbekannt.

Was in Deutschland Widerstand war, hat nicht annähernd die gleiche Bedeutung wie in ganz Europa rings um uns herum. Woher kommt das? Wie mir scheint, gibt es einen tiefen Grund dafür. Überall im Ausland war Widerstand ein nationaler Vorgang, eine nationale Pflicht gegen einen barbarisch wütenden Eroberer. Der Widerstand ist im Krieg erfolgt, weiteste Teile der Bevölkerung standen zusammen, die Einzelnen, die dem aktiven Widerstand angehörten, konnten noch in den verzweifeltsten Situationen hof-

fen, daß die Armeen ihrer Länder am Ende doch über das Dritte
Reich, über Hitler und die SS siegen würden. Hingegen war der
Widerstand bei uns von allem Anfang an und bis zum Schluß ein
völlig anderes Problem.

Zuerst einmal ist Gewaltherrschaft solcher Art, wie sie sich bei
uns herausgebildet hat, wie wir sie erdulden mußten und mitgemacht haben, im Deutschland vor 1933 von niemandem, auch
nicht von den Gewerkschaften, auch nicht von der Arbeiterbewegung praktisch für möglich gehalten worden. Was da Geschichte
geworden ist, konnte man sich vorher nicht vorstellen.

Des weitern befand sich die Republik von Weimar, wie wir alle
wissen, in den Jahren bis zum Umsturz der Verhältnisse in einer
außerordentlich schwierigen, in mehrfacher Hinsicht sehr schwierigen Lage. Ich brauche nur an die immense Arbeitslosigkeit von
sechs Millionen und an die Kurzarbeit von dreieinhalb Millionen
zu erinnern, an alles das, was sich in unseren Zusammenhängen aus
der desolaten Teilnahme an der Weltwirtschaftskrise ergab. Wie
sollten Besserungen, wie sollte die Sanierung stattfinden? Die deutschen Erwartungen waren der Gewaltherrschaft gegenüber, als sie
begann, gespalten. Es gab nach meiner Erfahrung und wohl nach
Ihrer aller Erfahrung, die Sie die Zeit von damals miterlebt haben,
fast keinen Deutschen, der nicht in den ersten Monaten oder im
ersten Jahr nach der sogenannten Machtergreifung zumindest relativ in irgendeinem Punkte von dem Regime, das nun da war und
das die Probleme so energisch anging, positiv etwas erwartet hätte,
– es muß aber sogleich hinzugesetzt werden: Ebenso fast keinen
Deutschen außerhalb der Reihen der NSDAP, der nicht in irgendeinem Punkte oder in mehreren etwas einzuwenden gehabt hätte,
man erinnere sich nur der Stimmungen in der Arbeiterschaft, aber
auch damals schon in kirchlichen und in rechtlich denkenden konservativen Kreisen. Erst recht gab es aber kaum Deutsche, die
gewußt hätten, wie das denn alles weitergehen werde, – man gab
sich den unwahrscheinlichsten Illusionen hin.

Mitzubedenken ist ferner das Phänomen der Machterschlei-
chung, wie mein Politologie-Kollege Bracher es genannt hat. Die
Macht ist von den Nationalsozialisten nicht, wie sie behauptet
haben, erobert, sie ist in der Tat, und mit Hilfe anderer, bedeutender gesellschaftlicher Kräfte im deutschen Volk, erschlichen worden. Wie soll, wenn politische Vorgänge nicht sogleich in ihrer

ganzen Tragweite abgeschätzt werden können, sofort wirksamer Widerstand gegen sie möglich sein?

Es kam, in den ersten Monaten, im ersten Jahr, über das erste Jahr hinaus, die deutsche Autoritätsgläubigkeit hinzu: Man konnte sich, ich komme auf meine Anfangsbemerkung zurück, ganz einfach nicht vorstellen, daß staatliche Autorität imstande sei, auf die Dauer Unrecht zu tun – und solches Unrecht, wie es dann geschehen ist. Es konnte sich da doch nur um eine vorübergehende Entgleisung handeln, keinesfalls um deutsches Wesen oder Ausdruck deutschen Wesens. Ich erinnere mich einer Szene: Wir wurden, mit Handfesseln aneinander gekettet, etwa sechzig waren wir an der Zahl, als politische Gefangene beim Umverladen in einem Transport durch den Leipziger Bahnhof geführt, – die Leute, die uns sahen, wagten auf uns kaum hinzublicken: In die Hände der Obrigkeit gefallen, da konnte es sich nur um Kriminelle handeln! Ich bin einmal, mit anderen zusammen, auch durch die Tschechoslowakei transportiert worden, das damalige Protektorat, die Herrschaftsverhältnisse waren also unzweideutig, – Sie können sich nicht vorstellen, welche Sympathie uns noch in den schwierigsten Bewachungssituationen entgegengebracht wurde, was man uns alles zusteckte oder zuzustecken versuchte, bis die Wachposten es verhinderten: Ein Transport von Gefangenen in Zivil, da bestand gleich prima vista kein Zweifel, auf welcher Seite das Recht war. Welch ein Unterschied in den Grundauffassungen und in der Grundhaltung!

Doch wurde, was an Terror 1933/34 in Deutschland geschah, weitgehend geheimgehalten. Auch später war das noch oft genug und gerade im Schrecklichsten die reguläre Praxis. Auch dies muß zur Erklärung, teilweise zur Entschuldigung deutschen Verhaltens damals, im Vergleich zur Reaktion im Ausland, angeführt werden. Gewiß, man kannte das Wort „Dachau", – es war der Symbolname für einen anonymen Schrecken; was sich im einzelnen und konkret dahinter verbarg, das wagte man kaum zu erfahren, schon das Wissen darum war bedenklich, es konnten sich schlimmste Konsequenzen daraus ergeben. Man fürchtete den anonymen Terror. Wir, die wir in die Konzentrationslager eingeliefert wurden, nachdem wir, oft in monatelangem Verhörverfahren, durch die Hände der Gestapo gegangen waren, kannten sehr wohl, selbstverständlich, die Furcht, aber uns lähmte nicht Angst, der Schrecken war

nicht mehr anonym, wir wußten, was einem konkret bevorstehen
konnte. Es ist leichter, sich einem Schrecken gegenüber zu behaupten, den man erkannt hat, als einer anonymen terroristischen
Bedrohung gegenüber – einer Bedrohung außerdem, die sich
womöglich, wenn man sich auf aktiven Widerstand einließ, die
ganze Familie erreichen konnte, die Frau, die Kinder, die Eltern.
Durfte, mußte man alles aufs Spiel setzen, war das in der Tat die
unausweichliche Entscheidung?

Im Wege stand auch die Verkennung der Bedeutung, man muß
wohl sagen, die traditionelle Verkennung der Bedeutung des Beamten- und Soldateneides. Sie wirkt ja, nachhaltig, noch bis in unsere
Tage herein, das Kapitel ist bei weitem nicht geklärt. Man meinte –
und man meint –, der Eid verpflichte unter allen Umständen,
gleichgültig ob auf den Staat, auf Gruppen oder auf Personen geleistet ... Den einer Person geleisteten Eid gab es auch in den monarchischen Regimen, aber der Fürst galt nach dem politischen Glauben jener Zeiten – ich sage bewußt: Glauben – als von Gottes Gnaden der Repräsentant des Ganzen, man verpflichtete sich in der
Person dem Ganzen, sie unterstand ihrerseits der Loyalitätspflicht.
Konnte jetzt, mitten im 20. Jahrhundert, die Führer-Volk-Mystik
die Zweiseitigkeit des Verhältnisses so vernebeln, daß Hitler allein
es war, der für sich und unter allen Umständen unbedingten
Gehorsam fordern durfte? Viele Militärs, besonders der hohen
Ränge, haben gewußt, zumindest geahnt, daß da etwas „nicht ganz
in Ordnung" war; Guderian beispielsweise hat in seinen Erinnerungen davon geschrieben, daß er sich einen Moment lang gefragt
habe, ob er solch einen Eid ablegen dürfe. Man weiß, zu welchen
Gewissensnöten – beinahe möchte man sagen: perversen Gewissensnöten – die Überlegungen in ungezählten Fällen geführt
haben. Aber der Eid wurde abgelegt und in Treuen gehalten – in
Treuen auch, als die Barbareien dieses Führers und dieses Regimes
zutage lagen. Eine der schrecklichsten und folgenreichsten deutschen Verwirrungen.

In eineinhalb Jahren hat sich die NS-Herrschaft allmählich verfestigt. Hierbei vollzog sich eine eigenartige Umkehrung von
Chance und Gefahr des Widerstandes, wie sie sonst aus der Geschichte nicht bekannt ist; es handelt sich um eine typisch moderne
politische Erscheinung. Man läßt sich just zu Beginn eines Gewaltregimes, zur Zeit also, wo aktiver Widerstand mit Aussicht auf

Erfolg noch möglich wäre, wegen der Notstände, die überwunden werden sollen, auf ein energisch autoritäres, ja diktatoriales Vorgehen ein, denkt dabei, klassisch gebildet, an die zeitlich begrenzte Notstandsdiktatur der Römer, und verhilft der Unrechtsherrschaft durch die wirksamen Maßnahmen, deren Effizienz einleuchtet – die Überwindung der Arbeitslosigkeit!, der Bau der Autobahnen! –, was immer die Kosten in jeder Hinsicht sein mögen, zu der Verfestigung, die den Widerstand schwieriger und schwieriger macht. Wir alle wissen aus der Erfahrung des Dritten Reiches, wohin das führt: Die Gewerkschaften waren zerschlagen, die Organisationen, die Vereine, in denen Gegnerschaft sich hätte halten können, gleichgeschaltet oder abgeschafft, die Intelligenz entweder schon vernichtet oder in die Emigration gejagt oder eingeschüchtert oder in Dienst gebracht, – 1938 gab es nur mehr ein paar Militärs, die den Apparat zu dem Versuch besaßen, Hitler abzusetzen; sie mußten es aufgeben, als Hitler einen außenpolitischen Erfolg nach dem andern errang. Die Perversion besteht sichtbar darin, daß man Widerstand am Anfang, wenn er noch möglich wäre, aus psychologischen Gründen, die gegeben sind und sich ergeben, nicht zu leisten vermag und ihn dann, wenn er schwieriger oder nahezu unmöglich geworden ist, nur mehr „in der Uniform des Feindes", wie Trott zu Solz, einer der Widerstandsmänner der konservativen Seite es ausgedrückt hat, mit einiger Aussicht auf Erfolg unternehmen kann.

Eine ganze Reihe von Verschworenen des 20. Juli 1944 trugen diese Uniform des Feindes – nicht nur die militärische, auch die der Partei. Und nur wer sich in hohen Ämtern des Nationalsozialismus befand, war in der Lage, Männern und Frauen des Widerstandes allenfalls auch Hilfe zu leisten. Es ist ja wahr, daß es Richter im Dritten Reich gegeben hat, die von der Gestapo zu Konzentrationslager Bedrohte durch Gefängnisurteile davor bewahrt haben; die ihnen auf diese Weise eine bessere Überlebenschance verschafften; Richter, die NSDAP-Mitglieder geworden waren – aus Opportunismus vielleicht, die aber ihrer Gesinnung nach nicht Nationalsozialisten waren. Es war abzuwägen, in welchem Verhältnis das Unrecht, das sie duldeten oder selbst taten, zu der Hilfe stand, die sie leisteten. Die Verflechtungen waren zum Teil tragisch, zum Teil unheilvoll – wie etwa im Fall Nebe vom Reichskriminalhauptamt, der von einem bestimmten

Zeitpunkt an dem aktiven Widerstand die wertvollsten Dienste geleistet, unlöslich in das Regime verstrickt aber durch Einsatzkommandos, die er mitzuverantworten hatte, zahlreiche Morde mitverursacht hat ...

Ein anderes der Probleme von damals hat heute sogar noch eine unmittelbar aktuelle Parallelbedeutung: Die Nichtintervention der demokratischen Staaten. Bis zum Ausbruch des Krieges, den Hitler selbst herbeigeführt hat, gab es für uns im Dritten Reich keine durchgreifende Hilfe von draußen. Einen Triumph nach dem andern konnte das Gewaltregime so erreichen, immer aussichtsloser wurde der Widerstand. Auch dies war eine Perversion sondergleichen, daß wir den Krieg als die einzige Möglichkeit vielleicht sichtbar werdender Befreiung erhoffen mußten. Heute, angesichts der Superrüstung und der mit ihr verbundenen Gefahr kollektiven Selbstmordes im globalen Ausmaß wäre selbst jene verzweifelte Hoffnung unmöglich geworden; Intervention ist jetzt nicht nur nach den herrschenden internationalen Grundsätzen unzulässig, sie bärge, weit darüber hinaus, die allgemeine Vernichtung in sich. Wo gerieten wir hin, wenn jeder Staat von der in seiner Gesellschaft geltenden Ideologie aus in die ihm gegensätzlichen Bereiche gewaltsam eingreifen wollte und dürfte, unter Umständen sogar müßte!

Es läßt sich, um über diese elementare Schwierigkeit des Verhältnisses von Gewalt und Widerstand hinwegzukommen, nur die Schlußfolgerung ziehen, daß ein kollektiver Pakt geschaffen werden muß, der die UN-Deklaration der Menschen- und Bürgerrechte politisch konkretisiert, so daß eine kollektive Intervention stattfinden kann, wenn sie nachhaltig verletzt werden. Man muß darauf hinarbeiten, das, was der Europa-Rat mit dem Obersten Gerichtshof zum Schutze der Europäischen Konvention der Menschen- und Bürgerrechte etabliert hat, zu einer verbindlichen weltregionalen Regelung im Rahmen der Organisation der Vereinten Nationen auszubauen.

Hitlers außenpolitischen Erfolgen, zu denen die demokratischen Staaten des Westens im übrigen auch durch überflüssige Schwächlichkeiten und durch ihre übliche Politik beigetragen haben, folgte der Krieg. Nun konnte deutscher Widerstand nur mehr zu Lasten des eigenen Volkes geleistet werden, ganz anders als im Ausland, wo er die gemeinsame nationale Sache war. Bei uns lag, nach dem Gang der Entwicklung, wie sie sich vollzogen hatte, die Auffassung nahe, daß man im Krieg, der die Existenzbedrohung aller mit sich brachte, nun wohl oder übel gemeinsam zusammenstehen müsse. Wer wagte es schon, sich zum Hochverrat, konsequenterweise sich auch bis zum Landesverrat zu entschließen? Es ist ein schweres Problem. Ich selbst bin der Meinung, daß man der Notwendigkeit, den Treuekonflikt auszutragen, nicht entgehen kann. Er ist im deutschen und im internationalen Fernsehen neulich als das Geschehen, das die Gestapo seinerzeit „Rote Kapelle" genannt hat, gezeigt worden: Man sollte die Problematik, damit wir daraus zu lernen vermögen, immer wieder bis auf den Grund überlegen. Wann gelten die höheren Werte unter allen Umständen, auch gegen die eigene nationalstaatliche Autorität? Was sind wir auf uns zu nehmen um jeden Preis verpflichtet, damit die Prinzipien der Gerechtigkeit und der Humanität in Geltung bleiben?

Der Konflikt ist nicht neu, auch frühere Zeiten haben ihn gekannt. Ich habe mir aus Shakespeares „König Johann" Worte des Grafen Salisbury herausgeschrieben, der sich wegen einer einzigen Mordtat seines Souveräns auf die Seite Philipps des Schönen von Frankreich stellte und mit dessen Heer in England landete. „So groß", heißt es dort, „ist der Verderb der Zeit, / daß wir zur Pfleg und Heilung unsres Rechts / zu Werk nicht können gehn als mit der Hand / des harten Unrechts und verworrnen Übels. / Und ists nicht Jammer, o bedrängte Freunde, / daß wir, die Söhn und Kinder dieses Eilands, / solch eine trübe Stund erleben mußten, / wo wir auf ihren milden Busen treten / nach fremdem Marsch, und ihrer Feinde Reihn / ausfüllen – ich muß abgewandt beweinen / die Schande dieser notgedrungnen Wahl –, / den Adel eines fremden Lands zu zieren, / zu folgen unbekannten Fahnen hier." Gar nicht wenige von uns waren genau in dieser Situation: Sie sind als Emigranten zu den „Forces Libres" General de Gaulles gegangen, in der Sowjet-Union zu anderen Verbänden, und haben gegen ihr eigenes Land gekämpft, – in der Tat „verworrnes Übel". Aber wie hätte das Unheil anders überwunden werden sollen, als indem man, wie immer – auch im Innern des Landes –, Stellung bezog, um das Gewaltregime zu beenden. Kein leichter Entschluß, wahrlich nicht.

Am Ende stand die Schuldverstrickung von Millionen, von fast allen, von so gut wie jedermann. Was ließe sich an verworrener

Notwendigkeit nicht alles sogar aus den Konzentrationslagern berichten! ...

Aus der Rede vom 17. Juni 1972 zur Verleihung der Wilhelm-Leuschner-Medaille an die Herren Josef Lang, Kirchenpräsident i. R. D. Martin Niemöller, Pfarrer Josef Will sowie zur Eröffnung der Ausstellung „Der Hessische Widerstand gegen das NS-Regime" im Auditorium Maximum der Philipps-Universität Marburg; abgedruckt unter dem Titel „Widerstand gegen die Staatsmacht – vormals und heute" in: Zum Nachdenken, Heft 46, September 1972, S. 4-16. Siehe auch weiter unten S. 275.

# Widerstand und Ehre

## 1951

Ehre und Widerstand sind Geschwister. Wer Ehre im Leibe hat, widersteht dem Unrecht, ob es ihm selbst oder anderen angetan wird. Er ist den menschlichen Idealen verpflichtet, zu deren höchsten die Freiheit gehört. Frei aber ist, wer sich für das Richtige und das Notwendige mit Kraft zu entscheiden vermag.

Und so hängt unsere Ehre davon ab, zu tun, was richtig und was notwendig ist ...

Darum ist der Widerstand, den Hunderttausende von Deutschen allerorts, in den vielfältigsten Formen, während der nationalsozialistischen Zeit geleistet haben, und den Hunderttausende heute, abermals unter vielfältigen Formen, in den weiten Gebieten der sowjetischen Gewalt leisten, alles andere als Verrat, wie die Verblendeten, die Fanatiker, die Betrüger zu behaupten wagen. Er ist in Wahrheit der einzige Retter der deutschen Ehre. Wo immer Männer und Frauen, ob jung oder alt, aus lauteren Beweggründen gegen die Gewalthaber und ihren Schergenanhang gearbeitet haben, aufgestanden sind, gekämpft, geholfen und gelitten haben, ob im In- oder im Ausland – ja, auch im Ausland, da wir uns innerhalb des großen nationalen Gefängnisses allein nicht mehr zu helfen vermochten –, ob in den illegal gewordenen Verbänden der Freiheit, in der Armee, in den kirchlichen Bereichen, in der mißbrauchten Justiz, in den Schulen oder in der Apparatur der Unterdrücker selbst, sie haben die Seele Deutschlands, seine Ehre und den Ansatz zu neuer Freiheit gerettet, noch indem sie unterlagen. Nicht die berüchtigten Befehlsempfänger sind die Helden gewesen, die goldbetreßten, hypnotisierten Zuhörer bei Hitlers unfaßbar lächerlichen Tischreden in seinem „Wolfsschanze" genannten Hauptquartier, nicht die „Heil"-Brüller bei Parteitagen, die das Unheil heraufzubeschwören mithalfen, sondern von den Münchener Studenten bis zu Gördeler und Witzleben Bekannte und Unbekannte, die den Mut besaßen, für die Menschlichkeit Deutschlands ihr Leben gegen eine Übermacht aufs Spiel zu setzen, *sie* sind die wahren Helden Deutschlands.

Die Stätten, wo sie fielen, wo man sie scheinbar in Schande gemartert, getötet und verscharrt hat, überall im Lande, in seinem Norden und Süden, Westen und Osten, sind die Plätze der deutschen Ehre, die unsere Gedenktafeln für die nachwachsenden Generationen verdienen. Wer durch die Städte, Marktflecken und Dörfer des kontinentalen Auslandes kommt, trifft allerorten die Inschriften in Schwarz und Gold, die von den gefallenen Widerstandskämpfern gegen die Tyrannei Kunde geben. Unser eigener Widerstand gleicher Art ist die Ehre, die uns erhalten blieb, und sie wird in der Welt durchaus anerkannt. Sie ist das Fundament der Solidarität aller Freien – in dieser Zeit rasch und schrecklich verfallender nationaler Maßstäbe, einer Zeit wieder totaler Auseinandersetzungen um den Kernbestand des Menschen selbst, seine Personalität, und das heißt: seiner Freiheit, sich zu entscheiden. Der in Deutschland geleistete Widerstand ist das Fundament der internationalen Gleichberechtigung für das ganze deutsche Volk. Die Hingerichteten sind stellvertretend für alle gestorben, wenn sich die Überlebenden zu ihnen bekennen ...

Kommentar im Nordwestdeutschen Rundfunk am 27. April 1951.

\* \* \*

## 1955

... Kunrat von Hammerstein, einer der Überlebenden des 20. Juli 1944, hat einen Erinnerungsbeitrag geschrieben, der Anfang August in einer unserer politischen Monatsschriften erscheinen wird: „Offiziere um Goerdeler". Darin heißt es: „Ewald Heinrich

von Kleist, Leutnant im Potsdamer Regiment 9, sagte mir im Mai
1944, daß Graf Stauffenberg ihn Ende Januar fragte, ob er, Kleist,
sich am 11. Februar anläßlich einer Vorführung neuartiger Uniformen für die Fronttruppe mit Hitler, Himmler und Göring in die
Luft sprengen würde. ,Ich bat um 24 Stunden Bedenkzeit und fuhr
nach Hause, um meinen Vater zu fragen, von dem ich eigentlich
hoffte, daß er abraten würde, weil es zu spät für einen Kompro-
mißfrieden sei und weil die Gefahr einer neuen Dolchstoß-
Legende drohe. Aber er sagte: Das mußt Du tun. Wer in einem solchen Moment versagt, wird nie wieder glücklich.' "

Ein großartiger Ratschlag aus der Tradition von Ehre und
Tugend, – klar und einfach. Dieser Vater mochte von der nütz-
lichsten Staatsform dies und jenes halten, von der notwendigen
Ordnung der gesellschaftlichen Verhältnisse konservativ oder fortschrittlich denken (und wir wissen ja, wie problematisch in dieser
Hinsicht vieles von dem war, was so mancher, der zu den Ver-
schwörern des 20. Juli 1944 gehörte, sich vorgestellt und was er
angestrebt hat), die Antwort des Vaters im Angesicht einer die
Nation verschlingenden Entwicklung, für deren Rechtfertigung
sich der bluttriefende Barbar an der Spitze auf keinen Fahneneid
berufen durfte, diese Antwort an den fragenden Sohn ist ein großes
Motto in der Überlieferung der Freiheit: „Das mußt Du tun. Wer
in einem solchen Moment versagt, wird nie wieder glücklich".

Die Demokratie wird Bestand haben, wenn viele Väter wissen,
wann sie ihren Kindern einen solchen Rat zu geben haben, und den
Mut dazu besitzen. Auch im Kleinen. Auch im zivilen Leben. Denn
die Freiheit nährt sich aus tausend täglichen Quellen.

Kommentar im Hessischen Rundfunk am 20. Juli 1955.

# Denunziation als Verbrechen

## 1948

... Versuchen wir einige Unterscheidungen. Zuerst zwischen Anzeige und Denunziation. Vielleicht ist sie möglich. Hat die An-

zeige, Pflicht eines jeden Staatsbürgers, wenn es sich darum handelt, ein geplantes schweres Verbrechen, das zu seiner Kenntnis gelangt, zu verhüten, und Pflicht des Beamten auch dann, wenn ein begangenes Verbrechen aufgedeckt werden muß, nicht das Bestehen eines Rechtsstaates zur Voraussetzung, während die Denunziation rein politischen Charakters und Bestandteil eines Systems der Willkür ist, sei es nun rechtsstaatlich verkleidet oder nicht (Absolutismus, Tyrannei, Militärdiktatur ohne einwandfrei rechtlichen Auftrag für eine knapp begrenzte Zeit)? Wenn dieser Unterschied zutrifft, dann ist die begründete Anzeige berechtigt, unter Umständen sogar Pflicht, die Denunziation von vornherein verbrecherisch.

Im Rechtsstaat entstehen aus dem Anzeigerecht und der bedingten Anzeigepflicht kaum besonders schwierige Fragen. Wer bewußt eine falsche Anzeige erstattet, ist strafbar. Leichtfertige Anzeigen sollten nicht straffrei sein. Die Anonymität einer Anzeige zu wahren, dürfte in schwerwiegenden Fällen nicht unbedingt Pflicht der Behörden bleiben. Unmenschlich ist eine Anzeige im Rechtsstaat nie, weil dem Betroffenen jeder Rechtsschutz offensteht.

Anders unter einem Willkürregiment. Da es das Recht nicht zur Grundlage hat – sich allenfalls nur der Form des Rechtes zur Täuschung der Gewissen bedient (was noch schlimmer ist als die nackte Willkür) –, ist es seinem Wesen nach in Gefahr, unmenschlich zu sein. Sobald die Unmenschlichkeit in Erscheinung tritt, sei es unverhüllt, sei es in der Form des Rechtsmißbrauches, muß jeder Staatsbürger wissen, daß er sich mit einer politischen Anzeige, in diesem Falle also einer Denunziation, ob anonym oder nicht anonym, zum Werkzeug eines möglichen, ja wahrscheinlichen Verbrechens macht. Gemeine Beweggründe verschärfen den Tatbestand. Unwissenheit oder Irrtum sind je nach den Umständen zu verantworten; es gibt für jeden Staatsbürger auch eine Pflicht, über den Charakter des Regimes, in dem er lebt und das er durch seine Stimme, sein Schweigen oder sein sonstiges Verhalten unterstützt, sich zu unterrichten, nach Eintritt bestimmter rechtsbrechender, offener Tatsachen unterrichtet zu *sein!* Müssen dann Unwissenheit oder Irrtum verantwortet werden, so können sie höchstens strafmildernd wirken ...

Aber es gab in der Zeit *vor* der Willkürherrschaft kein geschriebenes Gesetz, das die Denunziation unter Strafe gestellt hätte! Ich meine, die Menschlichkeit ist das innerste Wesen des Rechtes. Sie braucht nicht eigentlich kodifiziert zu sein. Sie, und nur sie allein, nicht irgendein „gesundes Volksempfinden" oder dergleichen, versteht sich von selbst. Sie wurde nicht jetzt erst als Rechtssatz erfunden, *sie war immer Recht,* auf ihr beruht alles Recht, auf sie geht sogar die glorreiche Formulierung zurück, daß es kein Verbrechen und keine Strafe ohne Gesetz gibt, denn *sie* ist das oberste aller Gesetze – *gegen* die Willkür derer, die Gesetze nicht wollen, um unmenschlich sein zu können, die Gesetze entstellen, um Menschenrechte zu beugen, die Gesetze brechen, um Menschen in ihre Gewalt zu bringen. Gegen die Menschlichkeit kann nicht angeführt werden, sie dürfe nicht „rückwirkend" gelten, – gegen alles kann dies vielleicht angeführt werden, nur gegen sie nicht, weil sie nicht ein Grundsatz wechselnder Zeiten, der Umstände, bestimmter Formulierungen, mehr oder minder großer Einsicht ist, sondern die unabänderliche, ewig gültige Grundlage unseres Daseins überhaupt.

Das ist uns heute angesichts der überwundenen, der noch bestehenden und der sich ausbreitenden Tyranneien klarer, als es uns früher klar war ...

Es ist schon etwas daran, wenn man seit geraumer Zeit gegen einen absoluten Rechtspositivismus, der die Forderung nach höchstem Recht schließlich zu höchstem Unrecht werden ließe, Einwände erhebt. Die Hunderttausende von Paragraphen sämtlicher Gesetzesbücher der Welt entstammen dem Rechtsboden der Menschlichkeit als der alles nährenden Norm, oder sie müssen fallen, wenn sie ihm nicht oder nicht mehr entstammen, ob es sich nun um den „Treueid" für einen Unmenschen handelt, der die Angehörigen seiner Wehrmacht bedingungslos und bis zu allerletzt nicht bloß zur Erfüllung der militärischen Aufgaben, sondern darüber hinaus sogar zur Denunziation verpflichten wollte (was die Gerichte in Braunschweig, Bückeburg und Bielefeld rein positivistisch anerkannten), oder um Bestimmungen des ehemaligen deutschen Militärstrafgesetzbuches, die derartiges vielleicht verlangt haben (wir kennen es nicht, haben es nicht zur Hand, und würden es in diesem Punkt für jene Zeit auch nicht anerkennen), oder um irgendeine andere „Verbindlichkeit". Der Rechtspositivismus hat in einem bestimmten Abschnitt der abendländischen Geschichte eine segensreiche Rolle gespielt; er wird zur ernsten Gefahr, wenn er seine eigene ursprüngliche Grundlage: die Sicherung der Freiheit des Menschen, preiszugeben droht, indem er die Menschlichkeit als verbindliche Norm ausschließen wollte, von der doch jede gesonderte Kodifizierung – die er allein anerkennen möchte – abhängt. Nur durch eine solche zutiefst widerspruchsvolle Verstrickung konnte es möglich werden, daß deutsche Richter noch heute meinen, es habe unter dem Dritten Reich eine *Pflicht* zur Denunziation gegeben, – in einem Staat, der den Boden des mehr als bloß formalen Rechts längst verlassen hatte; als ob es eine Pflicht zur Mitwirkung an möglichen und wahrscheinlichen und tatsächlichen Verbrechen geben könnte! Es war nur eine logische Folge solcher rein positivistischer Auffassung, wenn das Bielefelder Gericht am Ende sogar die Erziehung zum Parteifanatismus für strafausschließend hielt: – Erzieht uns alle zu Dieben, und wir können stehlen, soviel wir wollen!

Der Entwicklungsgang, der hinter uns liegt, ist völlig klar. Zuerst der Wille zur Rechtssicherheit, das Verlangen, die Menschlichkeit durch geschriebenes Recht zu schützen. Dann allmählich die ausschließliche Beschränkung auf die immer dichter werdende Fülle des geschriebenen Rechtes. Schließlich der Verlust des Bewußtseins vom eigentlichen Zusammenhang, ja gelegentlich sogar die Leugnung des Zusammenhangs von Humanität und Recht. Am Ende die Anschauung, Recht sei überhaupt nur, was geschrieben und staatlich dekretiert sei. Nichtgeschriebenes könne gar nicht Recht sein. Daraus dann die Forderung, selbst offensichtliche Verbrechen straffrei zu lassen, wenn kein Buchstabe eines Gesetzes, sondern „nur" die Menschlichkeit sie verbot. Und ganz zuletzt: die Auflösung des Rechtes überhaupt in einen puren Formalismus, mit dem jeder Machthaber treiben kann, was er will; an die Stelle der Menschlichkeit ist der beliebige Inhalt getreten, alles Falsche notfalls maßgebend geworden, nur die Humanität nicht mehr, so daß schließlich sogar der Formalismus selbst preisgegeben und nicht einmal mehr eines der Kernstücke des Rechtspositivismus aufrechterhalten wurde: die Veröffentlichung von Gesetzen, wodurch dann der Kreis geschlossen und der Zustand der Willkür, gegen den man ursprünglich angegangen war, wieder herbeigeführt wurde. So waren die Juristen, die sich von Quellboden des Rechts mehr und mehr entfernten, am Ende nicht weniger Büttel der Tyrannei als ehedem. Und nun sollte der Mißbrauch, den der Nationalsozialismus mit dem „gesunden Volksempfinden" getrieben hat, sogar der einfachen und natürlichen Reform noch im Wege stehen!

Da die Zeitläufe derart verworren sind, muß man das selbstverständlichste Recht von der Welt, das zu allen Zeiten bestand, besteht und bestehen wird, also wieder in eine Formel kleiden. Wegen der gleichen Verwirrung muß man aber bei Beurteilung vergangener Verbrechen in manchen Fällen vielleicht auch Milde walten lassen. Oder soll man gerade deshalb, auf die Gefahr hin, die in ihrem natürlichen Rechtsbewußtsein Verwirrten noch mehr zu erschüttern, besonders streng sein, damit sich das Übel nicht weiterfrißt, damit wir vielmehr die allein sichere Grundlage unseres Daseins wiedergewinnen: die Menschlichkeit? *Hier* kann ein Gewissenskonflikt sozusagen pädagogischer Art entstehen. Der Richter wird ihn wohl nach Maßgabe der *Besserungsfähigkeit* dessen, der gegen die Menschlichkeit gefrevelt hat, lösen können.

Frankfurter Hefte, April 1948.

# Stalingrad

## 1963

... Die Wahrheit über Stalingrad ist eine allgemeine. Es geht dabei nicht um die Schuld oder die Unschuld dieses oder jenes militärischen Befehlshabers. Auch das bedarf der gerechten Klärung, gewiss, aber darüber wird noch lange geschrieben, gestritten und gerechtet werden. Am Ende, fünfzig Jahre nach uns, wird möglicherweise ein einhelliges Urteil der Geschichtswissenschaft feststehen, – uns Lebenden wird es nichts mehr nützen. Wir wissen jedoch heute schon – und zwar ohne daß wir uns, wie bei so vielen anderen Ereignissen der nationalsozialistischen Zeit, dabei als Gegner immer tiefer zu entzweien brauchten – zuverlässig, daß der 2. Februar 1943 zu einem Datum geworden war, von dem an nun jedermann endgültig die Möglichkeit hatte, die Diktatur und ihre

Verwerflichkeit zu durchschauen – gerade während des Krieges, in dem jetzt das ganze Volk um seine Existenz und die Art seines künftigen Fortbestandes rang.

Im größeren Maßstab war es nach dem 2. Februar 1943 in Deutschland so wie nach dem 30. Juni 1934: Wer das Massaker, das Hitler damals anrichtete und anrichten ließ, nicht als die grellste Beleuchtung des Weges erkannte, den die Diktatur ging, dessen Irrtum war nicht mehr bloß politischer Natur, sondern es fehlte ihm an Menschlichkeit. Wenige Wochen später, am 2. August 1934, sofort nach dem Tode des Reichspräsidenten von Hindenburg, forderte Hitler dem deutschen Offizierskorps jenen in seiner Substanz veränderten Eid ab, der es ihm dann erlaubte, von der rücksichtslosesten Aufrüstung zur politischen Gewaltanwendung nach außen, von dieser zum Eroberungskrieg und in diesem – alles während eines Zeitraumes von kaum zehn Jahren – zur Strategie der Hinopferung des deutschen Volkes fortzuschreiten. Stalingrad war die Bestätigung dafür, daß das geheime Gewissen, das die Erfolge der Nichtkriegsjahre, dann die Siege der großen Feldzüge zugedeckt hatten, im Recht gewesen war: die Generale Beck, Guderian und manche andere haben es ausgesprochen, daß sie am 2. August 1934 die Sachlage hätten durchschauen und den nun auf Adolf Hitler persönlich zu leistenden Eid „unbedingten Gehorsams" hätten verweigern müssen. In Stalingrad ist das Versäumnis endgültig zum nationalen Verhängnis geworden.

Mir liegt zur Veröffentlichung ein Manuskript von Ernst Alexander Paulus vor, dem Sohn des einstmaligen Generalfeldmarschalls, worin gegen mancherlei Legendenbildung die Rolle des Vaters in der Tragödie besser beleuchtet wird. In dem Manuskript heißt es: „ ‚Daß wir Hitler und seinem System in diesen Krieg gefolgt sind, war der Ursprung der Katastrophe. Es steht uns nicht an, uns nachträglich über diese oder jene Erscheinungsform zu beklagen, und wir sollten nicht glauben, wir wären um die Niederlage herumgekommen, wenn dieser oder jener General hier oder da anders gehandelt hätte.' So ähnlich drückte sich mein Vater später aus. Die Bemerkung des Generals Rokossowski unmittelbar nach der Gefangennahme: ‚Daß Sie Hitler politisch gefolgt sind, verstehen wir nicht' hat meinen Vater tief beeindruckt. Er hat sich in der Gefangenschaft lange mit dieser Frage auseinandergesetzt und seine Erkenntnisse in Thesen gefaßt, die ich hier wiedergeben will:

‚Es entsteht die Frage, wie es möglich war, daß die meisten Generale vom Oberbefehlshaber des Heeres an bis zu den mittleren Führern einem Manne in Frieden und Krieg gefolgt sind, obgleich sie nicht nur dessen Person, sondern auch seine militärischen Maßnahmen ablehnten. Sie waren das Ergebnis ihrer Umwelt und Erziehung und sahen ihre Aufgabe darin, ihr „handwerkliches Können" dem Staatsoberhaupt und damit, nach ihrer subjektiven ehrlichen Überzeugung, dem deutschen Volke zur Verfügung zu stellen. Zu einigen Erscheinungen des Nationalsozialismus, welche sie störten, standen sie in Opposition, andere schwerwiegende Erscheinungen übersahen sie, die Wurzeln erkannten sie nicht. Subjektiv glaubten sie, ihrem Volke zu dienen, objektiv wurden sie zu Stützen eines von ihnen selbst abgelehnten und für unser Volk unheilvollen Systems. Auch ich unterlag damals diesem Irrtum, zögere aber nicht, es zuzugeben.' "

Lassen wir das Staunen des sowjetrussischen Heerführers, der selber zu denen gehört, die einem barbarischen Diktator politisch bis zu dessen Tode untertan geblieben sind, beiseite, – Paulus, der Vater, in der Wiedergabe des Sohnes, hat ganz und gar recht. Die Verantwortung für das Unheil begann sehr früh. Mag noch eine Zeit hindurch umstritten bleiben, ob und wann während der gigantischen Kesselschlacht an der Wolga Teile der Paulus-Armee hätten gerettet werden können, – feststeht, daß man zumindest vom 2. Februar 1943 an, also nach erfolgter Kapitulation, in keiner zivilen oder militärischen Führung Deutschlands mehr, wenn man nicht vollständig verblendet war, mit gutem Gewissen der Diktatur dienen konnte. Stalingrad war das letzte und schauerlichste Fanal an der Wegkreuzung zu Untergang oder Widerstand.

Ich meine, solche Erkenntnis hat Gegenwarts- und Zukunftswert. Wir lassen uns von nichts und von niemandem mehr, sei es politisch, sei es militärisch, zu blinder Gefolgschaft verführen.

Kommentar zum Thema „Zwanzig Jahre Stalingrad" vom 2. Februar 1963 im Hessischen Rundfunk.

# Die „religio" des Soldaten

## 1953

... Gab sie dem Soldaten auch die Möglichkeit, zu schießen und Terror nicht nur zu erleiden, sondern auch auszuüben, diese „Rückbindung", diese „religio"? Wenn ja, dann müßte man genauer wissen, was für eine Art von Religion das war, die die Soldaten Hitlers angeblich erfüllte; wenn nein, weshalb desertierten oder revoltierten sie dann nicht? Natürlich waren unter denen, die bis zum Schluß mitgekämpft haben, viele gläubige Menschen; aber sie waren doch wohl nicht gläubig, *weil* sie mitmachten, sondern *obwohl* sie mitmachten ...

Zunächst erkennt man noch an, daß die Bindungen ans Dritte Reich notwendigerweise von zweifelhafter Art sein mußten; dann bedauert man, daß der Deserteur nichts besseres an ihre Stelle zu setzen gewußt habe; dann tadelt man ihn, daß er trotzdem die Bindungen („die letzten Bindungen!") zerschnitt; stempelt ihn aufgrund dessen zum eigentlich Schuldigen; und krönt das Ganze mit der durch nichts zu beweisenden Behauptung, diejenigen, die zu Hitler standen, hätten das wahre Arcanum gegen das große Zeitübel gefunden ...

Aus: „Wenn ein Deserteur spricht" in: Frankfurter Hefte, September 1953.


# Das Ende der Konzentrationslager

## 1985

Die Nationalsozialisten haben nie gewagt, sich zum Vernichtungszweck ihres zentralen Terrorinstruments offen zu bekennen.

In ihrer politischen Praxis widersprachen sie auf das radikalste der normativen Geltung der Humanität, konnten aber nicht umhin, sie in der Auseinandersetzung mit der zivilisatorischen Umwelt als Faktor, der sich nicht beliebig mißachten ließ, zu respektieren. Ihr barbarisch zuwiderzuhandeln – ja; den KZ-Terror aber als Kern des Herrschaftssystems zu verteidigen, überforderte selbst sie. Nicht einmal in Goebbels' Zeitschrift „Das Reich" wurde eine Theorie solcher Art in offener Radikalität entwickelt. Der Zweck der Lager wurde verschleiert, getarnt, mit politischer Pädagogik verhängt, da, wo die Barbarei unvermeidlicherweise zutage trat, mit Umsiedlungserfordernissen und Arbeitsnotwendigkeiten begründet. Die dokumentarischen Zeugnisse des Umfangs der Barbarei blieben den Befehlszentralen vorbehalten, an Ort und Stelle wurden sie zumeist vernichtet, um sie vorerst nicht bekanntwerden zu lassen. Rudolf Höss, bis zum November 1943 Kommandant von Auschwitz, hat darüber ausgesagt: „Nach jeder größeren Aktion mußten in Auschwitz alle Unterlagen, die Aufschluß über die Zahl der Vernichteten geben konnten, laut Reichsführer-SS-Befehl verbrannt werden."

Die Organisatoren des Terrors haben damit gerechnet, daß sich ihre Strategie mit dem Sieg des Nationalsozialismus über Europa und der Etablierung ihrer Weltherrschaft überall ohne sonderliche Schwierigkeiten durchsetzen werde. Die Niederlage des Regimes stand nicht im Horizont ihrer Überlegungen. Infolgedessen gab es auch keine Pläne, was mit den Hunderten und Aberhunderten von Lagern, die sich bis 1943 über den ganzen Kontinent ausgebreitet hatten, geschehen solle, wenn die Frontbewegungen sich etwa umkehrten und der Welt die volle Ungeheuerlichkeit der nationalsozialistischen Greuel unmittelbar sichtbar wurde.

Als dies von 1944 an insbesondere im Osten eintrat, reagierten die Kommandanten in den einzelnen SS-Bezirken nicht gemäß einer einheitlichen zentralen Weisung, die von Berlin ausgegangen wäre, sondern je nach Charakter und Lagebeurteilung unterschiedlich. Die einen setzten die Vernichtungspraxis, vor allem dort, wo eigene Anlagen zur Massentötung durch Giftgas geschaffen waren, in der Überzeugung fort, daß es dem Kriegsgegner nicht gelingen werde, die deutschen Fronten entscheidend zu durchbrechen; andere waren der Meinung, man könne, im Einvernehmen mit dem SS-Wirtschafts- und Verwaltungshauptamt, durch zeitweise

Rückverlegung der Zwangsarbeitskräfte in die zentralen „Altlager" und ihre Außenstellen den Krisensituationen entgehen.

Von Mitte 1944 an entwickelten sich diese „Regelungen" immer chaotischer. Je nachdem, in welche Anordnungen und Ausführungen die einzelnen Häftlinge innerhalb der Tausende, über die verfügt wurde, hineingerieten, hatten sie möglicherweise eine Chance, den Zusammenbruch des Systems zu überleben, oder erst recht keine mehr. Ungezählte sind von der SS auf Evakuierungsmärschen, in denen sie nicht mehr mithalten konnten, erschossen worden. In Buchenwald wurden am Ende alle, die mit solchen Transporten aus den Ostlagern eintrafen, unter dem Vorwand einer hygienischen Schutzmaßnahme durch Injektion getötet, weil das Lager total überfüllt war: 40 000 Häftlinge auf weniger als einem Quadratkilometer Barackenterrain, das „normalerweise" lediglich für 10 000 Häftlinge Platz bot. Als die Verbrennungsanlagen für die anfallenden Leichen nicht mehr zureichten, wurden einige tausend Lagerinsassen zu einem Transport von Buchenwald nach Dachau zusammengestellt, wo aber, als sie dort eintrafen, die plombierten Waggons nicht mehr geöffnet wurden, so daß die Gefangenen an den grausigen Zuständen, die sich ergaben, samt und sonders zugrunde gingen.

Martin Niemöller hatte das Glück, in einer kleinen Sondergruppe nach Italien verfrachtet zu werden, so daß er nach dem Ende der Schreckensherrschaft nach Deutschland zurückgebracht werden konnte, während Admiral Canaris, Pater Delp und andere Verschworene des 20. Juli 1944 in das Lager Flossenbürg in der Oberpfalz gerieten, wo man sie noch in den allerletzten Tagen des Regimes umgebracht hat.

Es ergaben sich überall die grausig-grotesken Verhältnisse. Von Heinrich Himmler war lediglich eine Äußerung aus dem Jahr 1944 bekannt, daß kein Insasse der Konzentrationslager lebend in die Hand der Alliierten geraten dürfe; es ließen sich aber entsprechende radikale Liquidationen vielerorts nicht mehr durchführen, besonders an den zahlreichen Plätzen nicht mehr, wo das KZ-System kriegswirtschaftlich verflochten war: Die Terror- und die Produktionsbereiche hatten sich von Jahr zu Jahr nicht mehr strikt voneinander getrennt halten lassen.

Hinzu kam, daß der SS-Gehorsamsapparat am Ende nicht mehr reibungslos funktionierte. Wer in den Monaten vom Sommer

1944 an nicht mehr bedingungslos an den „Endsieg" glaubte, war
eher auf die eigene Sicherung bedacht.

Schließlich war es Himmler selbst, der seine Tötungsmaxime
vom Sommer 1944 widerrief; er meinte vom Februar 1945 an allen
Ernstes, mit den Westalliierten allenfalls zu einem Koopera-
tionskompromiß gegen die Sowjetunion kommen zu können.
Daher mußte er eindeutig von der KZ-Praxis abrücken, und er
hielt es für glaubwürdig, als er am 12. März 1945 im Einvernehmen mit Adolf Hitlers Leibarzt die Tötung der KZ-Insassen
nunmehr ausdrücklich untersagte. Im Januar hatte er bereits angeordnet, die Gaskammern und Krematorien in Auschwitz zu
sprengen.

Die chaotische Auflösung, die überall stattfand, wurde dadurch
natürlich nicht beendet; was in Gang gesetzt war, lief nunmehr
überall ohne noch funktionierende zentrale Kontrolle ab.

Wir in den Stammlagern Dachau, Buchenwald und Sachsenhausen-Oranienburg hatten befürchtet, da wir die ursprüngliche
Äußerung Himmlers kannten, inmitten der endgültigen Niederlage des Regimes noch aus der Luft oder mit Hilfe vergifteter Nah-
rungsmittel vernichtet zu werden. Dagegen hätte es kaum irgendeinen wirksamen Schutz gegeben. Gegen Niedermetzelung auf den
Appellplätzen hätten wir uns zur Wehr gesetzt, wieweit immer dies
möglich gewesen wäre. Die interne illegale Häftlingslagerleitung
hatte es zustande gebracht, im Laufe der Zeit aus den wehrwirt-
schaftlichen Produktionsbetrieben der SS, in denen viele von uns
arbeiteten, Schußwaffen und Munition zu organisieren; sie lagen
zur Verteidigung, allenfalls aber auch zu einem Aufstandsversuch
versteckt im Lager bereit. Sie haben nur noch eine Schutzfunktion
gehabt, als die Lager-SS vor den anrückenden alliierten Truppen
freiwillig die Wachtürme und die Kommandanturzentralen
räumte.

Aufstände, die in einigen Lagern im Osten unternommen wurden, sind von der SS samt und sonders niedergeschlagen und an
den Überlebenden barbarisch gerächt worden.

Die Befreiung der Lager geschah im Osten und im Westen
nicht in der gleichen Weise. Die Russen wählten sofort, sobald ein
Lager in ihre Hand geriet, die kommunistischen Häftlinge aus und
übertrugen ihnen die zahlreichen Aufgaben, die in Zusammenarbeit mit der Besatzungsmacht und unter deren Kontrolle

zur gesellschaftlichen Neuorganisation im kommunistischen Sinn zu erfüllen waren.

Russische Gefangene, die noch am Leben waren, wurden in das Innere der Sowjetunion verschickt, teilweise, wie sich später herausstellte, nach Sibirien. (Ich habe noch nach der Stalin-Ära ehemalige Komsomolzen, die Buchenwald überstanden hatten, nördlich von Irkutsk angetroffen, dort allerdings, nachdem sie Jahre in Arbeitslagern zugebracht hatten, nun in gehobenen Positionen, einen, der mir seine Rettung in der SS-Zeit verdankte, als Direktor einer Aluminiumfabrik im sibirischen Bratsk.)

Alle anderen Befreiten wurden dorthin entlassen, wo sie hinzukommen wünschten. Jedermann wurde aufgefordert, den antifaschistischen Verbänden, die in der russischen Besatzungszone zur Bildung politischer Einheitsfronten ins Leben gerufen wurden, beizutreten. In einigen der nazistischen Lager blieb der Apparat aufrechterhalten, weil dorthin die zu Tausenden verhafteten wirklichen und vermeintlichen Akteure und Gefolgsleute des nationalsozialistischen Regimes eingeliefert wurden. Diese Lager haben zum Teil Jahre hindurch weiterbestanden.

Anders verlief die Auflösung der Lager im Besatzungsbereich der westlichen Alliierten. Wochenlang wurde, mit geringfügigen individuellen Ausnahmen, niemand in die Freiheit entlassen, einesteils um die gesundheitliche Wiederherstellung der Überlebenden zu sichern, andernteils um zu verhindern, daß es zu Konflikten zwischen den Befreiten und der Zivilbevölkerung in den Ortschaften rings um die Lager kommen konnte. Vor allem die amerikanischen Militärbehörden befürchteten ernste und womöglich umfassende Zusammenstöße mit den nichtdeutschen Befreiten. Für sie wurden nationale Komitees geschaffen, die sich mit den Heimatbehörden in Verbindung setzten und die Heimbeförderung organisierten.

Für die ungezählten „displaced persons", die vielen also, die keine Bezugsplätze mehr hatten, in die sie hätten zurückkehren können, mußten vorübergehend neue zivile Heimstätten geschaffen werden. Das führte da und dort zu gespannten Verhältnissen zwischen dieser Kategorie von Befreiten und manchen deutschen Kreisen, aber von ernsten Konflikten etwa aus Rachemotiven, wie manche bestimmenden Amerikaner sie befürchtet hatten, konnte nirgends die Rede sein – was verwunderlich war.

Im Gegensatz zur Entwicklung in der sowjetisch besetzten Zone ist
im Westen ein irgendwie beachtlicher politischer Einfluß von den
befreiten Lagern auf die zivile gesellschaftliche und politische Neu-
ordnung nicht ausgegangen. Im Zusammenhang mit der Kollektivschuldanklage galten die Lager weiten Teilen der Bevölkerung als
verbliebene Mitschuldzeugnisse, die nicht die Vorstellung von
Befreiung aus tyrannischer Unterdrückung weckten. Man hat später Mahnmale in einigen von ihnen errichtet, aber man kann nicht
sagen, daß es gelungen wäre, sie zu nationalen Gedenkstätten werden zu lassen, wie es in den Ländern außerhalb Deutschlands, in
denen die Nationalsozialisten ihren Terror ausgeübt haben, begreiflicherweise der Fall war.

Was von den Konzentrationslagern bei uns verblieben ist, dient
den Schulklassen, die es mit ihren Lehrern im Rahmen des politischen Unterrichts besuchen, als Anschauungsmaterial wie die
Geschichtszeugnisse in Museen. Es zeigt den Jüngeren, wessen der
Mensch fähig ist, wenn er die Humanität nicht als den Maßstab der
gesellschaftlichen Verhältnisse anerkennt, und ist insofern ein Beitrag zur demokratischen Entwicklung.

Die Neue Gesellschaft / Frankfurter Hefte, April 1985.

# Gericht und Gewissen – Teil I[*]

## 1946

Etwas Metaphysisches, das dem Verstand allein kaum mehr be-
greifbar ist, hat sich in den zwölf Rauhjahren des Dritten Reiches
mit dem deutschen Volke abgespielt. Aus dem bayerisch-öster-
reichischen Innviertel, wo die Überlieferungen des wilden Heer-
banns zwischen Weihnacht und Epiphanie noch am lebendigsten
sind, kam ein Mann, dem die Niedrigkeit in Form einer schwarzen
Haartolle in die Stirn gestrichen und die Lächerlichkeit unter die
Nase gewachsen war, ein Mann mir dem stechenden Blick des

---

[*]  Teil II siehe S. 122.

Gezeichneten. Er trommelte, trommelte über das Land hin – in einem Advent des Hasses sich selbst als Erlöser kündend, bis um die Zeit der Wende sein Sturm brausend sich erhob und Deutschland mitriß. Ob sie ängstlich am Boden kauerten in der Hoffnung, es werde ohne Schaden über sie hinwegziehen, oder erhobenen Hauptes der nationalsozialistischen Streitkraft sich beigesellten, Parteigenossen, Wehrwirtschaftsführer, HJ-Bannerträger, Frauenschaftsleiterinnen, Blockwarte, Maiden, Soldaten, Soldaten, deren Blitzkriege Europa zerschmetterten, – sie waren alle gebannt von ihm. Eingehüllt in ein gleißendes nationalistisches Blendwerk, jagte er sie in den apokalyptischen Feuer- und Bombenregen der jüngsten Tage. In den Abgrund der Not und der Verkommenheit gestürzt, erwachte schließlich der Rest inmitten von Trümmern und Leichen zur Dumpfheit eines neuen Bewußtseins. Was war geschehen? Wie war es geschehen? Es war nicht möglich! *Das alles haben wir gar nicht gewußt!*

Noch während es halbbetäubt um die erste Besinnung rang, stürzte ein Chor von anklagenden Stimmen des Abscheus und der Erbitterung über das deutsche Volk her. Es bekam nichts anderes zu hören als den tausendfachen Schrei: Ihr, ihr allein seid schuld! Ihr Deutsche alle seid schuldig! Da verwirrte sich das Herz des Volkes, in vielen verhärtete es sich. Wegen des argen Geschreis um sie und wegen der eigenen Blindheit wollten sie vom Insichgehen nichts mehr hören. Die *Stimme ihres Gewissens* ist nicht wachgeworden.

Nach allem, was ich seit Kriegsende bis jetzt in Deutschland gesehen, vernommen, selber gehört und beobachtet habe, weiß der durchschnittliche Deutsche noch immer nichts davon, daß Gott uns in Menschengestalt zu erscheinen pflegt, in der Gestalt des „geringsten der Brüder und Schwestern", um uns auf die erlösende Probe der einfachen Menschlichkeit zu stellen. Wir können Deutsche, Amerikaner, Engländer, Franzosen sein, aber vor dem höheren Forum nur so lange, als wir dabei nicht vergessen und nicht verlernen, zuallererst Menschen zu sein. Von einem *Hitler* verführt, hat das deutsche Volk die mannigfache mahnende Erscheinung des Herrn nicht erkannt. Von den Stimmen der Staatsanwälte betäubt, erkennt es ihn auch heute als Richter nicht. Aber hat Er denn nicht schweigend geprüft, gewogen und durch die Geschichte selbst ein Urteil gesprochen? Ich meine, das deutsche Volk sollte mit jener

Objektivität, die es einst ausgezeichnet hat, lesen, was in den Prozeßakten der Wahrheit als ermittelt und bezeugt geschrieben steht, und dann sich selber fragen: Wo sind wir hingeraten? Wie war das möglich? Was können wir tun, um vor uns selbst und der Welt zu bestehen?

Die *Konzentrationslager* sind nur eines der grausigen Fakten, um die das deutsche Gewissen kreisen müßte. Gerade von ihnen will das Volk nichts mehr hören. Sollten wir nicht versuchen, in alter guter Art, gründlich, gerecht und verstehend, die Frage abzustecken, den Kern bloßzulegen und dann unser eigenes Urteil zu fällen – das Urteil des Richters, das schon gefällt ist? Vielleicht werden wir seinen tiefen Sinn für Deutschland und die erzieherische Absicht der Geschichte begreifen.

Der Richter ist nicht identisch mit den *Exekutoren des Urteils.* Viele sagen heute in Deutschland: Woher nehmen die Alliierten das Recht, moralisch über uns zu Gericht zu sitzen? Ist ihre Geschichte frei von Gewalt und Greueln? Haben sie ihre Weltreiche vielleicht mit Predigten, mit christlicher Güte und nach der evangelischen Verheißung erworben, daß die Friedfertigen die Erde besitzen werden? Auf diese sittliche Frage hat die Bibel schon geantwortet, indem der Prophet den Gewalthaber Nabuchodonosor „Gottes Knecht" nennt, der von ihm gesandt sei, das israelitische Volk durch Strafe aus der Verirrung herauszuführen. Wer sich in den innersten Bereich des eigenen Gewissens begibt, um nach Recht und Unrecht bei sich selbst zu fragen, interessiert sich nicht für die moralische Eignung derer, die ihn äußerlich in die Lage der Besinnung gebracht haben. Er macht aus der beschämenden Not buchstäblich eine Tugend. Die anderen sind ihm „Knechte Gottes", ob gerecht oder ungerecht; er läßt ihnen den Triumph des Siegers, selbst wenn sie die gleichen oder ähnliche Wege betreten sollten, wie er selbst sie schuldhaft gegangen ist, und denkt nicht als Zöllner: „Herr, ich danke dir, daß ich nicht bin wie jener Pharisäer da vorne!" Denn wenn dieser den Tempel nicht gerechtfertigt verläßt, dann jener in solcher Gesinnung ebensowenig. Verborgene Überheblichkeit ist nicht besser als offen zur Schau getragene.

Nun sagen freilich andere in Deutschland, sehr kluge Leute, Niederlage oder Sieg sei überhaupt keine moralische Frage, sondern ein Ergebnis der *Realpolitik,* die alles oder zu wenig abwog, jede Möglichkeit oder nur die eine und andre nutzte und materiell

genügend oder zu mangelhaft unterbaut war. Die so denken – und
gegenwärtig noch gehindert sind, es in größerem Kreise auszusprechen –, gehören nicht alle zur Masse derer, die *Hitler* bloß deshalb
verurteilen, weil er nicht gesiegt hat. Erfahrene, weit in der Welt
gereiste Männer halten bußhafte Gesinnung einer modernen
Nation für ein gefährliches atavistisches Überbleibsel. Wenn die
antiken Völker noch an die Kraft sühnender Reinigung glaubten,
im heutigen Kampf der realen Interessen, der zäh, Stellung um
Stellung, geführt wird, sei sie entschieden hinderlich. Sittlichkeit
ist denen, die so denken, nicht Voraussetzung einer idealeren Politik, sondern Mittel wie dieses und jenes. Mag der Einzelne in sich
gehen, – ein Volk müsse auf dem harten Boden der Tatsachen bleiben. Die Überlegung, die einen gewissen Schein der Berechtigung
trägt, entspringt indes einem der zahlreichen falschen Gegensätze,
durch die sich die seelisch allmählich dunkler und dunkler werdenden Jahrhunderte des zivilisatorischen Fortschritts auszeichnen.
Denn Realpolitik, die mehr ist als die Abwandlung von Fehlern
unserer Vorfahren und mehr als ein noch so kluger Opportunismus, gewinnt durch sittliche Läuterung erst ihre sichere Grundlage. Der deutsche Wehrkreisbefehlshaber in Frankreich oder im
Osten, der zur Sühne eines zivilen Angriffs auf einige Wehrmachts-
angehörige ein ganzes Dorf ausrotten oder anderswo Alleen von
Galgen errichten ließ, gab sich dem Wahn hin, realpolitisch zu
handeln. In Wahrheit erwürgte er, indem er die Gesetze der
Menschlichkeit strangulierte, das wohlverstandene deutsche Interesse: ex ossibus ultor – aus den Leichen der Geiseln erstanden die
Rächer zu Tausenden. Die beste Realpolitik kann auf die Dauer nur
die sein, die alle Werte in Rechnung stellt, die höchsten zuerst, und
ihnen gemäß handelt. Nützt es dem deutschen Volke, blutbe-
schmiert und selbstbeschmutzt inmitten der zertrümmerten europäischen Arena unbesonnen zu verharren, in der es unter der
Anführerschaft erklärter Verbrecher in ein Unrecht verflochten
wurde, das über alle geschichtlichen Maße hinausgeht? Soll es hartnäckig spekulierend darauf warten, bis andere sich vielleicht finden
werden, die schlecht genug sind, ihm ein neues Bündnis der
Schandtaten anzutragen? Oder ist es nicht besser, die größte Niederlage seiner Geschichte zum Anlaß zu nehmen, um in die eigenen verschütteten Tiefen hinabzusteigen, wo das Gold der hohen
deutschen Qualitäten – jawohl: das Gold! begraben liegt, den

geschichtlichen und gesamtseelischen Wurzeln der Schuld nachzu-
spüren und nach Generationen der Geduld gewandelt zur Erfüllung der wahren deutschen Aufgabe in Europa und der Welt, zur
Leistung des Beitrags, der seinem gereinigten Wesen entspricht,
hervorzutreten?

Die Kräfte der Besinnung im Deutschtum zu wecken, war Aufgabe einer weitblickenden Realpolitik der Alliierten. Sie faßte sie in
dem Programm der „Umerziehung" zusammen. Und sie wurde
eingeleitet durch die *These von der deutschen Kollektivschuld.* Der
Anklage-„Schock", daß sie alle mitschuldig seien, sollte die Deutschen zur Kenntnis der wahren Ursachen ihrer Niederlage bringen.
Man konnte schon ein Jahr nach der Verkündigung der These
sagen, daß sie ihren Zweck verfehlt hat. Das spricht nicht so sehr
gegen das deutsche Volk als gegen das angewandte pädagogische
Mittel, da ja der praktische Wert eines politischen Instruments allemal von der Erreichung des gemeinten Zieles abhängt. Die
„Schock"-Politik hat nicht die Kräfte des deutschen Gewissens
geweckt, sondern die Kräfte der Abwehr gegen die Beschuldigung,
für die nationalsozialistischen Schandtaten in Bausch und Bogen
mitverantwortlich zu sein. Das Ergebnis ist ein Fiasko.

Infolgedessen blieb auch die *alliierte KL-Propaganda* teilweise
wirkungslos. Sie sollte, als die Sieger Zahl, Art, Umfang und
System der Konzentrationslager in Deutschland selbst erst kennengelernt hatten, der Erhärtung der Schuldthese dienen. Abermals falsch. Die grauenhaften Tatsachen durften nicht in Zusammenhang mit dem Anwurf der Kollektivschuld, sie mußten
unmittelbar auf das deutsche Gewissen wirken. Ehe sie noch den
Bereich des tiefsten Rechts- und Menschlichkeitsempfindens, ja
des Religiösen berühren konnte, wo der Deutsche der zwölf Jahre
*Hitler*-Herrschaft und ihres seelischen Einflusses sich noch genug
gegen die Einsicht, wie tief er in das Verhängnis verstrickt war,
gesträubt hätte, wurde die KL-Propaganda schon abgelehnt, weil er
merkte, daß er in die größere Schuld noch unentrinnbarer
gestoßen werden sollte. Jeder von ihnen spürte, daß ihn ein höhe-
rer Richter nicht auf eine und dieselbe Anklagebank mit Verbre-
chern und Aktivisten der NSDAP gesetzt hätte – von den zahlreichen edlen und todesmutigen Kämpfern der inneren, im Ausland
noch so unbekannten Opposition gegen das Regime ganz zu
schweigen. Ein berechtigtes Gefühl von Millionen wehrte sich

gegen die Kollektivanklage, die einen gleichmacherischen Anschein
hatte. Es brachte sie in der Selbstverteidigung auf die feinsten Aus-
fluchtunterscheidungen, so zum Beispiel die, daß moralische
Schuld – gar als Voraussetzung einer juristischen! – immer an ein
Individuum, das heißt an ein persönliches Gewissen gebunden sei,
nie an ein Kollektivum, das nicht Person sein kann. (Als ob die Ver-
werfung des Wortes „Kollektivschuld", das der moraltheoretischen
Kritik nicht standhält, die Schuld selbst aufheben könnte, die eben
die Anteilnahme jedes Einzelnen des nationalen „Kollektivs" gewesen wäre!) Hätte man der sehnsuchtsvollen Erwartung zumindest
der guten Hälfte des deutschen Volkes, von den Alliierten endlich
aus dem Terror des Nationalsozialismus, den sie allein nicht mehr
abschütteln konnten, befreit zu werden, bis zu Höhen wahrer
Begeisterung Lauf gelassen, dann wären auch die enthüllten Konzentrationslager zu Marksteinen der deutschen Selbstbesinnung,
eines tiefen Erschreckens über den Abgrund geworden, in den die
Nation versunken war.

Diese Entwicklung ist heute, in einer dumpfen Atmosphäre des
Grolls aufgrund verdrängter Gefühle, schwer blockiert. Die alliierte
Propaganda mußte die Ausrottung des Übels in den Seelen zum
Ziel haben, damit eine Wiederkehr des Unheils für immer unmöglich und der seelische Raum für ein erneuertes Deutschland inmitten Europas freigemacht wurde. Man kann ihr daher den Vorwurf
nicht ersparen, daß sie die *Aufklärungarbeit,* die sie leisten wollte,
undifferenziert und ohne Berücksichtigung der besonderen deutschen Geistesart vorgenommen hat. Ein Volk, das in luftkriegge-
schlagenen Städten allüberall die verkohlten Reste seiner Frauen
und Kinder gesehen hatte, konnte durch die massierten Haufen
nackter Leichen, die ihm aus den letzten Zeiten der Konzentrationslager vor Augen geführt wurden, nicht erschüttert werden, und
es war nur allzu leicht geneigt, hartgeworden die toten Fremden
und Verfemten mitleidsloser anzusehen als das eigene im Phos-
phorregen und Granatsplitterhagel getötete Fleisch und Blut. Ja
manche gingen so weit, jene KL-Aufnahmen für Luftkriegsbilder
oder gar für gestellte Erzeugnisse einer einseitig zweckbestimmten
Propaganda zu halten. Die unablässigen Greuelberichte des Rundfunks drehten sie einfach ab, nicht nur weil sie nicht fortwährend
unterschiedslos und schwer beschuldigt werden wollten, sondern
auch in Ablehnung der ihnen aus *Goebbels'* Zeiten gewohnten und

verhaßten Einhämmerei, von deren Propagandaschlagworten sie doch wußten, daß sie gelogen waren. (Wenn Bestandteile des Nationalsozialismus noch immer tief im deutschen Volke sitzen, so ganz gewiß nicht wegen der Suaden, die vom Reichspropagandaministerium ausgegangen waren, das auch andere, raffinierte und wirklich eindringliche Methoden der Willensbildung und Meinungsmache, der Phantasievergiftung und Gefühlsverderbnis gekannt hat!)

Und dann kamen die *befreiten KL-Leute* selbst! Es war nicht der Zug der Millionen stummer Toter. Es waren auch nicht die Zehntausende gerade noch überlebender Ausländer des europäischen Westens, die nicht schleunig genug das Land hatten verlassen können, wo sie von Sklavenhaltern, Mördern, Barbaren und Idioten entwürdigt, gequält, gemartert und dezimiert worden waren. Was das deutsche Volk zu sehen und zu spüren bekam, waren jüdische und östliche, vor allem polnische „displaced persons", heimatlose Verstreute, wie die offizielle alliierte Propaganda sie nannte, und jeweils in einer Gegend einzelne, Dutzende oder ein paar hundert Deutsche (im ganzen waren es höchstens 30 000). Die aus dem Osten nach Deutschland verschleppten Juden, Russen und Polen sahen nicht ein, warum sie noch weitere Monate in öden Lagern weiterhausen sollten. Daß sie dem deutschen Volke gegenüber nicht von den erhabensten Gefühlen beseelt waren, kann man hoffentlich begreifen: unter ihnen befanden sich Menschen, denen Deutsche buchstäblich die gesamte Verwandtschaft – ich kenne Fälle, wo es bis zu siebzig und mehr Angehörige waren – ausgerottet hatten. Geboten wurde ihnen außer Wochen zermürbenden Wartens und Dosen amerikanischer Konserven meistens nichts. Merkwürdig, daß es da Leute gibt, die nicht verstehen können, wie es zu der nachfolgenden Entwicklung kam. Verwahrloste und verbitterte Angehörige der „Vereinten Nationen", nun endlich wenigstens dem Bewußtsein nach Sieger und einer Teilfreiheit zurückgegeben, trafen auf eine gleichfalls verbitterte, verfemte und verständnislose Bevölkerung, die sich fragte, wie sie dazu komme, zu allem übrigen Leid jetzt auch noch diese plündernde und rachenehmende „Landplage" über sich ergehen zu lassen. Es hätte allen psychologischen Erfahrungen widersprochen, wenn in einer solchen Situation das Licht der Humanität und des Christentums, das unentwegt in edlen Einzelnen leuchtete, der allgemeinen Her-

zensfinsternis Herr geworden wäre. Die meisten befreiten KL-
Deutschen taten noch ein übriges, um die letzten Flämmchen vor-
handener Sympathie zum Erlöschen zu bringen. Eine tüchtige
Minderheit ging still den neuen Weg, – enttäuscht von dieser Art
„besserer Welt", die im Entstehen begriffen sein sollte und für die
sie gekämpft und gelitten hatten. Sie schweigen, arbeiten und warten. Die Mehrheit hingegen hatte für das deutsche Volk nichts
übrig als Klagen, Beschimpfungen und Ansprüche – am lautesten,
wie immer, die, denen die Leiden nicht gerade ins Gesicht geschrieben standen. Ihr meist sehr eindeutiger Radikalismus, der oftmals
glaubte, Methoden des Lagers auf diese andere Welt übertragen zu
können, mußte das Bild, das sie sonst boten, nur noch abstoßender
machen. Es gab niemanden, der nicht gesehen hätte, daß ihnen das
sittliche Recht für den geltendgemachten Führungsanspruch
fehlte.

So ist es also gekommen, daß ich Leuten begegnen konnte, die
kaltblütig meinten, es wäre wohl besser gewesen, wenn alle „Kazet-
ler" zugrundegegangen wären! Und daß kein vernünftiger Mensch
mehr in Deutschland ohne spontane Abwehrreaktion – gegen uns
bleibt, wenn er den berüchtigten Klang „KZ" hört! Und daß zum
seelischen *Hindernis der inneren Erneuerung* geworden ist, was der
Anfang der Besinnung hätte sein können! Wo immer man in
Deutschland heute, sei es in der Straßenbahn oder im Eisenbahn-
abteil oder im Warteraum des Zahnarztes oder sonstwo, von
Kriegsgefangenen hört, denen es im Sommer 1945 in einzelnen
Lagern teilweise schlecht ging, so daß die Sorge weit verbreitet war,
es könnte durchwegs und überall und dauernd ähnlich sein, da
spricht das Herz in den Worten mit – empört oder mitleidsvoll.
Berichte aus den Konzentrationslagern erwecken in der Regel
höchstens Staunen oder ungläubiges Kopfschütteln; sie werden
kaum zu einer Sache des Verstandes, geschweige denn zum Gegenstand aufwühlenden Empfindens.

Der große Kredit, der für die gemeinsame Sache der deutschen
Erziehung vorhanden gewesen wäre, ist durch die Schuld aller
Beteiligten unausgenützt geblieben, ja zum Teil vertan worden. Da
die Alliierten bis zum Ende des Jahres 1945 in Deutschland auch
kaum ein Publikationsorgan zugelassen haben, das klärend hätte
eingreifen können, standen wir sehr bald vor einem wahren Komplex, der sich noch immer nicht verringert hat. Unsere Aufgabe

kann daher nur darin bestehen, im Vertrauen auf die Kraft der Wahrheit die Unwissenheit zu beseitigen und so dem Einzelnen diesseits wie jenseits der deutschen Grenzen die Voraussetzungen für die eigene Meinungsbildung und die persönliche Besinnung zu bieten, damit der *notwendige Läuterungsprozeß* doch noch, wenn auch mühsam, in Gang gebracht wird. Vielleicht greift er dann mit nachhaltigerer Wirkung in die eigentlichen Tiefen des nationalen Bewußtseins.

Die Erkenntnis ist erschreckend, daß so viele Deutsche jetzt, da sie die Möglichkeit haben, die Tatsachen aus den Konzentrationslagern zu kennen, sie nicht anerkennen wollen, nur weil sie fürchten, ihr früheres Nichtwissen könnte durch diese Aufklärung schuldhaft gemacht werden ...

*Frankfurter Hefte, April 1946.*

# Deutungen einer Katastrophe

## 1973

Kann man sagen, daß die Besinnungsliteratur, wie ich sie einmal nennen möchte, die vom Ausland her 1944/45 mit dem Untergang des Nationalsozialismus einsetzte und nach der totalen Niederlage des Regimes im besetzten, besiegten Deutschland dann eine Flut von Publikationen hervorbrachte, ihr Ziel nicht erreicht hat, einen politisch-moralischen Gesinnungswandel von Grund auf zu bewirken – wenn nicht zu bewirken, so doch wenigstens einzuleiten?

Das läßt sich in der Tat behaupten; die Wirklichkeit bestätigt es. Wohl kam es zu positiven Ansätzen. Das Verlangen nach Aufklärung über das, was gewesen war, und die Zusammenhänge, die dazu geführt hatten, erfüllte, nach den Monaten der Betäubung, Millionen der Überlebenden damals. Ganz besonders die aus Krieg und Gefangenschaft Heimkehrenden der jüngeren Jahrgänge interessierten sich dafür. Die Ausbreitung und das Eindringen der Besinnung wurde jedoch blockiert von der offiziellen alliierten Generalbeschuldigung, mehr oder minder sei jeder Deutsche ein

Nazi gewesen, daher seien alle an allem, was geschehen war, mitschuldig.

Die Situation beschrieb im August 1945 unter dem Titel „Bis
zur Neige. Epilog des Zweiten Weltkrieges", später in den Sammelband aufgenommen „Nach dem Untergang des Abendlandes. Zeit-
kritische Essays", der Schweizer Publizist Herbert Lüthy mit den
folgenden Sätzen: „Nach dem Terror, dem Veitstanz der Lüge, den
Blitzsiegen, den Bomben, dem Phosphor, der Promiskuität der
Bombenkeller, Barackenlager und Behelfswohnungen einer atomi-
sierten und durcheinandergerüttelten Bevölkerung, der Panik, der
wilden Flucht und dem totalen Zusammenbruch schlägt nun über
Deutschland der Fluch und der Haß einer ganzen Welt zusammen,
vor dem es keine Antwort mehr gibt, vor dem kein Deutscher mehr
den Mund auftun kann, weil es Heuchelei ist, wenn er sich
entschuldigt, Heuchelei, wenn er bekennt, Arroganz, wenn er
redet, Verstocktheit, wenn er schweigt, Schamlosigkeit, wenn er ge-
sund ist, und Nazipropaganda, wenn er krepiert ... Kann Deutschland überhaupt noch die Kraft zur entscheidenden Auseinandersetzung mit sich selbst, seiner Krankheit und seiner Schuld
aufbringen?"

Dem Generalansturm der Anklagen setzten die meisten, soweit
sie nicht von Apathie erfaßt wurden, die Pauschalverteidigung entgegen, lediglich um eine verbrecherische Minderheit habe es sich
während dieser zwölf Jahre gehandelt, die das ganze Volk und Land
terrorisiert habe: 1 Deutscher höchstens unter 400, so errechnete es
gegenüber Karl Barth in Basel auf einen Vortrag hin, den der große
Theologe gehalten und veröffentlicht hatte, ein Korrespondent aus
Deutschland ...

Herbert Lüthy hat in einem Nachruf „Hitler und sein Reich",
veröffentlicht im „St. Galler Tagblatt" am 2. Mai 1945 und in den
genannten Sammelband ebenfalls aufgenommen, von der Majo-
rität, auf die sich der Korrespondent Karl Barths berief, geschrieben: „Viele Menschen, die der Todesstrafe zustimmen, könnten
keiner Hinrichtung zusehen. Genauso billigten viele, die heute den
Anblick der Bilder und die Lektüre der Berichte aus Buchenwald
nicht aushalten, grundsätzlich durchaus die ‚Ausrottung des Marxismus', die ‚Vernichtung der roten Pest', die 1933 in Deutschland
einsetzte, als heilsame Operation am deutschen Volkskörper, wie
sie die ähnlichen Verfahren Mussolinis und Francos billigten; nur

ihre schwachen Nerven, nicht die Kraft ihrer Gesinnung hätte sie gehindert, selbst Hand anzulegen." Seine Schweizer Landsleute nahm Lüthy von dieser Beurteilung nicht aus.

Der Korrespondent Barths seinerseits verwies auf die Erfahrungen, die die USA in der Zeit nach dem Ersten Weltkrieg mit dem Gangstertum gemacht haben: „Das alles beweist nicht das Geringste gegen die Moral ‚der‘ Amerikaner, sondern es zeigt nur, wie unter sehr bestimmten Voraussetzungen auf Basis einer ganz normalen soziologischen Schichtung von Moral und Unmoral ganz außergewöhnliche Erscheinungen möglich sind."

Auf diese Argumentation hat Karl Barth geantwortet, daß es für die 99 Prozent der Deutschen nicht erforderlich sei, die Schuld oder die Mitschuld an den begangenen Verbrechen der Nationalsozialisten zu übernehmen, wohl hingegen erforderlich, sich zur Verantwortung für den politischen Weg mit allen Taten und Unterlassungen zu bekennen, der die Nationalsozialisten schließlich an die Macht gebracht und sie in die Lage versetzt hat, das zu begehen, was sie begangen haben. Nicht recht hatte Karl Barth meines Erachtens, wenn er seinem Briefpartner schrieb, „samt und sonders" seien die 99 Prozent der „ordentlichen Deutschen", „nachdem man sie vergeblich gewarnt" hatte, „in den falschen Zug eingestiegen, der sie an den Ort gebracht hat, an dem sie wohl oder übel auch samt und sonders werden aussteigen müssen".

Alles war jedoch viel komplizierter, als Barth es da sah. Eine Mehrheit von Deutschen war zwar, so schrieb ich selber 1938 außerhalb Deutschlands, in dem und jenem Programmpunkt mit Adolf Hitler einverstanden, aber mindestens ebensoviele Deutsche stimmten in anderen Punkten den Nationalsozialisten ganz und gar nicht zu, nur wußten noch mehr Deutsche absolut nicht, was sie, nachdem die Diktatur nun einmal etabliert war, politisch tun sollten und was aus allem wohl werden würde.

Recht hatte Karl Barth aber ganz gewiß, als er den Korrespondenten darauf aufmerksam machte, daß der Vergleich mit dem Überhandnehmen des Gangstertums in den USA nicht stimmte, denn immerhin haben die Verbrecher dort nicht die Regierung übernommen. „Daß in Deutschland der Staat selbst – zuerst innenpolitisch, dann außenpolitisch – zum Jagdgrund, ja zum Instrument der Gangster wurde, das bedeutet nicht nur einen graduellen, sondern einen prinzipiellen Unterschied. Das hat sich eben die amerikanische Regierung und das haben sich die hinter ihr stehenden 99 Prozent trotz allem nicht gefallen lassen. In Deutschland dagegen wurde es möglich und wirklich."

Mittlerweile jedoch, so stellt man bei der Lektüre dieser Sätze, die 1945 in Deutschland gedruckt worden sind, einigermaßen bange fest, hat sich in der Welt und in den USA – auch von den USA aus in der Welt – einiges entwickelt und zugetragen, das es angebracht erscheinen läßt zu fragen, woran es liegt, daß das doch über die Maßen abschreckende nazistische Beispiel von seinerzeit nicht ein- für allemal vergleichbarer Entartung und Barbarei ein Ende gesetzt hat. Um die Antwort zu finden, braucht man wiederum nur einige der Besinnungswerke des Jahrfünfts nach dem Ende des Zweiten Weltkriegs nachzulesen.

Im Vorwort zu meinem eigenen Buch „Der SS-Staat", das Anfang 1946 erschien, ist die Darstellung des Systems der deutschen Konzentrationslager mit dem Ecce Homo-Spiegel verglichen, „der nicht irgendwelche Scheusale zeigt, sondern dich und mich, sobald wir nur dem gleichen Geiste verfallen, dem jene verfallen sind, die das System geschaffen haben". Das Buch sollte dazu beitragen, so hieß es im Vorwort, „Deutschland vor der Wiederholung des Gleichen und die Welt vor Ähnlichem zu bewahren. Die schlimmste Erbschaft, die der Nationalsozialismus hinterlassen hat", so fuhr ich fort, „ist der Geist des Hochmuts, der Selbstherrlichkeit, der Gewalt und des Hasses. Schon im Kampf wurden die Sieger notgedrungen auf das Niveau des Gegners herabgedrückt. Nach der Befreiung hatte ich ‚Christian Soldiers' – glücklicherweise noch als Ausnahmen – erlebt, die es mit der SS nicht nur militärisch, sondern auch in mancher anderen Hinsicht aufnehmen konnten. Ein Zeitungsbild: Verbeultes Gestänge eines vom Druck der Atombombe ausgeblasenen japanischen Autobusses, mit der Unterschrift: ‚Sie fanden rasch den Weg zu ihren Vorfahren!', erschien mir nicht geeignet, eine siegreiche bessere Welt zu repräsentieren. Wenn niemand hätte wagen dürfen, dies zu sagen, und niemand bereit gewesen wäre, es zu hören, dann mußte man erst recht dem beängstigenden Eindruck erliegen, daß der Kadaver des Nationalsozialismus noch in der Verwesung die Seelen derer verpestete, die ihn äußerlich überwunden hatten ... Vor allem der Weg der Hybris, einmal betreten, birgt zwingende Konsequenzen in sich; an seinem Ende erwarten uns haufenweise die Laster, die wir heute, an anderen, noch heftig verabscheuen, denen wir uns aber morgen schon, verblendet und stolz, in die Arme werfen."

An Karl Barth hatte ein zweiter deutscher Korrespondent geschrieben, daß er fürchte, „die furchtbare Krebskrankheit" des Nazismus in Deutschland könne womöglich „nur ein früher und spezieller Ausbruch einer allgemeinen, einer Weltkrankheit" sein. Neue Greueltaten vor Augen, meinte er, „sie sind und sie bleiben alle, von welcher Gruppe immer, von welchem Volk immer begangen, ein unverzeihlicher Schandfleck im Antlitz des Menschenbildes" –, werden sie sich fortsetzen?

Hiergegen hat Karl Barth, besorgt, die Deutschen könnten die unmittelbar vor *ihnen* liegende Aufgabe der Erneuerung verfehlen, eine, was die anderen an der Weltgeschichte Beteiligten betrifft, doch wohl allzu vertrauensvolle Antwort gegeben: „Ist es richtig und gut, sich, bevor man noch Gott dafür gedankt hat, daß es mit Hitler vorbei, bevor man noch an die gerade den Deutschen damit gestellte Aufgabe herangetreten ist, gleichsam mit dem Fernrohr vor den Augen bekümmert für die eventuell von Amerika oder Rußland oder irgendwo sonst her einmal drohende Gefahr zu interessieren und dabei vielleicht gerade das zu übersehen, was den Deutschen selbst heute, *heute* zu bedenken und zu tun aufgegeben ist? Ich halte diese in irgendeine Ferne und auf irgendwelche Andere starrende Schwermut für keinen guten Ratgeber."

Das stimmte und es stimmte nicht. Ich selber schrieb in der ersten Nummer der „Frankfurter Hefte" 1946: „Ich meine, das deutsche Volk sollte mit jener Objektivität, die es einst ausgezeichnet hat, lesen, was in den Prozeßakten der Wahrheit als ermittelt und bezeugt geschrieben steht, und dann sich selber fragen: Wo sind wir hingeraten? Wie war das möglich? Was können wir tun, um vor uns selbst und vor der Welt zu bestehen?" Nicht also sollte nach den anderen gefragt, insbesondere kein „Karussell der Aufrechnungen" in Gang gesetzt werden – Katyn gegen Auschwitz, gegen Oradour und Lidice die entsetzlichen Racheaktionen des Widerstandes in Frankreich an den Kollaborateuren, die amerikanisch-britischen Flächenbombardements und die Vertreibungen aus dem Osten Europas gegen die nationalsozialistischen Massenmorde.

Der Erfolg deutscher Besinnung hing indes doch mit davon ab, ob die Siegervölker sie auch als ihr eigenes Problem erkannten, anerkannten und für ihren Teil mitvollzogen. Der Oxforder Historiker Allan Bullock hat es im Nachwort zu seinem Werk „Hitler. Eine Studie über die Tyrannei" so formuliert: „Hitler war in der Tat nicht weniger ein europäisches als ein deutsches Phänomen. Die Umstände und der Geisteszustand, derer er sich bediente, das Unbehagen, dessen Symptom er war, beschränkten sich nicht auf ein einziges Land, auch wenn sie sich in Deutschland stärker zeigten als anderswo ... Hitlers Sprache war die deutsche, aber die Gedanken und Empfindungen, denen er Ausdruck gab, waren weiterverbreitet."

Dem hätte, nun nach der Niederlage des Nationalsozialismus, eine Verbindung der Besiegten und der Sieger in Einsicht, Verhalten und politischer Tat entsprochen – sie kam nicht zustande.

Als die beiden deutschen Staaten geschaffen und für den Kalten Krieg ideologisiert wurden, überzog von der einen Seite die antikommunistische Universalparole das Feld, von der anderen der antifaschistische Gegennebel. Der rasche ökonomische Wiederaufstieg der Bundesrepublik verdrängte vollends die Besinnungsmoral ins Private, soweit sie dort aufgenommen wurde. Das Grundgesetz hat die parlamentarische Demokratie mit den Prinzipien, den Einrichtungen und den Verfahrensweisen ausgestattet, derer sie für ihren gediegenen Bestand bedarf; das konnte aber nicht den Geist, die Vorstellungskraft und die Entschlossenheit ersetzen, die von Start an eine Modell-Republik der vollen sozialen Gerechtigkeit sowie einer ausgleichenden Friedenspolitik in Europa, wie die soeben überwundene Vergangenheit sie nahelegte, zum Ziel gehabt hätten, sobald deutsche Mitwirkung wieder in Betracht kam.

Die kritische Überlegung wirft die Frage auf, ob es denn aber realistisch ist, eine derartige Möglichkeit überhaupt für erwägenswert zu halten. Welchen Zweck ferner, falls man die Frage bejaht, sollte es haben, heute, ein Vierteljahrhundert später, in den festgefügten Interessenkonstellationen, die sich herausgebildet haben, der nicht ausgenützten „Stunde Null" von seinerzeit nachzusinnen?

Nun, die Geschichte ist nicht zu Ende, und das Ziel der Bemühungen, die es wert sind, moralisch genannt zu werden, kann es nur sein, die Weltgesellschaft und ihre staatlichen Organisationen, wie immer und soweit es möglich ist, zu humanisieren. Darüber läßt sich sehr wohl anhand erlebter Erfahrungen nachdenken, um aus Schlußfolgerungen Ableitungen für das praktische Handeln in der Politik von heute und morgen vorzunehmen, auch wenn jeweils nicht mehr erreicht werden kann als lediglich ein Stück des notwendigen Fortschritts.

Noch ist der Erdkreis angefüllt mit der Widersprüchlichkeit universal proklamierter Emanzipation und gebietsweise unentwegter Unterdrückung, der angestrebten Gleichberechtigung und zäh verteidigter Ausbeutung, von den Methoden, mit denen die geheime und die offene Gewalt vorgehen, zu schweigen. An ungezählten Plätzen, in ungezählten Fällen fehlt dem Ideal der Menschenrechte noch die Macht, die ihm zuzuordnen ist, von ihm dann nicht mehr zu trennen. Vielleicht gäbe es bereits weniger Folter in der Welt, vielleicht wären schon die Kriege in Algerien und in Indochina anders geführt worden, als es geschehen ist, wenn 1948/49 alle, die Deutschen voran, nicht aufgehört hätten, den Wurzeln und Quellengründen des Nationalsozialismus bis in die Tiefen nachzugehen, um sie abzugraben und darüber die gerechten, die gesichert humanen Verhältnisse Wirklichkeit werden zu lassen. Genügend viele Zustände belegen, daß die Bemühung wahrlich und leider nicht unzeitgemäß geworden ist.

Zwei Autoren vor allem haben die größeren Zusammenhänge richtig gesehen und sie eindringlich dargestellt: Max Picard in dem Buch, dem er den Titel gab „Hitler in uns selbst", und Hermann Rauschning in seinem 415 Seiten-Werk „Die Zeit des Deliriums". Das eine ist 1945, wiederum in der Schweiz erschienen, das Manuskript des anderen hat sein Verfasser, der ehemalige Senatspräsident von Danzig, 1947 in Kalifornien, wohin er als Emigrant gelangt war, abgeschlossen; es wurde ebenfalls in der Schweiz veröffentlicht.

Aus der durch den Nationalsozialismus erfolgten „Erschütterung aller Werte, der Perversion aller Grundsätze, der Verwirrung aller Begriffe, die fest und unantastbar zu sein schienen", hat Herbert Lüthy die Ausbreitung der Krise des allgemeinen Bewußtseins erklärt; Max Picard seinerseits ging darüber hinaus: in Hitler und seiner Gefolgschaft sah er den exorbitant und exzessiv besonderen Ausdruck einer im übrigen unsere ganze Zeit kennzeichnenden Erkrankung. Er hat sie Diskontinuität genannt: Zusammenhanglosigkeit. Von dem Buch, das sonst vergessen ist, hat sich diese Bezeichnung ebenso erhalten wie der treffende Titel „Hitler in uns selbst". Picard ist ein wohlmeinend-grundkonservativer Autor, was in der ja alles andere als ruhigen und gleichmäßigen Nachkriegsentwicklung sicherlich dazu beigetragen hat, daß von seiner Generalanalyse, die den Kern der Sache – und viel mehr noch – durchaus traf, außer jenen beiden Kennworten so gut wie nichts in der öffentlichen Erinnerung geblieben ist.

Von den altväterlich konservativen Übertreibungen abgesehen, ist das Buch voll von richtigen Einsichten. Schon einige der Kapitelüberschriften zeigen das: „Der Mensch ohne Erinnerung", „Der Mensch des Augenblicks", „Der Mensch, der alles erneuert", „Die Entstehung einer Welt aus den Defekten des Menschen", „Der Mensch der Greuel", „Die Degradierung des Wortes zur Parole", „Die Degradierung des Symbols zum Abzeichen", „Ersetzung der sinnvollen Ordnung durch äußerliche Gruppierung", „Die Degradierung der Gemeinschaft zum Zweckverband", „Irrtum und Wahrheit als Zufälligkeiten". Wer, der das liest und kritische Erfahrung besitzt, sähe da nicht die Zustände bis heute vor sich – Zustände, die lange vor Adolf Hitler begonnen haben. „... Der Mensch, dem ein Nichts vorausging, aus dem er kam, und dem ein Nichts nachfolgt, in dem er sich jetzt befindet, ist nur noch ein schmales Ausrufungszeichen zwischen zwei leeren Gedankenstrichen. Der zusammenhanglose Mensch ist auf einen Strich reduziert."

Picard führt vieles der modernen Zivilisation an, das den Zustand der Diskontinuität aufrechterhält oder noch fördert: die industrielle Arbeitsteilung, die Vergroßstädterung, die Freizeit als „Zerstreuung", die Sammelsurium-Art der äußerlich pausenlos kontinuierlichen Rundfunk- und Fernsehdarbietungen, die Zeitungen und die Illustrierten. „... Auch Hitler erschreckte und bezwang die Menschen durch irgendein Faktum, das er aus dem Zusammenhang riß und in der eindruckmachenden Isolierung zeigte. Hitler vollzog das Zerreißen der Zusammenhänge im großen, wie mit Hilfe von Maschinen, und die Menschen erschraken und wurden bezwungen zugleich, wenn sie den obersten Herrn der Zerreißungsmaschinerie sehen und hören durften."

Picard apostrophiert die Existenzweise, die der amerikanische Soziologe David Riesman später den „außengesteuerten Menschen" genannt hat, der, weil es ihm an innerem Zusammenhang durch Prinzipien und an Orientierung durch feste Werte fehlt, von

den „hidden persuaders" der Propaganda, den ihm verborgenen
Verführern unschwer manipuliert werden kann. In politisch besonders zugespitzten Krisensituationen wird er zum Opfer der Dem-
agogie. „Der Nazismus hat nur den Zustand des innerlich zusam-
menhanglosen Menschen vollendet", resümiert Picard. „Es braucht
nicht viel, um von einem Leben von Augenblick zu Augenblick zu
einem Leben im Nichts zu gelangen ..."

Die Konsequenzen sieht Picard zuweilen zu einfach. Der Mangel an verbindlichen Wertvorstellungen kann begleitet sein vom
Verlangen nach ihnen, so daß, bei fehlender Urteilskraft, Surrogate
lieferbar werden. In seinem „Tagebuch", das in deutscher Übersetzung 1948 erschienen ist, verzeichnet André Gide am 9. Juli 1940,
nach der Niederlage Frankreichs also, der Gewaltstreich Hitlers
habe darin bestanden, „daß er die Jugend seines Landes dahin
gebracht hat, etwas anderes zu wünschen als Wohlleben. Erobe-
rungsgier und Herrschaft sind aber verhältnismäßig leicht einzu-
blasen." Überall, wo die höheren Wertordnungen sich aufgelöst
haben, läßt sich *gegen* den Materialismus so gut operieren wie *mit*
dem Versprechen des Wohlstandes. „Würde die deutsche Herrschaft uns den Überfluß sichern, neun von zehn Franzosen ließen
sie sich gefallen, drei oder vier darunter lächelnd", steht als Eintra-
gung im „Tagebuch" am gleichen 9. Juli 1940. Und vier Tage darauf: „Die ganze Erziehung der Kinder müßte zum Ziel haben, ihr
Denken über die materiellen Interessen zu erheben. Aber sprecht
doch einmal mit einem Bauern vom ‚geistigen Erbe' Frankreichs: er
wird sich selbst daran wenig beteiligt fühlen. Welcher von ihnen
wäre nicht gerne damit einverstanden, daß Descartes oder Watteau
Deutsche wären, oder auch, daß sie nie gelebt hätten, wenn er
dadurch sein Getreide um ein paar Sous teurer verkaufen könnte?"

Solche Erkenntnis und Feststellung hat dem Dichter nicht
geringe Attacken im eigenen Lande eingetragen.

In der „systematischen Entindividualisierung", die paradoxerweise im Zuge der Verbesserung der modernen ökonomischen
Lebensbedingungen parallel zur politischen Emanzipation der
Menschen vorsichgeht, erblickte André Gide eines der Hauptübel,
mit denen wir es, als Gefahr für die politische Entwicklung selbst,
zu tun haben. „Dadurch vor allem, scheint es mir", so hatte er am
25. Mai im „Tagebuch" festgehalten, „setzt sich der Hitlerismus in
Gegensatz zum Christentum, jener unvergleichlichen Schule der

Individualisierung, wo jeder kostbarer ist als alle. Den individuellen Wert leugnen, so daß jeder, indem er mit der Masse verschmilzt und Zahl wird, unbegrenzt ersetzbar ist; daß, wenn Friedrich und Wolfgang sich töten lassen, Hermann oder Ludwig ihre Sache ebenso gut machen werden, und daß es nicht statthaft ist, sich über den Verlust des einen oder des andern allzu sehr zu betrüben."

Folgerichtig als die Form des „spirituellen und politischen Nihilismus" bezeichnete Hermann Rauschning in seinem Werk „Die Zeit des Deliriums" den Nationalsozialismus, und von ihm fürchtete er: „Dieser Nihilismus ist es, der bleibt, der weiterwuchert, der sich neue Ausdrucksformen schaffen wird, der Europa anstecken, der auf die westliche Hemisphäre überspringen wird, für den es keinen cordon sanitaire, für den es keine Quarantäne gibt".

Das Buch ist die Anatomie der allgemeinen Großen Krise – philosophisch, politisch, ethisch, ökonomisch. Als ein Ganzes, so forderte Rauschning, muß die Krise überwunden werden. „Das Wort von der Einen Welt ist die fruchtbarste regulative Idee unserer Zeit, mit der sie sich eine Führerin aus der Krise geschaffen hat. Aber sie bezeichnet nicht bloß die unauflösliche materielle Verflochtenheit der Welt, eine durch die Technik klein und daher territorial einheitlich gewordene Welt. Sie bezeichnet vielmehr die Notwendigkeit der Einheit ihrer Organisationselemente, die Allgemeingültigkeit ihrer obersten Prinzipien und Rechtsnormen, die Einheit und Gemeinsamkeit der Anstrengungen. Die Überwindung der Krise ist ein einheitliches Ganzes, und sie kann nicht anders als von den Nationen gemeinsam vollendet werden."

Für den Fall, daß es zu dieser Einsicht und zu solcher Entschlossenheit nicht käme, hat sich Rauschning an einigen Stellen seines Buches auf negative Voraussagen für Deutschland und die Welt eingelassen, die – glücklicherweise –, jedenfalls bis heute, nicht eingetroffen sind. Die Geschichte verläuft eben weder nach den Regeln der Logik noch wie ein Rechenexempel. Sehr wohl spielt in ihr aber, wenn auch zumeist umwegig, unterschwellig, nur mittelbar, jedoch anhaltend und nachwirkend, die Moral eine mitausschlaggebende, eine nicht zu übersehende Rolle. Rauschning ist der Letzte, der das mit seinen folgenden Sätzen ausschlösse: „Indem die Frage nach der Überwindung der Krise gestellt wird, müssen alle populären und billigen Urteile und Verurteilungen über Schuld, Gerechtigkeit, Bestrafung fallengelassen werden. Es muß versucht werden, einen Standpunkt zu gewinnen, von dem aus Anklagen gegenstandslos werden, und der es ermöglicht, die Zusammenhänge zu verstehen, um die begangenen Irrtümer und Schäden zu korrigieren und zu heilen."

Sendung im Deutschlandfunk am 7. Oktober 1973: „Nach dem Untergang; 1945 – Deutungen einer Katastrophe; 5. Max Picard".

# Das Recht auf den politischen Irrtum

## 1947

Ein wahres Labyrinth verwirrender Zusammenhänge, von der Wirklichkeit heute um uns ausgebreitet, läßt uns nur durch Erörterungen, die wie Umwege, ja vorerst wie Abschweifungen aussehen mögen, zu der Feststellung vordringen, daß wir ein Recht darauf haben, uns politisch zu irren, und daß sehr weittragende praktische Folgerungen aus diesem Recht abzuleiten sind.

\* \* \*

Die Form, wie man das deutsche Volk seit nunmehr zwei Jahren vom Nationalsozialismus und Militarismus zu befreien versucht, hat zu dem reichlich chaotischen Zustand, in dem wir uns befinden, viel beigetragen. Das Ergebnis ist vorerst, jeder Kundige weiß es, weniger Denazifizierung als Renazifizierung. Das böse Wort läuft um: „Seitdem uns die demokratische Sonne bescheint, werden wir immer brauner." Deutsche Mängel und alliierte Fehler haben einander mit verhängnisvoller Sicherheit, als ob sie aufeinander abgestimmt gewesen wären, ergänzt und die Anstrengungen der Einsichtigen bisher beinahe um jeden Erfolg gebracht.

Goebbels hat immer behauptet, das deutsche Volk und der Nationalsozialismus seien eins. Das war eine Lüge, wie so ziemlich alles, was seinem lügnerischen Gehirn entsprungen ist. Das deutsche Volk bildete mit dem Nationalsozialismus in der Tat eine Einheit, doch nicht von der Art, die eine Unterscheidung nicht mehr zugelassen hätte. Freiwillige, Getäuschte und Gefangene, die Rollen im Verlauf der Tragödie vielfach wechselnd, übten unter einer ebenso raffinierten wie skrupellosen Regie hinter dem anlockend bemalten Propagandavorhang das große Theater ein, in dessen zweiter Hälfte dann das Ensemble, gründlich gedrillt, von der deutschen Bühne in den Zuschauerraum der Welt stürmte, um Ernst aus dem zu machen, was so friedlich angekündigt worden war. Es hat Leute genug gegeben, die das „Spiel" von Anfang an durchschaut hatten, – den „verbrecherischen Plan", von dem in Nürnberg das Gericht der Geschichte sprach, als alle miteinander, Deutsche und Ausländer, aus dem Chaos der großen Saalschlacht, aus Gräben, Kasematten, Kellern und Bunkern wieder aufgetaucht waren. Selbstverständlich stand die *Schuldfrage* sofort zuoberst auf der Tagesordnung. Und leider hat der Regisseur des furchtbaren Schauspiels, Hitler, zusammen mit seinem mephistophelischen Ansager und Einpeitscher, Goebbels, noch nach dem eigenen Giftselbstmord durch die tragische deutsche Solidarität, die ihnen recht zu geben schien, einen letzten, nachhaltigen Sieg über die Welt errungen: er vergiftete das Werk des Friedens. Die psychologische Kriegführung der Alliierten hatte sich, da es ihr nicht gelungen war, einen Aufstand Deutschlands gegen Hitler zu entfesseln, die nazistische These, daß „Führer und Volk" unerschütterlich eins seien, zu eigen gemacht; jetzt, zu Kriegsende, wurde sie buchstäblich ein Opfer der doppelten Propaganda, der nationalsozialistischen und der eigenen: sie *behandelte* das deutsche Volk als verderbte Einheit. Seht ihr, sagten sich die Deutschen daher alsbald, Hitler hat mit seiner Prophezeiung recht gehabt: sie machen keinen Unterschied zwischen Deutschen und Nazi! (Er hatte unrecht, denn er *meinte* es anders, in dem Sinn nämlich, daß die Alliierten das deutsche Volk unterschiedslos *vernichten* würden; in Wahrheit handelte es sich nicht um Vernichtungsabsichten, sondern um eine falsche Methode der sogenannten Umerziehung.)

Der Irrtum aus Wirklichkeit und Propaganda, die beide überholt waren, die beide gründlich hätten abgeschüttelt werden müssen und die doch beide von der nachwirkenden Leidenschaft des Krieges in die Zeit des Vorfriedens hineingeschleppt wurden, hatte sofort schwerwiegende Folgen: die Kollektivschuldanklage und die „Nichtverbrüderungs"-, stattdessen Eroberpolitik auf alliierter Seite; rasch zunehmendes Befremden, dann Enttäuschung, dann

Entschuldigungs-, dann Verteidigungs-, schließlich Gegenbeschuldigungstaktik auf deutscher Seite. Was half unter solchen Umständen die Erklärung der Alliierten von Anfang an, man wolle durchaus nicht unterdrücken; was die Bemühung so vieler Deutscher, das Volk möge sich nach solchem Grauen doch besinnen? Die *Praxis* der ineinanderwirkenden Fehler, verschärft durch die sonstigen Kriegsfolgen, führte bald jenen Zustand herbei, der nicht wenige Alliierte skeptisch oder vollends mißtrauisch werden und zahlreiche Deutsche verbittert oder sich selbst bemitleidend, Vergangenheit, Gegenwart und Zukunft verkennend, seufzen ließ: „O Herr, schick' uns das Fünfte Reich, das Vierte ist dem Dritten gleich!"

Die Praxis der ineinanderwirkenden Fehler, verschärft durch die sonstigen Kriegsfolgen. Man könnte meinen, nur in dem Eifer, jene zu begehen, und in dem Mangel an Energie, mit diesen fertigzuwenden, wären alle eins gewesen. Zählen wir Fehler wie Folgen bloß auf, da sie jedermann bekannt sind.

Zu allererst wurde eine umfassende, wahrheitsgemäße deutsche Bestandsaufnahme versäumt. Was an Kräften, materiellen Möglichkeiten, Beeinträchtigungen und Aussichten insgesamt gegeben war, wußte kein Mensch. Man teilte das Land in vier Zonen ein und gab sich der Hoffnung hin, der Kontrollrat werde auf Grund der Potsdamer Beschlüsse als Koordinations- und Befehlszentrale die Einheit der alliierten Politik sichern. Die unmittelbaren und mittelbaren Interessen der einzelnen Besatzungsmächte, in ihrer Linie und in ihrer Stärke bestimmt durch den Verlauf der fortgesetzten internationalen Neuorientierung, erwiesen sich indes als weitaus kraftvoller. Das wirtschaftliche, soziale, kulturelle und geistige Gefüge Deutschlands wurde vollends zerrüttet. Das System der Veränderungen, soweit ein solches vorhanden war, unterschied sich von Zone zu Zone kraß: hier Demontagen, dort Stillegungen, hier schonendes Zögern, das doch blockierte, dort Requisitionen; gänzlich verschiedene Regelung der Probleme der Ausgewiesenen und Flüchtlinge; radikale Bodenreform oder gar nichts; Denazifizierung nach Formalismus, nach Klassengesichtspunkten, nach Gefühl oder nach Beziehungen des Zufalls, der Laune, der Korruption; Zensur, Lizenzpresse und Propaganda-Publizistik; Ansätze, Entwicklung, Anwendung, Mißbrauch, in unterschiedlichem, ja wechselndem Tempo, von vier Arten politischer Demokratie; im Feld der sozialen, kulturellen und geistigen Entwicklung Freiheit der Organisation, Verbot der Organisation, gelenkte Organisation, Einheitsorganisation. Dazu die Besatzungsarmeen mit ihrem fast unvermeidlichen Gefolge von Härten, Unrecht, Wohnungs-, Möbel- oder Lebensmittelbeschlagnahmungen; dazu automatische Arreste, Unterlassung von Verhaftungen, mehr oder minder willkürliche Verhaftungen, keinen wirksamen Rechtsschutz; dazu die deutschen Partei-, Klassen- und Privatgegensätze, die Denunziationen, die Displaced Persons, der Positionskampf, die Sorge um die Kriegsgefangenen, die Ablehnung der ehemals politisch Verfolgten, das Mitleid mit den wirklichen oder vermeintlichen Opfern von jetzt („Politisch verfolgt? Wann – damals oder heute?"); dazu die Trümmer, das Wohnungselend, der Schwarze Markt, die hohen Steuern, keine Währungsreform, dickverdienende Nazi, die Korruption, die alles überwuchernde Bürokratie, die Überflutung der Dörfer mit hungernden, hamsternden, Hausrat, Kleider, Nägel, Nadeln und jegliches andere Ding anbietenden Schwärmen von Städtern, mit einem nicht endenden Strom von Vagabunden, Faulenzern und Nichtstuern jeder Art; und das Landvolk – lassen wir die schwierige Erörterung im einzelnen –; zu schlechterletzt über alles dieses hin eine zähflüssige Papierflut von Gesetzen, Verordnungen, Ausführungsbestimmungen, Befehlen; dazu die Polizei: Ordnungspolizei, Feldpolizei, Bahnpolizei, Grenzpolizei, Kriminalpolizei, Militärpolizei ... Polizei.

Wenn es SD-Leute an wahrscheinlich gar nicht so wenigen Orten des Landes gibt: als Gärtner, Bauernknechte, Chauffeure, Sekretäre, Polizisten (ich bin überzeugt, daß es sie gibt; der Landrat eines bestimmten Kreises hatte kurz vor Torschluß 1945 gleich 80 Blankoformulare von Kennkarten herauszugeben; und gelegentlich eine Verhaftung, jetzt, nach zwei Jahren, beweist es ja auch, daß es sie gibt; vor einem Geschäft unterhielten sich neulich zwei „Gesinnungsnazi" ganz offen: Die Zeit arbeitet für uns, sagten sie, wir brauchen bloß zu warten!), die hartgesottenen Unentwegten also, man sieht es geradezu, können vergnügt in sich hineingrinsen: „Das ist genau das, was wir uns unter Demokratie vorgestellt haben!" *Wir* aber, die wir für die unabsehbaren Reihen gemarterter Opfer stehen, die alle nur die *eine* Frage haben: Wofür sind wir gestorben! – was sagen und tuen *wir*?

Hundertfach geschieht Gutes im Lande, von seiten Alliierter, von seiten Deutscher. Man könnte ebenso ausführlich und noch ausführlicher darüber berichten. Aber es droht der Übermacht der Fehlentwicklung allerorts zu erliegen. Es hat uns bis jetzt vor dem Schlimmsten bewahrt, aber es ist nicht bestimmend, es gibt nicht den Ausschlag. Vielleicht auf lange Sicht, hoffentlich, lassen wir nicht locker. Nur muß die Gefahr, daß die bereits gemachten Fehler und ihre Folgen mächtiger sind als wir alle, heute, unmittelbar, jetzt überwunden werden, in diesem dritten Jahr nach der Kapitulation, die doch der Anfang eines geordneten Friedens, nicht nur das Ende der schmählichsten Tyrannei sein sollte.

Die Deutschen haben ihrerseits in den abgelaufenen zwei Jahren arg versagt, – in einem kleinen, aber starken Rest von Möglichkeiten, die uns verblieben waren. Das hat natürlich ebenfalls seine besonderen Ursachen. Das Bewußtsein der Verantwortlichkeit ist unter der Last der Schuldanklage, gegen die sie sich mit wirren Gefühlen und heftigen Argumenten zur Wehr setzten, bei den meisten verlorengegangen. Bald erstickte auch, als die Aussichtslosigkeit die Hoffnungen erneut begrub, im Gestrüpp rein privategoistischer Bestrebungen ihre gewohnte Freudigkeit zu Initiative und Aktivität, welche selbst die Riesenanstrengungen der Kriegszeit nicht ganz verbraucht hatten. So fanden sie nicht mehr die Kraft, nun unentwegt nur mehr von besten Absichten geleitet den mannigfachen Illusionen, Unkenntnissen, Mißgriffen und überflüssigen Härten, die das Vernünftige an der alliierten Politik in Deutschland schädigten, wenn nicht sogar ganz, teil- oder gebietsweise aufhoben, zäh einen nüchternen Realismus beizuordnen, der noch in der Opposition, wenn die Sache sie erforderte, ihr Bundesgenosse zum gemeinsamen Guten gewesen wäre. Stattdessen ging es zu wie bei der Echternacher Springprozession, nur mit dem Unterschied, daß bei uns zwei Schritten vorwärts drei zurück folgten.

Was also soll geschehen?

Zu allererst müssen die Illusionen abgebaut werden. Sie führen nicht nur in die Irre, sie lähmen auf Dauer auch, wenn sie immer wieder durch die Wirklichkeit zunichtegemacht werden, jeden Willen zur Selbsthilfe. Im Januar 1947 schrieben wir: „Nur im Herzen ein Licht, haben wir die Schwelle des neuen Jahres überschritten, den Verstand auf das Dunkel vor uns gerichtet, von dem wir in jedem Falle wissen, daß es bedrohlich ist. Es wird alles noch schwieriger werden ...“ (Frankfurter Hefte, 2. Jg., Heft 1, S. 17.) Es ist so weit. Kaum etwas von dem scheint uns erspart zu bleiben, was Hitler und seine Anhängerschaft an Folgen für Deutschland heraufbeschworen haben, obgleich sogar die Alliierten die ehrliche, mit Interessen unterbaute Grundabsicht hatten, wenigstens das Härteste von uns abzuhalten. (Und sie haben die Absicht noch immer, deutlicher sichtbar als vor zwei Jahren.) *Die Wirklichkeit sehen und mit ihr rechnen,* das ist es, worauf es jetzt ankommt.

Daß die sogenannte Denazifizierung in allen vier Zonen Deutschlands mißglückt ist, haben die aufgezeigten Verhältnisse dargetan, – sofern die Behauptung richtig ist, daß man keinen Hitler haben muß, um nazistisch gesinnt und nicht ohne hundertfachen Einfluß auf die weitere Entwicklung der öffentlichen Verhältnisse zu sein, und daß man kein Heer braucht, um als Militarist auf die nächste Gelegenheit zu warten, sich der oder jener Macht zu verdingen. (Ich denke, die Behauptung ist richtig.) Hitler ist tot, doch er lebt; die nationalistische Armee ist zerschlagen, ihr Geist wirkt (mehr als ihr Geist). Was ist also denazifiziert worden? Der *Apparat,* und das nur brüchig, aber mit vielfach verhängnisvollen Folgen. Es lag an den angewandten und immer noch angewendeten Methoden. Sie waren in jeder der vier Zonen verschieden; das Ergebnis ist überall ähnlich.

Sehen wir in der Analyse von der russischen und von der französischen Zone ab; die Umstände liegen dort teilweise anders. Trotzdem gelten auch für sie die Schlußfolgerungen, weil sie aus einer tieferen Schicht allgemeiner Unterlassungen und ihnen entsprechender Notwendigkeiten stammen.

Man hat mit Goebbels und im Zuge der eigenen Kriegspropaganda, um es zu wiederholen, das ganze deutsche Volk als nazistisch angesehen. Man hat es infolgedessen als Kollektiv-Einheit beschuldigt. Zwischen dieser Anklage, die auf die gesamte „Umerziehungspolitik" von vornherein einen schweren Schatten legte, und der ersten von den Angelsachsen vorbereiteten Praxis der Denazifizierung war bereits ein Unterschied; sie brachten Listen nationalsozialistischer Kategorien mit. Es waren – von den Kriegsverbrecherlisten abgesehen – nicht Namensverzeichnisse, wie es hätte sein müssen, die in Deutschland sofort von kleinen Orts-, Bezirks- und Betriebsausschüssen einwandfreier, sachkundiger Männer und Frauen zu ergänzen, ja überhaupt erst recht auszufüllen gewesen wären (was damals, im ersten Schwung, noch hätte bewältigt werden können, mit Steckbriefen für abwesende Aktivisten, sodaß man Orts-, Bezirks- oder Betriebsfremde nach und nach, einzelweise, überprüfen konnte). Es waren Formalkataloge der NSDAP, ihrer Gliederungen und verwandter Organisationen. Nicht das ganze deutsche Volk wurde von ihnen erfaßt. Das war der Unterschied zur Ausgangsthese. Aber unterschiedlos wurde ein recht großer Teil erfaßt: in der US-Zone bis zum 1. April 1947 etwa 28 Prozent der über 18 Jahre alten Bevölkerung oder 3 303 557 Personen von 11 901 565, die verpflichtet waren, einen Fragebogen auszufüllen, wenn sie vom Bezug der Lebensmittelkarten nicht ausgeschlossen werden wollten; in der britischen Zone, wo ein etwas anderes, aber ebenfalls formales Verfahren zur Anwendung kam, wurden zwar nicht so viele Personen sofort betroffen, doch immerhin im Laufe der Zeit wahrscheinlich mehr als zwei Millionen. Sie alle galten als Nationalsozialisten. Ein geringer Prozentsatz von ihnen wurde aus Sicherheitsgründen für längere – zum Teil noch nicht beendete – oder für kürzere Zeit interniert: in der britischen Zone insgesamt annähernd 4,5 Prozent (jetzt 3 Prozent), in der amerikanischen Zone etwa 3 Prozent (jetzt 1,5 Prozent). Alle anderen wurden aus ihren Berufsstellungen entfernt, – bis auf jene, die über besondere Beziehungen verfügten. (War deren Zahl auch statistisch, im ganzen, nicht sonderlich bemerkenswert, so war sie doch für das Empfinden des Volkes viel zu hoch.)

Was die prüfungslose, rein nach formalen Gesichtspunkten vorgenommene Ausschaltung von fünf Millionen und mehr Menschen allein in den zwei angelsächsischen Besatzungszonen für das Rechtsbewußtsein, für die Politik der „Umerziehung", für den Staat, die Wirtschaft, die Gesellschaft, die Schulen, die Publizistik, die Kirchen und jede Einrichtung unserer Öffentlichkeit bedeutete, haben wir erfahren. Es braucht nicht mehr geschildert zu werden. Die Militärregierungen sahen bald – allerdings spät genug –, daß jene Deutschen recht hatten, die dringend ein eigenes gesetzliches Verfahren mit Prüfung jedes einzelnen Falles durch Deutsche selbst vorschlugen. Es wurde in der US-Zone das Befreiungsgesetz, in der britischen Zone die Executive Instruction Nr. 54 erlassen; Spruchkammern und Prüfungsausschüsse traten in Tätigkeit.

Freilich *wie!* Denn inzwischen hatten vier entscheidende Umstände, derer das neue Verfahren nicht Herr zu werden vermochte, eine veränderte und dauernd sich verschärfende Lage geschaffen.

Die deutsche *Gesamtsituation* war erheblich schlechter geworden.
Ein Teil der Folgen jener politischen Fehler, von denen bereits die
Rede war, machte sich lähmend bemerkbar. Vor ihrem Hintergrund wirkte der Optimismus um die neugeschaffene Formalde-
mokratie – mit den geistig altgebliebenen Parteien samt allem
ihrem Drum und Dran – nicht nur künstlich, sondern schon ein
wenig erbitternd. Die Stimmung des Volkes war seit langem in
raschem Absinken. Die „Denazifizierung" mit dem Kernstück des
Beschäftigungsverbotes, das alle gleichmäßig betraf, und der Verfügung, daß Nationalsozialisten, ob wirkliche oder formale, nur in
„gewöhnlicher Arbeit" tätig sein durften (was der Handarbeit auch
noch Strafcharakter verlieh und ihr den Beigeschmack sozialer
Deklassierung gab), hatte die schon reichlich beeinträchtigte
„Begeisterung" für „Befreiungen" inmitten eines fast undurch-
dringlich gewordenen Entlassungswirrwarrs auf den Nullpunkt
heruntergetrieben. Damals kam die vielerzählte Geschichte in
Umlauf: Ein Straßenkehrer wird von einem herumstehenden
Nichtstuer angesprochen: „Aber Herr Amtsgerichtsrat, ich wußte
gar nicht, daß Sie Straßenkehrer sind. Sie sind doch kein Nazi!"
„Ach, Herr Meier, ein Nazi bin ich natürlich nicht, aber in der Partei war ich, und nun lassen mich die Ami nur mehr straßenkehren."
„Merkwürdig", darauf der andere, „mich haben sie auch herausge-
setzt, aber ich war nicht Amtsgerichtsrat, sondern Straßenkehrer!"
Die Amerikaner, für Kritik und gute Witze empfänglich, lachten
darüber; aber dadurch wurde die Stimmug der Deutschen nicht
besser. Schon wollten diese die ganze Sache loswerden. Nur wider-
strebend ließen sie sich, von restlichem Verantwortungsgefühl und
von den Parteien angetrieben, dazu herbei, in den nun neugeschaffenen Spruchkammern und Prüfungsausschüssen tätig zu sein.

Zum Wissen um den falschen Start kam ferner bei den meisten
das dumpfe Gefühl, daß die ganze Angelegenheit viel zu breit angelegt war. Über Millionen Betroffene, unter denen sich nicht wenige
befanden, die nun ehrlich betroffen waren, da es sie plötzlich
betraf, obgleich doch alle ihre Bekannten und Freunde genau wußten, daß sie nicht nationalsozialistisch gesinnt waren, sondern aus
den jedem Deutschen vertrauten Gründen eben „in die Partei"
gegangen waren, über Millionen war die braune Farbe gleichmäßig
ausgegossen, so daß sie, statt an Deutlichkeit zuzunehmen, in den
Augen der Menge zu verschwimmen begann: aus braun wurde

grau, aus grau gräulich. Dies wiederum kam vielen schuldigen Aktivisten und frechen Nutznießern zugute. Sie konnten mit richtigen Argumenten für *ihre* schlechte Sache hausierengehen; die Entwicklung selbst machte es ihnen möglich, wie die Kletten zusammenzuhalten. „Sie können in Hamburg nichts werden, Sie finden keine Arbeit?" schrieb neulich „Die Weltbühne". „Nein!" „Warum nicht?" „Ich bin nicht Pg. gewesen!" Saubere Leute, durch so viele negative Erfahrungen gewitzigt, wollten mit der Säuberung nichts mehr zu tun haben; sie hielten die Sache für verloren, man brachte die Unterschiede nicht mehr heraus. Wieder war es ein Witz, der die Stimmung in weiten Kreisen deutlich machte: Ein Hund rennt auf offener Landstraße hinter einer Katze her. Diese hält schließlich jappend inne. „Was willst du von mir?" „Nichts." „Warum rennst du mir dann nach?" „Ich renne dir gar nicht nach. Ich komme aus der Stadt, dort schneiden sie den Pferden die Schwänze ab." „Den Pferden? Du bist doch kein Pferd!" „Mach' *du* das den Alliierten einmal klar!" Vielen Hunden hatte man die Schwänze abgeschnitten, vielen Pferden nicht, und zahllose Hyänen liefen überhaupt ungeschoren herum. Nun sollten es die Deutschen schaffen, die richtigen Unterscheidungen zu machen, gerecht abzuwägen, alle vergangenen Umstände zu würdigen, nicht formalistisch, obwohl das Kategorien-Schema für die Anklage noch immer galt. Leidenschaftslos, ohne Haß, ohne Voreingenommenheit? Sie glaubten es nicht

Und man hatte seine Gründe dafür; die Wirklichkeit bot Beispiele die Menge. Denn inzwischen war die *soziale Revolution* in die gebotenen politischen Möglichkeiten eingebrochen: unter dem Deckmantel der Säuberung vollzog sich ein erbitterter Kampf um Arbeit und Einfluß, eine Schichtablösung in allen Etagen der Verwaltung und Wirtschaft. Zwar hatte, als Folge der alliierten Besatzungspolitik, die Gerechtigkeit bei uns nicht das Gewand einer Sansculotte angezogen, aber sie wurde vielfach als Quartiermacherin derer benutzt, die nun ihrerseits, zu recht oder zu unrecht, geeignet oder weniger geeignet, die Versorgungs- und Kommandostellen einnehmen wollten. Aus der großen französischen Revolution wurde immerhin die Praxis des „Ôte-toi que je m'y mette!" übernommen: „Hebe dich hinweg, damit *ich* mich an deinen Platz setze!" Das wurde nicht plakatiert, das war nicht Parole, aber es vollzog sich so. Die Nationalsozialisten hatten es seinerzeit schamlos offen betrieben, indem sie das sogenannte „Gesetz zur Reinigung des deutschen Berufsbeamtentums" schufen, um die Masse ihrer Stellenanwärter unterzubringen. Das „Gesetz zur Befreiung von Nationalsozialismus und Militarismus" war keineswegs für einen derartigen Zweck ausgearbeitet worden, es sollte ganz im Gegenteil wirklich der Gerechtigkeit dienen, – gegen die Ungerechtigkeit des Formalismus und möglichst auch in der Sache selbst. Doch waren es Menschen aus Fleisch, Blut und Leidenschaft, nicht bloß Menschen aus Fleisch, Blut und Gerechtigkeitssinn, die es anzuwenden hatten. Folglich begann die Masse der Kämpfer um Stellungen – der Zahl nach mehr Kämpfer als Stellungen –, Konkurrenten „zur Strecke zu bringen", sei es über alliierte Dienststellen, sei es über Spruchkammern und Ausschüsse. Die allgemeine Suche nach „grauen Punkten" – beim andern! – begann. Die Interessenverflechtung des Lebens kam hinzu: Abhängigkeiten in Dorf und Kleinstadt, in den Betrieben, in der Gesellschaft, und fünf Pfund Fett wiegen in Notzeiten auch nicht leicht. Wie Rettungsbojen ragten schließlich aus dem rasenden See, der seine Opfer haben wollte, nur mehr verhältnismäßig wenige völlig unabhängige und unbeirrbar sachlich, gerecht und menschlich denkende Männer hervor. *Sabotierten* die Deutschen, wie viele Alliierten meinten, die Denazifizierung? Wer wollte den Vorgang Sabotage nennen! Gewiß war auch sie beteiligt, aber in der Hauptsache hatte das Ergebnis, das ihr so sehr glich, doch andere Ursachen.

Wenn es noch dabei geblieben wäre, das Durcheinander hätte sich vielleicht, mit Energie, Zähigkeit und Geduld, lösen lassen; denn so ist es ja nun einmal im Leben: hunderterlei Kräfte wirken ins Feld der Öffentlichkeit, das die regierenden Männer in Ordnung bringen (oder, in ruhigeren Zeiten, in Ordnung halten) sollen. Aber da waren überdies die *Parteien!* Auch sie nahmen sich zum Überfluß der „Gerechtigkeit" an. Sie wollte gewiß keine Metze werden; man hat sie vergewaltigt. Spruchkammern in der amerikanischen Zone, Prüfungsausschüsse in der britischen wurden zu Lichtungen, auf denen aus dem Hinterhalt parteipolitische Gegner „abgeschossen" wurden. Wer hinzitiert wurde, bebte vor Angst oder Wut, der Rest verkroch sich: nur nichts damit zu tun haben! Revolutionen können nur schwer gebändigt werden, sie folgen ihren eigenen Gesetzen. Und diesen Gesetzen folgen wieder Män-

ner. So fanden sich auch in Deutschland die Kräfte, die weiter ent-
fesselten statt einzudämmen. Selbstverständlich mit Argumenten
der Vernunft, selbstverständlich mit Teilen von Recht. Warum den
*kleinen Mann* vor die Kammern und Ausschüsse zerren, warum *ihn*
dem Beschäftigungsverbot unterwerfen, sagten sie, wenn doch die
Politiker schuld sind, die dem Nationalsozialismus nicht energisch
genug Widerstand geleistet haben? War der Formalismus der
Anklage durch die Alliierten breit angelegt, so machten diese Deutschen ihn jetzt noch viel breiter. Sie zogen eine logische und trotzdem falsche Schlußfolgerung: Der Mitläufer ist im Sinne einer
höheren Gerechtigkeit nicht schuldig, denn er folgte nur dem, der
für den politischen Irrtum verantwortlich ist; folglich gehört zuerst
der Verantwortliche auf die Anklagebank! – Mitnichten, antworten
wir; keiner von beiden gehört dorthin, wenn es sich nicht um Verbrechen, sondern um *politischen Irrtum* gehandelt hat!

Das Absurde der Entwicklung, als sie einen verwirrenden Höhepunkt erreicht hatte, brachte die Geschichte beinahe anekdotisch
zur Darstellung: In Stuttgart gerieten zwei Männer mit dem gleichen urdeutschen Namen aneinander: Maier gegen Maier, Franz
Karl gegen Reinhold. Der eine war öffentlicher Kläger, der andere
demokratischer Ministerpräsident. Beide standen für das deutsche
Volk. Der eine Maier wollte gesühnt sehen, daß der andere Maier
1933 im eben noch bestehenden Reichstag für das Ermächtigungs-
gesetz gestimmt und dadurch Hitler die Diktatur ermöglicht habe;
dieser Maier machte dagegen geltend, daß an ihm als einem alten
Demokraten nichts zu denazifizieren sei, zudem man vor dem
30. Juni 1934 durchaus noch der Meinung habe sein können, die
Nationalsozialisten würden sich in der praktischen Innen- und
Außenpolitik die Hörner abstoßen; jener Maier indes wollte aus der
neuen Demokratie alles ferngehalten oder entfernt wissen, was
durch Fehler, Schwächen, Irrtümer „Schuld" auf sich geladen habe.

Der Knoten, den die Geschichte da so reizend-aufreizend
geschürzt hatte, wurde leider weder gelöst noch durchhauen, – er
wurde nach vielem und lautem Hin und Her ad acta gelegt. Ich
finde, daß er da nicht liegenbleiben darf, denn ein Kopf steckt in
ihm, ein Hals, der zu ersticken droht: Kopf und Hals des deutschen
Volkes!

Wir wollen es ohne Umschweife aussprechen: *Es ist nicht*
*Schuld, sich politisch geirrt zu haben.* Verbrechen zu verüben oder an

ihnen teilzunehmen, wäre es auch nur durch Duldung, ist Schuld.
Und Fahrlässigkeit ist ebenfalls Schuld, wenn auch eine von anderer und von geringerer Art als Verbrechen und Verbrechens-
teilnahme. Aber politischer Irrtum – in allen Schattierungen – samt
dem echten Fehlentschluß gehört weder vor Gerichte noch vor
Spruchkammern. Irren ist menschlich. Es ist so sehr menschlich,
daß es zu unserem Wesen gehört. So sehr gehört es zu unserem
Wesen, daß wir den Fehler, indem wir ihn begehen, nicht einmal
merken. Erst die Folgen machen es uns und der Umwelt, früher
oder später, offenbar, daß wir die Mannigfaltigkeit der Zusammenhänge und die Qualität der Kräfte, die im Spiele waren, im Augenblick der Entscheidung nicht genügend berücksichtigt und nicht
zureichend eingeschätzt haben. Uns zu irren, darauf steht uns geradezu ein Recht zu, wenn wir nicht Sklaven, Marionetten oder Göt-
ter sein wollen. Verlangt man denn nicht von uns, daß wir begangene Fehler einsehen und es ein andermal besser machen? Daß wir
aus Fehlern Lehren ziehen sollen? Wer garantiert uns aber denn,
daß wir angesichts vorliegender Folgen von Irrtümern, vor neue
Entscheidungen zum Richtigen und Besseren gestellt, nun fehler-
und irrtumsfrei geworden seien? Unser Weg zur Wahrheit – schon
die Erwähnung des Wortes ist in der Politik irrealistisch und verdächtig, da sie ein Ergebnis notwendigerweise einander widerstre-
bender Gedanken und Kräfte ist! – führt in dieser Welt der
Verworrenheiten, des Halbdunkels, der Leidenschaften und so vieler verschiedenartiger Beweggründe nur über *Erfahrungen,* und das
will heißen: über die Erkenntnis von Folgen, die wir ganz und gar
nicht mit mathematischer Sicherheit vorausberechnen können, die
sonach aus bloß bruchstückhaften Einsichten und aus mangelhaf-
ten Willensakten entstehen, aus einem Gemisch von Wahrheit und
Irrtum. Die *Voraussetzung echter Demokratie* ist das, denn in ihr
glaubt man, daß niemals ein Einzelner oder eine Gruppe, Schicht
oder Klasse die ganze Wahrheit gepachtet hat; nur in Teilen und
Splittern ist sie vorhanden, so daß sie durch Argumente und friedlichen Wettbewerb allmählich zu einer verhältnismäßig vollkom-
menen Wirklichkeit gebracht werden muß. Behauptung wie Praxis, schuldig sei, wer geirrt hat, ist undemokratisch, totalitär und
überdies pharisäisch; man erschüttert auf solche Weise von vornherein jede Politik der Umerziehung in den Grundlagen. Wir stimmen durchaus dem Präsidenten des kantonalbernischen Schriftstel-

lerverbandes Dr. Hans *Zbinden* zu, wenn er in seinem Büchlein „Um Deutschlands Zukunft"[1] die These von der „Kollektivschuld eines ganzen Volkes", die ja die Freiheit von Irrtum einschließt, „eine Greuellehre" und „ein trojanisches Pferd totalitärer Denkweise" nennt. Ist nicht der bisherige Versuch einer Denazifizierung Deutschlands, wie wir gesehen haben, *selbst* voll von Fehlern, die auf irrtümliche Einschätzung von Kräften, bei besten Beweggründen, zurückgehen? Kein Staatsmann, kein Wirtschafter, kein General, kein Pädagoge, kein Schriftsteller, niemand, kein Mensch mit Verstand und Wille auf Gottes weitem Erdboden wäre mehr in Freiheit, wenn Irrtum mit Internierung, am Leben, wenn er mit dem Tode bestraft würde. Wir müßten uns alle gegenseitig einsperren und umbringen. Aus wäre es in der neuen Demokratie Deutschlands mit sämtlichen Politikern aller vier Parteien! Die Kommunisten haben im Preußischen Landtag und im Deutschen Reichstag vor 1933 an die zweihundert Mal Oppositions- und Obstruktionsanträge der Nationalsozialisten gegen alle anderen Parteien unterstützt, sie allein. Weil sie Herrn Hitler den Weg bereiten wollten? Gewiß nicht, sondern weil sie gegen die damalige Regierung waren, – genauso wie die Nationalsozialisten, denen die Hilfe der äußersten Linken nur recht war. Gleiches gilt auf ähnlichen Gebieten von anderen. Das Ausland hat mit Hitler paktiert – und wie! –, noch lange nach dem 30. Juni 1934, als die Fratze des braunen Regimes schon jedermann, der Augen im Kopfe hatte und Grundsätze im Herzen, klar war. Schuld? Die Umstände waren sehr verwickelt: konnte nicht jeder Deutsche von Anfang an sehen, gar vor 1933, daß die Dämme, die einer Flut von Verbrechen entgegenstanden, niedergebrochen würden, so konnte nicht jede ausländische Regierung vor 1938 es aufsichnehmen, das Wagnis eines Weltkrieges einzugehen, ohne die friedlichen Möglichkeiten erschöpft zu haben (was gleichfalls nicht geschah). Wir sprechen von *Schuld*, nicht von Fehlern, Mängeln, Unterlassungen, Irrtümern.

Ja, *nach* der Ratssitzung, in der hinter Wandschirmen die Bravi hervorsprangen und zwei Dutzend Teilnehmer niederstachen, ist jedermann klüger. Man macht bekanntlich die Stalltüre zu, wenn die Kuh draußen ist, und deckt den Brunnen ab, wenn das Kind

---

[1] Schriften zur Zeit, Artemis-Verlag, Zürich, Heft 14, 1947, 79 Seiten.

drinnen liegt. Wer schuldhaft gehandelt hat, ist zu bestrafen; wer fahrlässig gehandelt hat, ist für den Schaden verantwortlich und muß *unter Umständen* bestraft werden; wer sich geirrt hat *und die Konsequenzen daraus zieht,* wird freiwillig tun, was in seiner Kraft liegt, um zur Wiedergutmachung beizutragen; er mag gerechterweise dazu auch veranlaßt werden, wenn er sich nicht selber getrieben fühlt; die Konjunkturisten soll man empfindlich „entsühnen", drastisch und spürbar. Der andere Weg, der damit begann, daß man alle über einen Kamm scheren wollte, hat selbst mit den Verbesserungen, die später eingebaut wurden, zu einer Kette von Unwirksamkeiten, Fehlentscheidungen, Ungerechtigkeiten und politischem Unsinn geführt. Es ist nicht viel Positives von ihm zu vermelden.

Die Forderung, damit Schluß zu machen, ist berechtigt. Allerdings hat nicht jeder das Recht dazu, sie zu erheben. Es fehlte uns gerade noch, daß die Herren unverbesserlichen Nationalsozialisten mit ihren Scholz-Klinckinnen, die unter der Strähnenfrisur stechenden Auges und haßerfüllt-dünnmündig auf ihr „Nun erst recht!" lauern, samt allem ihrem verbockten Anhang von Chauvinisten, Nationalisten und Militaristen daraus den ersehnten Profit zögen: Wir haben gesiegt, Heil Hitler! – Strafe muß sein, Sühne muß sein und politische Korrektur muß sein.

Ziehen wir die Schlußfolgerungen. Die Denazifizierung Deutschlands hat eine erste Etappe durchlaufen. Das Ergebnis ist in allen vier Zonen unbefriedigend. Die Methode war falsch. Wir sind mit dem Problem nicht fertiggeworden und wir werden auf diese Weise mit ihm nicht fertig. Beispiel US-Zone: 3 303 557 Personen wurden betroffen. Sie verloren ihre Stellungen. In den ersten 13 Monaten seit dem Erlaß des Befreiungsgesetzes standen 251 845 von ihnen vor Spruchkammern. Wie viele erwiesen sich – dort – als Hauptschuldige? 501! Als Belastete 5 552. Als Minderbelastete 22 194. Als Mitläufer 176 073. Entlastet wurden – weil sie in Opposition gegen das nationalsozialistische Regime gestanden und dadurch Nachteile erlitten hatten – 13 756. Gegen den Rest, 33 769, wurde das Verfahren auf Grund einer Jugend- und einer Weihnachtsamnestie eingestellt. Es hat sich (mangels zureichender Unterlagen der Befreiungsministerien erst nachträglich!) gezeigt, daß beinahe 1,5 Millionen Betroffene unter diese Amnestie fallen. Rund 1 Million Fälle wären also noch abzuwickeln. Mit dem glei-

chen Ergebnis: 0,2% Hauptschuldige, 2,2% Belastete? Der Rest
von 97,6% könnte erst im Verlauf von fünf Jahren oder bis 1950,
wenn wir in der Lage wären, die Zahl der Spruchkammern zu ver-
doppeln, den Bescheid erhalten, daß sie nicht zu den beiden
Hauptgruppen der Schuldigen gehören, – über 5% Oppositionelle,
rund 70% Mitläufer! Alle währenddessen von ihrer Berufsarbeit
ausgeschlossen? In der britischen Zone wurden bisher etwa
1 160 000 Personen die „Beschäftigungswürdigkeit" von den Prüfungsausschüssen erneut zugesprochen, für ein Jahr Bewährungs-
frist vorerst. Diese bedingten Bescheide sind von der britischen
Militärregierung anerkannt worden; sie entsprechen der Einrei-
hung in die Gruppen IV und V (Mitläufer oder Entlastete) der
amerikanischen Zone. Das Ergebnis ist dort teilweise... – siehe
Klage der „Weltbühne" über Hamburg! In einem Landkreis der
französischen Zone (Rheinland) mußte neulich ein zurückgekehr-
ter hoher Nazifunktionär, gegen den nicht weniger als über ein
Dutzend Anzeigen wegen Hausfriedensbruch, Erpressung, Verbrechen gegen die Menschlichkeit, Vergewaltigung und dergleichen
häßlicher Dinge mehr vorlagen, verhaftet werden. Warum war er
zurückgekehrt? Er hatte die wunderschönsten Denazifizierungs-
papiere aus der britischen Zone! (Nun heißt das natürlich wieder
nicht, daß *jeder,* der mit einem solchen Papier kommt, oder die
allermeisten von ihnen nationalsozialistische Verbrecher waren!) Im
russischen und im französischen Bereich liegen die Dinge viceversa.
    Es ist nicht erreichbar, daß die Methode der „Denazifizierung"
in ganz Deutschland vereinheitlicht wird. Es käme auch nur *einiges*
Bessere dabei heraus, der Rest wäre genau so übel; wie die Dinge
liegen und die Geister in Deutschland heute geartet sind, würden
wohl vor allem die verschiedenen *Fehler* „vergemeinschaftet" werden. (Unsere gegenwärtige Form des politischen „Sozialismus"...)
Wollte man den von den Amerikanern bestrittenen Weg der *Amnestie* erweitern und könnte man das Beispiel auf die übrigen Zonen
ausdehnen, dann wäre nicht einzusehen, warum die Durchführung
von Gesetzen und Anordnungen zur Denazifizierung nicht gleich
ganz beendet würde; denn Amnestie ist nicht Denazifizierung.
    Was kann noch erreicht werden – radikal und doch unter
Berücksichtigung der gegebenen Machtverhältnisse, sowie des politischen Ansehens der regierenden Männer auf alliierter und auf
deutscher Seite?

Erstens. Strikte Beschränkung der erlassenen Befreiungsgesetze und
-befehle (die entsprechend abzuändern sind) auf alle jene Deutschen, die politischer Verbrechen oder im Zusammenhang mit
dem nationalsozialistischen Regime krimineller Handlungen
irgendwelcher Art dringend verdächtig sind. Also *Beschränkung auf
die Gruppen I und II.* Sie allein sollen vor Gerichte, Spruchkammern, Prüfungs- und Säuberungsausschüsse gestellt werden, wie
lange immer das dauern mag (es würde nicht sehr lange dauern).

Zweitens. *Aufhebung des Beschäftigungsverbotes* für alle übrigen.
Allerdings ohne Anspruch auf Wiedereinsetzung in „Rechte", die
nach dem 30. Januar 1933 entstanden sind. Formal belastet
erscheinende Oppositionelle erhalten Anspruch auf Wiedergutmachung, doch müssen ihre Fälle, soweit dies noch nicht geschehen
ist, geprüft werden; sie können entsprechenden Antrag stellen.

Drittens. Gegen Minderbelastete und Mitläufer ergeht *ohne
besonderes Verfahren* ein genereller *Sühnebescheid.* Der Beitrag zur
Wiedergutmachung der vom Nationalsozialismus heraufbe-
schworenen Folgen, an dem sie aus irgendwelchen nichtopposi-
tionellen Gründen beteiligt waren, kann auch freiwillig geleistet
werden. Die Sühne soll vorwiegend in Sachgüterabgaben für die
hinterbliebenen Opfer des Nationalsozialismus, für die Unter-
bringung und Versorgung der Flüchtlinge und Ausgewiesenen oder
in Gemeinschaftsleistungen bestehen, nur ausnahmsweise in Geld.
Die günstigere oder die schlechtere wirtschaftliche Lage des Betroffenen ist mitzuberücksichtigen.

Viertens. Über die Art der *Wiederbeschäftigung von Nationalsozialisten,* wo immer es sei, entscheiden in den einzelnen Berufs-
zweigen verantwortliche Männer und Frauen, die mit dieser Aufgabe betraut werden. Sie sollen fachlich zuständig und politisch
geschult sein. Das Verfahren der Amerikaner, in allen Zweigen der
Publizistik sogenannte Lizenzträger mit der vollen Verantwortung
für Neueinstellungen von Personal zu betrauen, kann entsprechend
angewendet werden. Die Gremien der Berufsvertrauensleute sind
innerhalb der Betriebe, der Ämter und sonstigen Einrichtungen zu
wählen. Ihre Unabhängigkeit muß wirksam gesichert werden,
besonders gegen parteipolitische Einflüsse, die es heute zum Beispiel schon, meist über Betriebsräte oder durch mancherlei höchst
bedenklichen Druck gegen Betriebsführungen, verhindern, daß
sogar Entlastete, geschweige denn Mitläufer, die ihre gültigen

Spruchkammerbescheide erhalten haben, wieder Arbeit finden können. Berufungs- und Schlichtungsinstanzen sind unerläßlich. Als Grundsatz für die Entscheidungen der Berufsvertrauensleute gilt: Nicht allein die Vergangenheit eines Menschen ist ausschlaggebend, sondern mehr noch die Gesamtheit seiner Qualitäten und die Bedeutung der Person für die Zukunft. *Führungsfunktionen* im eigentlichen Sinne können von Nationalsozialisten erst nach gründlicher Bewährung, wenn durch bewiesene Leistung kein Zweifel mehr an ihrer demokratischen Untadeligkeit besteht, eingenommen werden. Die Möglichkeit, die jeder wieder erhält, ist „einmalig". (Das Wort mag sie längere Zeit an ihren früheren Herrn und Meister erinnern, dem sie sich hingegeben haben oder nachgelaufen sind.) Wer diese Möglichkeit politisch mißbraucht, wird ohne jede weitere Rücksicht endgültig entfernt. Jeder andere erarbeitet sich, nach dem Urteil der Berufsvertrauensleute, die volle Gleichberechtigung.

Diese *Bewährung* wird von manchen als Zweitrangigkeit empfunden werden. Wir meinen aber, daß jemand, der sich als fahrlässig, als bloß konjunkturell gesinnt oder ganz einfach als dumm erwiesen hat – ob von idealistischen Beweggründen geleitet oder nicht –, daß ein solcher Mann oder eine solche Frau kaum erwarten sollte, alle Welt werde über die Folgen des früheren Verhaltens schlicht und gutmütig hinwegsehen. In der Geschichte pflegt das glücklicherweise nur selten der Fall zu sein, – ausgenommen bis gestern die Generäle, die jahrhundertelang Ruhm und Pensionen einstecken durften, wenn sie ihre Mitmenschen ins Elend gestürzt hatten. Politiker und Beamte jedenfalls müssen in Demokratien ihren Platz räumen, wenn sie garzuviele Fehler gemacht haben, allzuvielen Irrtümern erlegen sind und ein unterdurchschnittliches Maß an Wissen, Können und Charakter an den Tag gelegt haben. Es ist Sache der Öffentlichkeit, nicht von Spruchkammern, diesen Vergangenheits- und Gegenwartsmaßstab auch auf die heutigen Politiker und Beamten anzuwenden.

Mit dem Vorschlag, das Beschäftigungsverbot für die „Mitläufer" aufzuheben, haben wir die Grenze der ersten Etappe der Denazifizierung überschritten und uns in die zweite hineinbegeben. Sie *hat* nämlich eine zweite Etappe, und diese ist weitaus wichtiger als die erste, auf welche bei uns bisher von allen Seiten fast ausschließlich das Augenmerk gerichtet wurde. Wir meinen die *positive*

*Befreiung* des deutschen Volkes von Nationalsozialismus und Militarismus! Wie stellt man sich eine „Lösung" denn auf Dauer vor, die so aussieht: Millionen ausschalten und sie sich selber überlassen? Sind sie nicht mehr da, weil man sie ausgeschaltet hat, „ausgeklammert", in die Konspirationswinkel gedrängt, – „nichtexistent im Eigen-Sinne", um mit Christian Morgenstern zu sprechen? Man kann sie nur *töten oder gewinnen,* anders sollen nach den Erfahrungen der Weltgeschichte Feinde nie behandelt werden. (Und wie viele echte Feinde befinden sich schon unter diesen Millionen!) Töten kommt hierzulande, auf den Breitengraden der Demokratie, der verkündeten Humanität und des da und dort immerhin noch nachwirkenden, noch wirkenden Christentums nicht in Frage. Also muß man sie gewinnen. Nicht, indem man sie umwirbt (wozu bei uns schon wieder manche Leute und manche Parteien ebenso heftig wie verdächtig neigen), sondern indem man sich ihrer sachlich annimmt. Man muß *beweisen,* daß Demokratie besser ist. Folglich wollen wir ihnen eine geregelte, geordnete und überwachte Möglichkeit geben, – konkret, nicht bloß in Phrasen. Ich würde sie mit aufklärenden, Leben und Gesinnung ändernden Tatsachen füttern, nicht bloß mit der einen: Weg mit euch! (Was dann gar nicht radikal geschieht und geschehen kann.) Wer zeigt, daß er gelernt hat – in selbstverständlicher, nüchterner, unpathetischer Bewährung –, der gehört zu uns: zur kämpfenden Gemeinschaft der weiter irrenden, aber um ein System bemühten Menschen, in dem das Recht auf politischen Irrtum nicht mit Schuld verknüpft zu sein braucht. Nur wirkliche *Demokratie* ist positive Befreiung.

Wir haben versucht, in der Frage der Denazifizierung zu den wahren Ursachen vorzudringen und einen anderen, möglichen, gangbaren Weg aufzuweisen, um Etappe Eins abzuschließen und *Etappe Zwei* einzuleiten. Wir werden von dieser im einzelnen sprechen, wenn sie nähergerückt sein wird. Es sind bei den Alliierten und bei uns manche einflußreichen Kräfte am Werk, um das Fahrzeug, das vorerst nur die *Aufschrift* trägt „Demokratie", in Wirklichkeit aber noch nichts ist als ein Trümmerbeseitigungskarren, aus dem Gestrüpp von Hindernissen, in dem es zur Zeit steckt, herauszumanövrieren. Spreche niemand in Deutschland hämisch von Kurswechsel, Prestigeverlust, durch Not erzwungenes Eingeständnis begangener Fehler und dergleichen mehr, wenn uns dem-

nächst – hoffentlich bald – Möglichkeiten zu neuer Initiative eröffnet werden sollten. Wir sind daran, das Recht auf den politischen
Irrtum zurückzuerhalten. Wir, aus deren Reihen in der Vergangenheit viele nicht ohne schwerste Schuld oder Schuldteilhaberschaft
davon Gebrauch gemacht haben, wollen es dann denen nicht auf-
rechnen, die ihm in diesem gegenwärtigen Abschnitt der Entwicklung ohne ein auch nur ähnliches Maß von Schuld gleichwohl Tri-
but gezahlt haben. Das *sachliche* Ziel der Befreiung von Faschismus
und Militarismus verbindet uns alle, – die Gutwilligen diesseits wie
jenseits der Grenzpfähle, der Stacheldrähte, der Mauern von Regie-
rungs-, Verwaltungs- und Befehlsgebungsstellen.

Frankfurter Hefte, Juli 1947.

## Der Kampf um Gerechtigkeit

### 1947

Zwei Jahre sind erst vergangen, seitdem durch deutsche Hand die
letzten der vielen Millionen gefallen sind: vor Flinten- und Maschi-
nengewehrläufen, auf Galgen und Alleebäumen, unter dem Fallbeil, in Dreck und Elend: Männer, Frauen, Kinder, – einzeln, in
Scharen, mit oder ohne Urteil, nach dem „Gesetz" der Sippenhaftung, ganze Gruppen zur Ausrottung der Intelligenz anderer Völker, ganze Stämme aus „bevölkerungspolitischen" Gründen. Und
des Unrechts bis zum fortgesetzten Massenmord wäre kein Ende
gewesen, wenn die Alliierten nicht gesiegt hätten.

Waren es Deutsche, die, wenn auch entartet, Verbrechen über
Verbrechen gehäuft haben? Wir können nicht sagen, daß wir mit
ihnen nichts gemein gehabt hätten. Denn es war die Mehrheit des
deutschen Volkes, die sie zur Macht gebracht und, als sie sich längst
wie Verbrecher benahmen, nicht wieder aus der Macht geworfen
hat.

Und nun fordern wir laut Gerechtigkeit – für uns! Wissen wir
denn, was wir damit tun und was das heißt? Auch die Verantwortung gehört zur Gerechtigkeit, nicht nur die Schuld. Die mei-

sten leugnen diese wie jene. Selbst hinterher wollen sie nicht hören, nicht wissen, nicht glauben und nicht anerkennen, trotz allen lebendigen Zeugen und unwiderleglichen dokumentarischen Zeugnissen, was grausige Wahrheit ist. Sie fordern Gerechtigkeit – für sich. Die Geschichte wird sie uns weiter in vollem Maße geben, wenn wir so fortfahren; denn zur totalen Gerechtigkeit gehört totale Sühne, dann aber wehe uns!

In der Geschichte, der die Instanz fehlt, die *alle* Beweggründe und *alle* Umstände geschehener Taten abwägen könnte, ist die Verwirklichung der Gerechtigkeit immer eine Funktion der Politik, das heißt der wenigen guten, der vielen weniger guten und der zahlreichen schlechten Kräfte, die miteinander ringen. Wir können nur bemüht sein, unermüdlich der Politik die Normen der Gerechtigkeit aufzuprägen. Kann man von Schuldigen und Verantwortlichen, die nicht einmal einsichtig sind, nicht wenigstens Geduld verlangen?

Warum ist das deutsche Volk so ungeduldig in seinem Verlangen nach Gerechtigkeit, das so jung, so neuartig und so widerspruchsvoll wirkt, da es sie nur einseitig, nur zu seinen Gunsten, und erst seit 1945, und überdies schon innerhalb von zwei Jahren nach einem für alle Welt grauenerregenden Zeitabschnitt deutscher Barbarei angewandt und durchgeführt sehen will?

Eine besondere deutsche Art, von der wir im Verlauf dieser Darlegungen noch sprechen wollen, und mancherlei Umstände der Entwicklung der letzten beiden Jahre sind die Ursache für den so vielen in der Welt und vielen in Deutschland selbst unverständlichen „Widerspruch der Ungeduld".

Die Kriegslosung der Alliierten: für eine bessere Welt zu kämpfen, und die Wirklichkeit, der sich Deutschland an ihrem behaupteten Anfang gegenübersieht: isolierte Behandlung als Alleinschuldiger, demokratische Partnerschaft des bolschewistischen Totalitarismus, die Mühseligkeit, mit der den vielfach chaotischen Folgen des Nationalsozialismus zu Leibe gerückt werden muß, haben im deutschen Volk bei den einen tiefe Niedergeschlagenheit, bei den anderen nicht minder tiefe seelische Verstimmung, die sich bis zu Haß und politischer Verkrampfung steigert, hervorgerufen Was immer zur Durchführung oder zur Erörterung steht: Entnazifizierung oder Wiedergutmachung, Internierungslager oder Gebietsabtretung, Neubesetzung von Ämtern, parteipolitische Gegensätze,

Greuel gegen Ausgewiesene oder Härten in der Besatzungspolitik, – die hämisch, ironisch oder verzweifelt geäußerte Frage ist immer die gleiche: „Bessere Welt, wie? Es hat sich doch gar nichts geändert!" Und man weiß, wie weit im Lande die Meinung verbreitet ist, daß der Nationalsozialismus heute im deutschen Volk einen noch viel aufnahmebereiteren Boden fände als etwa 1933 oder 1938 oder gar 1943.

Man muß diesen Dingen offen und schonungslos auf den Grund gehen, sonst gibt es keine Ruhe, keine Besserung und keine Heilung ... Heute soll von der deutschen Forderung nach Gerechtigkeit im allgemeinen die Rede sein, und sie soll am Beispiel eines Internierungslagers, wo nach den alliierten Bestimmungen des sogenannten automatischen Arrestes mehr als 10 000 Nationalsozialisten gefangengehalten sind, besonders erläutert werden. Der Fall ist lehrreich, denn er gibt, freilich gedrängt und überscharf, das Problem „Gerechtigkeit für Deutschland" wider.

Zuerst die Tatsachen.

Am 16. Februar 1946 haben die Amerikaner in Darmstadt ein Internierungslager eingerichtet. Es ist eines der zahlreichen, die in Deutschland heute bestehen: in der US-Zone 11. Die genauen Zahlen aus den übrigen Zonen, besonders aus dem russisch besetzten Teil Deutschlands, sind mir noch nicht bekannt (es sind in jedem Fall bedeutend weniger, als es nationalsozialistische Konzentrationslager gab). Das Darmstädter Lager gilt als eines der schlechtesten der Zone. 28 000 Mann war der Höchststand an Internierten; darunter waren im Frühsommer 1946 mehr als 12 000 Kriegsgefangene. Bei Übergabe des Lagers an die deutsche Verwaltung, am 1. November 1946, waren es 11 001 Mann, Anfang März, als ich mich drei Tage dort aufhielt, 11 340. Sie stammten aus allen Teilen Deutschlands, eine beachtliche Zahl aus der Ostzone. Von geringfügigen Ausnahmen abgesehen sind sie alle auf Grund der Bestimmungen des automatischen Arrestes verhaftet worden: sie gehörten Organisationen oder Kategorien des Nationalsozialismus an, die den begründeten Verdacht nahelegten, daß es sich um schuldige Aktivisten handelte; ihre Freiheit konnte überdies eine Bedrohung der Sicherheit im besetzten Lande bedeuten. Unter solchen Voraussetzungen wird in jedem Rechtsstaat auf der ganzen Welt Haftbefehl erlassen. Dann beginnt die Untersuchung. Sie begann auch hier, freilich langsam, sehr langsam (allzu langsam vor allem für die Verhafteten selbst). Und nicht übermäßig systematisch. Und ohne große Sachkenntnis. Immerhin: sie begann. Das Counter Intelligence Corps (CIC) und die Kriegsverbrecher-Kommissionen sichteten die Reihen der Internierten; wer nach formalen oder besonderen Gesichtspunkten, also auf Grund seiner früheren Befehlsstellung oder seiner eigenen Taten vornehmlich belastet erschien, wurde ausgesondert und der Zuständigkeit anderer alliierter Behörden überstellt, die Entlassung der unteren Ränge und der Jugendlichen wurde eingeleitet. Es blieb eine mittlere Schicht übrig: 3 621 Mitglieder der Waffen-SS vom Scharführer bis zum Obersturmbannführer, 2 595 Mitglieder der Allgemeinen SS, 4 210 Politische Leiter vom Ortsgruppenamtsleiter bis zum Gauamtsleiter, 295 SA-Führer vom Sturmbannführer bis zum Standartenführer, 5 HJ-Bann- und Oberbannführer, 134 SD-Leute vom Oberscharführer bis zum Hauptsturmführer, 352 Mitglieder der Gestapo vom Kriminalassistenten bis zum Kommissar, 63 SS-„Angleichungsdienstgrade" der Polizei vom Oberwachtmeister bis zum Major, 24 SS-„Ehrenränge" aus dem Höheren Ministerialdienst und 41 Sonstige. Für sie wurden zwischen September und November 1946 vom hessischen Ministerium für Politische Befreiung 10 Spruchkammern im Lager eingerichtet. Diese Spruchkammern arbeiten so schlecht und so recht wie die im ganzen Lande; nur das Problem der Masse ist bei ihnen noch schwieriger als draußen, und der Aktenlauf ist, da die amerikanischen Überwachungsoffiziere ziemlich häufig Einspruch gegen ergangene Bescheide erheben, äußerst schleppend. Bis Anfang März 1947 wurden 1 321 Fälle erledigt, darunter allerdings mehr als ein Drittel Einstellungsbeschlüsse, weil den Betroffenen die mittlerweile erlassene Jugendamnestie oder sonst ein Ausscheidungsgrund zugutekam. 400 Termine werden nun monatlich ausgeschrieben. Die Gesamtabwicklung würde unter solchen Umständen etwa 4 Jahre dauern. Es sind bisher aber nur 18,3% von den 1 321 Mann zu Arbeitslager verurteilt worden, 29,4% der 828 Mann, gegen die der öffentliche Kläger Einstufung in die Gruppe I (Hauptschuldige) oder Gruppe II (Aktivisten) beantragt hatte; 8 964 Insassen des Lagers sind jedoch bereits zwischen 21 und 24 Monaten in Haft, und unter allen Internierten befinden sich (in runden Zahlen) 1 200 Jugendliche, 700 wirklich lagerunfähige Kranke, 600 Schwerkriegsverletzte der Versehrtenstufen III und IV, 130 ehemals

politisch Verfolgte oder zu Entlastende, die aus irgendwelchen
Gründen in nationalsozialistische Organisationen geraten sind,
sowie einige hundert Leute, die nicht unter die Bestimmungen des
automatischen Arrestes fallen.

Wie leben die Internierten? Die meisten elend in Zelten. Er-
nährt werden sie mit 1 700 Kalorien täglich verhältnismäßig gut,
nur eintönig und geschmacklos ist das Essen: immer Haferflocken,
Grieß, Nudeln (mit oder ohne Bohnen und Erbsen). Für Kranke
und Schwerarbeiter gibt es Zulagen bis zu weiteren 700 Kalorien
täglich. Aber nur die wenigsten Internierten dürfen nach den amerikanischen Sicherheitsverfügungen außerhalb des Lagers arbeiten;
lediglich 150 Mann sind im Wiederaufbau tätig. Etwa 3 400 Mann
arbeiten in der Lagerselbstversorgung, deren eigene Verwaltung,
ganz formal-demokratisch aus Wahlen aufgebaut – mit hochtra-
benden Titeln wie „Oberbürgermeister", „Bürgermeister", „Stadt-
rat" und so fort –, zum vollen Vorteil der unmittelbar Beteiligten
und zum ausreichend bis mäßigen Vorteil der mittleren Beteiligten
funktioniert.

Das Internationale Rote Kreuz hat im Lager Darmstadt mit
einiger Mühe 14 Fälle leichter Unterernährung festgestellt. 121
Mann sind zwischen dem 1. November 1946 und dem 5. März
1947 geflohen. Innerhalb von 13 Monaten starben 43 Patienten,
keiner davon an Lungenentzündung oder Grippe, alle an alten
Krankheiten. Und dies während des strengsten Winters seit fünfzig
Jahren. Unter amerikanischer Verwaltung kamen drei Selbstmorde
vor, seit dem 1. November 1946 keiner mehr. (Im Konzentrationslager Buchenwald starben von 1937 bis 1945 jährlich im statisti-
schen Durchschnitt jedesmal innerhalb von 9 Monaten 1000
Mann. In Auschwitz – ...)

Die Stimmung der Darmstädter Internierten kann nur als mise-
rabel bezeichnet werden. Sie schreien, soweit sie nicht völlig apa-
thisch oder zynisch geworden sind, nach Gerechtigkeit und Gleichberechtigung. Ein Schuldbewußtsein haben die wenigsten: sie
haben nichts verbrochen, nichts gewußt, aus Idealismus gehandelt,
sie waren Kameraden, – und die andern sind auch schlecht! Wenig
wird seit Jahr und Tag für ihre Aufklärung getan, vom wenigen das
meiste einseitig, undifferenziert, unpsychologisch (denn selbstverständlich gibt es auch, um ein Beispiel herauszugreifen, unter der
SS, besonders der Waffen-SS, riesige Unterschiede nach Schuld,

Verantwortung, Aktivität, Anteilnahme, Duldung und Unschuld). Kaum ein Nationalsozialist wird in einem Internierungslager zum Demokraten. Die Haft wird meist als Rache und Vernichtungswille empfunden.

Die Angelegenheit kostet den hessischen Steuerzahler jährlich zwischen 19 und 26 Millionen Mark. 24 Millionen Mark würde die gesamte Lehr- und Lernmittelfreiheit an allen hessischen Schulen erfordern! Die Bevölkerung der US-Zone bezahlt für die 11 Internierungslager im Jahr wahrscheinlich 180—200 Millionen Mark. Das sind, zum Kurs des Exportdollars gerechnet, etwa 80 Millionen US-Dollars oder ein beachtlicher Teil dessen, was uns das Ausland gutwillig und kreditweise, ohne Deckung, an Lebensmittel- und Rohstoffeinfuhren zur Verfügung stellt. Es werden kaum mehr als eine Viertelmillion Menschen in ganz Deutschland derzeit in Internierungslagern sein. Der Aufwand für sie ist ungeheuerlich. Verlust an Arbeitskraft, Materialverbrauch – im Darmstädter Lager allein monatlich 50 000 Liter Benzin, 110 000 Kilowattstunden Strom, während des Winters täglich 230 Kubikmeter bestes Nutzholz als Brennmaterial, usw. usw. –, Geld, das in die Hunderte von Millionen geht, keine „Umerziehung", im Gegenteil: politische Verschlimmerung, – das alles für eine fragwürdige „Gerechtigkeit" und eine gleicherweise fragwürdige „Sicherheit", da ja vier Fünftel nach der in die Wege geleiteten Abwicklung ohnehin entlassen werden müssen.

Hier schlägt die Frage der Gerechtigkeit um in die Frage der Zweckmäßigkeit. Die Verwirklichung der Gerechtigkeit ist, wie bereits gesagt, eine Funktion der Politik. Wir bekennen uns nicht zu dem Satz: Fiat justitia, pereat mundus – Möge die Welt zugrundegehen, wenn nur Gerechtigkeit geübt wird. Sinn darf nicht zu Unsinn werden. Daher bemühen sich die Besten im Ausland und alle in Deutschland, die ein moralisches Recht und eine aus ihm sich ergebende moralische Pflicht dazu haben, die Verhältnisse zu bessern, – im Einzelnen und im Ganzen, Schritt für Schritt, Stück für Stück, von Person zu Person und von Amt zu Amt, auf Konferenzen, in Verhandlungen, Reden, Publikationen, Eingaben, Vorschlägen, Gesetzen und Verordnungen. Das ist der Unterschied zu damals, zur Zeit des nationalsozialistischen Unrechts. Ein *fundamentaler Unterschied!* Das Lager Darmstadt kann man besuchen, man kann darüber schreiben, kann Forderungen erheben, an ein vorhandenes Ministerium für Politische Befreiung Bericht erstatten, bei den Besatzungsbehörden intervenieren, die Internierten haben anwaltliche Hilfe, sie kommen vor Spruchkammern, der Schrei Unschuldiger, die in das besondere Verhängnis hineingerissen wurden, wird vernommen, es gibt Gesetze, auf die sich die Beschuldigten berufen dürfen, Besuche, Urlaub und großzügiger Brief- und Paketverkehr erleichtern ihnen die Wartezeit. Wie war das eigentlich damals – von 1933 bis 1945? Schon wieder alles vergessen? Wirklich *nichts* hat sich geändert, alles ist gleichgeblieben? Wir wollen nicht nach unten hin messen, zu den nationalsozialistischen Greueln hin, denn dann dürfte kein Nationalsozialist mehr, der in unsere Hände geriet, und kein Unschuldiger, der im Moment als Nazi galt, in Freiheit oder am Leben sein. Das Land sollte aber auch nicht bloß nach oben hin messen, an den höchsten Maßstäben der Gerechtigkeit. Wer gibt *ihm* das Recht dazu? Woher nimmt es sich *dieses* Recht, – ein Volk, das verantwortlich ist? Was wir verlangen, ist sehr wenig, möchte man meinen: Einsicht und mehr Geduld. Ist es schon zuviel? Es ist der erste Beitrag, den man nach einer solchen Vergangenheit und angesichts einer derartigen Erbschaft der Ungerechtigkeit erwarten darf. (Nicht von jedem, das hängt vom Leid ab, das er unmittelbar erfahren hat; aber von den meisten, den allermeisten.)

Vermag das deutsche Volk das Mindestmaß eines solchen Beitrags zur Wiederherstellung der Gerechtigkeit nicht aufzubringen, dann soll man sich nicht wundern, wenn eines Tages auch seine bestwilligen Freunde und Fürsprecher sich weigern werden, den Rest ihres wiedergewonnenen bißchens persönlichen Glücks, ihrer Ruhe und ihres Privatlebens nicht für jene zu opfern, die es nicht wert sind, daß man ihretwegen um milderes Recht, um eine barmherzige Auslegung der Gerechtigkeit und um den Sieg der politischen Vernunft kämpft. Das nämlich ist es, was seit zwei Jahren entgegen allen Widerständen und unter kaum vorstellbaren Schwierigkeiten aller Art geschieht. Eine Grundlage des Rechtes und der Vernunft soll dem deutschen Volk geschaffen werden. Voraussetzung ist, daß sich jeder Deutsche bemüht, soweit er nur kann, beiden nicht nur als einer Forderung, sondern auch als einer selbstverständlichen Pflicht sein eigenes Herz und seinen eigenen Kopf zu öffnen. Wir wissen, wie schwer das manchmal hält, – wir, die wir acht, zehn und zwölf Jahre *ohne jede Hoffnung* waren,

während rings um uns her die Kameraden zu Tausenden getötet
wurden.

Hoffnung genug heute! Viel Positives ist in den abgelaufenen
zwei Jahren vollbracht worden. Man hat Hauptschuldige, Min-
derschuldige, Unschuldige ausgesondert (noch nicht alle, aber
schon viele, und es geht weiter), hat Prozesse und Einzelverfahren
durchgeführt, neue Freiheiten gegeben, Initiativen gefördert und
vielerorts geholfen, wo es richtig erschien oder Mitleid die Abneigung überwand. Selbstverständlich ist alles Bruchwerk, gemessen
am absoluten Recht und an einer idealen Politik, – Bruchwerk zu
unseren Gunsten und Bruchwerk zu unseren Lasten. Segensreiche
Kräfte ohne unser Zutun und unheilvolle mit unserem Zutun –
dem vergangenen, hoffentlich nicht erneuerten – sind am Werk,
den weiteren Verlauf zu bestimmen. Das braucht seine Zeit und
braucht vor allem unsere Bereitschaft, sich in die Lage der anderen
oder des andern zu versetzen, und unseren Willen, mitzutun.

Eine Gewissensfrage: Ob wohl das deutsche Volk, wenn es
unter dem Nationalsozialismus gesiegt hätte, polnischen Kindern
(*polnischen* Kindern, denn wir sind im Westen so beliebt wie die
Polen bei uns!) nach Kriegsende, aber noch ohne Frieden, Millionen Büchsen Kondensmilch und Eisenbahnladungen voll von
Liebespaketen geschenkt hätte? ...

Ein überlebender Sprecher des wirklichen deutschen Widerstandes hat neulich von denen, die am nationalsozialistischen
Unrecht wacker mitgetan oder zu jenem Unrecht noch wackerer
geschwiegen haben, gesagt: „Sie haben ja alle ein so gutes Gewissen ...“ Und er fügte hinzu: „Aber wir haben ein noch besseres
Gedächtnis!“ Nun füge ich hinzu: Trotz allem wollen wir Gerechtigkeit für Deutschland, soweit es uns Menschen nur möglich
ist! Die Opportunisten von gestern mögen freilich mit *ihrer* Forderung nach Gerechtigkeit zurückhaltend sein. Wir wissen schon,
daß jeder von ihnen mancherlei „Entlastungsmaterial“ hat. Stimmung und Verhalten des deutschen Volkes waren ja im Ablauf der
Barbarei zu verschiedenen Zeiten verschieden; die Gewissen der
meisten haben sich dem wechselnden Hoch und Tief der nationalsozialistischen Politik angepaßt, und dann hat der eine von Stalingrad an nicht mehr regelmäßig „Heil Hitler“ gegrüßt, der andere ist
immer Mitglied seiner Kirchengemeinschaft geblieben (und tapferer Mitläufer im nationalsozialistischen Wettlauf um den größten

Happen im „Warthegau", in Österreich oder sonstwo), der dritte hat Auslandssender gehört (ohne erwischt worden zu sein), der vierte hat schon 1938 einen notorischen „Staatsfeind" nicht denunziert (und hätte es doch „eigentlich" „gemußt"!), der fünfte hat die „Ernährungswirtschaft sabotiert" (indem er, vom System der Prasser und Erpresser nicht mehr begeistert, Eier und Speck selber aufaß), der sechste hat sich im März 1945 vom „Volkssturm" „abgesetzt" und dadurch die „Siegesaussichten" beeinträchtigt. Was sage ich: jeder bessere SS-Totenkopfführer kann als Zeuge dafür, daß er mitnichten ein Hunne oder ein Förderer des Hunnentums war, den Namen eines Juden angeben, dem er „unter Einsatz des eigenen Lebens" (wenn entdeckt worden wäre, daß er sich von dem Gehetzten und Todgeweihten bestechen ließ) geholfen hat. Schweigen wir von so vielen „Wirtschaftsführern", die „in die Opposition" gingen, als ihnen vor dem Gangsterkapitalismus, dem sie die goldenen Steigbügel verehrt hatten, zu grausen begann ... Sie alle sollten heute nicht „aus Gründen der Gerechtigkeit" aufbegehren, weil die Befreiung von Nationalsozialismus und Militarismus nicht so rasch und so tadellos funktioniert wie seinerzeit der Aufschwung des Unrechts.

Jene Männer und Frauen aber, die etwas wert sind und die ihr Land wirklich lieben und nicht bloß Nutznießer mit Rückversicherung gegen jede wechselnde Konjunktur, ob sie nun „dabei" waren oder nicht, die lassen sich in revolutionären Zeiten, an denen wir alle zusammen durch Fehler und Unterlassungen reichlich mitschuldig sind, nicht durch jedes Unrecht, auch wenn es ihnen selbst widerfährt, umwerfen. Gerade in der Prüfung beweisen sie ihre Überlegenheit, – wie manche von uns in den aussichtslosen Jahren der Konzentrationslager, die sie, vom Standpunkt der Gerechtigkeit aus betrachtet, zu unrecht erdulden oder durchkämpfen mußten, freiwillig für andere als die gemeinten Sünden gebüßt haben. In Darmstadt sagte mir ein Internierter, den ich für unschuldig halte, klaren Auges, aus welchem Charakter und Überzeugung sprachen, daß er trotz allem froh sei, diese Erfahrung im Lager mitmachen zu müssen. *Solche* Männer sind es, die uns die Kraft geben, draußen ebenfalls trotz allem für *ihr* Recht zu kämpfen und nun, da es an der Zeit ist, auch für die anderen – für alle in ihrer Weise – bemüht zu sein, obgleich es noch Dringenderes gibt: das Elend so vieler Flüchtlinge und Ausgewiesenen, die Not der

Kriegsgefangenen, die Fürsorge für Witwen und Waisen, die Wiedergutmachung für die Überlebenden des deutschen Widerstandes und die Hinterbliebenen der geschlachteten Opfer, die Arbeit um einen europäischen Friedensvertrag, die Umerziehung der deutschen Jugend, die Mithilfe an der Abtragung der Mauern des Widerwillens, ja des Hasses, die rings um Deutschland noch bestehen. Genügt das, oder sollen wir noch weitere Aufgaben herzählen? Trotzdem sind nicht einmal die vergessen (viele Feinde darunter!), die außerhalb unseres Einflußbereiches in Lagern gefangengehalten werden, von denen authentische Berichte sagen, daß Internierten, die dort entlassen werden, Schweigepflicht auferlegt wird, wie seinerzeit in den nationalsozialistischen Konzentrationslagern. Wir gehen den Dingen nach, wir prüfen, *wir* glauben auch, was glaubwürdig erzählt und belegt wird, wir arbeiten an der Abstellung des Unrechts, wo immer es uns zur Kenntnis kommt. Allerdings können wir nicht überall gleichzeitig tätig sein. Daß dies alles aber möglich ist, das macht den Unterschied zwischen damals und jetzt aus, in den Tatsachen und im Verhalten zu ihnen.

Warum tut nicht jedermann in Deutschland, da er nun Gelegenheit hat und *so* viel Freiheit gewiß!, seine Pflicht, ohne sich mürbe machen zu lassen? Warum schimpfen und lamentieren die meisten Deutschen nur? Im Prozeß der nationalen Umerziehung scheint es, von der Wirrnis der unmittelbaren Gegenwart aus gesehen, ein Unglück gewesen zu sein, daß 1945 die Sehnsucht der Mehrheit, vom Joch der Diktatur befreit und in die Gleichwertigkeit des Kulturringens um Humanität aufgenommen zu werden, nicht erfüllt worden ist. Eine Woge der Begeisterung wäre (neben der Woge der Rache) durch Deutschland gegangen. Stattdessen stecken wir heute in einem brodelnden Sumpf von Komplexen. Wäre jene Freiheit jedoch, überdies in einer Welt sehr realer, sehr verlockender machtpolitischer Gegensätze, wirklich der fruchtbare Nährboden von Selbsterkenntnis und Änderung gewesen, die allein verhindern können, daß Deutschland – nach kurzen geschichtlichen Pausen – immer wieder den Versuch unternimmt, den Kontinent einer idealistisch motivierten und ebenso idealistisch verbrämten Barbarei zu unterwerfen, in Europa eine Herrschaft tierisch ernstgemeinter Heuchelei aus Brutalität und Gerechtigkeit aufzurichten? Wenn die Schock-Therapie des Elends und der am eigenen Leib erfahrenen Härten, die wir wahrlich nicht rechtfertigen wollen, die aber als geschichtliche Tatsachen lehrreich sind, bisher auch kaum den Anfang einer inneren Erschütterung hervorgerufen hat, sondern vorerst eher Verhärtung zur Folge hatte, so müßte es doch leichter sein, in der Not sich zu bedenken als im Taumel eines Erfolges, der uns zwar angenehm gewesen wäre, der aber die tieferen Zusammenhänge noch mehr vernebelt und die echte Heilung vielleicht vollends unmöglich gemacht hätte. Ja, wenn das deutsche Volk in seiner Mehrheit schon während der Siege des Nationalsozialismus sich besonnen oder auch nur während der Jahre seines kriegerischen Niedergangs nicht bloß ängstlich spekuliert, sondern wenigstens innerlich die notwendigen Konsequenzen gezogen hätte! Das aber kann selbst der bestgesinnte Verteidiger, der weiß, was vorging, und ehrlich genug ist, es einzugestehen, nicht behaupten.

Der politische Fehler hat tiefe Wurzeln im deutschen Nationalcharakter. Jetzt ist die Zeit gekommen, ihn zu erkennen, und anzufangen, ihn allmählich auszumerzen.

Friedrich Wilhelm Foerster, zweifellos ein Mann, der mit der deutschen Art vertraut ist, hat dargetan, daß die Theorie von den „zwei Deutschland": einem guten und einem schlechten, Irrtum ist. Nur ein einziges Deutschland gibt es und nur eine einzige deutsche Geschichte – Schauplatz der Kämpfe zwischen den widerstreitenden Kräften im Charakter der Nation. „Ich möchte die Formel wagen", schrieb er im Herbst vergangenen Jahres in einem weitverbreiteten Artikel der „Neuen Zürcher Zeitung"[1]: „Deutschland ist der Pakt des Teufels mit den Engeln. Kein Ausländer hat dies verstanden. Diejenigen, die unter Deutschland gelitten haben, meinten, der Teufel sei über sie gekommen. Nein, so einfach ist es nicht. Es war etwas ganz anderes: Die Tugend trat in den Dienst des

---

[1] Die deutsche Presse hat den sehr ausführlichen Beitrag, eine Antwort auf Winston Churchills Zürcher Vorschlag, Frankreich und Deutschland sollten als gleichwertige Partner die Gründung und Führung der Vereinigten Staaten von Europa übernehmen, leider nur bruchstückhaft und teilweise in unguter Zitat-Zusammenstellung wiedergegeben. Der Artikel enthält sehr viel psychologisch Richtiges; Friedrich Wilhelm Foerster ist einer der besten Kenner deutscher Geschichte und deutscher Art. Seinen Rat freilich, Deutschland „hundert Jahre lang in Quarantäne" zu halten, weil es nur durch eine „Politik der Konfrontierung mit harten realistischen Tatsachen" zu Besinnung und Umkehr zu bringen sei, lehnen wir, mit Verständnis für die von Foerster vorgebrachten Gründe, ab ...

Lasters, der Geist in den Dienst des Wahnsinns, die Demut in den
Dienst des Hochmuts, die Treue in den Dienst der Falschheit, die
Gewissenhaftigkeit in den Dienst der Ruchlosigkeit. Daher jene
furchtbare politische Solidarität der Ehrenhaften mit den Ehrlosen,
die das Geheimnis der – vorübergehenden – deutschen Stärke war,
so daß das dämonische Element durch seine Verbindung mit den
höheren Seelenkräften Dauererfolge erzielte, die ihm sonst nicht
beschieden sind. Dies ist das deutsche Problem und nichts anderes."
    Die Welt stand immer wieder fassungslos vor dem „deutschen
Rätsel", diesem seltsamen Gemisch aus Idealismus und Schurkerei.
Sein Geheimnis erschien umso unfaßbarer, als es, einmal erkannt,
auf allen Gebieten leicht durchschaubar, in der Praxis aber anscheinend nicht aufhebbar war. Fehlt den Deutschen die Einsicht oder
fehlt ihnen der Wille?, so fragt sich jedermann, der sich mit dem
Problem abquält. Es fehlte bisher beides. Erst die Erfahrung des
Dritten Reiches hat den Zusammenhang gräßlich und gänzlich
klargelegt. Nun müssen wir in langwieriger, geduldiger Bemühung
beides wecken, damit die für Deutschland und die Welt unheilvolle
Wechselwirkung aus Gutem, das Schlechtes fördert, und Schlechtem, das Gutes entwertet, endlich durchbrochen und eine allmähliche Praxis natürlicher Politik eingeleitet wird, in der die Kräfte an
ihrem richtigen Platze wirken. Je rascher und gründlicher jeder bei
sich selbst damit beginnt, umso erfolgreicher wird der gemeinsame
Kampf um Gerechtigkeit auch für Deutschland verlaufen.

                                        Frankfurter Hefte, April 1947.


                              *   *   *


Wir werden ... jeden Nationalsozialisten, der geläutert heimkehrt,
in der Kirche als einen Bruder neben uns stehen sehen. Es ist nicht
unsere Sache, als selbst sündige Menschen über Schuld und Sünde
Bekehrter zu urteilen (falls sie Schuld und Sünde im hier gemeinten Sinn auf sich geladen haben). *Beide* werden wir die Echtheit
unseres Christentums wie selbstverständlich vorzuleben haben.
Wir wünschen aber nicht der Gefahr zu unterliegen, einen Mangel
an *politischer* Einsicht und Gesinnungsänderung, wenn er bei dem
und jenem, der aus dem Interniertenlager kommt, festzustellen
sein sollte, einfach mit dem Mantel christlicher Liebe zuzudecken.

Von einer religiösen Bekehrung, der die Scham über die Verflech-
tung in das grauenerregende nationalsozialistische Unrecht und der
Abscheu vor dem frevelhaften System fremd wäre, hielten wir ganz
und gar nichts. Äußern sie sich aber in Ablehnung der landläufigen
Ressentiments, in Geduld und Zurückhaltung, dann werden uns
*diese* Männer nicht nur willkommen, sondern eines Tages lieber
sein als so mancher lärmender „Antifaschist", der seinen Methoden
nach nur als verhinderter Nazi anzusehen ist und keineswegs jene
moralischen Qualitäten in sich entwickelt hat, die wir brauchen,
um die Ausbreitung oder die Wiederkehr der Barbarei, welches
Zeichen sie auch tragen möge, wirksam verhindern zu können.

Frankfurter Hefte, Mai 1947.

# Hitlers Geist lebt weiter

## 1949

... Die *Voraussetzungen der Politik in Deutschland* sind nach wie vor
in erheblichem Grade brüchig. Sie werden es, nach dem, was seit
1945 geschehen und nicht geschehen ist, noch lange bleiben. Nur
Erfahrungen aus positiver Zusammenarbeit können diesen gefähr-
lichen Zustand überwinden. Eine der ehrlichen Absichten solcher
Zusammenarbeit muß es sein, trotz dem entsetzlichen Unrecht, das
Deutsche gegen Deutsche verübt haben und das von Deutschland
gegen die Welt ausgegangen ist, die Last der Vergangenheit abzu-
werfen und sie nunmehr durch gemeinsames Recht und gemeinsamen Wohlstand zu ersetzen. Nur eine Politik der unpathetischen,
freilich wachsamen Versöhnung, in und mit Deutschland, kann
einer erfreulicheren Zukunft Wege bahnen.

Damit sie nicht Täuschungen anheimfällt, müssen die Tatsachen gesehen werden, das heißt die Gründe und die Zusammenhänge der bisherigen Entwicklung.

Warum haben die Konzentrationslager des Dritten Reiches bis
jetzt nicht dazu beigetragen, einen tiefgründigen Gesinnungswandel des deutschen Volkes einzuleiten? Weil sich erwiesen hat,

daß *Hitlers Geist auch in anderen lebte,* nicht bloß in Deutschen;
weil die Anfälligkeit der Welt für totalitäre Methoden offensichtlich geworden ist; weil Hunderttausende, ja Millionen von
Deutschen erneut ihre Opfer wurden; weil das Abschreckende, das
vergangen ist, unter wirren Schrecken, die gegenwärtig sind, seine
Wirkung verliert; weil Predigten immer schwächer sind als Taten,
besonders wenn die Taten den Predigten nachhaltig widersprechen.
    Es kam alles zusammen.

    Deutsche *Kriegsgefangene* hatten von 1944 an, vor allem nach
der Kapitulation, nicht wenige bis tief in das Jahr 1946 hinein, in
Sowjetrußland viele noch heute, Verhältnisse zu ertragen, die in
manchem – und zuweilen im Schlimmsten – denen der nazistischen Konzentrationslager ähnlich waren. Wenn die Welt nicht mit
dem Anspruch aufgetreten wäre, gegen eine organisierte Hölle zu
Feld gezogen zu sein! Nun zählten von den halben Wahrheiten, mit
denen sie nach Koestler die totale Lüge bekämpft hatte, in den
Augen des deutschen Volkes, dessen Mehrheit sie für ganze Wahrheiten gehalten hatte, nur die Mängel. Die Reaktion ist verkehrt,
neurotisch, jedoch begreiflich.

    Was aber erst die zwölf bis vierzehn *Millionen Vertriebenen* zu
erzählen wußten, die in den osteuropäischen Ländern, vielfach auf
die barbarischeste Weise, „ausgesiedelt" und in plombierten Waggons, in Elendszügen, einzeln, gruppen- und herdenweise nach
Restdeutschland getrieben wurden! Man mache einer Mutter, die
ihre Kinder verloren hat, einem Mann, dem die Frau geschändet
wurde, Halbwüchsigen, deren Eltern man prügelte, allen, die Tod
und Grausamkeit nun am eigenen Leibe erlebten, klar, daß dies – in
einer proklamiert besseren Welt – eben nichts als die traurigen Folgen vorher begangenen Massenunrechts sei, die ohne Unterschied
Schuldige und Unschuldige treffen. Und man verdeutliche einem
Volk, es sei weder Heuchelei noch Feigheit, wenn den Erklärungen
von Jalta und Potsdam, daß die „Umsiedlungen" „ordnungsgemäß"
erfolgen sollten, nicht Nachdruck verliehen wurde. Mehr Millionen
haben auch die Nationalsozialisten nicht durch Osteuropa gezerrt.

    Dazu die *Deportationen!* Wir kennen die genaue Zahl der Deut-
schen nicht, die in russischen oder in sonstigen Bergwerken oder
Zwangsarbeitslagern des Ostens Sklavendienste leisten müssen.
Wenn es Tausenden der Verschleppten nicht gleich auf den Tod
schlechtgehen sollte, so antwortet das deutsche Volk, daß dies auch

bei den Fremdarbeitern des nationalsozialistischen Terrors nicht der Fall war. Die Freiheit dieser Menschen, vieler Zehntausende, wird jedenfalls mit Füßen getreten. Und bis 1947 konnte man nicht in Abrede stellen, daß die Alliierten des Großen Krieges, den sie gegen *Hitler, Himmler, Sauckel, Frank,* und wie die Sklavenhalter von damals alle hießen, geführt hatten, im besiegten Deutschland einen gemeinsamen Viermächte-Kontrollrat bildeten. Und daß sie zusammen, zu gleicher Zeit, in Nürnberg über die Kriegsverbrecher des Dritten Reiches zu Gericht saßen. Was lag denn näher, als daß die nazistische Flüsterpropaganda, es handle sich ja nur um Schau- und Redeprozesse – während die Dinge in Wahrheit tragisch nebeneinander herliefen –, an Überzeugungskraft und an Boden gewann.

Vielleicht wäre es noch gelungen, im öffentlichen Bewußtsein Deutschlands wenigstens teilweise Ursache und Wirkungen voneinander zu trennen, wenn nicht der Versuch unternommen worden wäre, *das ganze Volk zu „entnazifizieren".* Eine revolutionäre Selbstsäuberung Deutschlands haben die Alliierten 1945 verhindert. Nach vorgefaßten Plänen, halb von Vorstellungen einer Kollektivschuld, halb von solchen der Individualschuld ausgehend, versuchten sie es – vierfältig übrigens, jede Besatzungsmacht anders – 1946 und die nachfolgenden Jahre mit einem Formalprozeß, der nicht nur das Rechtsbewußtsein, sondern auch die Politik auf das nachhaltigste verdorben hat. Das gesamte Volk wurde in die Fragebogenhürden getrieben, mehr als die Hälfte aller über achtzehn Jahre alten Männer und Frauen „belastet", so daß die „Befreiung von Nationalsozialismus und Militarismus" Sache einer Minderheit, die Befreiung von diesem Prozeß hierauf Sache der Mehrheit des Volkes wurde!

Und die Aktivisten des besiegten Systems? Man meinte, sie aufgrund „automatischer Arreste", die nach Rängen, Ämtern und Stufen, nicht nach konkret vorliegenden Belastungen erfolgten, in Gewahrsam zu haben. Hatten Hunderttausende wegen der formalen Zugehörigkeit zur NSDAP oder einer ihrer Gliederungen oder auch wegen eines entsprechenden Amtes, das sie im vielverzweigten Apparat des Dritten Reiches innegehabt hatten, für den schließlich jedermann in irgendeiner Form tätig gewesen war, bis zum Spruchkammerverfahren ihr Einkommen verloren, meist auch noch die Wohnung, die Möbel und die Verfügungsgewalt über ihr Vermögen, weil sie erst im Ablauf des Prozesses selbst ihrerseits zu beweisen hatten, daß sie nicht Aktivisten gewesen waren, so saßen wei-

tere Zehntausende von kleinen und mittleren Anhängern des
Nationalsozialismus oder Mitgliedern seiner Organisationen „auto-
matisch verhaftet" in Internierungslagern. Es dauerte Jahre, bis aus
ihren Reihen die eigentlich Schuldigen herausgefunden wurden.
Wenn die Urteile der Spruchkammern der Internierungslager als
Beweis von Schuld oder Nichtschuld zugelassen sein sollen, dann
waren höchstens drei oder vier Prozent der bis zu drei Jahren in
Haft Gehaltenen Aktivisten.

Die kaum zwei Dutzend *Internierungslager* in der amerikanischen, der britischen und der französischen Besatzungszone entwickelten sich zu wahren Eiterbeulen im Lande. Niemand weiß, wie
es zugegangen ist, daß in ihnen 1947 schätzungsweise 120 000 Pau-
schalverdächtige saßen, die zusammen nur etwa ein Zehntel ihrer
Kategorie ausmachten, daß aber neun Zehntel der gleichen Art
nicht in Haft waren. Ein erheblicher Teil der Hauptschuldigen, insbesondere vom SD, war überhaupt nie ausfindig gemacht worden.
Sie treiben sich unerkannt im Lande herum; gelegentlich wird einer
festgenommen; gar nicht so wenige scheinen ins Ausland entkommen zu sein – nach Schweden, nach Spanien, nach Südamerika.

Um diese Lager ist in der Öffentlichkeit zeitweise ein scharfer
Meinungskampf geführt worden. Gegner des Nationalsozialismus
verlangten eine rasche Sichtung der Internierten durch geordnete
Gerichtsverfahren, Arbeitsgelegenheit für die Gefangenen, sofern
sie zu arbeiten wünschten, und die Schaffung von Gelegenheiten
für alle, die wirklich in einem demokratischen Sinn umlernen wollten; wenig oder nichts war in dieser Hinsicht geschehen. Breite
Schichten der Bevölkerung empörten sich gewaltig über das Bestehen der Lager überhaupt, über schlechte Lebensbedingungen dort
und über die „Ungerechtigkeiten", die den Internierten, tatsächlich
oder angeblich, widerfuhren. Man sprach von den „neuen KZ",
ohne auch nur den geringsten Unterschied zu sehen – wozu wahrlich Verblendung gehört –, und den „jetzt politisch Verfolgten", als
ob Lagerhaft in einer werdenden Demokratie mit Ausmerzung und
Sklaverei unter der faschistischen Diktatur überhaupt verglichen
werden könnte. Alle, die der Demokratie ablehnend oder verärgert
gegenüberstanden, alle, die weder die Tatsache noch die Grauenhaftigkeit der nationalsozialistischen Konzentrationslager zur
Kenntnis nehmen wollten, wandten nun Sympathie, Mitleid und
Unterstützung den in Haft befindlichen Parteigenossen, den Mit-

gliedern der SA und der Waffen-SS zu. Unter dem Druck der
Kollektivschuldanklage und der beständigen offiziellen Aufforderung, wegen der Schandtaten, die auf den deutschen Namen
gehäuft waren, in sich zu gehen, wurde der frühere Mangel an
Gerechtigkeitsempfinden und Menschlichkeit nunmehr kräftig in
solcher Weise überkompensiert.

Heute, nach Abschluß der „Entnazifizierung" und nach Auflösung der Internierungslager – es sind nur wenige Arbeitslager für
verurteilte Hauptschuldige verblieben –, ein Abschluß, der durch
ein Chaos von unterschiedlichen, einander vielfach wider-
sprechenden Einzelentscheidungen, durch zeitweise Erweiterun-
gen, Milderungen oder Einschränkungen, durch Verschärfungen,
Amnestien und massenhaft verhandlungslose „Einstufungen"
erreicht wurde, muß man sagen, daß von einer positiven Überwindung des Nationalsozialismus und des Militarismus bei ihren
Anhängern keine Rede sein kann, daß es von Ungerechtigkeiten
auf allen Seiten nur so wimmelt, und daß niemand mehr in der
Lage ist, zu sagen, wer die auferlegten Sühnen nun eigentlich ver-
dient hat und wer nicht.

Der grundlegende Fehler lag in dem falschen Beginn: Deutsche
mit der vollen Kenntnis der Umstände hatten die Säuberung gegen
die schuldige Minderheit, und nur gegen diese, einzuleiten und
auszuführen, nicht Alliierte, mit noch so gutem Willen und ehrlichen Absichten, gegen die Massen, die ihnen schwarz oder grau
erschienen. In der Folge, die nicht mehr reparabel war, haben dann
auch die beteiligten Deutschen selbst, das heißt die Mehrheit des
Volkes, versagt.

Konzentrationslager von einst – war denn das überhaupt noch
der Erwähnung wert? Die meisten verloren in dem Durcheinander
jeden Maßstab; die nie einen gehabt hatten, gewannen ihn nicht.
Und nun *die russische Praxis in der deutschen Ostzone!* Buchenwald blieb bestehen, Sachsenhausen-Oranienburg, Torgau, Ravensbrück, einige wurden ausgebaut, andere neu errichtet. In diesen
Monaten sind es wahrscheinlich sechs Hauptlager und insgesamt
mindestens ein Dutzend Nebenlager oder lagerähnliche Gefängnisse, mit vermutlich weit mehr als 100 000 Insassen als Dauerbe-
stand, zuweilen anscheinend bis zu 250 000 Gefangenen, während
in unkontrollierbaren Zeitabständen Deportationen nach Sowjetrußland stattfinden. MWD-(NKWD) Personal bewacht die

Gefangenen, verwaltet das System. Gegen frühere Nationalsozialisten? Gegen jedermann, der als „Staatsfeind" verdächtig ist. Oder als „Agent einer ausländischen Macht". Oder als „Klassenfeind", als „Kulak", als sonst etwas.

Mehr und mehr wurde diese Tatsache im deutschen Volke bekannt. Bis Ende 1946 war es der in den drei übrigen Besatzungszonen lizenzierten Presse nicht erlaubt, darüber zu schreiben; es wäre „Kritik an einer alliierten Macht" gewesen. Seit 1947, als die Gegensätze zu den Russen offenkundig wurden, war es mehr und mehr geradezu erwünscht. Aber die Bevölkerung hatte sich vorher schon ihre Gedanken gemacht. Auch über *das neue Schweigen*. Das abermals erzwungene Schweigen, – was die Deutschen anlangt. Und über die Untätigkeit der Westalliierten, deren Vertretungen im Kontrollrat weder eine Untersuchung verlangten, noch protestierten, noch aktiv eingriffen. Geschah es dennoch? Niemand erfuhr etwas davon – wie seinerzeit, unter dem Nationalsozialismus, als auch Vorbehalte und Eingaben gemacht wurden, die 1945 als „ganz unbeachtlich", als „kein besonderes Zeichen von Mut", als „wertlos" bezeichnet wurden.

Die Ähnlichkeit wurde für jedermann, der guten Willens war und der das gemeinsame Beste wollte, beängstigend. Ich fragte Ende 1947 und Anfang 1948 Kommunisten, mit denen ich jahrelang in Buchenwald gewesen war, und führende Mitglieder der in der Ostzone herrschenden Einheitspartei, ebenfalls politische Gefangene von einst, was sie von „einer derartigen Entwicklung" eigentlich dächten. Einige meinten, gefährliche politische Gegner müsse man eben einsperren und unschädlich machen; sie gaben offen zu, daß ihre Methode in diesem Punkt sich von der des Nationalsozialismus nicht unterschied. Wenn sie das anderen auch gesagt haben, möchte ich gerne wissen, warum die Nationalsozialisten über die Konzentrationslager von 1933 bis 1945 jetzt plötzlich entsetzt sein sollten. Der Unterschied bestehe darin, so wurde mir geantwortet, daß man die Gefangenen nicht schlecht behandeln dürfe. Aber werden sie denn in den MWD-Lagern vielleicht gut behandelt? Das System scheint in vielem nicht so entsetzlich zu sein, wie es das nationalsozialistische war; es wird zum Beispiel nicht vergast, nicht erwürgt, gehängt und reihenweise erschossen. Aber es ist in jeder Hinsicht schlimm genug. Hunderte von Polen und Hunderte von deutschen Kriegsgefangenen, die der Hölle entgingen, weil jedes überorgani-

sierte System bekanntlich seine Lücken hat, haben Berichte aus
Sowjetrußland gebracht, Dutzende über die Zustände in den ähnlichen Lagern der Ostzone Mitteilungen gemacht. Das ist ja alles
übertrieben, sagte man darauf. (Wie dazumal...) In der Masse
handle es sich nur um wirklich unverbesserliche Staatsfeinde. (Wie
dazumal...) Natürlich gebe es Ungerechtigkeiten, aber was könne
man gegen die Verfügungen des MWD (NKWD) tun? (Wie dazumal – gegen die allmächtige Gestapo...) Die politisch, religiös und
rassisch Verfolgten des Naziregimes als die berufenen Kämpfer
gegen Rechtlosigkeit und Barbarei müssen ihre Stimme erheben,
müssen gegen die neuen schreienden Ungerechtigkeiten angehen,
überall, in der Welt und in Deutschland, ganz besonders aber den
Sowjetrussen gegenüber und in der deutschen Ostzone! Es würde
nicht ohne Eindruck, nicht ohne Folgen bleiben. Wirksamer wären
Interventionen von dieser Seite als von jeder andern, bei der sie
wegen früherer eigener Schuld, eigener Schwäche und nicht zuletzt
wegen der mit gewöhnlichen Protesten meist verbundenen politischen Propaganda nur allzu leicht wertlos sind.

Aber hier ist ein weiterer wunder Punkt berührt. Der europäische – nicht bloß der deutsche – Widerstand gegen den Faschismus
besitzt nicht mehr die alte politische und moralische Kraft. Er hat es
in den Nachkriegsjahren nicht verstanden, sich zur neuen Avant-
garde zu entwickeln; er ist größtenteils den kämpfenden Gruppen
verfallen. Seine aufrechterhaltene „antifaschistische Aktion" wirkt in
den Augen der breiten Schichten der Bevölkerung nicht sehr glaubwürdig, weil sie sich nicht auch gegen das neue Unrecht richtet.
Infolgedessen findet sie selbst gegen die tatsächlich noch vorhandenen und wirksamen Reste des Faschismus kaum Unterstützung.

Es wäre natürlich verfehlt, wollte man bei allem dem außer-
achtlassen, daß die *politische Gesamtentwicklung* die Lage außerordentlich schwierig gemacht hat. Der Gegensatz Ost-West er-
zwingt von fast jedermann Stellungnahme für oder wider und
erschwert den Kampf gegen Unrecht, wo immer es auftreten mag.
Was aber vielleicht noch schlimmer ist: er breitet die totalitären
Methoden: die Diskriminierungen, die Entstellungen, die Unterdrückung, die falschen Alternativen, die Blindheit für die Schattierungen der Wirklichkeit, beinahe zwangsläufig aus. Er treibt die
Sowjetrussen in weitere Radikalität und die westlichen Demokratien in die Bundesgenossenschaft mit Halbfaschisten. Es wird,

wenn es so weitergeht, nicht mehr lange dauern, dann mag die offene Einbeziehung der besiegten Deutschen in die Abwehrsysteme und in alle möglichen Potentiale der Widerpartner an der Tagesordnung sein; bei der Polizei der sowjetisch besetzten Zone Deutschlands hat das ja bereits in großem Stil begonnen.

Wie kann dem allgemeinen Unheil noch begegnet werden?

Es ist nicht meine Aufgabe, an dieser Stelle eingehend die *positiven Möglichkeiten* zu untersuchen, die in der allgemeinen politischen Situation entgegen allem Anschein gegeben sind. Ich kann nur die deutschen Möglichkeiten andeuten.

Kein Zweifel, daß die Führungskräfte der Erneuerung, und damit unser aller Rettung vor dem endgültigen Unheil, in der Minderheit sind. Aber hundert Beweise ließen sich aus der Erfahrung der vier Jahre seit 1945 dafür beibringen, daß im deutschen Volk eine latente Mehrheit, ganz besonders ein erheblicher Teil der jüngeren Generation, in Wahrheit bereit ist, hinter die Männer und Frauen einer kraftvollen Wende zum Besseren zu treten, sobald es nur gelingt, die Aussicht auf *gemeinsame europäische Lösungen* konkreter und glaubwürdiger zu machen, als es bisher der Fall sein konnte. Die Gewinnung der europäischen Plattform, die sehr viele der besonderen deutschen Schwierigkeiten verringern wird, ist von ausschlaggebender Bedeutung. Ein sichtbarer Sieg über den nationalistischen Egoismus überall wird die Voraussetzungen für eine tiefergreifende Besserung in Deutschland schaffen. Man wird erkennen, daß es nicht der alte Geist sein darf, der in ein neues Europa eingehen kann. Man wird mit der Aufgabe der Besinnung von neuem beginnen können, weil die Argumente der Unverbesserlichen, die heute an allen Ecken und Enden Nahrung für Torheiten und Tollheiten finden, verblassen werden.

Hat denn nicht die Literatur über die früheren Konzentrationslager, mag sie mehr oder weniger gut sein, in Deutschland Millionen Leser gefunden – trotz allem? Sie wird vollends ein Beitrag zur Änderung werden, sobald die übrigen Umstände sich zu ändern anfangen; wenn die schweren Schatten, die über dem Lande liegen, sich wenigstens da und dort zu heben beginnen, wenn das Leben in europäischer Gemeinschaft wieder lebenswert wird.

Auch diese Möglichkeit wird sichtbar, in dieser Zeit der Entscheidungen, – neben der einer abermaligen Finsternis, sei es des Krieges, sei es der Diktatur. Die Zeit wird nicht lange auf sich warten lassen, bis es klarsein wird, ob Europa den Weg der Freiheit oder den Weg der Sklaverei nimmt.

Was das deutsche Volk anlangt, so haßt nicht so sehr der die Sklaverei, der sie durchgemacht hat, ohne je die wahre Freiheit gekannt zu haben, als wer das *Leben von Freien in einer Gemeinschaft von Freien* erfahren hat. Es wird eine Frage neuer, nicht der alten nationalsozialistischen oder einer anderstotalitären Praxis werden. Nur so wird Deutschland in der Lage sein, das zu überwinden, was in ihm von *Hitler* bis jetzt übriggeblieben ist, – und das ist gar nicht so wenig, im Ganzen und in sehr vielen Einzelnen schichtenweise, im Denken, Fühlen und Handeln da und dort. Ein heilsames Grauen vor jeder Art von Konzentrationslagern wird ihm dabei behilflich sein.

Sind die russischen KL vielleicht eine Entschuldigung für die nationalsozialistischen? Im Gegenteil: das System des SS-Staates muß erkannt werden, damit die Ausbreitung des Systems des GPU-Staates bekämpft, damit eine Wiederholung bei uns, durch uns, mit unserer Mithilfe und unserem Schweigen, verhindert werden kann. Jetzt, nach allen Kenntnissen, die wir nunmehr haben, gibt es überhaupt keine Entschuldigung mehr. Für niemanden – in Deutschland nicht und außerhalb nicht.

Originaltitel: „Das deutsche Volk und die Konzentrationslager – seit 1945", in: Der SS-Staat, 3. Auflage, Verlag der Frankfurter Hefte, Frankfurt am Main 1949, S. 393-401.

# Das Vermächtnis des Widerstandes

## 1972

... Im Wiederaufbau haben wir dann den ganzen Komplex „Widerstand und seine Folgen" freudig und fröhlich verdrängt, – endlich daran nicht mehr denken zu müssen, das Vergangene, Gewesene in der Turbulenz der Gegenwart vergessen zu können, es unerwähnt und unbeachtet zu lassen, welch eine Wohltat! Konrad Adenauer hat zu dieser Sorte von Erleichterung recht ordentlich beigetragen:

Der kluge Mann bestimmte die politische Moral im wesentlichen zur Angelegenheit des Individuums. Eine Ausnahme hat er nur in unserem Verhältnis zu Israel gemacht, aber sonst war ihm die politische Moral, soweit sie mit Schuld und Sühne und Nutzanwendung zu tun hatte, Privatsache. Mochte jeder sehen, wie er mit seinem Paket an Mitverantwortung fertig wurde; in praxi unbelastet sollten sich alle frisch dem neuen Staat der Demokratie und dem Wiederaufbau zuwenden. Gelegentlich ein besinnliches Wort, gewiß, aber nicht zuviel davon! Mit ganz anderen Problemen sollte die Bundesrepublik fertig werden ...

Inzwischen war indes, in der zweiten Hälfte der sechziger Jahre, eine Generation herangewachsen, die mit dem Wort „Widerstand" kein Erlebnis und keine Erfahrung mehr aus der Zeit des Nationalsozialismus und des Dritten Reiches verband; die von all dem, was wir durchgemacht hatten, frei waren, – frei zu sein meinten und kein geschichtliches Erbe tragen zu müssen glaubten. Das ging so weit, daß sie die nüchterne Frage an uns richteten, was wir denn Großes eigentlich geleistet hätten: „Wo war denn euer Widerstand, euer Aufbegehren? Versagt habt ihr doch sogar in den Konzentrationslagern, habt euch von der SS wehrlos kujonieren lassen!" Nicht nur einmal hat man mir das entgegengehalten, und nicht nur einer war es, der das, in unbeschwertester Naivität, fertigbrachte, sondern ganze Gruppen. Der 20. Juli ist in die Mißachtung, in diese Unkenntnis miteinbezogen.

Es ist aber auch nicht so, als ob etwa der 17. Juni im bundesrepublikanischen Bewußtsein tief verankert wäre. Wahrscheinlich ist es keine Übertreibung, festzustellen, daß sowohl der 20. Juli als auch der 17. Juni außerhalb der offziellen Begehnisse durchaus vernachlässigte Größen unserer Geschichte sind. Ich fürchte, daß die Gedenktage nicht mehr dazu beitragen können, den tatsächlichen, den vielfältigen, in vielen Einzelfällen auch in Deutschland unzweifelhaft heroisch geleisteten Widerstand zu einem Faktor der realen Politik und des öffentlichen Lebens zu machen. Die leichtfertig Höhnenden unter den Jüngeren wissen nicht, was Widerstand unter einer Diktatur im eigenen Staat bedeutet. Wir, viele Ältere, wissen es: Ein Witz nur, die einzige Möglichkeit oft genug, Gesinnung gegen die Diktatur noch äußern zu können, ist, wurde man angezeigt, mit dem Tod durch das Fallbeil bestraft worden. Gegen den totalen Terror sich auch nur im Kleinen, wie immer, zu erheben, war alles andere als eine Kleinigkeit. Die leichtfertig Verachtenden meinen, wir hätten damals eben unterlassen, was sie an sogenannter Gegengewalt heute, unter rechtsstaatlichen Voraussetzungen, produzieren oder bis gestern produziert haben. Sie können nicht unterscheiden zwischen der Diktatur, die war oder ist, und dem Rechtsstaat, den wir haben – mit den Möglichkeiten, die auch sie, gerade sie haben. Da wir das tatsächliche geschichtliche und psychologische Problem selbst verdrängt haben, ist die Aussicht, so scheint mir, entschwunden, den Kindern der freiheitlichen Demokratie den wahren Begriff von den Verhältnissen jener Zeit noch beizubringen. Berichtet man, so sind das in ihren Augen und Ohren Renommiergeschichten ohne Realitätswert, wie sie sagen: Denn wo blieb denn der Erfolg der angeblichen Leistungen. Wenn man das Überleben eines Volkes, ganzer Bevölkerungsschichten, der eigenen Familien, der einzelnen Mitglieder dieser Familien, ein Überleben, das nicht nur Glück und Zufällen zuzurechnen ist, nicht als Erfolg anerkennen will – und einiges mehr, ganz gewiß einiges mehr –, dann haben wir unter der Terrorherrschaft Adolf Hitlers und seiner Anhängerschaft freilich nichts Bemerkenswertes zustande gebracht ...

Worum geht es, wenn von Widerstand die Rede ist und die Rede sein muß? Was ist der Grundtatbestand? Es geht dabei stets um die Frage der Illegitimität, gegen die sich die Legitimität als das bleibend gültige Prinzip der optimalen Bedingungen wahren Menschseins erhebt – sei es auf seiten der etablierten legalen Gewalt, die von uns allen bestellt und kontrolliert sei, gegen Aufständische und was ihnen zuzurechnen ist, so wie die Verfassung unseres Landes Hessen es als Pflicht statuiert, sei es auf seiten der Revolution gegen etablierte Unrechtsgewalt, wie in vielen Teilen der Welt. Das ist die Grundsatzregel. Politischer Widerstand im klassischen historischen Sinn jedoch ist gegen anhaltenden, schweren Mißbrauch der legalen Gewalt nach Erschöpfung der gegebenen legalen Abhilfemittel gerichtet. Es ist unser Recht und unsere Pflicht, auch unter Verletzung der geltenden Gesetze, wenn ihre Einhaltung dem Unrecht dient, mit jedem Mittel, das Aussicht auf Erfolg bietet, das heißt, den Zustand des anhaltenden, schweren Unrechts zu beseitigen, gegen die Dauermißachtung der Legitimität anzugehen. Wir waren folglich im Dritten Reich legitime Illegale gegen die legale Illegitimität Hitlers und seiner Gefolg-

schaft. Eine vernünftige Aussicht auf Erfolg des aktiven Widerstandes muß gegeben sein, damit nicht der Ausgang schlimmer sei als
der Zustand, den es zu überwinden gilt. Nur äußerstenfalls darf
und soll womöglich, von Wenigen, das Risiko heroischen Unter-
gangs übernommen werden, damit für die nachfolgenden
Geschlechter das moralische Beispiel der Nichtunterwerfung unter
die illegitime Gewalt gesetzt wird. In diese Kategorie gehört die Tat
des 20. Juli 1944, als die Notwendigkeit, das deutsche Volk vor
dem Untergang zu bewahren, augenfällig, die Wahrscheinlichkeit,
daß das Attentat gelang, nach den mehrfachen gescheiterten Versuchen gering geworden war. Das tollkühne Unternehmen der Männer und Frauen jener Tage hat dem deutschen Volk gegen Verblendung, Feigheit und fortgesetzt übertriebene Opportunität das
moralische Beispiel gesetzt ...

> Aus der Rede vom 17. Juni 1972 zur Verleihung der Wilhelm-Leuschner-
> Medaille an die Herren Josef Lang, Kirchenpräsident i. R. D. Martin Nie-
> möller, Pfarrer Josef Will sowie zur Eröffnung der Ausstellung „Der Hes-
> sische Widerstand gegen das NS-Regime" im Auditorium Maximum der
> Philipps-Universität Marburg; abgedruckt unter dem Titel „Widerstand
> gegen die Staatsmacht – vormals und heute" in: Zum Nachdenken, Heft
> 46, September 1972, S. 4-16. Siehe auch weiter oben S. 197.

\* \* \*

## 1949

... Im Kampf gegen das faschistisch-totalitäre System entstand,
zusammen mit seinem Aufkommen, eine gemeinsame Front von
Kräften. Sie waren sehr verschieden voneinander, einige mehr als
verschieden: gegensätzlich. Die Front wurde stärker, als der Nationalsozialismus zur Herrschaft gelangt war; sie wuchs ins Geschichtliche, als er begann, sich über Europa auszubreiten. Hatte
sie ursprünglich die Form von planenden Komitees, von Zellen
mannigfacher Art, so entwickelte sie sich zu bewaffneten Organisationen, national und international, schließlich zu mächtigen
Koalitionen von Staaten, deren meist ohnmächtiges Spiegelbild in
den Zuchthäusern und Konzentrationslagern der Tyrannei die oft
sehr kühnen Notgemeinschaften der Gefangenen waren. Sie alle,

ob in Verträgen, in weltweiten und feierlichen Deklarationen, in Gruppenabmachungen, in Plänen, die die Zukunft vorausnahmen, oder in welcher Aktion immer, beherrschte, vom Überdauern bis zum Sieg, eine einzige Idee: der Widerstand. Ihm war die Vorstellung von Sühne und sogar Rache, von nachfolgender gründlicher Sicherung beigemengt. Viele hegten die Hoffnung, die gemeinsame Erfahrung im Kampf gegen den gemeinsamen Feind werde Bestand haben – als politische Plattform einer anderen Welt, einer Welt frei von Furcht und Not, einer besseren Welt ...

Außergewöhnlich natürlich, wenn der gesamte Widerstand, der blutigen Nacht entsteigend, die Lehre gezogen und zu einer Aktion angetreten wäre, die in ihrer moralischen und politischen Größe der seiner eben gemachten Erfahrungen entsprach. Er brachte in ganz Europa, vom Atlantik bis an die Weichsel, bis an den Don, die Voraussetzung mit: das Grauen über die zerstampfte, gemetzelte Menschlichkeit, die Kenntnis von den Folgen der Überheblichkeit, eines Wahns und eines falschen Gesellschaftssystems, die aus Knechtschaft erwachsene Sehnsucht nach Freiheit – der Einzelnen *und* der Kollektive –, die Forderung nach sozialer Reform und nach Sicherheit gegen Willkür und mutwilligen Tod. Eine entsetzliche Erfahrung also. Die Diktatur als höllisches Widerbild hätte den Hirnen und Herzen die wahren Vorstellungen einprägen können.

Nun, es reichte nicht aus, weil diese Hirne und Herzen durchaus nicht *ganz anders* waren. Es reichte über den Sieg hinaus bloß zu einem Waffenstillstand ... Der europäische Widerstand ... ist zur historischen Erinnerung geworden. Ein gewaltiges Epos, Gegenstand für Dichter und Geschichtsschreiber ...

Das heißt keineswegs, die Organisationen seien überflüssig. Es heißt nur, daß es jetzt offenkundig ist, zu welcher Bescheidenheit, politisch gesehen, ihre Aufgabe zusammengeschrumpft ist: die Rechte ihrer Mitglieder zu wahren ...

Den verbliebenen – und überdies nicht allzu selten mißbrauchten – Schein einer entschwundenen Hoffnung abtun, heißt ferner nicht, alles sei umsonst gewesen. Der europäische Widerstand gegen die Tyrannei war alles andere als umsonst. Wenn er den Lauf der Geschichte nicht ein zweites Mal wenden konnte, so hat er ihn doch einmal, und wahrlich entscheidend gewendet: der unausdenkbare Schrecken, der hinter der Möglichkeit stand, daß Hitler und Himmler gesiegt hätten, ist der Welt durch die riesenhafte Kraftanstrengung des vereinigten, gemeinsamen Widerstandes, mag er geleistet worden sein wo immer, erspart geblieben. Die Welt ist nicht besser geworden? Sie ist nicht einmal gut. Aber ganz bestimmt ist sie in den Teilen Europas, wo wir leben und wo der Terror gehaust *hat,* nicht mehr *so* schlecht. Mir scheint, daß dies viel wert sei; wir haben *nicht* umsonst gekämpft und umsonst gelitten.

Es kommt aber etwas Außerordentliches hinzu. Wie sich viele Gewissen abgestumpft haben, sind viele Gewissen wachgeworden. Das bittere Ringen des europäischen Widerstandes ist heute eine Schicht Mutterboden, in dem die alten Wurzeln der Humanität unseres Erdteils neue Schößlinge trieben. Niemand kann sagen, daß sie durch Trümmer, Ruinen und Grabdecken nicht zu hohen Bäumen heranwachsen werden. Schon gibt die Literatur der Völker da und dort Gegenwartszeugnis von der Größe des Vorgangs; daß Menschen, die teuflische Unterdrücker überwanden, dabei lernten, *sich selbst* zu überwinden, und edler wurden, als sie waren. Auch die Einsicht vieler Einzelner, die widerstanden, ist größer geworden. Sie haben sich sowohl mit der Not wie mit den Notwendigkeiten verbunden und streben unablässig, zäh und geduldig – Eigenschaften, die sich im jahrelangen Warten aneignen ließen, – von Niederlage zu Niederlage sich immer wieder erhebend, das neue Europa der Zusammenarbeit, des zureichenden Wohlstandes, der Sicherheit, der Freiheit und des Friedens an. Ihr *Einfluß* auf die Politik ist für den, der den Blick dafür hat, allerorten sichtbar, und es sind mehr als bloß Spurenelemente; ganz besonders wirken sie im deutsch-französischen Verhältnis: von den nationalistisch gewordenen Kommunisten abgesehen, sind es vor allem hervorragende Männer und Frauen des einstigen Widerstandes, die als erste den Weg der Verständigung beschritten, so schwer es gerade ihnen fallen mußte, und sie haben seither nicht nachgelassen, zäh an der Beseitigung der Hindernisse zu arbeiten, die auf diesem Wege die gemeinsame europäische Zukunft von Strecke zu Strecke zu blockieren drohen.

Aus den Reihen des Widerstandes stammen auch jene, die niemals schweigen werden, solange sie den Mund auftun können, wenn irgendwo Schreie von Gequälten, Geknechteten, Unterjochten, Gemarterten, Versklavten zum Himmel hallen oder erstickt werden, das Seufzen von Frauen und Kindern, Verlassenen

und Schutzlosen. Jene, die auf die Entwicklung achthaben, die
Schliche der Machthaber und Verführer beobachten, das Treiben
der Seelenhändler, Interessenjäger und offenen oder versteckten
Fallensteller. (Nicht zu vergessen die Drahtziehereien und Maßnahmen der echten Reaktionäre, der echten Faschisten und Militaristen, der heutigen Diktatoren, Diktaturaspiranten und ihres
Anhangs!) Ich für meine Person erlaube mir, *solche* Avantgardisten
mir zum Vorbild zu nehmen. Es geht eine große, auch politische
Kraft von ihnen aus, obgleich die höhere Plattform, die wir einmal
erhofft haben, nicht zustandegekommen ist.

> Aus: „Der politische Untergang des europäischen Widerstandes" in:
> Frankfurter Hefte, Mai 1949.

# Die deutsche Revolution

## 1946

Hat es in Deutschland eine Revolution jemals gegeben? Nicht eine
Revolte ist gemeint, ein Putsch, ein Staatsstreich oder die Aktion
von „homines rerum novarum cupidi", von Neuerungssüchtigen
und Revoluzzern, sondern eine durchgreifende und nachhaltige
Umwälzung, unter Machtanwendung gegen ein bestehendes Unter-
drückungssystem gerichtet, mit der Losung „Recht und Freiheit!"
alle Geister und Einrichtungen erfassend und verändernd, vom Volk
oder zumindest von einer breiten Schicht des Volkes für das Ganze
getragen. Eine Revolution mit dem Ziel der Demokratie also.

Die *Bauernkriege* im sechzehnten Jahrhundert waren eine solche
Revolution ...

Die einzige Revolution der Deutschen seit den Bauernkriegen,
der *Nationalsozialismus,* eine Revolution nicht des Geistes, sondern
der Barbarei, nicht des sozialen Fortschritts, sondern der Organisation des Robotertums in einem nationaldrapierten Zuchthaus –
mit geregelter Freizeitbelustigung im Gefängnishof, knapp vor
dem kommandierten gemeinsamen Ausbruch in den Tod –, ist
Wirklichkeit geworden. Das politische Aufbegehren des liberalen

Bürgertums im vergangenen Jahrhundert war keine Revolution. Ab 1849 verschrieb es endgültig sein Leben, seine Aufmerksamkeit und seine Kräfte dem Kapitalismus und dem Nationalismus, die mit den alten Mächten schließlich zu einem nationalen Kollektiv verschmolzen, überwölbt von der „deutschen Bildung", unterhöhlt von der latenten „sozialen Frage". Daß 1918, in Weimar, nur eine militärische Niederlage auf schwache Formeln gezogen, der teilweise Zusammenbruch des früheren Machtgefüges nicht zum Anlaß einer wirklich umgestaltenden Volksbewegung genommen wurde, braucht nicht dargestellt und zum soundsovielten Male wiederholt zu werden. Auch das Proletariat in Deutschland war eben ein *deutsches Proletariat,* trotz allen Unterschieden, die es von den herrschenden Schichten des Adels und des Bürgertums trennte, war deutsch, trotz Marxismus und Internationalität, insofern es politisch ohne Kraft war. Die deutsche Republik entstand, aber nicht als Tat, sondern als blasse Folgeerscheinung; die Demokratie war da, aber nur als Friedensbedingung. Die eigentliche Revolution, jene, von der Heine in seinem Angsttraum gesprochen hatte und die Ernst Robert Curtius die wahren deutschen Kräfte analysierend, erkannt hatte, stand bevor. Die Tragödie der Trennung von Geist und Politik in Deutschland war noch nicht bis zum erschütternden Ende abgelaufen.

Wir haben das ganze Ergebnis nun hinter uns. Wir können uns daher auch fragen, welche Bedeutung für damals und heute den Männern zukommt, die am 20. Juli 1944 den Versuch unternahmen, die rasende Fahrt den Abhang hinunter in letzter Minute noch aufzuhalten.

Die Geschichte der gegen den Nationalsozialismus gerichteten Staatsstreichversuche – mehr war es nie, weil das Gewicht einer langen und tiefsitzenden deutschen Entwicklung beim Regime lag, nicht bei seinen Gegnern: *Revolten gegen eine Revolution* – kann wohl erst in Jahren geschrieben werden. Vorerst kennen wir kaum den Umfang und die Chronologie dieser Versuche, geschweige denn die soziale Schichtung, die Charaktere, die Ideen der beteiligten Männer und Frauen, ihre Pläne, Absprachen und Einzelleistungen, die Technik ihrer Organisation, die Art, wie sie die mannigfachen Voraussetzungen zu bewältigen versuchten (zum Beispiel, um nur eine einzige nebensächlich erscheinende herauszugreifen: die Beschaffung der Mittel zu unerläßlichen Korrumpierungen ohne organisierten Schwarzen Markt, der den Widerstandsbewegungen in Frankreich, Holland, Italien, Jugoslawien und Polen politisch so außerordentlich zustatten kam), die Infiltrierung des Wehrmachts- und Parteiapparates, die Fühlungnahme mit der vorhandenen inneren Opposition, die Kontakte mit dem Ausland, die Gegenarbeit der Gestapo, den Ablauf der einzelnen Aktionen, Zusammenhalt, Schwächen und Verrat, bewußt oder berechnend gespielte Doppelrollen (wie die Nebes im Reichssicherheitshauptamt, den Gisevius im Nürnberger Prozeß immer nur Regierungsrat und Freund nannte, ohne hervorzuheben, daß er auch SS-Gruppenführer und Leiter eines „Einsatzkommandos" in Zentralrußland war, ja ohne anscheinend zu wissen, daß dieser Mann mit der rechten Hand die Zuweisung von Opfern in die SS-Versuchsstationen der Konzentrationslager leitete, während er mit der linken, um „so oder so" sicherzugehen, Informationen gegen die Gestapo-Chefs Kaltenbrunner und Müller an die Opposition weitergab). Bekannt ist, daß die Staatsstreichversuche bis in das Jahr 1935 zurückreichen. Daß sie 1937 an Intensität zunahmen; daß die massiven Prestige-Erfolge, die das Ausland dem deutschen Diktator verschaffte, die zum Zugriff gegen Hitler entschlossenen Generäle mehrmals im letzten Moment wieder umwarfen; daß eine Reihe von Attentaten mißglückte; daß der 20. Juli 1944 eine lange Vorbereitung hatte. Und bekannt ist auch, daß es quer durch alle Einzelaktionen immer wieder Verbindungen mit Hilfe einiger Persönlichkeiten gab, die sowohl da wie dort mit dabei waren, und daß diese Männer einen gewissen Rückhalt bei anderen aus der Gesellschaft und der Kirche – kaum bei der Arbeiterschaft – hatten. Bekannt ist schließlich, daß eine Schar der Verschwörer von tiefem sittlichen Bewußtsein und höchstem persönlichen Mut beseelt war, bravourös an die Abenteuer heranging und heldenhaft gestorben ist.

Stand hinter dem 20. Juli 1944, dem letzten, jedermann sichtbar gewordenen Versuch, den Ablauf des deutschen Schicksals zu mildern oder aufzuhalten, eine *revolutionäre Idee*? Nein. Stauffenberg, Yorck, Moltke, Delp und manche andere waren von Gerechtigkeit erfüllt, frei von falschem Ehrgeiz, in hohem Grade sozialdenkend. Verbindung mit dem Volk hatten sie nicht und konnten sie nicht haben; dieses Volk, das bei einer völlig unbehinderten Wahl vier Jahre vorher, nach dem Sieg über Frankreich, ohne

Zweifel sich mit überwältigender Mehrheit aus freiem Entschluß hinter Hitler und sein Regime gestellt hätte, war auch 1944 unpolitisch genug, um einem erfolgreichen Staatsstreich gegenüber abwartend zu bleiben. Sie hätten es für Klugheit gehalten. Nach einer Konsolidierung aber wäre sofort der Hader mit allem und jedem an den Tag getreten. Einer gewissen ängstlichen Sympathie konnten die Männer und Frauen des 20. Juli sicher sein, ebenso der Zustimmung, wenn es die Herabmilderung des Terrors bis zu einer strammen Ordnung galt. Demokratie? Wer wußte in dieser letzten Generation des alten Deutschland, was das war, was sie ist, was sie sein kann? Immer nur der und jener, niemals das Volk, das doch ihr Träger, ihr Inhaber, ihr Garant sein mußte!

Zum zweiten Mal ist nunmehr, wie mir neulich ein deutscher Dichter ahnungslos, ohne jede Ironie sagte, dem deutschen Volk nach einer militärischen Niederlage von den Siegern die *Demokratie als Strafe* auferlegt worden. Möchten wir doch aus der Bürde ein Instrument der Freiheit machen! Es wäre die größte Revolution, die in Deutschland jemals stattgefunden hätte, eine Revolution nun endlich ohne Unterdrückung, eine Revolution ohne Blut, eine Revolution der Gerechtigkeit, eine politische und soziale Revolution von unabsehbaren Folgen des Guten, deine und meine Revolution, die wir tagtäglich vollziehen können, weil sie im Alltag, hier – dort – überall Gestalt annähme: auf der Straße, in den Schulen, in den Ämtern, an den Schaltern, in den Gemeinden, in Kreistagen, in Parlamenten, in den Gerichtssälen, den Fabriken und Wohnungen, in den Zeitungen, Zeitschriften und Büchern, rechts und links, oben und unten: die Revolution des freien, selbstbewußten Mannes, der freien, selbstbewußten Frau, die um ihr Recht und um ihre Bedeutung wissen, die ihre Gemeinschaftspflichten kennen, die ein Herz für den andern haben und das Argument gelten lassen, groß auch im Kleinsten sind, real, verständnisvoll, weltoffen, Menschen, Sozialisten, Europäer – also Deutsche.

Die *Revolution der Wiederbegegnung von Geist und Politik in Deutschland:* laßt den Traum nun Wirklichkeit werden! Die segensreichste Möglichkeit der deutschen Geschichte tragen wir, jeder von uns, in der Hand und wissen es noch nicht. Wir brauchen nur unsere Pflicht zu tun, diesmal statt für einen Mythos, einen Moloch, irgendeine personifizierte oder kollektive Anonymität, hinter der sich doch der Schrecken verbirgt, wenn nicht heute, dann morgen, – diesmal für uns als wahre, als echte Demokraten. Die Gleichgesinnten vom 20. Juli 1944 werden dann nicht, verlorene Putschisten von noch so edler Gesinnung, umsonst gestorben sein, *wir* werden sie in den Sinnzusammenhang einer gewaltigen Revolution stellen: der Revolution der deutschen Zukunft.

Frankfurter Hefte, Juli 1946.

# Der Frankfurter Auschwitz-Prozeß

## 1965

### 1. Kommentar nach dem Urteil

Im größten Strafprozeß, der je vor einem deutschen Gericht stattgefunden hat, nahm die Urteilsverkündigung und Urteilsbegründung zwei Tage in Anspruch. Die Ausführungen des Vorsitzenden verdienen die besondere Aufmerksamkeit, – nicht die Urteile in jedem einzelnen Anklagefall; da kann man über einige wegen ihrer offenkundigen Milde eher überrascht sein.

Der Präsident des Schwurgerichts begann seine grundsätzlichen Darlegungen mit der Hervorhebung, daß es nicht die Aufgabe gewesen sei, einen Beitrag zur Zeitgeschichte zu liefern. Das ist gewiß richtig, die Aufgabe bestand ja darin, Recht zu sprechen und ganz und gar nach den Festlegungen unseres Strafgesetzbuches. Aber nicht nur war das Ereignis dieses Prozesses Bestandteil der Zeitgeschichte, sondern die Begründung des Urteils im besonderen wirkt auf sie ein. Ich habe noch nie eine so souveräne juristische Selbstbeschränkung mitangehört, die aber nicht aus Unkenntnis oder aus hochmütiger Vernachlässigung der geschichtlich-politischen Zusammenhänge stammt, sondern sich aus ihrer Kenntnis erhebt und eben dadurch – natürlich auch durch den grauenvollen Gegenstand, der in die Tiefen unseres Daseins und in die Abgründe menschlicher Herrschaftsmacht über Menschen führt – eine enorme gesellschaftspädagogische Bedeutung gewonnen hat.

Mit einigen elementaren Vorklärungen räumte *Senatspräsident Hofmeyer* geläufige Mißverständnisse aus dem Weg, – Verkennungen,
die vielen in dieser Sache Sicht und Einsicht verstellen. Er tat es
beinahe wie selbstverständlich, sehr klar, ohne Überschweng-
lichkeit, einleuchtend; man sieht ein, liest man diese Sätze, daß es
dem Gericht nicht um die Frage gehen konnte, ob das Verfahren
zweckmäßig war oder nicht, ob es uns also in die Politik, die wir
betreiben, paßt oder nicht. Das konnte nicht die Sorge des Gerichts
sein. Daß Recht Recht bleibe, ist die allein zwingende Zweckmäßigkeit, andernfalls zerfiele die Gesellschaft in Willkür. Folglich
war die Monsterveranstaltung auch kein Schauprozeß: sie diente
keinem Regime, nur der Feststellung der Wahrheit, diese aber ausschließlich bezogen auf die Anklage gegen die SS-Angehörigen, die
sich zu verantworten hatten.

Die präzisen Unterscheidungen, die Senatspräsident Hofmeyer
vorgenommen hat, sollten es unmöglich gemacht haben, daß in
Sachen der begangenen NS-Verbrechen künftig noch Verwirrung
gestiftet wird. Ich gebe die klaren Argumente, aufs knappste
zusammengedrängt, rasch wieder.

1. Das deutsche Strafgesetzbuch war für das Kaiserreich, für die
Weimarer Republik und für den nationalsozialistischen Staat dasselbe, es ist auch für die Bundesrepublik das gleiche. In seinem
§ 211 wird der Mord definiert und verurteilt. Ebenso verhält es
sich mit dem § 47 des deutschen Militärstrafgesetzbuches, der blinden Gehorsam von Untergebenen ausschließt, denn er statuiert die
Pflicht zur Prüfung, ob ein Verbrechen befohlen wird; ein Verbrechen darf nicht ausgeführt werden.

2. Sowohl die Führung wie die Gefolgschaft des Nationalsozialismus wußte, daß Morden verbrecherisch ist. Dokumente, offizielle und private Äußerungen, nicht zuletzt die Geheimhaltungs-
und Tarnungspraxis im Fall der sogenannten Euthanasie- und der
sogenannten „Endlösungs"-Morde beweisen es. Im übrigen konnte
das nationalsozialistische Regime nicht bestimmen, daß Mord
Recht sei.

3. Zu keiner Zeit bis heute sind die genannten Bestimmungen
des zivilen und militärischen deutschen Strafgesetzes aufgehoben
worden, weder im ganzen noch teilweise. Die Diktatur hat gegen
die ihren Absichten dienenden Unrechtstäter die strafrechtliche
Verfolgung außer Kraft gesetzt; das heißt: Adolf Hitler, der sich

vom nationalsozialistischen Reichstag zum Obersten Gerichtsherrn bestellen ließ (ohne daß dieses Gesetz freilich rechtskräftig geworden wäre, denn es wurde nie publiziert), beendete die Lehre und die Praxis von der Gewaltentrennung; es gab infolgedessen keine unabhängige Rechtsprechung mehr, und die Staatsanwaltschaften hatten von da an im Dritten Reich nicht mehr die Möglichkeit, gegen den herrschenden Staatswillen Anklage zu erheben. Die Taten der SS, auf die als den Orden der bedingungslos Gehorchenden die systematischen Mordaktionen im wesentlichen beschränkt wurden, blieben also rechtswidrig, sie waren jedoch nicht mehr verfolgbar.

4. Das Bewußtsein des Unrechts hatten nachweisbar nicht nur die Führer, sondern auch die Befehlsempfänger. Allenfalls fehlte ihnen lediglich das Bewußtsein, einmal Rechenschaft für ihre Taten ablegen zu müssen, – das konnten sie sich in der Zeit ihrer Selbstgewißheit nicht vorstellen. Wären sie zu Ende des Krieges vor Standgerichte gestellt worden, so hätte jeder von ihnen gewußt, warum.

Kann man gegen die vier Hauptargumente, die ich hier aus der Begründungsrede des Senatspräsidenten hervorhebe, irgendeinen Einwand von Gewicht vorbringen? Mir scheint, nein.

Dann wird dargetan, wie schwierig es war und ist, in einem ordentlichen rechtsstaatlichen Strafverfahren, das niemals die Möglichkeit von Massenmorden vorsah, Geschehnisse wie die in den nationalsozialistischen Konzentrationslagern wirklichkeitsgetreu und gegen die Angeklagten tadelsfrei gerecht festzustellen und zu beurteilen. Der Frankfurter Auschwitz-Prozeß hat gezeigt, daß es trotzdem, obschon auf wenige in jeder Einzelheit beweisbare Fälle beschränkt, möglich ist.

Doch hier scheint mir ein warnender Hinweis von meiner Seite, der ich ja sowohl die KZ-Wirklichkeit von damals wie die absolut verstockte nationalsozialistische Restmentalität von heute kenne, am Platz zu sein. (Was diese Verstocktheit betrifft, so stand in der „Süddeutschen Zeitung" vom 19. August 1965 zu lesen, bei einem der Prozesse gegen die Mörder jener Zeit habe sich unlängst während einer Verhandlungspause ein Herr aus dem Zuschauerraum an einen der Verteidiger mit der Frage gewandt, ob er nachher wohl sämtliche Angeklagten zum Mittagessen einladen dürfe!)

Nun, die Warnung, die unter solchen Umständen nicht unangebracht sein dürfte, richtet sich gegen die Gefahr, daß die ungebessert unter uns lebenden Rechtfertiger der Taten, über deren Grauenhaftigkeit auch der Erläuterungsbericht Senatspräsident Hofmeyers jedermann aufklärt, sich die begrenzte Zahl der vom Gericht nach zwanzig und mehr Jahren unter Ausschluß jedes Zweifels noch festgestellten Morde – die freilich je nach Verurteilung noch immer in die Dutzende, Hunderte, ja Tausende geht –, daß sich die unverbesserlichen, unverwandelten Gewaltverfechter die am tatsächlichen Geschehen von damals gemessen verhältnismäßig geringe Zahl zunutzemacht und künftighin behauptet, es sei *sogar* im Auschwitz Prozeß *bewiesen* worden, daß es sich bei den KZ-Greueln lediglich um Einzelfälle und daher um Ausnahmen gehandelt habe. Das Frankfurter Schwurgericht hat in jedem Urteil gegen die Angeklagten, die überdies nicht die einzigen Mörder waren, hinzugesetzt: *„mindestens"* soundsoviele Morde. Und wenn sich auch die Gesamtzahl der Opfer allein in Auschwitz nicht mehr feststellen lasse, Millionen, so steht es in anderem Zusammenhang der Ausführungen, seien es sicher gewesen.

Man lese dieses fürchterliche und aufklärende, in seiner Art großartige Dokument eines Juristen, der, indem er ganz und gar die Tatsachen suchender, die Taten abwägender Richter geblieben ist, uns und der Zeitgeschichte einen gewaltigen Dienst geleistet hat.

> Am 21. August 1965 im Hessischen Rundfunk gesprochen; der Text ist, unwesentlich gekürzt, in Heft 41 der „Neuen Juristischen Wochenschrift", 18. Jahrgang, 14. Oktober 1965, Seite 1901 erschienen.

## 2. Zeugen in KZ-Prozessen

Die umfassende, alle wesentlichen Argumente ausführende Begründung, die Senatspräsident Hofmeyer, der Vorsitzende des Frankfurter Auschwitz-Prozesses, den Urteilen gab, legt auch die Schwierigkeit der Zeugenaussage in solcher Materie und nach solchem Zeitablauf dar. Dabei ist dem Präsidenten allerdings ein nicht ungefährlicher Hinweis unterlaufen; man muß ihn rasch auf seinen berechtigten Kern einschränken. Gemeint ist der „Fall Hoppe", der in einigen deutschen Presseorganen sensationell aufgemacht worden ist: „Fünfzehn Jahre unschuldig im Zuchthaus?", so und ähnlich hießen die Überschriften. Ein KZ-Häftling, der von Zeugen als getötet bezeichnet worden ist, hat sich als noch heute und unter

uns lebend erwiesen, – der „Justizirrtum" müsse zu denken geben,
meinte, auf jene Zeitungen sich beziehend, Präsident Hofmeyer.
Die Sache verhält sich indes ein wenig anders. Nach der Darstellung, die die „Lagergemeinschaft Buchenwald" gibt, eine Vereinigung ehemaliger politisch, religiös oder rassisch Verfolgter, die im
KZ Buchenwald waren, ist der Tatbestand folgender:

Am 18. Mai 1950 wurde in Stade der vormalige SS-Ober-
scharführer Otto Hoppe, der seinerzeit zum Kommandostab des
KZ Buchenwald gehörte, wegen einer Anzahl von Verbrechen,
begangen während seiner freiwilligen Dienstjahre bei der SS-Toten-
kopfstandarte Thüringen, zu lebenslang Zuchthaus verurteilt. Die
Untersuchungsbehörde hatte rund 600 Zeugen vernommen, 130
wurden während der Verhandlung gehört. Jetzt scheint sich heraus-
zustellen, daß einige der Zeugen falsche Aussagen gemacht, ja sogar
Meineide geschworen haben. Der Verteidiger Hoppes hat infolgedessen Antrag auf Wiederaufnahme des Verfahrens sowie auf Haft-
unterbrechung gestellt. Der zweite Antrag ist abschlägig beschieden
worden, dem ersten wird wohl stattgegeben werden.

Aber um welche Zeugen handelt es sich? Um ehemalige Insassen des Konzentrationslagers, die dort als Berufsverbrecher oder
als sogenannte Asoziale eingeliefert waren. Nicht wenige dieses
Häftlingstyps haben gegen die anderen Gefangenen, denen sie von
der Gestapo systematisch beigegeben wurden, um die Politischen
zu diffamieren, mit der SS zusammengearbeitet. Als das NS-
Regime zu Ende gegangen war, stellten sich einige von ihnen ganz
einfach um und machten aus „passenden" Angaben gegen die, mit
denen sie vorher kollaboriert hatten, eine Methode neuen Fort-
kommens. Dies hat zu einer Zeit, als die deutschen Justizbehörden
trotz den schon damals immer wieder ausgesprochenen Warnun-
gen der ehemals politisch, religiös oder rassisch Verfolgten die
Zusammenhänge nicht in allen Fällen erkannten und zutreffend
einschätzten, dazu geführt, daß auch nachweisbar zwielichtige
Erscheinungen, wenn sie nur im Konzentrationslager gewesen
waren, wie seriöse Zeugen gehört wurden.

Mit dem „Justizirrtum", auf den Senatspräsident Hofmeyer in
der Auschwitz-Urteilsbegründung hinwies, um die Notwendigkeit
der äußersten Vorsicht, die das Frankfurter Schwurgericht gegenüber Zeugenaussagen angewandt hat, zusätzlich hervorzuheben, hat
es also eine ganz andere Bewandtnis: man darf nicht ehemalige

Häftlinge, die tatsächlich als Berufsverbrecher oder als wirkliche Asoziale in den Lagern gewesen sind, in den Zeugenstand zulassen, *das* ist die Schlußfolgerung aus dem „Fall Hoppe". An diese Regel sollten sich schon die Staatsanwaltschaften in den Ermittlungsverfahren halten.

Die Gegner der KZ-Prozesse und insbesondere die unverbesserlich Ehemaligen versuchen jetzt, die sich erweisende krasse Unzuverlässigkeit einiger weniger Zeugen, die man von Anfang an kennen konnte, zu einem Generalangriff auf die Glaubwürdigkeit der Zeugen in KZ-Prozessen überhaupt zu benutzen. Der mißverständliche Hinweis von Senatspräsident Hofmeyer könnte dem noch Vorschub leisten. Er war jedoch in der sonst meisterhaften, überlegenen, ja beinahe klassisch zu nennenden Zusammenfassung der Grundsatzerwägungen, die anzustellen waren, genau umgekehrt gemeint: ganz und gar im Sinne der Abwehr des Zweifelhaften und der – durchaus möglichen – Sicherung der Wahrheit in einer Anzahl von Einzelfällen innerhalb der ungeheuerlichen Masse ungeheuerlicher Verbrechen, die mit den Lagern und in den Lagern begangen worden sind.

Frankfurter Hefte, September 1965.

# Recht und Gnade

## 1947

Wie es von gewisser Seite schon nicht verstanden wurde, daß ich als Zeuge der Anklage in einigen der Nürnberger und Dachauer Prozesse wahrheitsgemäß auch zugunsten von angeklagten SS-Führern ausgesagt habe, so hat es nun die selben Leute erst recht befremdet, daß der stellvertretende Ministerpräsident von Hessen, Dr. Werner Hilpert, und ich zusammen für den ehemaligen SS-Hauptsturmführer und Lagerarzt Dr. Waldemar Hoven, der von den Richtern des Nürnberger Ärzte-Prozesses zum Tode verurteilt wurde, um Gnade baten.

Recht ist notwendig, aber es löst nicht alles. Selbst das gerechteste Urteil erfaßt nur einen vergangenen Tatbestand, vergangene Beweggründe und nur einen Teil von ihnen. Der Täter aber lebt. Es braucht nicht richtig zu sein, ihn für immer an seine Tat oder an seine Opfer zu binden. Es kann viel richtiger sein, ihm unbeschadet der Sühne, die das Gesetz verlangen muß, die Möglichkeit zu geben, sich aus dem Verhängnis der Schuld allmählich zu befreien. Ohne bestimmte Voraussetzungen: Einsicht, Reue und Vorsatz, geht das freilich nicht.

Manche Taten des Nationalsozialismus und insbesondere der SS sind so schrecklich, daß es uns schwerfällt, die schuldigen Täter noch als Menschen, und das heißt: als Menschen, die zum Guten wandlungsfähig sind, anzusehen. Von Person zu Person muß es in jedem einzelnen Fall geprüft werden. Es geht nicht an, sie alle einfach zu begnadigen, und ebensowenig, mit allen insgesamt einfach Schluß zu machen. Hinter solchen Forderungen verbergen sich nur allzu häufig politische Wünsche, – wenn nicht gar Denkfaulheit, Herzensträgheit, oder eine Gesinnung, die nicht besser ist als die, aus der jene Greueltaten entstanden: eine Gesinnung, die den Menschen bloß als Objekt, als Erzeugnis seiner materiellen und gesellschaftlichen Voraussetzungen oder als Figur in vermeintlich alles bestimmenden Freund-Feind-Verhältnissen ansieht. (Für solche Typen, ob Faschisten oder Bolschewisten, kann es übrigens den Begriff echter Schuld – und folglich Sühne – in einem sittlichen Sinne gar nicht geben; sie benutzen ihn, vielfach unbewußt, lediglich als Tarnung in puren Kampf-Auseinanderstzungen.)

Weder das Recht, noch gar die Politik reichen zu, mit den Problemen des Lebens – also des Menschen – fertigzuwerden. Dazu bedarf es einer über Recht und Politik hinausreichenden Klugheit, die ihre Leuchtkraft nicht bloß aus rationalen Dochten bezieht. Wenn wir in bestimmten Fällen und Zusammenhängen, inmitten wilder, listiger oder gemeiner Interessenforderungen, für Gnade sprechen, so tun wir es nicht nur, weil wir meinen, daß der und jener sie verdiene, sondern vor allem, weil wir selbst, die Fürsprecher, die menschliche Gemeinschaft, innerhalb derer sie erbeten wird, sie als höhere und wahrhaft segensreiche Hilfe gerade heute besonders nötighaben. Wer Gnade übt, hilft vielleicht dem schuldig gewordenen Täter, mehr aber sich selbst. Der politische Verstand mag mancherlei dagegen einwenden. Uns als Christen impo-

niert das nicht (abgesehen davon, daß wir es selbst vorher zu durch-
denken pflegen). Wir nehmen das Wagnis, in einer Welt des fortgesetzten Schlechten gut zu sein – gemäß unserem christlichen
Taufgelöbnis und mit dem unablässigen Willen, Bekenner und
Nachfolger des Evangeliums Christi zu sein –, auf uns. Mögen wir
im Einzelfall trotz aller aufgewendeten Klugheit ... dann und wann
über den Wert einer Gesinnungänderung uns täuschen, der Ge-
winn ist noch immer größer, da *wir* besserwerden, wenn wir Gnade
zu üben, sobald Recht gesprochen ist, nicht verlernen. Vielleicht
wird Gott uns die Fülle seiner Gnaden dann öffnen, damit wir die
Wirrnis der Zeit überwinden, nach dem Worte der Vaterunser-
Bitte: „Vergib uns unsere Schulden, so wie auch wir vergeben unseren Schuldigern!" (... *sicut* et nos dimittimus ...)

Es ist doch wohl klar, daß wir nicht sagen, die Justiz solle alles
und jedes pardonieren. Gott selbst ist – in der Ausdrucksweise
unserer menschlichen Vorstellungen – unendlich barmherzig, aber
auch ganz gerecht; und seine Gerechtigkeit schließt *unsere* Verantwortung, die wir aus der Gabe freier sittlicher Entscheidungen
haben, ein. Doch wo kämen wir ohne Gnade, die aus Barmherzig-
keit gewährt wird, hin? Unser Leben würde trostlos werden – eine
Finsternis der Vernunft sondergleichen. Tut es denn nicht wohl,
im Gewirr einer Politik, in die das Recht Bahnen brechen will, und
eines Rechtes, dessen sich so häufig die Politik bemächtigt, die
Stimme der Witwe Dr. Goerdelers zu vernehmen, die für die
Denunziantin ihres Mannes Gnade erbat? Oder der Mutter
Walther Rathenaus, die an die Mutter des Mörders ihres Sohnes
seinerzeit schrieb: „In namenlosem Schmerz reiche ich Ihnen, Sie
ärmste aller Frauen, die Hand. Sagen Sie Ihrem Sohn, daß ich im
Namen und im Geiste des Ermordeten ihm verzeihe, wie Gott
ihm verzeihen möge, wenn er vor der irdischen Gerechtigkeit ein
volles öffentliches Bekenntnis ablegt und vor der göttlichen
bereut."

Solche Beispiele können uns doch wohl zur Nacheiferung in
unserem schäbigen Alltag anhalten, der durch einen Abglanz
himmlischer Gnade Bedeutung zum Heil gewänne.

Frankfurter Hefte, Oktober 1947.

# Die Frage nach dem Sinn von Auschwitz

## 1979

Die vier Vorlesungen, die uns hier aus der Geschichtsfakultät der Northwestern University in Evanston/Illinois zur Kenntnis gebracht werden, besonders die erste und die vierte, müßten uns, in den Zusammenhängen unserer „Vergangenheitsbewältigung", den Anstoß dazu geben können, das nachzuholen, was sich von 1945 an bei uns nicht ereignet hat: die radikale Umbesinnung auf Humanität hin in allem und jedem, weil Auschwitz stattgefunden hat.

Nicht, als ob sich in Deutschland seither nicht vieles und grundsätzlich geändert hätte – unsere Demokratie ist nicht Firnis. Aber läßt sich sagen, daß beispielsweise das Stuttgarter Schuldbekenntnis, das im Oktober 1945 der Rat der Evangelischen Kirche in Deutschland, die Rückverbindung mit der Ökumene in der übrigen Welt suchend, öffentlich abgelegt hat, zum bleibenden, die Wirklichkeit bestimmenden Bestandteil der Gesinnung im Protestantismus der Bundesrepublik geworden ist? Der katholische Episkopat seinerseits hat in vergleichbarer Weise schon gar nicht Stellung genommen – mochte jedermann sehen, wie er, je nach Beteiligung am Nationalsozialismus seinerzeit, mit dem eigenen Gewissen fertig wurde. Das „Wirtschaftswunder" ebnete die Regungen kollektiver Moral vollends ein. Die Verhandlungen über eine immerhin finanzielle Wiedergutmachung an den Staat Israel neben der individuellen an die Überlebenden aus der Verfolgungszeit wurden 1952 höchst diskret geführt, die Öffentlichkeit erfuhr kaum, daß 3,45 Milliarden Mark Zahlungen bis 1965 vereinbart wurden, man befürchtete negative Reaktionen.

Nein, Auschwitz, stellvertretend für alle Vernichtungsgreuel des Nationalsozialismus, hat bisher nicht das in uns bewirkt, was es hätte bewirken können und bewirken sollen. Trotzdem gibt es, wie sich bei mancher Gelegenheit immer wieder zeigt, in allen Gesellschaftsschichten der Bundesrepublik viele einzelne, die Sinn für ein waches Geschichts- und Humanitätsbewußtsein haben. Könnten sie es sein, die doch noch eine höhere politische Moral, als die – natürlich aufrechtzuerhaltende, notwendige – des Alltags es ist, in unsere Wohlstandsexistenz einbringen, damit wir uns den zeitwendenden Aufgaben gewachsen erweisen, die offensichtlich in der gesamten, nun planetarischen Zivilisation auf uns eindrängen?

Ein, wie mir scheint, markanter Hinweis: Im Dezember 1970 begab sich Willy Brandt, damals Bundeskanzler, anläßlich der Unterzeichnung des Vertrages, der die Verhältnisse zwischen Polen und der Bundesrepublik Deutschland in Normalisierungsbahnen lenkte, vor das Erinnerungsmal, das in Warschau an die Vernichtung des dortigen Ghettos und die Tötung von 500 000 Juden mahnt; der Kniefall, mit dem Brandt spontan, jedes diplomatische Reglement durchbrechend, die Politik der Entspannung in den moralischen Bereich der Trauer über das Begangene und der Ehrerbietung vor den Opfern erhob, wurde von dem Nachrichtenmagazin „Der Spiegel" die Woche darauf wie folgt kommentiert: „Wenn dieser nicht religiöse, für das Verbrechen nicht mitverantwortliche, damals nicht dabeigewesene Mann nun dennoch auf eigenes Betreiben seinen Weg durchs ehemalige Warschauer Ghetto nimmt und dort niederkniet, dann kniet er da also nicht um seinetwillen, dann kniet er, der das nicht nötig hat, da für alle, die es nötig haben, aber nicht da knien, weil sie es nicht wagen oder nicht können oder nicht wagen können. Dann bekennt er sich zu einer Schuld, an der er selber nicht zu tragen hat, und bittet um eine Vergebung, deren er selber nicht bedarf. Dann kniet er da für Deutschland." Staatspräsident Cyrankiewicz, selbst Häftling in Auschwitz und Mauthausen gewesen, meinte im Anschluß: „Die Deutschen werden verstehen. Und wenn es noch nicht so viele sind – in ein paar Jahren werden es mehr sein."...

Das war 1970. Steht es um uns, in dieser Beziehung, heute besser – wenn ja, in welchen Altersklassen besser? Die Frage kann vielleicht, was die jüngeren Deutschen der Bundesrepublik betrifft, bejaht werden: für viele von ihnen ist Politik, oft in mehr oder minder heftiger Opposition, ein zutiefst der Moral unterliegendes, den Rechten und der Würde des Menschen verpflichtetes Geschäft. Der zeitliche Abstand zum Nationalsozialismus erlaubt ihnen, die nicht in ihn, weder schuldhaft noch schuldlos, verstrickt waren, das unbefangenere Urteil. Ihr Interesse an dem, was war und wie es dazu kam, ist – im Zusammenhang mit den revolutionären Vorgängen in der Welt, mit dem Terrorismus, mit der Praxis, Verantwortung an den Geschehnissen von damals hartnäckig zu verdrängen oder ganz einfach zu leugnen? – seit jüngstens überraschend eine Möglichkeit neuer Orientierung ...

Es ist kein durchschlagender Grund zu erkennen, daß Gläubige und Ungläubige aus Auschwitz nicht die gleiche Konsequenz ziehen sollten: alles nur Denkbare zu tun, daß nicht die geringsten Anfänge von Entwicklungen geduldet werden, die zu „Derartigem" führen können.

Einführung zu: Gott nach Auschwitz – Dimensionen des Massenmords am jüdischen Volk, Verlag Herder, Freiburg im Breisgau 1979, S. 7-12 (Originalausgabe: Dimensions of the Holocaust, Northwestern University, Evanston, Illinois 1977).

# Die Träume der Opfer

## 1974

*Kogon:*
... Es könnte bei der Bemerkung „Träume" der falsche Eindruck entstehen, es seien einigermaßen unangenehme Träume. Es sind aber wilde Kämpfe. Sogar ich, der ich mich nicht krank fühle nach den sechs Jahren KZ und einem Jahr Gestapohaft, habe das heute im einundsiebzigsten Lebensjahr noch, daß man im Traum wild um sich schlägt und immer kämpft. Wenn die kleinsten Ereignisse untertags geschehen, die unangenehm sind, setzen sie sich in der Nacht in diese Aufregung um. Man wacht schweißgebadet auf, weil man wieder in die alten Situationen versetzt worden ist. Insofern ist es also nicht bloß Traum, sondern ein grauenhaftes Wiedererleben im Schlaf ...

Es ist nicht bloß die Arbeit, die vergessen macht, es ist das Engagement auf Ziele hin. Wenn ich da mein eigenes Leben als Unterlage zur Beurteilung nehme: Ich habe mich von 1945 an, sofort nach der Befreiung, mit Freunden daran begeben, politische und soziale Voraussetzungen mitschaffen zu helfen, um unter den neuen Verhältnissen zu verhindern, daß jemals solche Dinge wiederkehren, also um praktisch der Humanität den Boden zu bereiten. Das hat bis heute nicht aufgehört. Es gibt ja genug Gelegenheit dazu, nicht nur bei uns, sondern überall in der Welt. Wir engagieren uns, und darüber vergißt man in der Tat das meiste, was man an Schrecklichem erlebt hat. Es kehrt nur eben in der Nacht, wie ich es ja schon gesagt habe, wieder. Sogar meine Frau und ich in unserem jetzt relativ hohen Alter drehen das Fernsehen ab, wenn tragische Szenen kommen, nicht bei großen klassischen Tragödien, sondern bei aktueller Berichterstattung über Erschießungen in Chile oder die schrecklichen Vorgänge in Burundi, in Biafra, an so vielen anderen Stellen der Welt, wir drehen ab, weil es eben in der Nacht diese ganzen Kämpfe in uns hervorruft ...

Trotzdem, Herr Bastiaans – nun ist das ja bei mir nicht, wie mir scheint, pathogen –, ich möchte lieber diese Träume ertragen, als eine Behandlung über mich ergehen lassen, die alles wirklich wachruft. Denn das, was wir jetzt von Ihnen wissenschaftlich und von Herrn D. als Erlebnis gehört haben, heißt doch, daß die Droge in einer bestimmten Qualität lockert, so daß also Festgeklemmtes, das uns bedrückt und unterdrückt, gelöst wird. Dadurch wird es ganz sichtbar. Ich muß Ihnen gestehen, daß ich nach mehr als dreißig Jahren – von 1939 an bei mir – Angst hätte, das Unterdrückte wieder vor mir zu sehen. Ich bin eigentlich froh, daß es mir wenigstens so weit geglückt ist, es zu unterdrücken und auf Ziele hin zu arbeiten ...

Sie normalisieren, wenn ich es recht sehe, das Anomale. Sie machen es zur Selbstverständlichkeit, daß man vertraut damit ist und damit umgehen kann, so schrecklich es sein mag. Man gewöhnt sich daran ... Das Erlebnis wird sichtbar oder hörbar gemacht, jedenfalls nachvollziehbar, und dies wiederholt.
*Bastiaans:*
Das Wichtigste meiner Meinung nach ist, daß die sogenannten emotionellen Erinnerungen mit den rationalen Erinnerungen in Verbindung treten.
*Kogon:*
Das ist es, was ich 1945, als ich den „SS-Staat" schrieb, vom Start an getan habe – ganz ohne solche Hilfsmittel. Ich habe im Lager schizophren gelebt, das heißt die Emotionen und Reaktionen

beobachtet, sie kritisch aufgenommen und analysiert, an mir und anderen. Nach 1945 habe ich das dann niedergeschrieben. Die Erinnerungen sind in den Griff genommen: sie sind zwar in mir vorhanden, weil ja auch ich diese entsetzlichen Träume habe, es kommt vor, daß ich im Kampf aus dem Bett falle oder springe, aber bei Tag steht das Vergangene unter Kontrolle der Normalität. Wenn, bei anderen, das mit Hilfe von LSD erreicht werden kann, so scheint mir das doch – in Begleitung des Therapeuten – ein bemerkenswertes Heilverfahren zu sein.

> Aus: Die Träume der Opfer – Gespräche mit Patienten einer holländischen Klinik und den Professoren Dr. Jan Bastiaans und Dr. Eugen Kogon, in: Gerhard Rein, Dienstagsgespräche mit Zeitgenossen, Kreuz-Verlag, Stuttgart und Berlin 1976, S. 125-148.

# Endlich darüber reden!

## 1. Auschwitz als Theater?

### 1968

Der Dichter Peter Weiss hat dem Frankfurter Auschwitz-Prozeß beigewohnt und sich Aufzeichnungen gemacht. Er studierte gleichzeitig Bücher und Dokumente zum Thema. Es entstand ein Drama; er nannte es „Die Ermittlung/Oratorium in elf Gesängen".

... Nichts darin ist verfremdet oder verkleidet oder sublimiert, alles ist direkt, aus den Tatsachen selbst gewählt, steht in den Akten, dort nur anders formuliert, – den Unterschied zu den Akten macht überhaupt nur die verdichtete Auswahl aus und die angehobene Sprache.

Gelingt es Peter Weiss auf solche Weise, uns zu ergreifen, uns in das Geschehen, mögen wir uns auch sträuben, hineinzuziehen und uns so damit einzudecken, daß uns das heilsame Grauen befällt, nie nie den geringsten Anfang der Greuel jemals wieder zu dulden? Denn das ist der moralische Sinn der Gesänge vom Tod durch SS-Hand in jener Zeit ...

Ein Lesedrama also. Die Frage ist, ob es innerhalb der bürgerlichen Gesellschaft, wie wir sie haben, die gedachte Wirkung tun kann. Die sozialistisch-kommunistische Gesellschaft des Ostens hat die besseren Voraussetzungen, denn sie besitzt das verpflichtend kollektive Milieu. Für alle Bereiche, in denen wir die individuelle Entscheidung hochschätzen, empfinden wir ein solches Milieu als unerträgliche Belastung, zudem eine herrschende Minderheit es auferlegt. Ist die Erkenntnis dessen, was der Nationalsozialismus war, und die Verurteilung seiner Praktiken indes ins Belieben jedermanns gestellt, – kann sich irgendeine Gesellschaft das leisten, ohne zu verrotten? Gleichwohl bleibt es schwer vorstellbar, der Deutsche Bundestag zu Bonn könnte sich etwa versammeln, um stellvertretend für Deutschland „Die Ermittlung" anzuhören. Es wäre grandios und nicht ohne erhebliche politische Bedeutung, wenn es geschähe; doch geschieht es nicht, weil unsere proklamierte Moral auf die „Saubere Leinwand" gelenkt und beschränkt ist.

Das Drama, das Peter Weiss formuliert hat, öffentlich zu Bewußtsein zu bringen, es zum Element der Gesinnung zu machen, die unsere gesellschaftliche Entwicklung mitbestimmen sollte, bleibt infolgedessen, wie so vieles andere von Fundamentalwert, in unserer Republik privater Initiative überlassen. Einige Theater sind kühn genug, das Oratorium vorzuführen; mögen sich die aktiven Minderheiten, die über Wohlstand und Rüstung hinaussehen, des wenigstens lokalen und partiellen Erfolges annehmen.

Glücklicherweise haben die Rundfunkanstalten dem Stück ihre volle Aufmerksamkeit zugewandt. Wieder einmal erlaubt die Unabhängigkeit, die ihnen ihr Charakter als Anstalten des Öffentlichen Rechts gibt, die souveräne Einflußnahme, die schon so manchesmal die Einseitigkeiten der Meinungswillkür am Markt der widerspruchsvollen Interessen ausgeglichen hat. Das Drama wird gelesen und debattiert werden.

Man könnte noch ein Übriges tun: in den Schulen. „Die Ermittlung" ist eine zwar harte, aber höchst geeignete Einführung von Primanern in die deutsche Zeitgeschichte. Die Lehrer sollten in der Oberstufe den Text den Schülern zu lesen geben und dann, in den Arbeitsgemeinschaften, die Urteilsbegründungen durcharbeiten, die der Gerichtsvorsitzende im Frankfurter Auschwitz-Prozeß und der Vorsitzende im Düsseldorfer Treblinka-Prozeß gegeben haben. Die beiden ausführlichen, sehr überlegenen, die Argumente in ihrer Gesamtheit berücksichtigenden Begründungen könnten zusammen mit einer zureichenden Aktenauswahl von den Informationszentralen der Länderverwaltungen in Zusammenarbeit mit der Bundeszentrale für Heimatdienst veröffentlicht und den Höheren Schulen zur Verfügung gestellt werden. Unserer künftigen gesellschaftlichen Führungsintelligenz wird das Oratorium den Sinn für das öffnen, was sich seinerzeit, mit den enormen Nachwirkungen bis heute, im SS-Staat ereignet hat; die Begleitdokumente beweisen sodann den Schülern, die ja, sollte das Elternhaus der aufklärenden politischen Pädagogik der Schule entgegenwirken, sicherlich der Objektivität der deutschen Rechtsprechung vertrauen werden, im einzelnen die Richtigkeit des vom Dichter Berichteten. Eine entsprechende Empfehlung der Kultusministerien würde den Lehrern, die auch hier die Initiative ergreifen, gegenüber allenfalls weniger geneigten Direktoren und widerstrebenden Kollegen Rückhalt verleihen.

Worauf ist die Bundesrepublik, wenn sie in Zukunft und auf Dauer glückhaften Bestand haben soll, am meisten angewiesen? Über Geld und Waffen weit hinaus auf humane Substanz! Sie allein bewirkt sowohl die Ideen wie die Tatkraft zu aktiver Friedenspolitik. „Die Ermittlung" führt durch die Einsicht in ein Stück unseligster, grauenvollster Vergangenheit in diesen Bereich der Veränderung Deutschlands.

Kommentar im Westdeutschen Rundfunk Mitte Oktober 1968.

## 2. Die Bedeutung der Fernsehserie „Holocaust"

### 1979

... Die amerikanische Darstellung des entsetzlichen Geschehnisses, die wir in Deutschland aus mehreren Gründen vermutlich nicht zustandegebracht hätten – in der Tat haben wir sie ja auch nicht geleistet –, hat in der Bundesrepublik einen Bann gebrochen: Man kann über die schrecklichen Dinge bis in die Schuld- und Mitschuldfrage hinein, endlich, miteinander sprechen. Mit den Unverbesserlichen selbstverständlich nicht, aber die sind eine geringe –

obschon natürlich nicht bedeutungslose – Minderheit. Wichtig ist, daß sie an zwielichtigem Einfluss verloren haben. Die „Hitler-Welle" während der vergangenen zwei Jahre barg die besondere Gefahr in sich, unseren Umgang mit dem historischen Nationalsozialismus, der ein unmenschliches System war, zu etwas Normalem und Gewöhnlichem zu machen. Es war der Beginn der Möglichkeit, zu sagen: Nun ja, so war das eben ... Der „Holocaust"-Film hat diese Entwicklungswelle gebrochen. Alle, die ihn unvoreingenommen sehen wollten und dann in die dargestellte Handlung unerbittlich hineingezogen wurden – eine Handlung, die in der Individualität die geschichtliche Wirklichkeit wiedergibt –, können dieses gräßlichste Stück der deutschen Geschichte fortan nicht mehr vergessen. Die Humanität hat durch diesen Film bei uns unerwartet enorm an Boden gewonnen.

Daß dies durch eine Woge von Empfindungen, Empfindsamkeiten, selbst Sentimentalitäten geschah, die der Film in den Zuschauern wachrief, ist kein Grund, in literarischer Kritik nichts davon zu halten. Kein noch so gründlicher Dokumentarfilm hätte eine vergleichbare „Aufschluß"- und „Erweckungs"wirkung erzeugen können. Nun muß die rationale Verarbeitung in den Gesprächen zwischen den Jüngeren, die nichts von damals erlebt haben, und den Älteren, die in irgendeiner Weise mehr oder minder mit darinsteckten, zwischen den Schülern und den Lehrern, denen das seriöse Unterrichtsmaterial geboten ist, auch sonst überall, wo die Rede darauf kommen mag, erfolgen. Selbst die Fehler, die der „Holocaust"-Film aufweist, können jetzt zum Anlaß werden, positiv über jeden Teilbereich Aufschluß zu schaffen, der zum Komplex „Nationalsozialismus", zu seinen Ursachen, seinen Taten und seinen Folgen gehört. Hunderte und Aberhunderte der Telefonanfragen haben gezeigt, welche Initialzündung für das gesamte Feld unserer zeitgeschichtlichen Vergangenheit in dieser Darstellung des „Holocaust"-Verbrechens liegt.

Eines der erfreulichsten Ergebnisse des „Ereignisses" ist es, daß man nach dieser deutschen Reaktion auf den Film nicht mehr wird sagen können, die „Erfolgsdeutschen", in Bausch und Bogen, wahrscheinlich in ihrer Mehrheit, seien Demokratie-Partner, denen man noch immer nicht recht trauen dürfe. Journalisten und Fernsehteams aus vielen Ländern haben die Szene der Vorführung des Films beobachtet: sie haben über die positive Wirkung überall

eingehend berichtet. Das nationalistische Geschwätz, die Vorführung und die Aufnahme des Films in der Bundesrepublik
schade dem deutschen Ansehen in der Welt, ist barer Unsinn.

Aber es geht nicht in erster Linie, so sehr sie zu beachten sind,
um die Meinungen im Ausland, es geht, wie gesagt, um die Lehren,
die wir aus eigenem und für uns selbst aus unseren Fehlern und vor
allem unseren Unterlassungen in der Zeit zwischen 1933 und
1945, ja vorher schon, in den Jahren, als das Unheil sich zu-
sammenbraute, jetzt wenigstens ziehen. Der „Holocaust"-Film hat
sich, so scheint es, als ein mächtiger neuer Anstoß dazu erwiesen.

> Kommentar im Südwestfunk und im Bayerischen Rundfunk am 28.
> Januar 1979.

## Wir müssen weiterkommen

### 1978

> Die folgende Äußerung machte Eugen Kogon beim Schlußgespräch der
> Tagung „Hitler – eine Erweckungsbewegung?" von 6.-8. Januar 1978 in
> der Theodor-Heuss-Akademie in Gummersbach unter der Leitung von
> deren Direktor Rolf Schroers; siehe auch S. 80.

... Mein Interesse war vom Start an, von 1945 an, aber schon vorher im Konzentrationslager, auf die Zukunft gerichtet und ist es
heute noch. Für mich handelt es sich also nicht primär um eine
einfache Schuldfrage, sondern die Schuld ist eine Funktion für
mich, aus der gelernt werden soll, die uns weitertreibt in das Neue
hinein, um zu verhindern, daß es wiederkehrt ...

Auf der anderen Seite sage ich mir, wir müssen weiterkommen.
Wenn es sich nicht, ich sage das harte Wort *nicht*, um direkte Verbrechen und Großverbrechen handelte, dann muß es die Möglichkeit geben, daß wir, ich würde mal sagen, Herr Speer, in einer
gewissen distanzierten Parallelität in diese neue, bessere Zeit hin-
eingehen ...

> Liberal, Juni 1978.

# Was weiß unsere Jugend von Adolf Hitler?

## 1959

Was weiß unsere Jugend heute von Adolf Hitler – die Jugend der Oberklassen an unseren Volks-, Mittel- und Berufsschulen, auch in vielen Gymnasien der Bundesrepublik? Sie verknüpft in aller Regel den Namen mit dem Bau der Autobahnen, mit der „Beseitigung der Arbeitslosigkeit", mit der Ausmerzung von Taxiräubern und mit der „Wiederherstellung des deutschen Ansehens in der Welt".

Dies ist die katastrophale Feststellung eines für das Deutsche Fernsehen verfaßten Dokumentarberichts. Zum 30. Januar 1959 hatte ich Jürgen Neven-Dumont, den bravourösen Reporter der hessischen Station, gebeten, in meiner monatlichen Sendung „Blick in die Zeit" den Zuschauern der Bundesrepublik einige Ausschnitte zu zeigen. Das Echo war schon damals enorm. Der Bericht insgesamt ist dann im April gesendet worden, und er führte in weiten Kreisen zu einer wahrhaft „produktiven Unruhe".

Jene Sendung ergab freilich auch ermutigende Ausnahmen, wenige zwar nur, doch immerhin. Und manche der Schüler, in ihrem Urteil schon etwas reifer, haben erklärt, daß sie sich inmitten einander widersprechender Aussagen, die man ihnen, zu Hause und im Unterricht, gibt, nicht auskennen. Sachlich Bescheid wollen ganze Klassen erhalten.

Lassen wir die Frage, wer an dem negativen Zustand die Schuld trägt, hier völlig beiseite. Die Erfahrung mit Hochschulstudierenden, in Wochenend-Seminaren über den Nationalsozialismus, hat mich gelehrt, daß heute für die Aufgeschlossensten der jüngeren Generation – genau wie seinerzeit vom Kriegsausbruch an und nachher für die Welt außerhalb des Dritten Reiches – das schwierigste Problem die Antwort auf die psychologische Ungeheuerlichkeit ist, daß ein Mann und ein Typus vom Schlage Adolf Hitlers überhaupt glaubwürdig erscheinen konnte. Wenn sie die Gestalt in den alten Wochenschauen auftauchen sehen und von erhalten gebliebenen Schallplatten die entsetzliche Stimme hören, fragen sie immer von neuem: Wie kommt es um Himmels willen, daß ihr diesem Adolf Hitler anheimgefallen seid?

Die Antwort ist nicht einfach, weil es viele Ursachen gegeben hat. Aber eine der notwendigen Erklärungen scheint mir die zu sein: Er hat zwei gründliche deutsche Neigungen angesprochen – die Sentimentalität und eine gewisse Vorliebe für den harten Griff. Beide sind im privaten Leben noch keine Tragödie. Was macht es schon aus, wenn jemand selbst der kitschigsten Romantik erliegt oder gelegentlich „energisch durchgreifen" möchte? Auf die Politik und den Staat übertragen, im Bereich der Macht, wo es um das allgemeine Wohl und um kluge Berechnung gehen sollte, erzeugen die verworren-gefühlvollen und die allzu tüchtigen Regungen jedoch ein hochexplosives Gemisch. Die Person Adolf Hitlers war geradezu ein Musterbeispiel dieser Kombination und dieser Wirkung; wenn er je dazu imstande gewesen wäre, hätte er ein anständiger Bürger werden sollen statt Politiker ...

> Einleitung zu dem Bericht „Die unbekannte Geliebte", in: Der Stern, 12. Jahrgang, Heft 24, 13. Juni 1959.

## Welche Chancen hätte Hitler heute?

### 1963

... Ich war gebeten worden, *Quick* meine Meinung zu der Frage mitzuteilen: „Welche Chancen geben Sie einem Politiker wie Hitler, und zwar dem Hitler, wie ihn das deutsche Volk 1933 kannte, unter den gegenwärtigen deutschen Verhältnissen?" Meine Antwort (in der Darstellung der Illustrierten, ich war damit einverstanden, lediglich verwertet) war die: „Die Einschränkung, ...

‚Hitler, wie ihn das deutsche Volk 1933 kannte', ist natürlich irreal: heute kennt man Hitler eben, und aus den Folgen haben sehr viele Leute einiges, einige Leute, und zwar wichtige in allen Schichten, vieles gelernt. Die Besonderheit der Frage zielt daher rein auf die Psychologie, so etwa: Wäre das deutsche Volk der Bundesrepublik mit dem politischen Wissen und der politischen Moral von damals, aber unter den so ganz andersartigen nationalen und internationalen Bedingungen von heute, für den Hitlerismus anfällig? Ich sage: Nein, von ein paar Narren abgesehen, ganz und gar nicht. Vor allem die Jüngeren fänden die Hitlersche Hysterie teils abstoßend, teils nur komisch, das lehrt jede Kursus-Erfahrung mit Schallplattenvorführung seiner Reden. Im übrigen hätte er zur Zeit weitaus weniger Gründe und Anlässe, sich zu ereifern, als damals: kein Versailles, keine Reparationen, keine Diskriminierung, keine Arbeitslosigkeit, kein Vielparteien-Staat, kein fortwährender Wechsel der Regierungen, statt dessen ..., na ja, jedermann weiß es. Was aber das Nationalgefühl angeht, das Hitler aufputschen müßte, um Hitler zu sein, so ist es in der bundesrepublikanischen Gesellschaft keine Potenz mehr, die man für abenteuerliche außenpolitische Ziele mobilisieren könnte. Erklärten sich daher noch bei den Wahlen vom 5. März 1933 rund 44 Prozent gegen den Nationalsozialismus und die Deutschnationalen, so wären es heute meines Erachtens 70 und mehr Prozent. Diese Feststellung sagt jedoch nichts aus über den vielerorts vorhandenen moralisch-politischen Gesinnungssumpf aus unaufgearbeiteten Resten der Vergangenheit. Das ist vor allem lokal unangenehm und schwer zu ertragen. Nur läßt sich dieser Sumpf hitlerisch nicht ins Schäumen bringen: allen den Leuten, die alte – und neue – Ressentiments mit sich herumtragen, geht es ökonomisch-sozial gut, und sie wählen samt und sonders unentwegt die drei Parteien, die die Politik der Bundesrepublik, ob sympathisch oder nicht, jedenfalls völlig unabenteuerlich bestimmen ..."

Aus: „Verteidigung unserer Möglichkeiten", in: Erich Kuby (Hg.), Franz Josef Strauß – ein Typus unserer Zeit, Verlag Kurt Desch, Wien/München/Basel 1963, S. 338-339.

# Was geht uns 1933 an?

## Reflexionen über den Aufstieg des Nationalsozialismus in Deutschland und die Aufarbeitung dieses Vorgangs[*]

### 1983

In der Frage, die meinen Ausführungen voransteht, ist das Personalpronomen „Uns": Was gehen uns die Ereignisse von vormals an?, auf das deutsche Volk, das Volk insgesamt bezogen. Die Antwort kann indes nicht eine einzige und einheitliche sein, denn die Reaktionen auf den Nationalsozialismus waren je nach den Vorgegebenheiten, unter denen sie stattfanden, unterschiedlich.

Ich unterscheide in diesen Reaktionen drei Generationengruppen.

Da sind die heute mindestens Fünfundsiebzigjährigen, meine eigene Generation. Wir sind vor dem Ersten Weltkrieg geboren und haben nach seinem Ende die Entstehung des Nationalsozialismus, seine allmähliche Ausbreitung unter Schwierigkeiten für ihn und für uns, dann seinen Sieg, dann seine Herrschaft im Dritten Reich und sein Ende miterlebt, – mehr als miterlebt: Wir haben zu ihm beigetragen, in welcher Weise immer, sei es durch aktives Mittun, sei es durch Hinnahme, sei es durch Fehleinschätzungen oder nicht zureichende Opposition. Als das Regime 1945 zugrundegegangen war, standen wir nachträglich nochmals im Problem der Auseinandersetzung als unmittelbar Beteiligtgewesene: in der Rechtfertigung unseres Verhaltens von damals.

Die nächste Generationengruppe ist die, die in der Weimarer Zeit geboren ist und den Nationalsozialismus als Kinder, in der Hitler-Jugend, im Bund deutscher Mädchen, miterlebt, ihn dann

---

[*] Diesem Beitrag liegt das Konzept einer Rede zugrunde, die als Einleitung zu einer Ringvorlesung über das Thema vor Studenten der Universität Tübingen gehalten wurde.

als Soldaten, als Wehrmachtshelferinnen, in der Kriegswirtschaft mitgemacht haben. Regime und Vaterland waren für viele von ihnen die vorgegebene Erlebniseinheit. Von geschichtlicher Verantwortung, ja auch nur Mitverantwortung am Nationalsozialismus konnte bei ihr nicht die Rede sein, von der oder jener individuellen Beteiligung an begangenem Kriegsunrecht abgesehen.

Die dritte Generationengruppe sind die Heutigen, die in den letzten Kriegsjahren oder erst nach dem Krieg geboren sind, die den Nationalsozialismus nicht selbst miterlebt haben, die ihn nur aus Schilderungen, gedruckten, erzählten, kennen. Sie machen bereits die Hälfte der bundesrepublikanischen Bevölkerung aus und werden täglich mehr. Mit „1933" „fertig zu werden" ist bei ihnen etwas ganz und gar anderes als bei ihren Eltern und Großeltern.

Was die noch lebenden Ältesten betrifft, so wären sie 1945 imstande gewesen, zu wirklicher Besinnung über das zu gelangen, was geschehen war. Die Stuttgarter Erklärung der Evangelischen Kirche war ein solches Zeichen. Es gab noch andere, obgleich sich heute kaum jemand mehr an sie erinnert. Diejenigen, die damals die sofortige und totale Überprüfung des Geschehenen, der Möglichkeiten seiner Entstehung und Abläufe, forderten, konnten sich wegen der Kollektivschuldanklage der alliierten Sieger nicht durchsetzen.

In der Atlantik-Charta vom August 1941 hatten der amerikanische Präsident Franklin Delano Roosevelt und der britische Premierminister Winston Churchill acht Grundfreiheiten für alle Völker der Erde verkündet. Diese Grundfreiheiten befanden sich im Einklang mit der europäischen Sinngebung der Geschichte, wie sie von der Aufklärungszeit ausgegangen ist. Der Sinn, der der Geschichte der Menschheit damals gegeben wurde, an den die Atlantik-Charta anschloß, war, die Bedingungen der Humanität zu schaffen und sie allen Völkern, allen ihren Angehörigen allmählich zu sichern. Ein enormer Fortschrittsprozeß ist damals in Gang gesetzt worden, der heute noch anhält, – unter größten Schwierigkeiten anhält, der aber nicht zu leugnen ist. Die Humanität sollte auf drei Prinzipien beruhen: auf der Sicherung der materiellen und kulturellen Bedingungen unserer Existenz, auf der Würde der menschlichen Person und auf einem möglichst hohen Maß von Selbst- und Mitbestimmung. Gegen diese Prinzipien der Humanität aus der europäischen Aufklärungszeit hat sich der Nationalsozialismus radikal und massiv erhoben. Er war eine ungeheuerliche Liquidationsrevolution gegen den Fortschritt auf Humanität hin. Auch die Menschheitsgeschichte, so seine Grundanschauung, sei, nicht anders als die gesamte übrige Natur, von der Gesetzlichkeit des „Kampfes ums Dasein" bestimmt, in dem sich „die Tüchtigsten" als die rassisch Bestausgestatteten durchsetzen. Der Sozialdarwinismus solcher Art wurde überdies verengt und verfälscht: als „die Tüchtigsten" wurden nicht die Anpassungsfähigsten, sondern „die Stärksten" die Rücksichtslos-Unerbittlichsten verstanden, was sich in der Rassenlehre als Gesamtheit angeborener Herrschaftsqualitäten darstellte. Das nationalsozialistische Großdeutsche Dritte Reich war die gedachte und angestrebte Realisation der Hierarchie „Herrenmenschen – Gefolgschaftsvölker – Arbeitssklaven – Lebensunwerte". Hiergegen war die Atlantik-Charta die Gegenproklamation. Am 4. März 1944 erklärte Winston Churchill jedoch im britischen Parlament, daß die acht Grundfreiheiten und insbesondere die Verkündigung der Maxime, man müsse die Völker befreien von Furcht und Not, daß diese Prinzipien und diese Maxime so lange nicht für Deutschland gelten sollten, als das deutsche Volk nicht überzeugend den Beweis erbracht haben werde, sich für immer vom Nationalsozialismus losgelöst zu haben. Der Erklärung Churchills entsprach in den USA zur gleichen Zeit die sogenannte Morgenthau-Doktrin. Die auf ihr beruhende Order 1067 verfügte, daß das deutsche Volk auf dem Niveau lediglich des Existenzminimums zu halten sei, bis es wert sein werde, in den Kreis der human gesinnten Nationen aufgenommen zu werden. Es war an einen Zeitraum von mehreren Jahrzehnten gedacht.

Die Prämisse der Erklärung im britischen Parlament und des Morgenthau-Planes bildete die Annahme, daß alle Deutschen an der Entstehung und der Ausbreitung des Nationalsozialismus und somit auch an seinen Untaten mitschuldig gewesen seien. Jeder einzelne Deutsche hatte zu beweisen, daß dies auf ihn allenfalls nicht zutraf. Man rechnete damit, daß es sich dabei lediglich um eine verschwindende Minderheit handeln könne. Zur Einleitung der Entnazifizierung als erster Maßnahme der „Umerziehung" wurden Fragebogen ausgegeben, die in Dutzenden von Positionen jede mögliche Art von Zugehörigkeit zum Nationalsozialismus markierten. Natürlich waren das nur formale Kennzeichnungen.

Alle Deutschen im Alter von mehr als achtzehn Jahren – die Angehörigen vor allem der ersten der von mir unterschiedenen Generationengruppen sowie eines Teils der zweiten – hatten sich nach dieser Liste zu klassifizieren. Die Potsdamer Konferenz vom Sommer 1945 legte die sich ergebenden fünf Kategorien einheitlich für die vier Besatzungszonen fest: Hauptschuldige, Schuldige, Minderbelastete, Mitläufer, Unbelastete.

Es zeigte sich rasch, daß das Verfahren unbrauchbar war. Es waren im übrigen nur die Amerikaner, die sich strikt daran hielten; die Behandlungsunterschiede in den Zonen führten zu grotesken Wirrnissen. Die Weimarer Vorgeschichte bis zur Machtübernahme der Nationalsozialisten konnte so überhaupt nicht erfaßt werden, in vielen Bereichen aber auch die Wirklichkeit sodann der Nachfolgejahre nicht annähernd. Hätten die Alliierten zugelassen, daß das deutsche Volk nach dem 8. Mai 1945, unmittelbar bei Kriegsende, mitten im Zusammenbruch des Regimes, sich radikal selbst vom Nationalsozialismus getrennt hätte, so wäre es zweifellos zu einem revolutionären Massaker gegen die ehemaligen Aktivisten, ähnlich den Tötungen der Kollaborateure, der tatsächlichen, der vermeintlichen und der angeblichen, in Frankreich, Italien, Jugoslawien und sonst in Europa, sowie zu einem enormen demokratischen Elan gekommen. Es bleibe dahingestellt, ob dies die richtige Grundlegung der politischen und moralischen Erneuerung Deutschlands gewesen wäre; nach den vorgefaßten alliierten Beschlüssen durfte sie so jedenfalls nicht stattfinden.

Das Ergebnis waren unlösbare Widersprüche und Schwierigkeiten. Die Amerikaner hatten ursprünglich gemeint, über die besiegten Deutschen eine mehr oder minder lange politische Quarantäne verhängen zu können, während derer sie zu der gewünschten und geforderten Besinnung gelangen sollten. Die Sowjetrussen ihrerseits hingegen gingen bereits im Sommer 1945 in ihrer Besatzungszone dazu über, politische Parteien zuzulassen: sie wollten die aktuellen Gesinnungsströmungen der Deutschen kennen. Die Westalliierten sahen sich infolgedessen gezwungen, den politischen Demokratisierungsprozeß ohne „pädagogische Pause" ebenfalls einzuleiten, bereits vom Herbst 1945 an. Das hatte zur Folge, daß die Masse der im Entnazifizierungsverfahren mit Entfernung aus den Ämtern, mit Geldstrafen und Wiedergutmachungsleistungen Belegten nun als Wähler alsbald wieder umworben werden mußten. In den Behörden konnte Ersatz für die Entfernten nicht aus dem Boden gestampft werden: bis zu 50 Prozent in manchen Bereichen just der Exekutive, in den Schulen und Schulverwaltungen mehr als die Hälfte des Pädagogikpersonals. Ließ sich erwarten, daß die Gemaßregelten ohne alle Ranküne über Vergangenheit und Gegenwart urteilen würden? Die politische Distanz der rasch wieder zu Mitbestimmung und Einfluß gelangten „Ehemaligen" wurde ein Charakteristikum der neuen westdeutschen Demokratie.

Es kann nicht als verwunderlich erscheinen, daß unter solchen Umständen die überwältigende Mehrheit der Angehörigen meiner Generationengruppe, der an der Entstehung und am Aufstieg des Nationalsozialismus seinerzeit unmittelbar Beteiligten, die Aufarbeitung des Ergebnisses „1933" und seiner Folgen nicht mehr objektiv vorzunehmen vermochte. Die wirklichen politischen, darüber hinaus die kriminellen Schuldzusammenhänge wurden von den meisten tabuisiert: man sprach darüber am besten überhaupt nicht. Wenn sich die Erörterung nicht vermeiden ließ, wurde die Schuld im wesentlichen auf die Person Adolf Hitlers abgeschoben, dem es „auf dämonische Weise" gelungen sei, das deutsche Volk, unter Einwirkung zahlreicher politischer, ökonomischer und kultureller Unerträglichkeiten, auf die er sich in einleuchtender Propaganda bezog, zu verblenden.

Bei den Beamten und den Militärs, den hohen und den niedrigeren Rängen, hat eine besondere Rolle in dieser Personalisierung die Bedeutung des Eides gespielt. Die prinzipielle Verteidigungsposition, die man unter dem Druck der Kollektivschuldanklage einnahm, verhinderte die Einsicht, die angesichts der jetzt zutagegebrachten Geschehnisse und Zusammenhänge hätte möglich sein müssen: daß der Amtseid unter allen Umständen, auch wenn er auf eine den Staat repräsentierende Person abgelegt wird, die Verpflichtung zum Gegenstand hat, das Allgemeinwohl zu wahren. Er kann unter keinen Umständen Unrecht rechtfertigen. Er fordert im Gegenteil von dem, der ihn leistet, bei anhaltend schweren Verletzungen des Rechts, die sich auf gesetzlichem Wege nicht beseitigen lassen, dem gegenüber, der die Verantwortung trägt, nicht Treue, sondern Verweigerung und in den Formen, die dem Beamten, dem Soldaten mehr als dem einfachen Staatsbürger allenfalls möglich sind, Widerstand. Eine eidliche

Verpflichtung zum Gehorsam, Verbrechen zu begehen oder mitzu-
begehen, gibt es nicht. Stattdessen haben sich ungezählte Deutsche
in den allmählich auch gerichtlichen Auseinandersetzungen, die
darüber stattfanden, hartnäckig auf den „Befehlsnotstand" berufen, in dem sie sich, als Diener des verbrecherischen Regimes,
sofern sie es als solches erkannten, befunden hätten. Zur Einsicht
in die politische Moral, in das Verhältnis von Legalität und Legitimität ist es, als dies so nahegelegen hätte, nicht gekommen. Ein
weiteres negatives Resultat der verfehlten Entnazifizierung von
damals war es, daß allzu viele Deutsche zu einer „Moral der Auf-
rechnung" übergingen: Man verglich, was im nationalsozialistischen Regime geschehen war, mit dem Schuldkonto anderer Völker und Staaten und Armeen in Geschichte und Gegenwart, mit
Verantwortlichkeiten der Sowjet-Union beispielsweise, und redete
sich ein, daß dies zu einem „Ausgleich" führe. Bis heute, nach so
vielen Jahren, wirkt die „Ausgleichsargumentation" noch immer
nach.

In der Literatur, die sich von Anfang an mit der „Aufarbeitung"
der nationalsozialistischen Vergangenheit befaßte, standen zuerst
begreiflicherweise die Greuel im Vordergrund, die die Nationalsozialisten begangen hatten, nicht die sehr komplexen Zusammen-
hänge der Weimarer Zeit, die zu „1933" geführt hatten. Es hat
Jahre gedauert, bis sich das zu ändern begann. 1950 wurde das
„Deutsche Institut für die Geschichte der nationalsozialistischen
Zeit" gegründet, das 1952 den bis heute beibehaltenen Namen
„Institut für Zeitgeschichte" mit Sitz in München erhielt. Bund
und Länder schufen nach Gründung der Republik gemeinsam die
Stiftung. Ihre Aufgabe war es, Quellen der nationalsozialistischen
Herrschaft und ihrer Entstehung, aus der Vorgeschichte von 1933
also, zu sammeln, Archive anzulegen und Forschung auf diesem
Gebiete zu betreiben. Von 1953 an gab das Institut die „Viertel-
jahrshefte für Zeitgeschichte" heraus. Es folgten mehr und mehr
Publikationen, darunter wichtige Monographien über die Zusammenhänge im einzelnen.

Man kann indes nicht sagen, daß die Aufklärungsarbeit des
ersten Jahrzehnts der Republik die öffentliche Meinungsbildung
sonderlich beeinflußt hätte. Im wesentlichen war es der Weltge-
gensatz der Systeme, der Gegensatz der Führungsmächte USA und
UdSSR, der die westalliierte „Umerziehungs"absicht in Deutsch-

land als illusionär erwies. Die USA verkündeten damals die
Maxime des „containment", der Einkreisung und Eindämmung
der teils angeblich, teils wirklich expansionistischen Vormacht des
Weltkommunismus. Die Ereignisse in Ostmitteleuropa zwischen
1945 und 1952 schienen die Notwendigkeit zu rechtfertigen,
gegen die Sowjet-Union in ihrem ganzen Umkreis Dämme zu
errichten und von diesen Dämmen aus auf sie „domestizierend"
einzuwirken. Man hatte in Jalta 1945, um die sowjetrussische Hilfe
zur Beendigung des Krieges gegen Japan zu erhalten, in „Zwischen-
europa" von der Baltischen See bis zur Adria Moskau einen beherrschenden Einfluß eingeräumt, – die Umdrehung des „cordon sanitaire", des Kleinstaaten-Schutzgürtels, der 1919 in den Friedens-
verträgen von Paris zwischen das besiegte Deutsche Reich und das
nun kommunistische Rußland gelegt worden war, um ihr Zusam-
menkommen zu verhindern. Die Konsolidierung im kommunistischen Sinn, die von Moskau aus sofort nach den Beschlüssen von
Jalta in Angriff genommen wurde – die Umkehrung der Funktion
des „Gürtels" in ein kommunistisch gesichertes Vorfeld –, abgeschlossen am 12. Februar 1948 durch den Umsturz in Prag, erschien dem Westen bis heute, obgleich die Sowjet-Union nirgends
die ihr eingeräumte Demarkation militärisch überschritten hat, als
der Beweis des rücksichtslosen Aggressionscharakters der sowjetrussischen Politik. Daß die Marshallplan-Hilfe für Osteuropa abgelehnt wurde, galt als zusätzlicher Beweis für die Richtigkeit dieser
Auslegung. Die Entmilitarisierung Deutschlands war daher nicht
aufrecht zu erhalten. In Ausführung des veränderten weltpolitischen Konzepts brauchte man unter allen Umständen ein anderes
Deutschland als von 1944 an gedacht und geplant, jetzt sogar wieder deutsche Soldaten. Bereits im Frühjahr 1949, nach Gründung
des Nordatlantischen Bündnisses, trat dies unverkennbar zutage.
Die Einbeziehung der drei westlichen Besatzungszonen in den
Marshallplan, die den Morgenthauplan von seinerzeit vollends zur
Chimäre abqualifizierte und stattdessen den Grund zum raschen
wirtschaftlichen Wiederaufbau Westdeutschlands legte, war schon
von 1947 an erfolgt. Die Bundesrepublik wurde gegründet, die
Politik des ökonomischen und anschießend des militärischen
Zusammenschlusses Europas machte sie international zum gleich-
berechtigten Partner, – ein Prozeß, der mit dem Generalvertrag von
1955 abgeschlossen wurde.

Die Deutschen jener Jahre und des nachfolgenden Jahrzehnts sind „die Wunderkinder" genannt worden. Während die Väter noch die Unterschrift unter die neuen Verträge setzten, erwirtschafteten die Angehörigen der zweiten Generationengruppe, die zeitgeschichtlich einen besonderen Typus darstellt, konjunkturbegünstigt verblüffende Erfolge. Für die „Aufarbeitung der Vergangenheit" erübrigte sie nicht die Zeit. Und wie sollte man aus dem, was gewesen war, ihrer Meinung nach für die jetzt doch ganz andersartige Gegenwart Nutzen ziehen? Derlei erschien ihr lediglich als eine Belastung. Zum alleinigen Leistungsmaßstab wurden Produktion, Absatz, Ertrag und Lebensstandard. Das Vergangene war vorbei, erledigt, abgetan. Mochte sich die Geschichtswissenschaft damit befassen. Vorträge in Akademien und an Volkshochschulen, Reden an verordneten Gedenktagen konnten sich mit den Ereignissen von vormals ja befassen, aber das gab für die erfolgsdeutsche Leistungsbilanz nichts her.

Wie wenig der Durchschnitt dieser Generationengruppe mit dem Nationalsozialismus als deutschem Problem, seinen Ursachen und seiner geschichtlichen Bedeutung zu tun haben wollte, zeigte ihr Verhältnis zum ehemaligen Widerstand gegen ihn: Er ließ sie gleichgültig, man nahm ihn beinahe nicht zur Kenntnis. In Frankreich, in den Niederlanden, in Italien kann man hinkommen, wo man will, überall ist in Gedenktafeln an den Häusern, in Monumenten auf Plätzen die Erinnerung an den Widerstand und an die Opfer, die für die Freiheit gebracht worden sind, wachgehalten. In der Bundesrepublik ist, wenn es zu solchen Initiativen kam, fast immer darüber gestritten worden, ob derlei wirklich angebracht sei. Man wünschte von der Vergangenheit unbehelligt zu bleiben.

Die elementaren Widersprüche zwischen den ursprünglichen Proklamationen der Alliierten und der dann ziemlich abrupt völlig anderen Praxis taten ein übriges, daß die politische Skepsis, die Helmut Schelsky seinerzeit bereits als eines der bestimmenden Kennzeichen des im Wiederaufstieg vorherrschenden deutschen Typs festgestellt hat, die gesinnungsreformierende Wirkung verhinderte, die dazu hätte führen können, daß die Gefahren einer rein marktwirtschaftlichen Effizienz mit dem ihr innewohnenden Sicherungsdenken durchschaut und im produktiv vergleichenden Nachdenken über das republikanische Schicksal von Weimar und Bonn die Aufgaben rechtzeitig erkannt und in Angriff genommen

worden wären, die jetzt unter viel schwierigeren Voraussetzungen
bewältigt werden müssen. Es haben viele Einzelbemühungen, offizielle und private, stattgefunden, in den Medien – im Hörfunk, im
Fernsehen, in Zeitungen und Zeitschriften –, in der Literatur, in
kirchlichen Einrichtungen, von den neugeschaffenen „Zentralen
für politische Bildung" aus, die Kenntnis der Zusammenhänge
doch zustandezubringen, aber alles dies hat die viel stärkere Realität
der ökonomisch-sozialen Entwicklung lediglich zu überlagern ver-
mocht, ohne die Gesinnungen zu durchdringen.

Die dritte Generationengruppe erst ist es, die, jetzt an die Ver-
antwortungen heranwachsend, unvermeidlicherweise von Jahr zu
Jahr an Einfluß von außen und allmählich von innen gewinnend,
die Problematiken, um die es sich handelt, zu durchschauen
beginnt. Die „Dritten" fragen plötzlich ganz unvoreingenommen,
wie denn „das damals" überhaupt möglich war. Sie können die
Frage in aller Eindringlichkeit stellen, weil sie selbst völlig unbelastet sind. Noch ist in der Frage die Besorgnis mitbestimmend, es
könnte sich die Antihumanität, die Barbarei des Nationalsozialismus wiederholen, es könnten in unserer Entwicklung, in der westdeutschen Gesellschaft Verhältnisse eintreten, die möglicherweise
dorthin zurückführten, und sie wollen dies klarerweise verhindert
wissen. Die Zweideutigkeiten in unserer staatlichen Neugründung
irritieren sie.

Die Durchforstung der Fakten der Vergangenheit, die „1933"
möglich gemacht haben, führt mehr und mehr zu der Erkenntnis,
daß in der Weimarer Republik Sonderbedingungen gegeben waren,
die auf die Bundesrepublik heute in keiner Weise zutreffen. Ich
zähle sie in aller Kürze auf, – es ist eine beachtlich lange Liste.

– Als erster der Unterschiede ist hervorzuheben, daß die militärische Niederlage, die Deutschland 1945 erlitten hat, total war.
Niemand konnte sich dem Wahn hingeben, es hätte noch die
geringste Chance gegeben, diesen Weltkrieg mit einem Vergleichs-
frieden oder gar mit einem Sieg des Dritten Reiches zu beenden. Für
eine Dolchstoßlegende, daß die kämpfende Truppe von der Heimat
verraten worden sei, wie sie 1918 in die Welt gesetzt und von Hitler
zu einem der wesentlichen Bestandteile seiner Geschichtsklitterun-
gen gemacht worden ist, fehlte 1945 jede Möglichkeit.

– Nach dem verlorenen Hitler-Krieg legte kein „Versailler Vertrag" Deutschland unerträgliche, über Jahrzehnte sich erstreckende

Lasten auf: die letzten Reparationszahlungen nach dem Ersten Weltkrieg hätten 1984 geleistet werden müssen ... Die nationalistische Propaganda ist damals nicht müde geworden, gegen die dem deutschen Volk in Versailles angelegten Fesseln anzugehen. Im Gegensatz dazu mußte nach der bedingungslosen Kapitulation von 1945 die Teilung Deutschlands hingenommen werden, gegen die es infolge der weltpolitischen Frontbildung keine Revisionsmöglichkeit gab. Und es wurde ein- für allemal eine Demontage von Industrieanlagen verfügt, die sich beim Wiederaufbau als Vorteil der Potentialerneuerung erwies. Eine zehnprozentige Dauerreparation zugunsten der Sowjet-Union wurde von den Westmächten abgelehnt. Die Bundesrepublik erhielt alsbald die amerikanische Marshallplan-Hilfe.

– Der Weimarer Republik wurde ein 100 000 Mann-Heer bewilligt, in dessen Offizierskorps sich, im Verein mit Freikorpsführern, politische Konspiration entwickeln konnte. Die Reichswehr wurde in der Republik zu einem Staat im Staate, von dessen Stellungnahmen und Entscheidungen bis zur nationalsozialistischen Machtergreifung der Verlauf der Politik mitabhing. Generäle und Obristen solcher Art hat es in der Bundesrepublik, als sie militärisch neu aufgerüstet wurde, nicht gegeben. Die Armee selbst wurde voll in die Organisation des Nordatlantischen Bündnisses integriert, insbesondere in ihrer logistischen Infrastruktur: die Übungsplätze der Fliegerei beispielsweise sind bis nach Portugal, Neumexico in den USA und Canada verteilt. Von irgendeiner Verfügungsselbständigkeit kann bei diesen Streitkräften keine Rede sein.

– Annähernd die Hälfte der Bevölkerung des Weimarer Staates war antirepublikanisch gesinnt, sei es restaurativ zurück zur Monarchie, sei es revolutionär auf die Nachahmung des sowjetrussischen Vorbildes hin. Nichts von einem derartigen politischen Gesinnungsgegensatz ist in der Bundesrepublik vorhanden. Hier hat zwar eine ökonomisch-soziale Restauration im kapitalistischen Sinn stattgefunden, aber nur geringfügige Minderheiten sind, bei aller Kritik im einzelnen oder sogar im ganzen, Gegner der Bonner parlamentarischen Demokratie.

– Das Deutschland von heute existiert in zwei selbständigen, in ihrer politischen Struktur gegensätzlichen Staaten, die je ihrem der beiden Weltsysteme, dem sie sich zurechnen, unlöslich eingegliedert sind. Von chauvinistischem Nationalismus expansionistischen Charakters des Typs, wie er im Nationalsozialismus der Weimarer Zeit und anschließend im Dritten Reich entfaltet worden ist, kann weder in der Bundesrepublik noch in der Deutschen Demokratischen Republik die Rede sein. Die „Wiedervereinigung Deutschlands" wird auf kommunistischer Seite, wenn überhaupt, unter den Bedingungen von „Koexistenz und Kooperation" gewünscht, auf westdeutscher Seite in „Frieden und Freiheit".

– Preußen, das mehr als die Hälfte des Territoriums der Weimarer Republik ausmachte, existiert nicht mehr. Als dort am 20. Juli 1932 der papensche Staatsstreich stattfand, ging ein erheblicher Teil der Exekutivmacht Deutschlands bereits in die Hände der Reaktion über; die Nationalsozialisten konnten sich alsbald nach dem 30. Januar 1933 ihrer bedienen. In der Bonner Republik gibt es keine Gefährdung der föderalistischen Struktur mehr.

– Die kommunistische Revolutionierung der gesellschaftlichen Verhältnisse in Osteuropa hat nach der Teilung Deutschlands die Herrschaftsschicht der Großgrundbesitzer – der „Junker" – beseitigt. In der Bundesrepublik sind sie, die das Schicksal der Weimarer Republik, beispielsweise durch den „Herrenclub" in Berlin, weitgehend mitbestimmt haben, nirgends ein einflußnehmender oder auch nur existierender Faktor.

– Das Grundgesetz der Bundesrepublik kennt keinen „Artikel 48", der in der Weimarer Verfassung dem Reichspräsidenten für „Notstandsfälle" weitreichende außerordentliche Vollmachten einräumte, eine Möglichkeit, von der in den letzten Jahren vor 1933 Präsidialkabinette unter dem Intrigeneinfluß einer großagrarischen und großkapitalistischen Clique um Paul von Hindenburg ausgiebig Gebrauch gemacht haben. Die in das Grundgesetz in der zweiten Hälfte der sechziger Jahre eingebauten Notstandsartikel haben ihre eigene politische Bedeutung, sie sind aber dem Artikel 48 der Weimarer Verfassung nicht gleichzusetzen.

– Das System der Regierungsbildung in der Bundesrepublik, angefangen bei der Begrenzung des Verhältniswahlrechts durch die Fünf Prozent-Klausel und fortgesetzt durch die Verfassungsbestimmung über das konstruktive Mißtrauensvotum im Parlament, schließt politische Instabilität, die nachteilig wirken könnte, weitgehend aus. (Die Nichtzulassung der meisten plebiszitären Mitentscheidungen hat anderseits zu einer gewissen Problematisie-

rung der Parlamentsmacht gegenüber der Souveränität der Staatsbürger geführt.)

– Im neuen demokratischen Deutschland gibt es keine politische Partei vom Typ der seinerzeitigen NSDAP. Gruppierungen,
deren Statuten oder Praxis sich nicht im Einklang mit dem Grundgesetz befinden, sind ausgeschaltet. Bewaffnet gegeneinander-
stehende Kampfverbände sind nicht geduldet; bisher ist auch kaum
versucht worden, sie zu formieren, – in der Weimarer Republik beherrschten die SA, der Stahlhelm, die Eiserne Front das Straßen-
bild.

– Die Macht der Gewerkschaften, die in der Weimarer Republik in vier Richtungsverbände aufgespalten waren, ist in der
Bundesrepublik durch den Zusammenschluß im Deutschen Ge-
werkschaftsbund (DGB) und durch die Mitbestimmungsgesetze
größer als damals. Das Engagement der Gewerkschaften heute beispielsweise gegen die Atombewaffnung der Bundesrepublik und
gegen eine extreme Notstandsvorsorge, die antidemokratisch
mißbraucht werden könnte, legt die Annahme nahe, daß sie aufgrund der Erfahrungen von 1933 einem Staatsstreich – der
unwahrscheinlich geworden ist – mit aller Energie sofort entgegentreten würden.

– Auch die Unternehmerschaft ist in der Bundesrepublik nicht
mehr die gleiche wie damals: man kann ihre Führungspersonen –
Esser, Rodenstock, Amerongen, Christians, Friderichs ... – nicht in
eine Reihe mit Reuss, Stinnes, Krupp, Schröder setzen. Nicht einmal Axel Springer und gar Burda mit Hugenberg.

– Wir haben in unserer Republik sogar – dies allerdings mit
einiger Vorsicht bemerkt – eine politisch im großen und ganzen
unbedenkliche Justiz. Wie sehr sie in der Weimarer Zeit durch
restaurative Voreingenommenheit in ihren Urteilen, angefangen
beim Reichsgerichtshof bis herab zu den einfachen Richtern, zum
Ruin der Demokratie, nach 1933 dann bis zuletzt – oftmals bis zu
allerletzt – zur Stabilisierung der Herrschaft des Nationalsozialismus beigetragen hat, ist bekannt. Sie mögen in ihrer Mehr-
zahl vorsichtig-konservativ gesinnt sein, die Amtsjuristen auch der
Bundesrepublik, gegen die parlamentarische Demokratie, wie so
viele im Weimarer Staat es waren, sind sie nicht. (Man denke an
den Volksgerichtshof, dessen Blutrobenträger die Justiz von heute
allerdings noch immer nicht aus ihren Reihen ausgestoßen hat.

Wie viele haben bis jetzt die Perversion des Rechts, die unter den Nationalsozialisten verübt worden ist, nicht durchschaut?)

– Gründlich verändert, im Anschluß an die Ansätze, die in der Weimarer Zeit entwickelt worden sind, hat sich die pädagogische Praxis in den Familien und Schulen. Was sich heute bei uns an jugendlichen Freiheiten zuträgt, ist von noch nicht absehbarer gesellschaftlicher und wohl auch politischer Tragweite. Die Jugendbewegung der zwanziger Jahre hat durch ihre Kollektiv-Romantik möglicherweise mit dazu beigetragen, die Gefolgschafts-Großveranstaltungen des Nationalsozialismus als nationale Geborgenheitsformen anzusehen und zu empfinden, aber geblieben ist davon in den pluralitären Bereichen der Gesellschaft, also außerhalb der totalitären Herrschaftsbezirke, so gut wie nichts. Amerikanische Einflüsse in der Nachkriegszeit waren es im übrigen nicht zuletzt, die den Wandel mitbewirkt haben.

– Gegen die Ausmaße der modernen „Verfreiheitlichung" des Lebens haben sich vielerorts, auch in der Bundesrepublik, autoritär-restaurative Tendenzen organisiert. Ihren Einflußversuchen und Einflußnahmen sind insbesondere die Schaltstellen der Massenmedien ausgesetzt. Das ist, wenn es reaktionären Charakter annimmt, wie manchenorts unbezweifelbar festzustellen, eine umso bedenklichere Tendenz, als dem demokratischen Fortschritt nichts abträglicher ist als die Behinderung oder gar die Ausschaltung der kritischen Begleitkontrollen des öffentlichen Lebens.

– Im ganzen muß aber doch wohl mit Recht gesagt werden, daß sich in der Bundesrepublik ein Lebensstil entwickelt hat, der mehr internationalen als nationalen Charakter trägt – in der Art der Mobilität, in der Art zu essen, sich zu kleiden, zu sprechen, sich zu vergnügen, miteinander umzugehen. Die Weltwirtschaftskrise, die auf uns übergegriffen hat, die wir dasselbe System betreiben und weltweit mit ihm verflochten sind, fängt an, dem neuen Sinn für globale Zusammengehörigkeiten und Solidaritäten entgegenzuwirken, in der Asyl- und in der Ausländerproblematik beispielsweise. Ich finde nicht, daß die Antitürken-Animosität, so sehr ihr entgegenzutreten ist, etwas mit dem nazistischen Rassismus zu tun hat. Sie scheint mir eher eine Hilflosigkeitsreaktion in der Situation der wirtschaftlichen Rückläufigkeit zu sein. Für die Jüngeren ist sie, und das muß klar zu Bewußtsein gebracht werden, ein Testfall.

Test wofür? Für die Erkenntnis und die Entschlossenheit, als das oberste, im letzten immer maßgebende Prinzip der gesellschaftlichen und selbstverständlich auch der staatlichen Entwicklung unter allen Umständen die Humanität gelten zu lassen. Folglich deren Nichtbeachtung, ihre Mißachtung, jede Politik gegen sie sofort, wo immer es erforderlich wird, zu diskriminieren. Die Entstehung, die Ausbreitung, der Sieg des Nationalsozialismus 1933 hatte vielerlei Ursachen, aber geschichtlich ihn kennzeichnend ist die systematische, die konsequente Inhumanität, die ihn innerhalb und unterhalb der proklamatorischen Verschleierungen zu seinen Strategien und Taktiken, zu seinem Vorgehen, seinen Maßnahmen antrieb.

Die Lehre, die aus den „Weimarer Verhältnissen", aus ihren Folgen, schließlich ihrem Ende zu ziehen ist, braucht, dies zeigt der objektive Vergleich mit heute, nicht zu der Besorgnis zu führen, der Verlauf, wie er sich der unvoreingenommenen Analyse darstellt, könne oder gar werde sich unter den jetzigen Bedingungen der deutschen und der insgesamt zivilisatorischen Existenz wiederholen. Gewiß, es gibt in der Bundesrepublik da und dort Versuche, fünfzig Jahre nach 1933 Restbestände des Nazismus, die sich über die Nachkriegsjahre hin als irrationale Ressentiments erhalten haben, zu seiner Revitalisierung zu nützen. Das Bundesinnenministerium, noch unter der Leitung der sozial-liberalen Koalition, hat festgestellt, daß mehr als hundert Organisationen mit einer solchen Zielsetzung umgehen. Die meisten von ihnen sind jedoch lediglich Kleinstgruppen, sie haben, jede von ihnen, nur ein oder zwei Dutzend Mitglieder, bemerkenswerterweise, sehr im Gegensatz zu den antirepublikanischen Organisationen der Weimarer Zeit, keine Studenten oder konservative Intellektuelle in ihren Reihen. Selbst die rechtsradikale Verleumdungsliteratur, die in der Bundesrepublik von den offiziellen Stellen zwar verurteilt, aber gleichwohl unter Hinweis auf die demokratische Freiheit der Meinungsäußerung nicht verhindert wird, kann nicht etwa als Beweis dafür angenommen werden, daß wir uns in einem präfaschistischen Stadium befänden. Kein Anzeichen, das dafür sprechen könnte, hält stand.

Die Weimarer Republik ist mit den Problemen von damals auf ihre Weise nicht fertig geworden. Die Aneiferung, die sich für uns daraus ergibt, ist die wache Bereitschaft, die Probleme von jetzt, die nicht mehr die von seinerzeit sind, als unsere spezifischen Aufgaben

zu sehen. Wir brauchen aus unserer Geschichte nicht in dem Sinne
zu lernen, daß wir beispielsweise den Fehler der Deflationspolitik
Heinrich Brünings vermeiden, um der Wiederkehr der Möglichkeit einer nazistischen Machtergreifung vorzubeugen, – nichts
spricht für eine solche Möglichkeit. Welche Wirtschafts-, welche
Finanzpolitik in unseren Tagen zu betreiben ist, damit vernünftig
dazu beigetragen wird, der heutigen Arbeitslosigkeit nicht auch
noch Vorschub zu leisten, sondern ihr entgegenzuwirken, läßt sich
nicht aus den Zusammenhängen der Endzwanzigerjahre ableiten.
Die Art der Arbeitsbeschaffung, die Adolf Hitler sofort nach der
Machtübernahme abenteuerlich betrieb, nämlich durch Aufrüstung, zu der damals der Bau der Autobahnen und der Arbeits-
dienst gehörten, ist ebenfalls kein Lernkapitel, das für unsere
gegenwärtigen Erfordernisse Aufschluß zu geben vermöchte, es
wäre denn in dem negativen Sinn, daß die Bekämpfung von
Arbeitslosigkeit keine Rechtfertigung für militärische Aufrüstung
sein soll.

Nein, es ist in der Tat das Prinzip der Humanität, das sich als
helfende Notwendigkeit anbietet. Es macht deutlich, was verhindert und was zustandegebracht werden muß.

Die Frage der Jüngeren, der dritten Generationengruppe, wie es
seinerzeit zu 1933 kommen konnte, ist in die größeren Zusammenhänge der kritischen Überlegungen heute eingebettet, was
geschehen müsse und was zu unterlassen sei, damit wir in unserer
Lage der Achtziger- und Neunzigerjahre, nach den Ereignissen und
den Versäumnissen der vorangegangenen Jahrzehnte zurandekom-
men. Das ist eine gewaltige, jetzt alles umfassende Fragestellung,
die unsere volle produktive Phantasie herausfordert. Die industrie-
wirtschaftliche Zivilisation ist offensichtlich an Demarkationsgren-
zen ihrer eigenen Entwicklung gelangt. Sie befindet sich, was ihre
zentrale Antriebskraft, die technologische Intelligenz betrifft, vielfältig im Zwiespalt mit sich selbst: Bestimmte Resultate der angewandten Techniken, Folgen, die aus ihnen voraussehbar geworden
sind, schlagen gegen die Bedingungen der Humanität aus, die von
der industriewirtschaftlichen Technik unverkennbar, unbezweifelbar zustandegebracht worden sind. Darüber hinaus gefährdet die
militärische Hochrüstung, auf beiden Frontseiten der Welt von
heute als Schutz gedacht, die gesamte menschheitliche Existenz.
Die funktionale Rationalität erweist sich in vielen Entwicklungs-

bereichen mehr und mehr als existentiell irrational. Computeri-
sierten Robotern werden zunehmend Güterproduktion und
Dienstleistungen überantwortet, sie steigern die Produktivität und
mindern die Kosten, sie arbeiten ja Tag und Nacht ohne Unterbrechung, sie erfordern keine Arbeitslosenversicherung, keine Kran-
kenversicherung, keine Altersvorsorge..., die menschliche Arbeitskraft durch sie auszuschalten, bringt im unerbittlichen Konkurrenzkampf unseres Systems Vorteile über Vorteile, aber es schafft
schwer zu bewältigende Probleme der Humanität.

Die Erkenntnis, daß es sich so verhält, breitet sich, unter Widerständen, zusehends aus. Damit sind noch nicht die konkreten
Maßnahmen, auf die es ankommt, erkannt, angenommen und
angewandt. Wie aber sollte dies in der Realität, wie sie ist, richtig
und mit verwandelnder Kraft ohne die Orientierung, die die Ziele
setzt, geschehen können – Verständigung mit der Sowjet-Union
ohne Bereitschaft zu Koexistenz und Kooperation, Abrüstung ohne
Friedensvorstellung, Umgang mit den Staaten und Völkern der
Dritten Welt unter Vorherrschafts- und Ausbeutungsbestrebungen,
Antwort auf die ökologischen Fragen ohne verändertes Bewußtsein
von den Existenzzusammenhängen, akzeptable, also zumutbare
Innenpolitik ohne fortschrittliche Auffassung der Demokratie?

Völlig anders, als sich die alliierten Sieger des Zweiten Weltkrieges, die Besieger des Nationalsozialismus, die deutsche Befreiung aus „1933" gedacht haben, könnte sie nun durch die dritte
Generationengruppe des Jahrhunderts fünfzig Jahre später möglicherweise als ein Prozeß der Wandlung in Gang gesetzt werden,
und dies in den Wirkungen über den nur deutschen Bereich hinaus. Es kann sich vorerst nur um einen Anfang, einen sehr schwierigen Anfang handeln. Viele der Jüngeren, unbelastet von früher,
sind unvoreingenommen, aufgeschlossen für neue Versuche: noch
unerfahren selbstverständlich, wie könnte es anders sein, aber
bereit, nach dem Prinzip „Trial and error" zu verfahren – „Man
muß die Dinge versuchen und Irrtümer, die sich als solche erweisen, korrigieren", wie die Natur selbst in der Evolution verfährt.
Unsere etablierten gesellschaftlichen Kräfte werden nicht umhin
können, sich zuerst auf einen schwierigen Dauerdialog, allmählich
auf Kooperationen mit den dazu Aufgeschlossenen als Partnern
einzulassen. Nicht nur biologisch, sofern unsere Welt bestehen
bleibt, sondern auch historisch haben die Jüngeren die Zukunft für

sich. Indem sie die Vergangenheit auf Erfahrungswerte hin durch-
forschen, gewinnen sie zusätzliche praktische Erkenntnisse für die
Lösung der außergewöhnlichen Probleme, die uns aufgegeben
sind.

Es ist ein langwieriger, mit Hindernissen durchsetzter, von
Ideologien überlagerter Weg nach vorne, den wir zu gehen haben –
den Blick gelegentlich rückwärts gerichtet.

Frankfurter Hefte, Januar 1983.

# Personenregister

# EDITIONSPLAN DER „GESAMMELTEN SCHRIFTEN"

## VON EUGEN KOGON

### Herausgegeben von Michael Kogon und Gottfried Erb

Band 1: 1995
IDEOLOGIE UND PRAXIS DER UNMENSCHLICHKEIT
*Erfahrungen mit dem Nationalsozialismus*

Band 2: 1995
EUROPÄISCHE VISIONEN

Band 3: 1996
DIE RESTAURATIVE REPUBLIK

Band 4: 1996
REFLEXIONEN EINES CHRISTEN

Band 5: 1997
BEDINGUNGEN DER HUMANITÄT

Band 6: 1997
DIALOGE UND PORTRAITS

Band 7: 1998
DIE REFORMIERTE GESELLSCHAFT

Band 8: 1998
KONSERVATIVE ANFÄNGE

Richard von Soldenhoff (Hrsg.)
KURT TUCHOLSKY
Ein Lebensbild
296 Seiten mit 352 Abbildungen. Großformat
ISBN 3-88679-242-0

„Eine intelligente, zurückhaltende und dennoch
hochinformative Montage aus Bildzeugnissen und Texten..."
*Tagesanzeiger, Zürich*

\*

Richard von Soldenhoff (Hrsg.)
CARL VON OSSIETZKY
Ein Lebensbild
336 Seiten mit 412 Abbildungen. Großformat
ISBN 3-88679-173-4

„Knappe, aber äußerst detaillierte Erläuterungen stellen in
diesem als Bild-Text-Band mustergültigen Buch
biographische, werk- und zeitgeschichtliche Verbindungen
her." *Frankfurter Rundschau*

\*

Ulrich Liebe
VEREHRT, VERFOLGT, VERGESSEN
Schauspieler als Naziopfer
278 Seiten mit 140 Abbildungen
ISBN 3-88679-197-1

„Ulrich Liebe ist mit seiner einmaligen Dokumentation einer
zum Tode verurteilten Kultur etwas wunderbares gelungen: Er
hat die Kunst jener Menschen, von denen nichts bleiben sollte,
wieder zum Leben erweckt." *Hamburger Abendblatt*

BELTZ
Quadriga